KB121907

야만시대의 기록

1

— 아무도 기록하지 않는 역사

야만시대의 기록—고문의 한국현대사

1 | 아무도 기록하지 않는 역사

1판 3쇄 발행 2014년 10월 8일
1판 1쇄 발행 2006년 10월 20일

지은이 · 박원순
펴낸이 · 정순구
책임 편집 · 김수영 김은미
디자인 · 이파얼
기획 편집 · 조원식 정윤경 조수정
마케팅 · 황주영

출력 · 한국커뮤니케이션
용지 · 한서지업사
인쇄 제본 · 한영문화사

펴낸곳 · (주)역사비평사 출판등록 300-2007-139호(2007. 9. 20)
주소 · 110-260 서울시 종로구 가회동 173번지 3층
전화 · 02-741-6123~5 팩스 02-741-6126
홈페이지 · www.yukbi.com 전자우편 · yukbi@chol.com

ⓒ 박원순, 2006
ISBN 89-7696-519-1 03910
        89-7696-522-1 03910(세트)

이 도서의 국립중앙도서관 출판시도서목록(CIP)은 e-CIP 홈페이지(http://www.nl.go.kr/cip.php)에서
이용하실 수 있습니다.(CIP제어번호:CIP2006002156)

책값은 표지 뒷면에 표시되어 있습니다.
잘못 만들어진 책은 구입하신 서점에서 바꾸어 드립니다.

야만시대의 기록

박원순 지음

1

아무도 기록하지 않는 역사

역사비평사

제3장 | 끝나지 않은 범죄 - 계속되는 고통의 나날들

제4장 | 고문에 관한 법제와 현실

차례

| **일러두기** |

1. 이 책에 나오는 단체명과 모임명, 그리고 법률명은 모두 붙여 썼다.
   예: 민주사회를위한변호사모임, 최종길교수고문치사진상규명및명예회복추진위원회, 폭력행위등처벌에관한
   법률
2. 단행본·잡지·신문은 『 』로, 논문·신문기사는 「 」로, 성명서나 법률안은 ' '로 통일했다.
3. 외래어는 외래어표기법에 따라 표기했다. 특히 일제시대 신문·잡지 등의 자료에는 일본 인명과 지명이 한자음
   으로 표기되어 있었으나 이 책에서는 외래어표기법을 따라 모두 수정했다.
4. 1989년 이전 인용 자료들의 경우, 한글맞춤법과 표준어 규정을 적용하여 표기했다. 단, 당시 시대 분위기를 전
   해주는 단어나 고문의 상황을 전달해주는 일부 은어와 속어 등은 한글맞춤법과 외래어표기법에 맞지 않더라
   도 원문 그대로 표기했다.
5. 인용문에서 필자 또는 편집자가 부연 설명을 위해 삽입한 내용은 괄호 안에 넣었으며, 인용문과 동일한 글자
   크기로 표시했다.
6. 각주에 나오는 신문기사의 출처 표기는 '기사명, 게재 일자, 신문명'의 순서로 통일했다. 최대한 상세하게 출처
   를 밝히고자 했으나, 기사 제목을 삽입하지 못한 경우도 일부 있다.
7. 인터넷 사이트에서 찾은 자료는 2004년 시점을 기준으로 출처를 밝힌 것이다. 그중에는 현재 사이트가 개편되
   거나 폐쇄되어 접근이 용이하지 못한 경우도 있지만, 이 책에서는 고문의 진실과 상황을 이해하는 데 도움을
   준다고 판단하여 그대로 인용했다.

머리말—내 두 친구 이야기

::   사람들이 지옥을 생각해낸 것은 고문에 대한 체험에서였을 거라고 나는 믿고
있다. 극심한 고문은 죽음이 희망으로 나타나는, 그치지 않는 고통의 현존이다. 죽
음에 이르는 고통을 주되 죽음이라는 영원한 휴식을 주지 않는 것이 고문자의 직
업정신이다. 지옥이 지옥인 것은 그곳에는 죽음마저 허용되지 않기 때문이다. 단
테의 『신곡(神曲)』은 '지옥의 입구'를 "여기 들어오는 너희, 온갖 희망을 버릴진
저"라고 새기고 있다. (황지우, 「나의 작품 나의 얘기」, 1990년 10월 11일자 『동아일보』)

죽음조차도 허용하지 않는, 모든 희망이 사라진 고통의 현장—그것이 바로 지옥
이다. 지옥 같은 고문이 이 땅에서도 일상화된 시대가 있었다. 어느 날 갑자기 자
신의 집에서, 직장에서, 길거리에서 납치되고 연행되어 가족과 친구조차 소재를
알 수 없는 어느 지하실에서 홀로 생사를 넘나드는 고통을 당하는 일이 비일비재
했다. 더러는 그 고통으로 시신이 되어 나오기도 했고, 더러는 나온 뒤에도 고문
의 후유증으로 남은 생을 폐인으로 살기도 했다.

그것이 우리가 살아온 박정희의 '경제개발 5개년계획' 시대, 전두환의 '정의로

15

운 사회' 시대, 노태우의 '보통사람들' 시대였다. 그것은 그 이후 '문민정부' 또는 '국민의 정부' 때에도 그치지 않았다. 우리의 무관심 속에서 여전히 그곳은 절대 고립의 상태였고, 세상의 절망이 닻을 내린 곳이었다. 허울 좋은 캐치프레이즈가 외쳐질 때도 고문장에서 끝없는 고통으로 몸부림치는 사람들이 있었다. 그때에도 우리는 종로 네거리를 걷고, 식당에서 밥을 먹고, 전철을 타고, 그리고 멀쩡하게 살아가고 있었다. 마치 그런 일이 없는 것처럼, 아니 그런 사람이 없는 것처럼, 우리는 그렇게 살아왔다. 아니 지금도 우리는 잊고 산다.

그러나 우리 주변에는 의외로 고문의 악몽을 잊지 못하고 사는 사람들이 많다. 인간의 영혼은 차돌같이 강하기도 하지만 때로는 질그릇처럼 약하다. 적지 않은 사람들이 고문의 후유증에 시달리고 있다. 자신은 물론이고 그 가족들은 정말 죽음에서조차 자유롭지 않은 고통을 매일매일 매시간시간 겪어야 한다. 사람들은 잊고 지내지만 그들에겐 잊을 수 없는 현실이다. 우리가 그들을 잊는다면 그것은 또 하나의 범죄이다.

내 고등학교 동창 중에는 두 명의 구씨 성을 가진 친구가 있다. 구(具)씨 성을 가진 한 친구는 민청학련사건 당시 고등학교 조직을 책임진 이른바 '고교책(責)'으로 활동하다가 매우 심한 고문을 받고 15년형을 선고받았다. 그후에도 오랫동안 멀쩡하게 우리 주변을 오가던 그 친구가 어느 날 갑자기 사라졌다. 오랜 세월이 지난 후 우리는 그가 어느 시골 정신병원에 있다는 사실을 알게 되었다. 친구들의 도움으로 십시일반 돈을 모아 정신병원 치료비도 대고, 또 어느 땐가는 출판사에 취직시켜 잠시 일하게도 했지만 그의 병은 영원히 완치가 불가능한 듯하다. 구(丘)씨 성을 가진 또 다른 친구는 고등학교 때인 1972년 무렵 유신 반대 유인물을 뿌리다가 발각되어 포고령 위반으로 재판을 받았다. 너무 어린 나이에 군 수사기관의 폭력과 위협 앞에 놓인 그의 여린 영혼은 일그러졌다. 대학을 나오고 고등학교 선생까지 하던 그는 결국 정신질환이 도져 사회생활을 접고 유폐생활을 보내야만 했다. 두 사람 모두 똑똑하고 리더십 있는 친구들이었다.

어쩌다 보니 내 주변에는 이런 사람들이, 이런 소식들이 많다. 1980년대 이른바 인권변호사 시절에 내가 변론했던 사람들 중에도 고문피해자들이 적지 않았다. 그리고 그들 가운데 지금까지 그 후유증으로 고통받는 사람들도 있다. 이들의 고통을 미리 막지 못하고 지금도 함께하지 못한다는 죄책감이 크다. 이번에 이 책을 정리하면서 수많은 고문사건과 피해자들의 이야기를 들으며 다시 내 마음에 사그라졌던 분노가 일렁여 내내 잠을 잘 이룰 수가 없었다. 매일 악몽도 꾸었다.

군사독재시대의 고문 체계와 관행은 구조적으로 이승만 정권에 그대로 연결되었고, 그것은 또한 일제의 간악한 고문 통치와 이어졌다. 바로 일제의 경찰 체제와 고문제도가 우리 사회 고문 유산의 시원이 되는 것이다. 가능하다면 남미 군사정권의 고문과 국제적인 비교도 하고, 우리의 왕조시대나 세계사에서의 고문을 함께 비교·서술하고 싶었지만 너무 분량이 많아져서 영국의 노던아일랜드, 아프가니스탄과 이라크에서 자행된 미국의 고문 사례, 고문방지협약을 비롯한 고문에 대응하는 국제적 사례들을 정리하는 것으로 마무리했다.

2004년 12월에 이른바 이철우 의원 사건이 터졌다. 한나라당 국회의원 주성영 의원이 열린우리당 소속 이철우 의원에 대해 "지금도 조선노동당 간첩이 국회에서 암약하고 있다"라고 발언한 것이다. 이 의원은 1992년 민족해방애국전선사건이 고문에 의해 조작된 것이라고 주장했다. 우리의 정치문화가 아직 이 정도인 것에 대해서도 실망했지만, 진정한 민주주의와 인권이 이 땅에 뿌리내리기 위해서는 과거의 올바른 청산과 정의의 복원이 필요하다는 사실을 절감하게 만든 사건이었다. 고문과 용공조작으로 간첩을 만들어놓고, 그 범죄를 처벌하고 고문피해자를 복권하는 대신 지금에 와서 그 피해자를 간첩으로 몰아붙이는 것은 역사적인 적반하장이다. 과연 우리 사회에 고문과 조작의 현실이 어떠했는지 정확히 살펴보는 일, 그 억울한 희생자들을 보듬는 문제는 결코 과거가 아닌 현실의 문제일 수밖에 없다.

국가보안법에 이어 고문에 관한 이야기들을 정리해보겠다고 결심한 것은 오래전의 일이었다. 나름대로 신문 스크랩도 하고 외국에 있으면서 자료를 모아두기도 했으나 막상 집필은 엄두도 못 내고 있었다. 세 권의 『국가보안법 연구』가 처음 나온 지 16년이 되었으니, 그동안 그 결심을 이행하지 못하고 있었던 것이다. 지난 2004년 12월 미국 스탠포드대학에 강의를 맡게 되면서 수개월을 일상사에서 도망칠 수 있었다. 나는 그동안 모아둔 자료를 여행가방에 모두 쑤셔넣으면서 그 결심을 이행하기로 했다. 강의를 준비하는 최소한의 시간 외에는 2005년 1월에서 3월까지 석 달을 밤낮없이 이 책의 집필에 쏟았다. 밥 먹고 화장실 가는 것 말고는 이 책을 정리하는 데 모든 것을 쏟았다. 되도록 고문피해자의 목소리를 직접 전하기 위해 노력했다. 그런데 고문피해자의 목소리는 많이 남아 있지 않아 때로는 일간신문, 인권하루소식, 한국기독교교회협의회 인권보고서, 앰네스티 인터내셔널(Amnesty International)의 자료 등 광범한 간접 자료를 찾아 인용했다. 여러 자료들을 인용했던 인터넷 사이트가 수개월, 수년이 지난 지금에는 폐쇄되어 다시 접근하기 어려운 경우도 몇몇 있었다. 그럼에도 고문의 진실과 상황을 이해하는 데 큰 도움이 되는 것들은 그대로 인용했다. 이 책의 원고가 전달된 2005년 8월부터 근 1년간 교정과 출처 대조 등으로 땀방울을 흘린 역사비평사의 김수영, 김은미 씨에게 특별히 이 자리를 빌려 감사를 드리고 싶다.

이 책을 다 쓴 지금도 개운하지 못하다. 우선 여기에 수록되지 못한 고문 사례도 적지 않을 것이다. 사실 참혹한 고문을 당하고도 언론에 보도되지 않았거나 자신이 체험 기록을 남기지 않은 사건은 내가 알 도리가 없다. 그런 사건이 비일비재할 것이다. 그뿐만 아니라 내가 기록을 찾고 기사를 찾는 데도 한계가 있었다. 그렇게 해서도 놓친 사건이 있을 터다. 무엇보다 이 책이 실질적으로 그 시대의 고통을 온전히 드러내는 데 미진하다는 생각과 더불어 지금도 고통받고 있는 그 사람들에게 현실적인 도움이 되기에 불충분하다는 생각 때문이다. 내 스스로의 부채감과 죄의식을 없애는 데 조금의 도움이 되었을 뿐이다.

이 땅 어느 곳에서 그들과 가족들은 여전히 한숨짓고 고통의 나날을 보내고 있는데 내가 한 일이라곤 그것을 이렇게 한 번 정리해본 것일 뿐이니, 뭔가 그들의 고통을 현실적으로 해소할 수 있도록 힘을 보탰으면 하는 생각이 간절하다. 이 책으로 말미암아 그들을 함께 생각하고 돌아보는 작은 계기라도 만들어졌으면 좋겠다.

2006년 8월
희망제작소에서 새로운 희망을 꿈꾸며
박원순

불귀(不歸)　　김지하

못 돌아가리
한번 디뎌 여기 잠들면
육신 깊이 내린 잠
저 잠의 저 하얀 방, 저 밑모를 어지러움

못 돌아가리
일어섰다도
벽 위의 붉은 피 옛 비명들처럼
소스라쳐 소스라쳐 일어섰다도 한 번
잠들고 나면 끝끝내
아아 거친 길
나그네로 두 번 다시는

굽 높은 발자국 소리 밤새워
천장 위를 거니는 곳
보이지 않는 얼굴들 손들 몸짓들

소리쳐 웃어대는 저 방
저 하얀 방 저 밑모를 어지러움

뽑혀나가는 손톱의 아픔으로 눈을 홉뜨고
찢어지는 살덩이로나 외쳐 행여는
여윈 넋 홀로 살아
길 위에 설까

덧없이
덧없이 스러져간 벗들
잠들어 수치에 덮여 잠들어서 덧없이
매질 아래 발길 아래 비웃음 아래 덧없이
스러져간 벗들
한때는 미소짓던
한때는 울부짖던
좋았던 벗들

아아 못 돌아가리 못 돌아가리
저 방에 잠이 들면
시퍼렇게 시퍼렇게
미쳐 몸부림치지 않으면 다시는
바람 부는 거친 길
내 형제와
나그네로 두 번 다시는

비녀꽂이 　　김남주

한 사내가 와서
지하의 세계에 와서
나에게 와서
명령했다 무릎을 꿇으라고
선 채로 나는 대꾸했다
내 무릎을 꺾으라고

무릎을 꺾어놓고
시멘트 바닥에 내 무릎을 꺾어놓고
그 사내는 비녀꽂이를 하기 시작했다
비명소리로 세상은 조용했고
단 냄새로 내 목청은 뜨거웠다

비녀꽂이가 끝나고
나는 말했다 지하의 사내에게
아픔을 주더라도 남에게

굴욕의 상처를 남기는 그런 아픔은 주지 말라고
육체적인 고통은 쉽게 잊혀지지만

인격이 수모를 당하면
인간은 그것을 영원히 기억하게 된다고

고문   고은

고문을 당해보면
인간이 인간이 아님을 알게 된다
고문하는 자도
고문당하는 자도
깊은 밤 지하 2층 그 방에서

나를 두렵게 하는 것은   할프단 라스무센(Halfdan Rasmussen)

나를 두렵게 하는 것은 고문가해자도
다시 일어설 수 없는 몸도 아니다

죽음을 가져오는 라이플의 총신도
벽에 드리운 그림자도
땅거미 지는 저녁도 아니다

희미하게 빛나는
고통의 별들이 무수히 달려들 때

나를 두렵게 하는 것은
무자비하고 무감각한 세상 사람들의
눈먼 냉담함이다

제1장

서론—고문은 어디에도 있다

01
고문 —인류의 보편적 유산?

1. 현대의 전염병, 고문

① 10세에서 12세 사이의 소년 3명이 절도 혐의로 이스탄불의 경찰서에 구금되었다. 경찰관들이 이들의 얼굴에 방뇨하고 배설물 위에 눕게 한 뒤 성적 폭행을 가했다고 전해진다. 이 아동들은 그후 자백을 얻기 위해 전기고문을 당했다.(1997년 터키)

② 한 부부가 타밀(Tamil) 지방의 나두(Nadu) 경찰서에서 신문을 당했다. 이들은 천장에 매달린 채 구타를 당하였다. 부인은 발가벗겨진 채 강간의 위협을 당하였다. 경관들은 그녀의 젖가슴을 깨물고 성기를 발로 걷어찼다. 경관들은 남편의 눈에 고춧가루를 뿌리고 바늘로 손톱과 혀를 찔렀다. 남편은 이러한 고문으로 인해 사망했다.(1998년 인디아)

③ 카르툼(Khartoum) 인근에서 길을 잃은 11세의 한 소녀가 4명의 경관에게 검문

을 당하였다. 그녀는 경찰서로 끌려가 다른 세 명의 경관이 지켜보는 가운데 강간을 당하였다.(1999년 수단)

④ 소위 '여과' 캠프라고 불리는 수용소에서 한 수인이, 체첸인들이 구금되어 있는 감방 복도에서 러시아 간수들이 14살 먹은 소녀를 강간하는 모습을 목격하였다. 그 소녀는 감금된 4일 동안 간수들에게 돌아가면서 구타와 강간을 당하였다.(2000년 체첸)[1]

:: 앰네스티 인터내셔널(국제사면위원회)은 1997년부터 2000년 중반까지 3년에 걸쳐 195개 국가에 대하여 고문에 관한 조사를 실시하였다. 그 결과 고문과 가혹행위가 1997년 이래 150개국의 국가기관에 의해 벌어졌으며, 70여 국가에서는 광범한 정도로 고문이 성행하고 있고, 80개 이상의 국가에서 고문의 결과로 사람이 사망했다는 사실이 밝혀졌다. 앰네스티 인터내셔널이 1960년대 냉전의 최극성기에 고문을 비난하기 시작한 이후 세계는 엄청나게 변한 것이 사실이다. 그러나고문은 계속되고 있으며 단지 군사독재나 권위주의 정권에만 한정되어 있지 않다. 고문은 민주주의 국가에서도 벌어지고 있다. 고문의 희생자는 형사적 피의자와 더불어 정치적 수인, 사회적 약자, 반대자, 그들의 정체성 때문에 표적이 된 사람들, 특별한 신념의 소유자 등에까지 이르고 있다. 남성만이 아니라 여성도 있으며, 어른들만이 아니라 아이들까지 포괄한다.[2]

2000년의 새로운 세기를 맞으며 앰네스티 인터내셔널은 고문금지운동을 새로운 캠페인으로 내걸면서 그 제목을 '현대의 전염병(A modern day plague)'이라고 이름 붙였다.[3] 새 천년의 문턱에서 이제 인류 역사의 어두운 저편으로 밀려났

1. 앰네스티 인터내셔널 웹사이트(http://www.amnesty.org) 참조.
2. Amnesty International, Media Briefing: Campaign Against Torture, AI Index: ACT 40/16/00, October 2000.

음직한 고문의 문제가 새롭게 대두되고 있음을 보면서, 과연 인류 역사는 진보하고 있는가 하는 의문이 들었다. 양차 세계대전을 예외로 치면 많은 사람들이 고문을 마치 중세시대에나 있었던 것으로 착각한다.[4] 그러나 엄연히 고문은 우리의 주변에서 횡행하고 있다.

사실 역사서를 펼쳐보면 인류의 역사는 곧바로 피의 고문과 보복의 역사였음을 알게 된다. 고문은 절대군주와 봉건시대와 근대 국민국가의 발전과정에서 필수불가결한 통치수단인 것처럼 상용되었다. 그러나 고문은 결코 현대에서도 사라지지 않았다. 나치의 무시무시한 고문이 바로 어제의 일이 아니었던가. 남미와 아시아, 아프리카의 신생국가에서 독재의 발호와 더불어 끔찍한 고문의 행각들이 자국 국민들을 상대로 '더러운 전쟁'을 치르지 않았던가.

과거 왕조시대의 고문은 제쳐놓고라도 일제시대를 상징하는 것이 바로 고문이었다. 독립운동가들을 고문하고 처형함으로써 공포와 압제로 이 땅의 독립 기운을 잠재우려 한 것이 바로 일제의 통치전략이었다. 유관순이 고문으로 죽고 김창숙이 고문으로 앉은뱅이가 되지 않았던가. 해방이 되어 일제 관헌은 물러갔지만 그 하수인이던 일제하 조선인 헌병과 경부(警部)들은 그대로 남아 이승만 독재정권의 손발이 되었다. 이들과 이들이 훈련시킨 수사기관과 중앙정보부 수사관들이 고문의 '숙달된 조교'가 되어 박정희 정권 18년, 전두환·노태우 정권 10년을 버티게 했다. 이들의 손에 의해 얼마나 많은 고문희생자들이 생겨났던가. 이책에서 그 고문희생자들의 끝도 없는 행렬을 보게 될 것이다. 일제시기부터 문민정부에 이르기까지 체계적이고 제도적으로 자행된 고문 시스템은 아마도 세계

---

3. "과거의 고문은 공개적으로 행해졌지만, 오늘날의 고문은 은밀한 곳에서 비밀리에 자행된다. 유엔 가입국 세 나라 중 한 나라에서 자행되고 있는 고문은 전 세계적으로 진행되고 있는 정치적 역병이다. 그런데도 독재정부들은 고문을 행하는 과정과 그 배경들을 합법적인 것처럼 보이도록 철저히 위장함으로써 고문을 공공연한 비밀(public secrecy)로 만들고 있다." 고문등정치폭력피해자를돕는모임(KRCT), 『고문, 인권의 무덤』, 한겨레출판, 2004, 25쪽.
4. 이런 생각은 서양 사람들도 마찬가지로 하는 모양이다. The Redress Trust, *Annual Report 1992-94*, 1994, p. 4.

고문의 역사에서 한 장으로 기록될 것이다.

그러나 앰네스티 인터내셔널의 조사 보고가 말해주는 것처럼 고문은 과거의 것이 아니다. 고문은 과거 군사독재나 권위주의 정부에서만 존재하는 것이 아니라 바로 현재 우리 사회에 살아서 돌아다니는 악령 같은 것이다. 우리가 민주주의로 분류하는 많은 나라에서도 다시 고문의 사례와 경향, 조짐이 드러나고 있다.[5] 전 세계에서 지역 간, 종족 간의 갈등과 충돌, 내전이 도지고 있고, 독재국가에서는 야당과 반대 세력을 제거하기 위해서, 심지어 민주국가에서도 '극단적 정치세력'을 제거한다는 명목으로 고문은 여전히 사용되고 있다.[6] 국제적인 테러를 예방하고 억압한다는 명목으로 많은 서방국가에서 반테러법이 만들어지고, 국가의 권력남용을 사실상 용인하는 사례들이 늘고 있다.

앞으로 보게 되듯이 고문은 이미 우리 주위에 늘 서성이고 있다. 그만큼 일상적인 현상이 되고 말았다. 과거처럼 조직적이고 체계적인 고문은 아닐망정 마치 정규군이 아닌 게릴라처럼 우리를 괴롭힌다. 국민의 관심과 살아 있는 여론, 인권단체의 지속적인 감시와 노력이 없으면 고문은 언제 다시 우리 앞에 나타나 많은 사람들을 괴롭힐지 모른다. 자백을 원하는 수사관의 욕구는 늘 살아 있으며 그 유혹으로 언제든 고문희생자들을 만들어낼 수 있다. 우리가 원하지 않았어도 이미 우리에게 고문이 상속되어 있는 상황에서 그것이 죽어 쓸모없는 유산이 되도록 하는 것은 우리 자신의 결단과 용기뿐이다.

---

5. "이스라엘이 '탁 치니 억 하더라'식 눈가림을 거부하고, 고문의 유용성을 적극 변호하고 나섰다. AP통신은 이스라엘 정부가 팔레스타인의 테러에 맞서기 위해 '고문은 비정상적이지만 성공적인 수단'이라고 밝혔다고 전했다. 회교 무장단체 하마스(Hamas) 조직원 2명은 이스라엘 정보기관 '신 베스(Shin Beth)'가 신문과정에서 고문했다고 주장했고, 안보 관련 혐의자에게 '적당한 물리적 압력'을 허용한 결정을 폐지하라고 이스라엘 법원에 요구했다. 이스라엘 인권단체도 19일 이들에 대한 청문회가 열린 법원 앞에 모여 "정보기관이 해마다 팔레스타인 포로 천 명 이상을 신문하고, 이 중 85%에게 고문을 가한다"라며 시위를 벌였다고 로이터 통신이 전했다. 이스라엘 정부는 18일 대법원에 서한을 보내 '정당하고 특정한 상황에서 고문을 가해 (그들의) 목숨을 살리고 최소한의 상처만 입혔다'라고 주장했다." 「이스라엘 '고문 유용성' 적극 변호」, 1998년 5월 21일자 『조선일보』 기사. 나치의 무지막지한 고문을 가장 많이 당했던 유대인이 만든 이스라엘이 이런 주장을 한다는 것이 역설이지 않은가.

6. The Redress Trust, *Annual Report 1992~94*, 1994, p. 4.

2. 고문이란? ─ 도저히 표현할 수 없는 단어

:: 고문이란 폭행 등의 방법으로 신체에 대하여 위해를 가하는 것을 말하며, 폭행은 신체에 대하여 불법한 유형력을 행사하는 것을 말하고, 협박이란 해악을 고지하여 상대방으로 하여금 외포심을 일으키게 하는 방법을 말한다.[7]

:: 한 사람 또는 여러 사람이, 단독으로 또는 어떤 권력의 명령에 따라 다른 사람으로 하여금 억지로 정보를 내놓게 하거나, 자백을 하게 하거나 그밖의 목적을 위하여 고의적이고, 조직적이며 동시에 악의에 찬 방법으로 육체적·정신적 고통을 가하는 행위를 고문이라 한다.[8]

:: 어떤 개인으로부터 자백을 받거나, 제3자에 대한 정보를 얻거나 또는 그에게 어떤 처벌을 가할 목적으로 한 개인에게 신체적이거나 정신적인 고통을 의도적으로 가하는 모든 행위를 말한다. 또한 어떤 목적으로 한 개인을 위협하거나 강요하기 위해서도 이루어진다. 이때 가해지는 폭력은 대개 공권력이거나 공권력처럼 인식되는 주체에 의해서 허가되었거나 적어도 묵인된 상태에서 이루어진 경우를 말한다. 다만 합법적 법의 집행과정에서 일어나는 우연한 사고에 의한 고통은 포함되지 않는다.[9]

---

7. 장윤석, 「위법수집증거의 증거배제에 관한 연구」, 한양대 박사학위논문, 1992, 145쪽.
8. 1975년 일본 도쿄에서 열린 세계의학협회(World Medical Association)에서 내린 고문의 정의. 양길승, 「의학적 측면에서 본 고문의 심각성」, 『고문후유증 사례 보고 및 토론회』, 민주사회를위한변호사모임·인도주의실천의사협의회·문국진과 함께하는모임, 1994년 4월 11일, 13쪽. 원문을 전재해보면 이렇다. "Torture is defined as the deliberate, systematic or wanton infliction of physical or mental suffering by one or more persons acting alone or on the order of any authority, to force other person to yield information, to make a confession, or for any other reason."
9. 고문방지협약(고문과 기타 잔혹한, 비인도적 또는 굴욕적 처우나 형벌의 방지에 관한 협약, Convention Against Torture and Other Cruel, Inhuman or Degrading Treatment or Punishment) 제1조의 정의.

처음 정의는 그야말로 법률적인 정의이고, 후자의 두 가지 정의는 사회학적인 정의라고 할 수 있다. 이들의 정의 규정에는 대체로 공통적인 요소가 많이 있다. 고문의 목적과 동기, 수단과 방법, 주체 등에서 고문을 다른 일반적인 폭행과 위협, 다른 범죄 및 불법행위와 구별하는 차별적인 요소들을 확인할 수 있다. '고의적', '조직적', '악의에 찬' 행위이며 직·간접적으로 '공권력'[10]에 의해 이루어지는 것이다.

여기서 좀더 구체적으로 분석해보면 첫째, 고문은 두 사람 이상의 관계에서 성립한다. 한 사람은 고문자이고 또 한 사람은 고문 대상자이다. 피고문자는 고문자의 물리적 지배 아래 종속되어 있다. 둘째, 고문자가 사용하는 수단은 피고문자에게 아픔이나 고통을 가하는 결과를 낳는다. 그 수단은 단지 육체적 공격에 한정되지 않고, 정신적 또는 심리적인 것까지 포함한다. 고문이라는 개념은 고통의 강한 정도를 의미하는데 '심각한(serious)' 또는 '격심한(acute)' 것을 말한다. 단지 한 대 때린 것은 '부당한 대우(ill-treatment)'에 해당하고, 이틀에 걸쳐 지속적으로 구타한 것은 '고문'에 해당한다. 셋째, 피고문자의 의지를 꺾는다거나, 인간의 고유한 존엄성을 무시하면서 인간성을 파괴하는 고문자의 행동이나 노력이다. 넷째, 고문을 사용하는 특정한 목적이나 동기에 수반된 의도된 고통의 야기이다. 일반적으로 자백이나 정보를 얻거나 처벌하기 위해, 그리고 피고문자나 제3자를 위협하기 위해 사용한다.[11]

그러나 이러한 구성요소의 설명에도 불구하고 여전히 의문점은 남는다. 인간 행동이나 고문의 개념은 정확한 정의를 내리기가 어렵다. 모든 인간은 각자

---

10. 이 점에서 "고문은 집단 간의 갈등이나 개인 간의 의견 충돌 때문에 빚어지는 주먹다짐이나 폭력과는 다르다. 이런 의미에서 전쟁이나 분쟁 같은 집단갈등과 가해적 성애, 아동폭력, 성폭력, 가정폭력처럼 개인적 갈등을 이유로 자행되는 신체적·정신적 폭력이나 비인간적 대우는 고문으로 간주되지 않는다." 고문등정치폭력피해자를돕는모임(KRCT), 『고문, 인권의 무덤』, 한겨레출판, 2004, 23쪽.
11. Ellen B. Cohn, "Torture in the International Community—Problems of Definition and Limitation—The Case of Nothern Ireland", *CASE W. RES. J. INT'L L*, Vol. 11, 1979, p. 164.

다르고 특별하기 때문이다. 고통을 받아들이는 정도도 다르고, 심리적인 구조와 문화적인 조건도 개인에 따라 다르다. 고문행위도 참을 수 없는 고통이나 죽음을 야기할 정도의 고통에서부터 단지 불편한 정도까지 다양한 가해행위에 걸쳐 있다. 고문을 바라보는 시각도 의학적·심리학적·정치적·법률적 관점이 다 다를 수 있다.[12] 또 국제적인 조약에서 말하는 '단순한 고문'과 '부당한 대우'의 차이도 분명하지가 않다. 정도의 차이를 가지고 설명할 수는 있지만 그 한계에 대해서는 명확한 규정을 내리기가 어렵다. 이렇게 고문을 묘사하는 것은 여전히 한계가 있다.

   :: '고문'이란 단어를 묘사해야 할 때 어떤 단어도 충분하지 않다. 고문은 존재하는 모든 단어 가운데 가장 무시무시한 것 중 하나이다. 고문은 단지 담뱃불로 지지거나 온몸을 구타당하는 사람을 의미하는 것이 아니다. 고문은 손가락 하나 꼼짝할 수 없는 상태에서 자신의 아이들이, 가족이, 또는 가장 가까운 친구들이 고문당하는 것을 바라보아야 하는, 그런 정신적인 형태를 띨 때도 있다. 정신적 고문은 최악의 고문이다. 그것은 엄청난 고통을 수반하며 고문자도 그것을 알고 있다. 그 목적은 인간성을 파괴하는 것이고, 이러한 점에서 어떤 수단도 아끼지 않는다. 그것은 영혼의 파괴라고 할 수 있다.[13]

도저히 표현할 수 없는 단어, 정의할 수 없는 개념, 가장 끔찍하고 아프고 비통한 일을 표현해야 할 때 우리는 '고문'이라 말하리라. 우리는 '고문'이란 단어와 접하면서 인간의 가장 어둡고 사악한 면을 보며 절망하고 또한 분노한다. 그것이 제도화되고 보편화되어 있는 모습을 볼 때면 더욱 그렇다. 어느 한 시대, 한

---

12. Ellen B. Cohn, 앞의 글, p. 159.
13. Rehabilitation Center for Torture Victims, *Annual Report 1985*, p. 3.

지역, 한 사악한 고문자만 있었다면 지나칠 수 있다. 그러나 모든 시대, 모든 지역에 존재했던 수많은 고문자들을 접하면서 우리는 또한 절망하지 않을 수 없다.

3. 고문의 배경과 특징 — 고문의 현상학

1) 일방성 — 불균형 관계

사람 간의 관계는 기본적으로 대칭과 조화이다. 사람 간의 만남은 동등하고 서로 존중해주는 틀 속에서 이루어진다. 그러나 고문의 특징은 고문가해자와 피해자 사이의 불균형 관계이며 일방적인 관계이다. 가해자는 절대적 권력을 가지고 있는 반면, 고문피해자는 거의 전적으로 방어수단이 없다. 피해자들은 수갑이 채워져 있거나 눈이 가려져 있어 그 참혹한 상황과 자신 앞에 있는 가해자조차 알아볼 수 없다. 가해자의 힘은 폭력·위협·가해행위를 통해서 피해자가 가진 신념이나 의지를 결국 포기하게 만든다.

::   (고문은) 언제나 한계상황에서 벌어진다. 한계상황은 정당방위를 할 수 없는 상황이고 아무도 도울 수 없는 상황이다. 따라서 자기 상실과 세계 상실을 함께 감수하지 않을 수 없는 고립무원의 상태가 고문당하는 자의 위치이다. 때리면 맞을 수밖에 없고, 욕을 보이면 당할 수밖에 없고, 죽이면 죽는 수밖에 없는 완전히 일방적인 한계상황에서 인간은 마치 도살장에 끌려가는 소와 같이 아무런 저항 없이 자신을 폭력 앞에 내맡길 수밖에 없다. 고문은 일상생활에서 흔히 보는 폭행이나 상해, 협박이나 모욕과는 그 의미가 전혀 다르다. 왜냐하면 고문이라는 제도적 폭

력은 한계상황에서 벌어지고, 일상생활의 폭력은 정당방위 상황에서 벌어지기 때문이다.[14]

2) 익명성 — 얼굴 없는 고문자

고문은 익명성을 본질로 한다. 고문자의 신분이나 이름은 철저히 비밀에 붙여진다. 자신의 계급이나 직책마저도 드러내지 않는다. 이는 고문과정에서 생기는 사적인 관계를 방지하기 위해서다. 고문은 비인간적이고 잔혹해야 하는데 사적인 인간관계는 잔혹한 고문을 가하는 데 방해가 될 수 있기 때문이다. 그뿐만 아니라 고문자의 익명성은 나중에 피해자가 고문장을 벗어나 세상에 폭로하거나 보복하는 일을 어렵게 만든다. 실제로 '이근안'의 이름이 밝혀지는 데 얼마나 많은 우여곡절이 있었던가. 자기들끼리 '사장', '전무' 등의 이름으로 부르는 이유를 충분히 짐작할 수 있다. 고문자 역시 피고문자를 고문 직전까지도 알지 못하는 경우가 대부분이다. 고문 기간 내내 고문자가 만들어낸 시나리오에 따라 진술을 강요하는 데 몰두하기 때문에, 정작 고문피해자의 진실을 알지 못하는 경우도 많다.

더구나 고문자와 피고문자는 고문장에서 개인으로 만난다기보다는 그 집단을 대표하기 마련이다. 고문자는 정치권력의 대변자이고, 피고문자는 고문으로 정보를 드러낸 뒤 파괴되어야 할 저항세력의 대표자이다. 실제 얼마나 대표성을 가지고 있건 간에 결과적으로 그렇게 될 수밖에 없다. 이근안이나 문귀동은 단순히 한 경찰관이 아니라 국가권력을 상징하게 되고, 김근태나 권인숙은 저항세력과 민주화운동을 대표하게 된다.

---

14. 전해철, 「고문의 근절과 고문후유증 해결을 위한 법제도의 현황」, 『고문후유증 사례 보고 및 토론회』, 민주사회를위한변호사모임·인도주의실천의사협의회·문국진과함께하는모임, 1994년 4월 11일, 2쪽.

3) 갈등성 — 이중 구속

고문피해자는 육체적으로 구속당해 있을 뿐만 아니라 심리적으로도 구속되어 있다. 고문자가 절대적 위력을 행사하는 공간 안에서 피고문자의 신체는 구속되어 있다. 그런데 더욱 큰 고통은 고문자가 요구하는 것을 진술해야 하는 심리적 구속에 있다. 극한의 고통을 참고 이기든가, 아니면 자신의 신념과 의지를 포기하고 정치적 동료들과 관련자들에 대한 자백과 고발을 하든가 하는 양자택일을 강요당한다. 동료에 대한 배신, 더 나아가 자신의 신념에 대한 배반 또는 포기는 인간을 가장 고통스럽게 만든다.

고문자는 흔히 위협한다. "깨끗이 자백하고 선처를 받든가 아니면 좀더 고통을 당하든가"라고. 그러나 자백하기 전까지 지속적으로 고문이 가해지므로 고문피해자는 어느 순간엔가 항복할 수밖에 없다. 그 고문의 장소를 자백 없이 나가는 방법은 박종철 군처럼 죽어나가거나 또는 서승 씨처럼 자살을 기도하거나 둘 중 하나이다. 우리 역사에서 안기부·보안사·치안본부 대공분실에서 자백 없이 그 고문을 이겨내고 나간 사람이 있는가. 이렇게 고문에 굴복하는 것은 결국 굴욕적인 자백이며, 동료에 대한 배신이며, 자신의 패배로 귀착된다. 사후에 오는 고문피해자의 정신적 후유증은 신체적 고통보다는 오히려 이런 심리적 고통에서 유래하는 바가 더 크다.

4) 변형성 — 신체·공간·시간의 변질

:: 고문 과정에서는 자신의 신체마저 저주스러운 것이 된다. 자기 의지와 무관하게 상처를 입고 고통당하기 때문이다. 고통을 이겨내기 위해서는 신체마저 자기 것이 아니라고 생각해야 하므로 신체는 자신과 무관한 것이 되고 만다. 특히 성고

문을 당할 경우 자신의 신체는 혐오스러운 것이 되어버린다. 원래 타인의 신체는 친근함과 따뜻함, 아름다움과 성적 매력의 대상이지만, 고문 상황에서는 고통을 주는 아주 정교한 고문 수단으로 바뀐다.[15]

:: (고문의) 공간에서는 사물의 본래 의미가 왜곡된다. 예를 들어 침대는 휴식을 취하거나 사랑을 나누는 장소지만 고문실에서는 전기고문을 자행하는 도구로 바뀐다. 물 역시 원래 갈증을 해소하거나 세면을 하기 위한 것이지만 고문실에서는 극심한 고통을 주는 물고문의 재료로 바뀌며, 휴식을 취하는 공간인 방 역시 끝없는 소음과 빛으로 가득 찬 고통스러운 공간으로 바뀌어버린다.[16]

:: 인간은 현재·과거·미래의 영향을 받으며 존재하는데, 고문을 당할 때에는 단지 참을 수 없는 현재만이 존재한다. 미래란 더 이상 존재하지 않고 단지 또 다른 고문이나 죽음만이 남아 있는 것처럼 느껴지는데, 고문자들은 바로 이런 점을 이용하여 고문피해자들을 위협한다. 게다가 모욕으로 인해, 박탈로 인해, 믿음·신념·가치·가족에 대한 잔인한 비방으로 인해 고문피해자의 과거는 조금씩 파괴되어간다.[17]

고문은 고문피해자의 평범하고 일상적인 삶 속으로 침투해 들어와 모든 것을 구겨버린다. 자신의 의지가 아니라 고문자의 일방적 의지에 의해 자신의 인간관계, 진정한 과거, 주변 인물과 사물조차도 왜곡되고 변형된다. 자신의 육체와 영혼, 신념체계, 사물의 인식, 과거와 현재─그 모든 것이 과거와는 달라진다.

15. 고문등정치폭력피해자를돕는모임(KRCT), 「고문, 인권의 무덤」, 한겨레출판, 2004, 44쪽.
16. 고문등정치폭력피해자를돕는모임(KRCT), 앞의 책, 45쪽.
17. 고문등정치폭력피해자를돕는모임(KRCT), 앞의 책, 46쪽.

과거에 가졌던 모든 일체성과 통합성, 정체성이 깨져버린다. 그것은 엄청난 혼란과 고통을 가져온다. 모든 게 뒤죽박죽이 된다.

이런 상황에서 고문자는 자신이 원하는 정보와 요구를 쉽게 채운다. 바로 그 목적을 달성하기 위해 피해자에게 그런 혼란과 무기력, 상실의 상황을 만들어주는 것이다. 그러나 이런 상황이 고문이 끝나도 쉽게 복원되지 않는 데 문제가 있다. 때로 그 혼란과 상실은 복원은커녕 더욱 발전해 완전한 정신질환으로 이행하게 된다.

4. 고문의 죄악

:: 고문의 목적이 오직 자백과 밀고의 강요에만 있는 것은 아니다. 피해자는 자신을 모멸해야 한다. 가해자들 앞에서 동물처럼 내지르는 비명소리와 고문에 굴복하는 굴욕감으로 인해 인간 이하의 인간으로 자신을 낙인찍게 만드는 것이다.[18]

프랑스가 알제리의 독립운동을 억압하고 그 운동가들을 고문하는 현상이 계속되고 있던 상황에서 1958년 장 폴 사르트르(Jean Paul Sartre)는 고문을 비판하며 이렇게 기술했다. 고문의 목적과 결과는 고문피해자의 육체와 영혼을 파괴하는 것이다. 스스로에 대한 굴욕감과 패배감을 맛보게 함으로써 자신이 가져왔던 인간과 사회에 대한 신념과 신뢰, 정체성, 자신감—이 모든 체계를 파괴하게 된다. 그런 의미에서 고문은 가장 지독하고 가장 못된 형태의 인권침해이다.

---

18. 고문등정치폭력피해자를돕는모임(KRCT), 『고문, 인권의 무덤』, 한겨레출판, 2004, 27쪽.

:: 본인은 이 기억을 되살리며 치 떨리는 분노와 굴욕감을 느낍니다. 우선 남영동 치안본부에서 본인에게 요구했던 것은 '항복'입니다. 항복을 받기 위해서 깨부수겠다고 이야기했고 또한 그와 같이 했습니다.(김근태의 증언)[19]

:: 조용한(63) 씨는 수원지검 최정운 검사에게 양쪽 뺨과 어깨, 가슴을 구타당하고 무릎을 꿇린 채 팔을 들고 벌을 서야 했고 폭언을 당했다. 그는 30대의 젊은 검사에게 구타와 모욕을 당하였다는 심한 모멸감에 시달리다가 5월 25일 자살하고 말았다.[20]

우리나라 고문피해자들의 증언 중에서도 이런 굴욕감과 모멸감을 표현하는 경우들이 많다. 고문이 갖는 보편적인 성격 때문이다. 동서를 막론하고 인류는 고문에 관해 비교적 일정한 목적과 기준을 발전시켜왔다.

① 고문 대상자로 하여금 처음에는 미미하고 관계없는 항목들을 얘기하다 차츰 구체적인 정보를 털어놓도록 심문해야 한다.
② 최대한의 고통을 유발해야 하지만 죽여선 안 된다. 그러므로 신체에서 가장 민감한 부분을 선택하여 공략한다.
③ 피해자에게 만성적인 고통과 함께 영구적인 신체적 상해를 안겨주어야 한다. 그 결과 피해자가 끊임없이 고문을 상기하게 함으로써 신체적 고문이 정신적 고문이 되게 한다.

19. 대한변호사협회 인권위원회, 「민청련 의장 김근태 씨 경우」, 『고문근절대책공청회 자료집—고문 피해의 증언』, 1987, 16쪽.
20. 인도주의실천의사협의회·한국인권단체협의회(민변·민가협 등 10개 단체로 구성), 「고문 기타 잔혹한, 비인도적 또는 굴욕적 처우나 형벌금지협약 제19조에 따른 대한민국 정부의 보고서에 대한 대한민국 인권단체들의 반박보고서」, 1996년 10월, 52항 '가' 부분 참조.

④ 신체적 상해는 법원의 심사과정에서 입증하기 어려워야 한다.

⑤ 이를 위해 의학 전문가의 감독 아래 실행해야 한다.[21]

서양 고문사에서 정리된 기준이지만 최근 한국현대사에서 발견되는 고문의 사례 보고에 비추어보면 하나도 다를 것이 없다. 오히려 어쩌면 이렇게 똑같을까 하는 생각마저 들 정도이다. 고문은 이와 같이 우발적이거나 일회적인 것이 아니고 의도적이고 계획적이며 체계적이고 지속적이다. 제도화된 고문은 개인적으로는 그 피해자를 파괴하고, 집단적으로는 그 사회를 공포와 억압의 사회로 만든다. 고문으로 지배하는 사회는 개인적인 창의성과 상상력이 살아 숨쉬기 어렵다. 그것은 또한 신에 대한 모독이다.

:: 하느님의 모습대로 창조된 인간의 존엄성을 침해하는 것은 바로 창조주 하느님의 주권을 침해하는 것이며, 고문행위는 창조주에 대한 극도의 모욕이다. 인간이 인간에게 저지른 죄악 가운데 고문만큼 잔혹하고 야만적인 것은 없다.[22]

5. 고문은 정당화될 수 있는가?
— '시한폭탄(ticking-bomb)' 이론에 대해

1956년 11월 알제리의 수도 알제(Algiers)에서 폴 타이트겐(Paul Teitgen)은 심각한 딜레마에 빠졌다. 그는 제2차 세계대전 중 다차우(Dachau) 강제수용소에서

21. 고문등치력력피해자를돕는모임(KRCT), 『고문, 인권의 무덤』, 한겨레출판, 2004, 28쪽.
22. 이계창, 「이 땅에서 영원히 추방해야 할 고문」, 『공동선』 1994년 5~6월호, 143쪽.

독일군의 반복된 고문을 견뎌낸 프랑스 저항운동의 영웅이었다. 당시 그는 알제의 지방장관이 되어 있었다. 그런데 알제의 독립운동가 페르디난트 이브톤 (Ferdinand Yveton)이 자신이 일하고 있던 가스창고에 설치된 폭탄이 발견되면서 붙잡혔다. 문제는 두 번째 폭탄이 어딘가에 설치되어 있다는 것이었다. 그러나 이브톤은 입을 열지 않았고, 곧 수천 명의 목숨이 경각에 달려 있었다. 경찰 책임자는 그 독립운동가를 고문해서라도 폭탄의 소재에 관해 자백을 받아내야 한다고 결사적으로 주장했다. 그러나 폴 타이트겐은 이렇게 말했다.

:: 그러나 그를 고문해서는 안 된다고 나는 거절하였다. 나는 그날 오후 내내 전율했다. 마침내 그 폭탄은 터지지 않았다. 내가 옳았다고 하느님께 감사드렸다. 한번 고문의 '사업'에 빠지면 당신도 실종된다. 이해하라. 공포는 모든 것의 기초이다. 우리가 모두 말하는 문명이란 허구로 뒤덮여 있다. 그 껍질을 벗겨내면 거기에는 공포가 있다.[23]

이렇듯 고문은 언제라도 허용하지 않아야 하는 것일까? 폭탄을 설치한 사람에게 고문을 가해서라도 그 설치 장소를 알아내야 하는 것이 아닌가? 앰네스티 인터내셔널은 고문이 고문을 낳고 마침내 고문의 세상이 될 것이라면서 그에 대해 이렇게 말한다.

:: 어떤 사람이 폭탄을 설치했다고 인정한다. 고문은 사람들의 생명을 구하게 될 것이다. 어떤 사람이 폭탄을 설치했다는 혐의를 받고 있다. 고문이 그것을 드러낼 것이다. 또 어떤 사람에게 폭탄을 설치했다는 친구가 있다. 고문이 우리를 그

---

23. Brian Innes, *The History of Torture*, St. Martin's Press, New York, 1998, p. 7.

용의자에게 인도할 것이다. 어떤 사람이 위험한 의견을 가지고 있고, 폭탄을 설치할 생각을 할지도 모른다. 고문은 그의 계획을 드러나게 할 것이다. 어떤 사람이 그런 위험한 생각과 폭탄 설치를 할지도 모를 사람을 안다. 고문은 우리를 그 모든 사람들에게 인도할 것이다. 어떤 사람은 그 용의자가 어디에 있는지 자백하기를 거부하였다. 고문은 그 모든 사람들을 위협할 것이다.[24]

이런 사례는 세계 역사 속에서 계속 반복되고 있다. 최근 독일에서 어린아이가 납치되었고 그 범인이 잡혔지만, 아이를 숨겨둔 장소를 말하지 않아 아이의 생명이 경각에 달렸던 적이 있었다. 어떻게 해야 할 것인가?

::   28세의 법학생 마그누스 개프갠은 2002년 9월 프랑크푸르트에서 당시 11세이던 한 은행가의 아들 야콥폰 메츨러를 납치했다. 개프갠은 아이를 질식사시킨 후 아이의 사망 사실을 숨긴 채 이틀 후 아이의 부모에게서 몸값 1백만 유로를 받았다. 몸값을 지불하는 순간부터 그를 추적하기 시작한 프랑크푸르트 경찰은 다음 날 그를 체포하였다. 경찰은 아이가 사망한 상태라는 것을 모른 채 개프갠을 심문하기 시작했다. 아이를 숨겨둔 장소에 대해 개프갠이 허위진술로 일관하자, 경찰은 "정확한 위치를 말하지 않으면 폭력과 고문을 가할 것"이라고 그를 위협했다. 위협을 느낀 개프갠은 그제야 정확한 위치를 자백했고, 경찰이 현장에 급파되었으나 아이는 사망한 상태였다.
이듬해인 2003년 7월, 납치범 개프갠은 살인죄로 종신형을 선고받았다. 그러나 검찰은 개프갠에게 고문 위협을 지시한 프랑크푸르트 경찰서 부서장 볼프강 다쉬너와 직접 심문을 담당했던 경찰관 오트빈에 대한 조사에 착수했고, 두 경찰관은

24. Brian Innes, *The History of Torture*, St. Martin's Press, New York, 1998, p. 9.

프랑크푸르트 지방법정에 서게 됐다.[25]

이 사건을 둘러싸고 '위급한 상황에서의 정당한 행위'였는지 아니면 '어떤 경우에도 고문은 정당화될 수 없는 것'인지를 놓고 독일 사회에 큰 논쟁이 벌어졌다. 독일 기센대학교 범죄학연구소장이자 법의학자인 아서 크로이처(Arthur Kreutzer) 교수는 독일 일간지 『타게스 슈피겔(Der Tages Spiegel)』을 통해 "어떤 예외적인 경우에 따라 '한 번쯤' 고문을 허가하는 방향으로 나아갈 경우, 고문을 허용하는 틈이 형성되고 그 틈새가 점점 커져 자칫하면 '댐'이 붕괴되는 상황이 발생할 수도 있다"라고 경고했다. 수십만 명의 목숨이 경각에 달린 상황에서 폭탄을 설치한 범인이 그 설치 장소를 말하지 않을 때는 고문을 해서라도 입을 열게 해야 하지 않는가라는 이른바 '시한폭탄(ticking-bomb)' 이론은 사실 권력을 가진 자가 언제나 받게 되는 유혹이다.

알 카에다의 2인자 할리드 셰이흐 모하메드(Khalid Shaikh Mohammed)가 체포되자, 그가 테러리스트 네트워크에 관한 정보를 말할 것인가가 관심의 초점이 되었다. 만약 그가 말하지 않을 경우 그를 고문해서라도 밝혀내야만 할 것인가?[26] 2003년에 CNN 앵커 블리처(Blitzer)가 '시한폭탄' 이론가인 앨런 더쇼위츠(Alan Dershowitz, 하버드 법대 교수), 국제 인권단체(Human Rights Watch) 사무총장 켄 로스(Ken Roth)와 나눈 인터뷰 내용을 살펴보자.

블리처: 더쇼위츠 교수님, 많은 시청자들은 고문이 필요한 시기가 있을 수 있다는

---

25. 강구섭, 「독일 유괴범 고문 위협 '뜨거운 논란'」, 2005년 1월 13일자 『오마이뉴스』 기사.
26. 실제로 할리드 셰이흐 모하메드가 체포된 후 미국 내에서는 그에게 약간의 고문을 가하거나 아니면 미란다 원칙 등이 해제되는 다른 나라에서 심문해야 하는 게 아니냐는 논란이 분분했다. 미 상원의원 제이 록펠러(Jay Rockfeller)도 고문이 허용되는 나라로 보내 심문할 수 있다고 한 인터뷰에서 대답했다. Eyal Press, "In Torture We Trust?", *The Nation*, March 31, 2003.

당신의 이야기를 듣고서 놀라워하고 있는데요. 지금이 그런 순간인가요?

엘런 더쇼위츠: 그렇게 생각지는 않습니다. 지금이 내가 아는 한 '시한폭탄' 테러리스트 경우는 아닙니다. 물론 어려운 문제는 닭과 계란의 문제입니다. 그가 정보를 제공하지 않는 한 우리는 그가 '시한폭탄' 테러리스트인 줄을 알 수가 없습니다. 또 문제는 우리가 극단적인 방법(고문)을 강구하지 않는 한 그는 정보를 제공하려 하지 않을 것입니다. …… 예컨대, 치명적이지 않은 고문방법으로서 손톱 밑을 바늘로 찌르는 것들을 말하고자 합니다. 사실 이것은 제네바협약을 위반하는 것인데요, 문제는 모든 나라들이 위반하고 있다는 사실입니다. 마치 프랑스가 알제리에서 그랬던 것처럼 비밀리에 그리고 위선자로서 그렇게 하고 있는 것입니다. …… 나는 그것을 책임성을 가지고 공개적으로 해야 하고 위선자처럼 하면 안 된다는 것입니다.

블리처: 좋습니다. 그러면 켄, 이러한 예외적이고 극단적인 상황에서 더쇼위츠 교수가 적절한 예를 들었다고 보십니까?

켄 로스: 그렇지 않습니다. 고문 금지는 국제법에서 가장 근본적이고 절대적인 규범입니다. 그것은 평화시는 물론 전쟁시에도 준수해야 합니다. 그것은 안보 위협이 아무리 심각하더라도 그와 무관하게 지켜져야 합니다. 마치 전쟁 시기에도 무고한 민간인에 대한 공격을 절대로 해서는 안 되는 것과 마찬가지입니다. 만약 당신이 고문 허가장을 발부할 수 있다면, 왜 테러리즘 허가장은 발부할 수 없는 겁니까? ……

블리처: 자, 그러면 켄, 이런 가정을 한 번 해봅시다. 더쇼위츠 교수가 자신의 책과 논문에서 말하고 있는 것인데 여기에 테러리스트 공격이 있다 합시다. 뉴욕에서 수많은 사람이 지금 죽었어요. 테러리스트 한 명을 붙잡았는데, 다른 곳에 또 다른 폭탄이 설치되었고 그로 인해 더 많은 사람이 죽을 상황인데 절대로 그 위치를 말하지 않는다면?

캔 로스: 예, 바로 그게 시한폭탄 이론인데요, 모든 사람이 바로 고문에 대한 변명을 하길 좋아해요. 이스라엘이 그랬죠. 아주 예외적인 상황을 확대적용하게 되는 겁니다. …… 일단 고문에 대한 문을 열면, 일단 그것을 어떤 방법으로 정당화하기 시작하면, 그 절대적인 규범을 깨는 겁니다.[27]

프랑스의 노벨문학상 수상자 알베르 카뮈(Albert Camus)는 "고문은 30개의 폭탄을 발견함으로써 사람들의 생명을 구할지도 모른다. 그러나 고문은 동시에 또 다른 방식으로, 또 다른 장소에서 활동하는 50명의 테러리스트들을 만들어 더 많은 무고한 사람들의 죽음을 야기할 것이다"라고 언명했다.[28] 고문의 공식적인 정당화는 언제나 범죄자의 범죄 규모, 공범의 이름, 적군의 의도, 테러리스트에게서 수많은 생명을 구할 수 있는 정보를 입수해야 할 필요성을 이야기한다. 그런 식으로 고문이 용납되고 허용되고 정당화되면서 고문은 일반화된다. 그러므로 어떠한 경우에도 고문을 용납하거나 정당화할 수 없다.

6. 고문의 기법

고문에 동원되는 수단 역시 많은 보편성을 가진다. 우리와 비슷한 군사독재를 경험한 남아메리카의 고문피해자 41명을 분석한 알로디(Allodi) 보고서에 따르면, 고문에 동원된 수단은 다음과 같다.[29]

---

27. http://www.edition.cnn.com 참조.
28. Brian Innes, *The History of Torture*, St. Martin's Press, New York, 1998, p. 9.
29. 양길승, 「의학적 측면에서 본 고문의 심각성」, 『고문후유증 사례 보고 및 토론회』, 민주사회를위한변호사모임·인도주의실천의사협의회·문국진과함께하는모임, 1994년 4월 11일, 16쪽.

고문에 동원된 수단 (알로디 보고서)

신체적 고문	구타(주먹, 몽둥이 발길, 회초리 등 사용)	40명
	전기고문	27명
	물고문	15명
	담뱃불·화학약품·뜨거운 물고문	5명
	골절	11명
	성적 공갈	14명
	강간	5명
	금식(물과 음식)	16명
	기타	12명
심리적 고문	말로 협박	32명
	행동으로 위협	35명
	본인 살해 위협	23명
	가족 살해 위협	13명
	살해행위의 실연	12명
	기타	12명

이런 구분은 동서고금이 대개 비슷한 고문의 유형을 가진다는 사실을 우리에게 확인시켜준다. 그러나 좀더 구체적인 고문양식을 보면 훨씬 끔찍한 모습을 발견할 수 있다.

우리나라에서도 다양한 고문방법들이 사용되었다. 미세한 점에서는 다른 나라들과 차이가 있지만 인간에게 고통을 가해 효과적으로 자백을 얻어내기 위한 방법이라는 점에서 많은 보편성을 갖는다. 일반적인 구타와 협박 외에 우리나라 고문피해자들이 그동안 증언한 고문방법에는 다음과 같은 것들이 있다.

① **물고문**: 돼지처럼 팔과 다리를 묶어서 거꾸로 매달아 얼굴에 물수건을 덮어놓고 주전자로 물을 부으면 숨통이 막혀 기절한다.

② **잠 안 재우기**: 의자를 들게 하거나 쟁반 또는 컵을 머리에 이게 하거나, 양팔을 벌리고 벽에 붙게 하는 등의 방법으로 며칠 동안 잠을 재우지 않는다.

③ **남자 성기고문**: 남자 성기에 종이 고깔을 씌워 불을 붙여 음모와 살갗을 태우거나 철사로 요도를 후빈다.

④ **목욕탕 고문**: 팔을 뒤로 묶어놓고 마치 털 벗긴 돼지를 물속에 넣듯이 목욕탕에 집어넣으면 질식하여 정신을 잃는다.

⑤ **손바닥·발바닥 치기**: 몸을 묶어놓고 손바닥과 발바닥을 몽둥이로 난타하면 가죽이 완전히 벗겨진다.

⑥ **다리 문지르기**: 몸을 의자에 묶고 뼈를 방망이로 문지르면 가죽이 벗겨지고 피멍이 든다.[30]

마지막으로 세계 여러 나라에서 사용된 적이 있는 모든 고문의 기법과 유형을 정리해보면 아래의 표와 같다.[31]

고문의 기법과 유형

신체적 고문기법	구타 고문	비체계적 구타: 마구잡이 전신 구타
		체계적 구타: 상처 구타, 발바닥 구타, 임신부 하복부 구타
	치아 고문	발치, 끌로 치아 갈기, 잇몸 전기고문
	매달기 고문	난간에 매달기, 팔레스타인식 매달기
	전기 고문	전극봉이나 전기침 사용
	질식 고문	잠수함 고문, 물고문
	강요된 고문 자세	비생리적 자세 강요
	절단 고문	성기를 비롯한 신체 절단
	화상 고문	인두, 다리미, 담뱃불, 화학약품을 이용한 고문

---

30. 국가보안법폐지국민연대, 「국가보안법, 고문·용공조작 피해자 증언대회 자료집」, 2004년 12월 16일, 2~3쪽.
31. 고문등정치폭력피해자를돕는모임(KRCT), 앞의 책, 69~71쪽.

심리적 고문기법	박탈 기법	사회적 박탈	투옥, 정신병원 감금
			친지나 친구와의 접촉 단절
			퇴학 등 교육 기회 방해
			해직
			문화·정치·종교 활동 방해
		감각적 박탈	청각적 자극 줄임
			눈가리개 및 두건 사용, 창문 없는 암실 감금 등으로 시각적 자극 줄임
			수갑 등으로 신체활동 제한
			독방 감금
		지각 박탈	편지, 책, 전화 연락, 신문과 라디오, 텔레비전과 같은 대중매체에 대한 검열을 통해 외부세계와의 의사소통을 고의적으로 축소 또는 차단
			시간과 날짜 감각을 유지하려는 피해자의 능력을 의도적으로 훼방 또는 방해
			단순 반복적인 빛 또는 소리로 과잉 자극
		수면 박탈	잠을 재우지 않거나 수면 중 주기적으로 깨움
		영양 박탈	저열량 식품 공급
			수분 섭취 제한
			저영양 식품 공급
			오염된 음식 제공
		위생 박탈	불결한 화장실 제공, 화장실 사용 제한
			부적절한 의복 착용을 강요, 의복 교체 불허, 불충분한 세탁 절차
			불결하고 악취를 풍기는 환경, 적절한 보호구 없이 과도한 열, 저온, 건조, 습기, 미생물·곤충 또는 맹독물에 노출시킴
		의료 서비스 박탈	의료기관 이용 불허, 수준 이하의 진료 제공
			치아 장애, 신체적·정신적 질환에 대해 불충분한 진료 제공
			고의적으로 잘못된 치료 및 원칙에 맞지 않는 진료 제공
	강압 기법	불가능한 선택이나 일관되지 않은 행동 강요	정보 누설, 잘못된 자백서 날인 강요
			도울 수 없는 상황에서 고문 목격 강요
			모욕적인 행위 강요
			터부 및 금기 사항을 어기도록 강요
		위협하기	피해자에게 직접 고문을 가할 거라고 위협
			피해자에게 영원히 신체·정신 장애자가 될 것이라고 위협
			모의사형이 당장이라도 이루어질 수 있다고 위협
			가족, 친구 또는 다른 사람들을 대상으로 위협
		성적 굴욕감 주기	언어를 이용한 성적 굴욕 주기, 비하적 언사 사용
			발가벗기기
			생리에 대한 모욕적 언사 사용

심리적 고문기법	강압 기법	성적 굴욕감 주기	굴욕적인 자세를 취하도록 강요
			가해자 앞에서 성적인 춤을 추게 함
			굴욕적인 자세와 상황을 사진 찍음
			동성 혹은 이성에 의한 강간
			가해자 앞에서 자위행위를 하도록 강요
			유산 강요
			임신 강요
			정해진 장소에서 출산하도록 강요
			타인의 성고문을 목격하도록 강요
			다른 죄수들을 강간하거나 성고문하도록 강요
	의사소통 악용 기법	복종 강요	규칙에 대한 맹목적 복종 강요
		반전효과법	찬반과 무관하게 말꼬투리 잡고 심문
		이중구속법	불가능한 선택 강요
		역(逆)정보법	폭력적 고문 후 호의적 정보로 회유하기
		지각왜곡법	의도적인 시공간 감각 방해, 편지·서적·신문·방송매체 단절, 과도한 소리와 빛에 노출
		조건반사법	무비판적 복종을 위한 조건반사적 훈련 실시
	약물, 정신병원 악용 기법	독성약물 사용 또는 약물 오용	독극물 사용
			심리치료 약물 오용
			환각제 사용
			근신경 차단제 사용
		정신병원 감금	감금 목적으로 정신병 진단서 발급
성고문기법 (복합고문)	도구를 사용해서 성기에 행하는 폭력		매, 채찍으로 성기 구타
			경찰봉, 막대, 병을 질이나 항문에 삽입
			호스를 질이나 항문에 끼워놓고 높은 압력으로 물을 유입
			철사로 음경을 꿰뚫은 후 철사를 가열, 음낭을 서혜부로 밀어 넣음
			음경과 음낭에 무거운 물건 매달기
			음낭에 바늘 찔러넣기
			나무토막이나 철봉 위에 다리를 벌린 채로 장시간 앉아 있도 록 강요
			세로막대로 항문을 압박한 채 삼각의자 위에 앉도록 강요
			성기에 가하는 전기고문
			가슴, 음경 또는 고환을 잘라냄
			담배, 라이터 또는 달군 철사로 지짐
	동물을 이용한 성폭력		훈련된 개에 의한 강간
			생쥐나 거미를 성기에 접촉시키거나 성기 위에 올려놓음
	인간에 의한 성폭행		동료 고문피해자에 의한 강간
			고문가해자에 의한 강간

02
불의한 유산 — 한국현대사와 고문

1. 한국현대사의 독버섯, 고문

1) 고문의 역사성 — 일제로부터 전승된 고문

::   우리나라 수사기관의 고문 관행은 일제시대에까지 뿌리가 닿아 있다. 당시 독립운동가들에 대한 일본 고등계 경찰의 고문은 세계적으로 악명을 떨쳤었다. 해방이 되면서 일제 경찰에 근무했던 한국인 경찰관들이 일부는 군대로, 일부는 경찰로 흘러들면서 고문기술과 관행이 전수됐다. 철봉에 대롱대롱 매달아놓은 '통닭구이', 눈·코·귀·입 등에 고춧가루를 탄 물을 붓는 '고춧가루 붓기', 물고문, 전기고문 같은 잔인한 고문들이 대부분 일제시대 때부터 전수·발전된 고문방식이었다. 고문의 전승에는 6·25와 남북 대치, 군사독재 상황이 일조를 했다. 좌익사건이나 간첩을 잡는 대공 분야 형사들은 보다 잔인한 고문방식을 사용했다.[1]

:: 　일제 고등계 출신의 한국인 형사들은 독립운동가들을 고문하던 그 기법을 그 대로 국립경찰에 이식시켰다. 물고문 등 고문수법이 지금까지도 변함없이 왜경의 그것을 그대로 따르고 있는 것도 이 때문이다. 더구나 일제는 독립운동가들에 대한 직접 고문을 주로 조선인 고등경찰에게 시켰기 때문에 그 더러운 버릇을 익히고 있었던 것이다. 해방 뒤 일본에선 특고경찰들이 공직에서 모두 추방됐으나 한국에선 권력의 심장부에 남아 그 잔재를 계승한 것이다. 그 뒤 정치적 사건 조작이 많아지면서 억지자백을 얻기 위해 고문은 더욱 기승을 부리게 된다. 민중에 뿌리내리지 못하고 권력에 매달린 경찰일수록 고문을 즐긴다. 고문은 권력 대(對) 민중의 힘 사이에 존재하는 역학관계의 한 표현이기도 하다.[2]

조선왕조 등 전통시대에도 고문이 없지는 않았다. 가혹한 형벌과 심문방법이 있었다. 그러나 동시에 조선왕조시대에는 실체적 진실을 밝히려는 노력과 고문의 금지, 공정한 재판의 확보를 규정한 법률도 존재했다.[3] 그러나 오늘 우리 현대사에서 보이는 고문의 형태와 양상은 전적으로 일제에 의해 개발되고 전승된 것이다.

해방 후 새로운 정부가 들어섰지만 전혀 새롭지가 않았다. 이승만 정권은 광복 후 세워진 독립국가의 관료 자리에 과거 일제 친일인사들을 그대로 등용하고 친일파 처단을 억압했다. 과거 독립운동가들을 고문했던 일제 고등계 출신의 형사와 헌병들이 그대로 새로운 정부의 경찰과·군이 되어 사찰기관을 장악했다. 중

---

1. 「고문, 이렇게 해왔다: 일제 고등계 형사 '기술' 이어받아」, 1999년 11월 3일자 『조선일보』 기사.
2. 조갑제, 『기자 조갑제의 현대사 추적 2 — 고문과 조작의 기술자들』, 한길사, 1987, 52쪽.
3. 역사학자 안병욱은 이렇게 말하고 있다. "우리 사회는 1960년의 4·19와 1980년의 5·18항쟁에서 살펴볼 수 있듯이 대단히 높은 역사의식과 공동체의식을 가지고 있다. 상황에 따라서는 얼마든지 자신의 생명을 희생하면서라도 공동체적이고 역사적인 가치를 지켜내려고 한다. 이는 우리 사회의 내면에 흐르고 있는 문화전통으로부터 비롯된 것이다. 우리 사회는 지난 역사로부터 확립되어 있는 인본주의적 사상으로 인해 다른 어느 나라보다도 인명을 중히 여겨왔다. …… 그렇기 때문에 어떤 폭군이라도 백주의 살인폭력과 같은 야만적인 일을 후유증에 대한 걱정 없이 함부로 자행할 수는 없었다." 안병욱, 「의문사 진상규명의 현대사적 의미」, 『의문사 진상규명의 역사적 의의와 전망』, 민주사회를위한변호사모임, 2000년 12월 11일, 3쪽.

앙정보부장을 지낸 김형욱은 이렇게 회고하고 있다.

:: 중정의 직업 수사관의 전직은 사찰계 형사, 방첩부대 문관, 헌병 하사관, 심지어 일제 치하에서 설치던 조선인 헌병과 밀정 등 형형색색이었다. 그중 어떤 사람은 일제 치하에서는 일본 순사로서 독립운동가들을 때려잡다가, 한때 공산당이 서울을 점령했던 시절에는 우익 민주인사를 때려잡다가, 나중에는 공산당 간첩을 때려잡은 '천의 얼굴'을 가진 사나이도 있었다. …… 그들은 누구든지 증오할 수 있고, 어떤 고문술도 개발할 수 있으며, 피의자를 학대함으로써 자신을 확인하는 사디스트들이었다.[4]

김형욱의 회고는 유신 시절에 실제 고문을 당한 피해자가 당시 자신을 고문한 가해자에 대해 증언한 내용을 통해 더욱 뒷받침된다.

:: 희미한 불빛 속에 50세가 훨씬 넘어 보이는 한 사내가 서 있었다. 그 사내의 눈에는 원인 모를 살기와 증오심이 번뜩이고 있었다. "너 빨갱이지? 왜 철없이 까불어? 너, 내가 누군지 알아? 일제 때 독립운동 한다는 놈들을 몇십 명이나 저 세상으로 보낸 사람이야. 조봉암이도 나한테 따끔한 맛 좀 봤지. 요새 반체제 한다는 놈들 나한테 혼 안 난 놈 있는 줄 알어?"[5]

이 사람이 누구인지는 확인되지 않았다. 그러나 그후 세월이 많이 흐른 1980년대에 다시 '백발노인'이 등장한다.

---

4. 안병욱, 「의문사 진상규명의 현대사적 의미」, 『의문사 진상규명의 역사적 의의와 전망』, 민주사회를위한변호사모임, 2000년 12월 11일, 6쪽.
5. 대한변호사협회, 『대한변호사협회지』, 1988, 126쪽.

∷   양승선 씨는 60여 일 동안 불법감금되어 오금에 각목을 끼워넣고 꿇어앉힌 뒤 구둣발로 무릎 위를 짓밟기, 무수한 각목 구타, 개처럼 엎드려 혓바닥으로 구두 핥기 등 이루 말할 수 없는 비인간적인 고문을 당하는 동안 "매가 무서워 안 한 일도 한 것으로 인정하는 자포자기의 상태로 빠져들어갔다"고 한다. …… 이때 나타난 사람이 수사관들로부터 '대장님'으로 불리는 백발의 노인이다. 이 노인은 조서의 내용을 일일이 점검, 정리하면서 무엇이 부족하고 무엇이 첨가되어야 할지를 지적하고 수사관들은 그의 지시에 맞춰 조서를 재정리했다.

양승선 씨는 이 백발의 노인과 많은 약속을 하였다고 한다. "그동안 고생한 대로 잘해서 심사에 통과하도록 하시오. 심사에 통과되기만 하면 내가 책임지고 꺼내줄 것이오. 심사에 통과하지 못하면 조사는 원점부터 다시 시작됩니다." 정중하게 말하는 이 백발노인의 말을 믿고 또한 심사에 통과되지 못하면 원점에서 다시 시작해야 한다는 두려움 때문에 양승선 씨는 꾸며진 조서를 열심히 외웠다. 사실 이 '심사'라는 마지막 관문은 검사 앞에 나가는 일이며 검사가 공소장을 작성하기 위한 절차인데, 양승선 씨는 그것도 모르고 이 '심사관'이 6차례에 걸쳐 묻는 사항에 대해 대공분실에서 외운 그대로 답변, 심사에 무난히(?) 통과하였다.

양승선 씨 가족에 의하면 양승선 씨는 서대문구치소로 넘겨진 이후 6개월간이나 그 백발의 노인을 '그분', '그 선생님'이라는 존칭을 쓰며 애타게 찾았다고 한다. "아버님은 저희 식구에게 면회 올 시간이 있으면 그 백발노인을 찾아가라고 면회 사절을 하셔서 가족을 애타게 하기도 하였습니다. 그 백발노인이 감옥에서 건져줄 것이라고 철석같이 믿고 계셨던 것이지요." …… 이 백발노인의 약속은 검사의 공소장 작성에 자신들이 작성한 조서내용을 그대로 반영하기 위한 하나의 기만적인 술책이었음을 양승선 씨가 자각하게 된 것은 재판이 한참 진행 중인 1987년 2월 경부터이다.[6]

이 '백발노인'은 누구인가? 단순히 경찰이 고용한 가짜 수사관으로 보이지는 않는다. 경험을 갖춘 수사관 또는 전직 수사관임에 틀림없다. 그렇다면 그는 분명히 해방 직후부터 아니면 일제 때부터 수사기관이나 정보기관에 근무하면서 고문과 조작을 업으로 살아온 것이 아닐까.

고문자들은 일종의 기술자였으며 직업인이었다. 독립운동가든 민주화운동가든 누구든 상관하지 않는다. 불의한 정치권력은 이들을 고용해 그들의 '기술'을 이용했고, 고문자는 정치권력에 기대어 자신들의 직업을 연명해가는 공생관계를 이룬 것이다. 고문을 전문으로 하는 고문전문가가 탄생했고, 한국의 공안기관·수사기관·정보기관들은 이들을 전문적으로 육성하고 고용했다.

대한민국이 건국된 후 이승만 정권은 친일경찰과 관료들을 대거 고용해 자신의 정적을 공산주의자로 몰아 제거하고 독재체제를 구축했다. 이들은 4·19혁명 후 잠깐 동안 불안에 떨었으나, 5·16쿠데타 이후 박정희 군사독재정권의 장기 집권, 곧이어 이의 사생아에 해당하는 전두환 정권과 그 아류인 노태우 정권에 이르기까지 이들에 대한 수요는 계속 이어졌다. 이렇게 고문은 한국현대정치사에서 정권을 넘고 넘어 역사를 이어왔다.

2) 고문의 구조성 — 체제 일부로서의 고문

언젠가부터 한국 수사기관의 고문은 고도로 과학화·체계화되었다. 이미 오랜 경험과 과정을 통해 어떤 고문방법과 절차가 가장 유효하게 자백을 받아낼 수 있는지 터득했기 때문이다. 다음은 남영동 대공분실에 근무하면서 스스로 고문에 참여했던 한 경찰관의 자기고백이다.

6. 장영석, 「진상! 조작된 간첩사건들」, 『월간 말』 1989년 2월호, 27쪽.

:: 피의자가 남영동 대공분실로 잡혀오면 5층 조사실로 데려갔다. 이때부터 1주일가량 태어나면서부터 잡힐 때까지 전 과정을 조사하는 '1단계 신문'을 했다. 조사실엔 강력한 백열등 아래 대형 책상, 수사관과 피의자가 앉는 나무의자 2개, 침대와 욕조가 있었다. 1단계 신문을 받는 동안 피의자는 대부분 나무의자에 앉은 채 잠을 자지 못하도록 했다. 침대는 쉬고 싶어 하는 피의자의 갈망을 극대화하는 일종의 정신적 고문장치였다. 수사관 4~5명이 교대로 조사하면서 24시간 감시하고 까딱 졸기라도 하면 빨랫방망이나 주먹으로 피의자를 때렸다. 본격 신문에 들어가기 전 피의자가 순순히 수사에 응하도록 분위기를 잡기 위해서였다.

이 과정이 끝나고 구체적인 혐의를 조사하는 '2단계 신문'이 시작되면서 고문은 본격화됐다. 피의자가 혐의를 부인하면 손을 뒤로 묶은 채 일단 조사실 욕조에 머리를 처박아 물고문을 했다. 그래도 말을 듣지 않으면 복도 건너편에 마련된 고문실로 끌고 갔다. 고문실에는 '칠성판'이라는 고문대가 준비되어 있다. 여기에 피의자를 꽁꽁 묶어놓은 채 입에 수건을 씌우고 물을 붓는 물고문을 하고, 새끼발가락에 전선을 연결해 전기고문을 했다. 그래도 자백을 하지 않으면 고문의 강도를 더 높였다. 고문은 주로 초저녁에 했고, 피의자가 고문받다 식도가 막혀 죽는 일이 벌어질 수도 있기 때문에 고문을 하는 날은 피의자에게 아침과 점심을 먹이지 않았다.

피의자가 어느 정도 '자백'을 하고 검찰 송치서류를 작성하는 3단계 신문에 들어갔다. 국가보안법 피의자는 날마다 오전과 저녁 두 차례에 걸쳐 본청은 물론 안기부에 수사 상황을 통보했고, 간간이 청와대에 직보도했다. 또 높은 사람이 방문해 수사 상황을 쉽게 파악하고 지시를 내릴 수 있도록 조사실 벽에다 피의자 진술, 참고인 증언, 경찰 실사 등 3개 항목으로 나눠 혐의 사실을 빼곡히 적은 대자보를 수십 장 붙여놓았다.[7]

여기서 우리는 몇 가지 사실을 정리해볼 수 있다. 첫째, 고문과 신문의 방법이 정형화되어 있다는 점이다. 1단계에서 3단계까지 크게 단계를 설정하고 그 단계마다 고문과 신문의 목표와 방법이 설정되어 있다. 둘째, 고문의 효과를 극대화하기 위해 고문시설과 기구 등을 갖추고 전체적으로 디자인된 상태에서 이것들을 잘 배치해놓고 있다. 조사실에 침대와 욕조를 둔 것이나 바로 옆방에 고문대가 있는 고문실을 배치해놓는 것이 바로 그런 설계이다. 셋째, 피고문자가 가장 공포를 느끼거나 절망감을 배가시키거나 쉽게 포기하도록 하는 절차와 장치가 강구되어 있다. 이것은 피고문자의 심리가 충분히 연구된 상태에서 마련된 것들이다. 1단계 신문에서 혐의와는 아무 관계도 없는 출생에서부터 모든 일생을 물어본다거나, 잠을 전혀 안 재우면서도 침대를 옆에 두고 있는 것, 만일의 사고를 방지하기 위해 아침·점심 식사를 안 먹이는 것도 그런 예이다. 넷째, 본청·안기부·청와대에까지 보고하고 심지어 직접 '높은 사람'이 방문해서 확인할 수 있도록 조치했다. 그것은 고문 사실을 이미 모두가 알고 있고 용인하고 고무하고 조장했음을 의미한다. 그것이 수사기관의 관행이며 체계였던 것이다.

이렇게 거미줄 같은 '비밀경찰' 조직이 전국적으로 만들어지고 여기서 고문이 일상적으로 이루어짐으로써 한 국가가 공포의 사회로 변질된 것은, 물론 정치권력이 의도적으로 만들어낸 것이다. 민주화의 노력과 시대 변화에 따라 이제는 국가기관이 고문을 수사방식의 일환으로 채용하던 시대는 지나갔다. 그러나 국가의 공식 입장이나 정책과는 달리, 국가기관에 의해 이미 체계화되고 고착된 고문이 하루아침에 사라질 리는 없다. 여전히 수사기관에는 고문의 망령이 끈질기게 남아 있다. 어느새 고문은 우리의 일상생활에도 침투해 들어와 함께 공존하

---

7. 지난 1983년 이근안 전 경감과 함께 함주명(68) 씨를 고문했던 이 모(68) 씨가 대공경찰로서는 처음으로 1999년 11월 24일자 『한겨레신문』에 당시의 신문과 고문방법을 털어놓았다. 이 씨는 "수사방법에 환멸을 느끼고 있던 터에, 총경에서 경무관으로 승진하기 위해 혈안이 된 당시 대공과장이 하도 다그쳐 지난 88년 사표를 냈다"라고 주장했다. 「이근안 전 동료경관이 밝힌 당시 고문수법」, 1999년 11월 25일자 『한겨레신문』 기사.

는 상황이 되었다.

3) 고문의 일상성 — 고문은 어디에도 있다

안기부만이 안기부가 아니다

한국현대사에서의 고문 사례들을 정리하다 보면 무엇보다 정보부(안기부)와 치안본부 대공분실, 보안사 등에서의 고문이 별난 뉴스가 아니라, 누구나 다 알고 있는 '공지의 사실'이 되고 '일상화'되었다는 것을 알 수 있다.[8]

:: 실제로 본인의 기억만으로도 서빙고의 보안사 밀실에서 엘리베이터식 의자에 두 눈과 손발을 묶인 채로 지하의 물속으로 떨어뜨리는 고문을 당한 어느 재일교포 유학생의 호소, 보안대 조사실에서 두 무릎 사이에 각목을 끼운 채 구둣발로 짓이김을 수도 없이 당한 결과 무릎에 야구공 크기의 둥근 상처 딱지가 생겨 바지를 걷어 보여주던 어느 학생의 고통, 연일 무자비하게 계속된 물고문의 후유증으로 며칠 동안 입과 목구멍에서 계속 물냄새가 나고 수도꼭지 트는 소리만 들어도 깜짝깜짝 놀라는 증세에 걸렸던 어느 운동권 학생의 절망, 그리고 여성으로서 차마 입에 담지 못할 고문을 당한 후 수개월이 지날 때까지 하반신을 쓰지 못하고 부축을 받아 절뚝거리면서 법정에 출정하던 어떤 여자 피고인의 참상 등은 이 나라의 소위 대공수사기관의 밀실 속에서 자행되는 잔혹한 고문의 정도가 아무리 절박한 반공이데올로기를 앞세우더라도 이미 인간의 양식으로는 용서받을 수 있는 한계를 지나고 있음을 말해주는 것이다.[9]

---

8. 어떤 이는 이런 고문이 국가보안법 사건에서는 '공공연한 관행'이었다고 표현하고 있다. 국가보안법폐지국민연대, 「국가보안법, 고문·용공조작 피해자 증언대회 자료집」, 2004년 12월 16일, 2쪽.
9. 홍성우, 「국가보안법상의 운용실태와 기본적 인권의 침해」, 「간첩조작은 이제 그만」, 민주화실천가족운동협의회 산하 장기수가족협의회·조작된간첩사건가족모임, 1989, 95쪽.

가장 전형적인 대공 수사기관인 이 세 기관뿐만 아니라 일선 경찰서에서도 이런 고문기술과 양상이 일반화·보편화되었음을 발견할 수 있다. 일선 경찰서나 파출소에서 일반적인 구타나 위협뿐만 아니라 상당한 기술을 요하는 물고문 등을 행한 사례도 상당수 발견되었다. 이는 고문이 이미 고도의 특별한 전문기술로서 안기부·보안사 등의 음습한 지하실에서만 발견되는 것이 아니라, 일선 경찰서와 파출소에까지 널리 퍼져 있음을 말해준다.

:: 최재만(1981년 2월 6일 밤 경기도 시흥군 의왕읍 농협 청계분소장 살인사건의 피고인으로 사형이 확정) 씨가 무고하다고 믿고, 그를 살리는 일에 자기를 부려달라고 박삼중 스님을 찾아온 사람도 있다. 유우섭(1987년 현재 34세, 가명) 씨가 그 사람이다. 유 씨는 지난 1984년에 장물취득 혐의로 구속되어 최 씨와 같은 감방에서 석 달을 지낸 적이 있었다.…… 유 씨는 "장물취득 혐의로 걸린 나도 혹독한 물고문을 당했는데, 살인범으로 몰린 최 씨가 어떤 고문을 당했을지는 짐작이 가고도 남는다"면서 경찰에서 당한 고문 이야기를 했다. "짬뽕을 가져오더니 건더기만 먹으라고 해요. 그리곤 두 책상 사이에 통닭구이처럼 저를 철봉으로 걸고는 얼굴에 물수건을 덮어씌워요. 내가 먹고 남긴 짬뽕국물에다 고춧가루를 탄 것을 들이붓고, 물도 붓고 하는데, 기절하면 물을 끼얹어 깨운 뒤 또 물을 먹이고 하여 아홉 번이나 당했습니다. 형사들은 처음에 '너희 엄마와 백 번 했다고 할 때까지 물을 먹이겠다'고 해요. 정말 저의 입에서 백 번 했다는 말이 나오더라구요. 그렇게 해놓고 조서를 꾸미니 무조건 '예, 예' 하는 거지요." 유 씨는 "만약 최 씨가 신앙으로 버티지 않았더라면 벌써 고문후유증으로 죽었을 것이다"고 했다.[10]

---

10. 조갑제, 『기자 조갑제의 현대사 추적 2―고문과 조작의 기술자들』, 한길사, 1987, 276쪽.

:: 　서울변호사협회와 박삼중 스님이 구명운동을 벌이고 있다는 기사가 지난 1984년 1월 12일자 『조선일보』에 보도된 며칠 뒤 한 건강한 남자가 박 스님을 찾아왔다. 박 아무개(50)라는 이 남자는 지난 1981년 3월 경기도 광주군에서 일어난 과부 강간피살사건의 범인으로 기소됐다가 1·2·3심에서 모두 무죄선고를 받고 풀려난 사람이었다. 박 씨는 1심에서 최(재만) 씨 등과 같이 재판을 받으면서 수원교도소에서도 같이 있었다. 박 씨는 자기가 지켜보았던 최 씨 등 세 명은 억울한 것 같았다면서 그들의 구명운동에 도울 일이 없느냐고 자원을 해왔다. …… 억울한 옥살이를 하는 바람에 돌리던 공장도 망하고, 이제 새 출발을 시작했다는 박 씨는 다방에서, 고문당한 이야기를 하다가 감정이 복받쳐 눈물을 펑펑 쏟았다.[11]

고문도 따라 배운다 — 학생들이 저지른 고문 사례

앞의 이야기는 최재만 씨와 우연히 같은 감방에서 있었던 몇 사람이 동시에 고문피해를 호소하는 장면이다. 고문은 이미 이렇게 우리 모두에게 일상이 되었다. 고춧가루 고문도, 통닭구이 고문도, 물고문도 흔한 것이 되었다. 재미있는 현상은 이제는 과거의 비밀 정보기관만이 아니라 그에 저항하는 민주세력 또는 학생조직조차도 고문을 자행하는 경우가 생겼다는 것이다. 물론 수사기관의 조직적이고 일상적인 고문에 비할 수는 없지만 학생운동의 도덕성에 먹칠을 가하는 것이었다. 그것도 한 번이 아닌 여러 차례에 걸쳐 반복되었다.

:: 　학원 프락치 시비로 동양공전 설인종 군을 때려 숨지게 한 혐의로 구속 기소된 연세대와 고려대생 9명에게 상해치사와 폭력행위등처벌에관한법률 위반, 감금죄를 적용, 법정 최고형인 징역 15년에서 징역 7년까지 각각 구형됐다. …… 검찰

---

11. 조갑제, 앞의 책, 277~278쪽.

은 논고문을 통해 "이 사건은 설 군이 학원 프락치임을 밝혀 침체된 학생운동의 전기를 마련하겠다는 일부 극렬 운동권 학생의 소영웅주의와 폭력성이 상징적으로 드러난 사건"이라며 "피고인들은 이 사건이 우발적인 범행이라고 주장하지만 마치 짐승을 다루듯 잔인하게 고문을 한 것은 용서받을 수 없다"고 중형 구형의 이유를 밝혔다.[12]

:: 이번에는 학내를 배회하던 30대 시민을 프락치로 몰아 4시간여를 조사하는 과정에서 폭력을 행사, 14시간 만에 숨지게 했다 하여 고려대 총학생회 학생복지위원장 정 모 군 등 고려대생 6명이 폭행치사 혐의로 경찰 수사를 받고 있다는 보도다. 학생들이 학생운동 학원수호라는 미명 아래 린치집단이 되는 게 아닌가 크게 우려된다.[13]

:: 전남대 안에서 숨진 이종권(24, 무직) 씨가 남총련 간부에게서 프락치인지를 조사받은 사실이 확인된 데 이어, 그가 남총련 투쟁국 소속임이 드러남에 따라 남총련 투쟁국장 등 간부들이 이 씨의 프락치 여부에 대한 조사와 폭행에 가담했는지에 경찰 수사가 집중되고 있다. …… 시민들은 물론 일반 학생들까지도 남총련이 이종권 씨가 프락치 여부에 대한 조사 뒤에 숨졌는데도 보름 넘게 입을 닫아온 점에 대해 큰 실망감을 나타내고 있다.[14]

수용·교화시설, 단체활동에도 끼어드는 가혹행위
공공기관의 고문이나 가혹행위 외에도 각종 정신질환자의 수용시설, 비행소

---

12. 「'설 군 치사' 연고대생 9명, 징역 15~7년 구형」, 1990년 1월 18일자 『동아일보』 기사.
13. 「학생운동의 도덕성」, 1994년 8월 9일자 『동아일보』 기사.
14. 「전남대 변사사건 남총련 수사―투쟁국 간부 검거 총력」, 1997년 6월 13일자 『한겨레신문』 기사.

년들의 위탁시설과 교화시설, 심지어는 단체생활을 하는 서커스 등에도 어김없이 고문과 가혹행위는 등장한다. 마치 바늘에 실 가듯이 집단 수용이 이루어지는 곳에는 권력이 휘둘러지고 고문이 뒤따른다.

:: (1999년 7월) 28일 새벽 2시 50분께 소년범 교육보호시설인 전남 영광군 백수읍 영산보아원에 수용돼 있던 김 아무개(16) 군 등 원생 9명이 한꺼번에 달아났다가 김 군 등 6명은 3시간 만에 경찰에 붙잡혔다.…… 김 군은 경찰에서 "지난 4월 일부 직원들이 '건방지다'며 나를 나무에 묶은 뒤 원생들과 함께 마구 때려, 머리뼈 골절상으로 병원에 입원해 10일간 입원하는 중상을 입었다"고 진술했다. 또 다른 원생들은 "평소에도 잦은 구타와 심한 노동에 시달렸으며, 음식에 벌레를 넣은 채 먹으라고 강요하기도 해 이를 폭로하려고 도망쳤다"며 탈주 동기를 털어놨다.[15]

:: 서울 방배경찰서는 (2001년 8월) 2일 양아들을 10년간 서커스 단원으로 혹사하며 신체장애에까지 이르게 한 혐의(아동학대)로 한 모(57, 여) 씨를 불구속 입건하고 달아난 한 씨의 남편 최 모(58) 씨를 수배했다. 최 씨는 1987년 5월께 당시만 2살이던 최 모(14) 군을 양아들로 입양, 서커스 훈련을 시킨 뒤 7세가 된 94년부터 전국을 돌아다니며 접시돌리기와 물구나무 등 서커스 곡예 공연을 하게 하고, 묘기 도중 실수할 경우 상습적으로 폭행한 혐의다. 상습 구타로 눈수술까지 받은 최 군은 현재 신장과 체중이 또래의 평균(162cm, 53kg)에 훨씬 못 미치는 153cm, 46kg으로 최근 성장장애 판정을 받았으며 작년부터는 걸음도 제대로 걷지 못하는 상태인 것으로 알려졌다.[16]

15. 「소년범 보호시설 원생 9명 탈주」, 1999년 7월 29일자 『한겨레신문』 기사.
16. 「양아들 10년간 서커스 단원으로 혹사」, 2001년 8월 3일자 『한국일보』 기사.

이런 일이 우발적이거나 일회적이 아니라는 데 문제의 본질이 있다. 2001년 6월 말 현재 전국의 아동복지시설에 수용돼 있는 보호대상 아동은 모두 1만 8,386명인데, 그 가운데 2000년 10월부터 2001년 8월 말까지 접수된 아동학대 신고는 2,500여 건으로 집계됐다.[17]

민사 채무관계, 학교, 가정생활 — 세상 어디에도 고문은 있다

그뿐인가. 따지고 보면 우리 생활 곳곳에 고문의 흔적, 고문의 현상이 살아 숨쉬고 있다. 군대, 학교, 심지어 가정에서도 폭력이 난무한다. '여성의 전화'는 가정폭력에 의한 희생자를 지원하고 방지하는 곳이다. 이제 이런 전문기관이 생긴 것이다. 우리 사회에서 고문은 단지 공권력을 행사하는 기관의 전유물이 아니다. 일반인들 사이에서도 끔찍한 고문이 자행된다. '빚을 받기 위해서', '전과자를 협박해 돈을 뜯기 위해서' 물고문이 사용된다. 모두 권력기관에서 배운 것이다.

::　서울 용산경찰서는 10일 폭력배를 동원해 채무자를 폭행하고 빚을 받아내려 한 한상국(36) 씨 등 3명을 붙잡아 폭력 혐의로 구속영장을 신청하고 달아난 폭력배 윤세영 씨 등 2명을 수배했다. …… 달아난 윤 씨 등은 이 같은 부탁을 받고 지난달 25일 밤 9시 전 씨를 서울 서초구 모 호텔로 납치, 20여 분간 욕조에 머리를 밀어넣는 등 물고문을 해 "4월 15일까지 모두 갚겠다"는 각서를 받아낸 다음 1백만 원짜리 자기앞수표 1장을 빼앗은 혐의를 받고 있다.[18]

---

17. 「집중취재—아동학대 '짓밟히는 새싹」, 2001년 10월 23일자 「경향신문」 기사.
18. 「채무자 납치 고문—청부 폭력 3명 영장」, 1991년 4월 10일자 「동아일보」 기사. 채무자를 납치해 물고문 등의 가혹행위를 통해 채무변제를 강요하는 행위는 아주 흔한 일이 되었다. 비슷한 사례에 대해서는 「채무자 여관 납치—빚 갚아라 물고문」, 1994년 1월 31일자 「동아일보」 기사 참조.

::　서울경찰청 특수대는 (1992년 2월) 26일 전과자들을 상대로 "과거를 폭로하겠다"고 협박, 돈을 빼앗아온 김영은(34) 씨 등 3명에 대해 특수강도 등의 혐의로 구속영장을 신청했다. 고향 선후배인 이들은 지난해 11월 13일 밤 11시경 당시 충북 제천시 J관광호텔 종원으로 일하던 최 모 씨에게 과거 소매치기 전과가 있다는 사실을 알고 김 씨를 서울 구로구 고척2동 S여관으로 납치한 뒤 "돈을 주지 않으면 과거의 전과 사실을 폭로하겠다"고 협박하고 김 씨의 손발을 묶고 욕조에 머리를 밀어넣어 물고문을 하는 등 가혹행위를 가했다는 것이다.[19]

::　서울 동대문경찰서는 (1992년 3월) 2일 자신을 고소해 구속된 데에 앙심을 품고 고소인을 납치, 구타하고 2억 3천만 원의 차용증을 쓰게 한 김진수 씨 등 2명을 특정범죄가중처벌등에관한법률 위반 혐의로 구속하고 달아난 유 모 씨 등 5명을 같은 혐의로 수배했다. 김 씨는 지난해 12월 이 모 씨가 자신을 사기 혐의로 고소, 구속됐다가 지난 1월 말 집행유예로 풀려나자 지난달 21일 밤 11시경 교도소 동료였던 유 씨 등과 함께 이 씨를 승용차로 납치해 서울 강남구 논현동 H호텔에 감금하고 욕조에 머리를 집어넣는 등 고문을 한 뒤 현금 76만 원을 뺏고 2억 3천만 원짜리 약속어음과 차용증을 작성케 한 혐의다.[20]

더 나아가 언젠가부터 평화롭고 사랑이 가득 차야 할 가정에도 고문과 가혹행위가 들어왔다. '물고문'을 하고 '담뱃불로 지지는' 일이 다반사로 일어난다.

::　서울 태릉경찰서는 불구인 남편을 때려 전치 8주의 중상을 입힌 최옥화 씨를 (1990년 8월) 29일 폭력행위등처벌에관한법률 위반 혐의로 구속했다. 최 씨는 지

19. 「전과 있는 직장인 납치—여관서 돈 요구 물고문」, 1992년 2월 27일자 『동아일보』 기사.
20. 「고소인 납치 물고문—복역에 앙심 ⋯ 2억짜리 어음도 갈취」, 1992년 3월 2일자 『동아일보』 기사.

난 23일 밤 11시 반경 남편 김범회 씨가 집에서 술을 마시다 아들에게 담배 심부름을 시키자…… 시비가 벌어진 끝에 김 씨의 얼굴을 주먹과 밥그릇 등으로 마구 때린 뒤 대형 플라스틱 물통에 얼굴을 집어넣는 등 폭력(물고문)을 휘두른 혐의를 받고 있다.[21]

::   대구지검 부봉훈 검사는 11일 혼수와 지참금이 적다며 아내를 학대해온 김성춘 씨를 상해치상 혐의로 구속했다. 김 씨는 지난해 7월 7일 김 모 씨와 결혼한 뒤 혼수를 적게 가져왔다는 이유로 옷을 벗겨 스타킹으로 손발을 묶은 뒤 수건으로 입을 막고 온몸을 담뱃불로 지졌고, 지난 11월 10일 밤 10시경 인근의 대진장 여관으로 끌고 가 마구 때린 혐의다.[22]

::   가정의 달에 참담하게 죽어간 한 어린 새싹이 있다. 겨우 7살. 맞고 할퀴고 불에 덴 몸뚱이는 온통 만신창이였다. 그 가엾은 생명은 (2000년 5월) 21일 벽제 화장터에서 한 줌의 재로 남았다. 20일 오후 국립과학수사연구소의 시체부검 결과 윤숙이의 뇌는 물처럼 녹아 있었다. 심한 발길질로 인해 췌장염을 앓는 등 장기 역시 온전하지 못했다. 왼쪽 엉덩이는 돌처럼 딱딱하고 허리뼈와 골반뼈는 골절돼 있었으며 폐출혈까지 나타났다. 검찰이 찍어둔 사진에는 손과 손목, 다리 등 거의 온몸에 화상 자국이 이어져 있었고, 등에는 채찍질로 보이는 크고 작은 흉터가 생생해 가혹행위의 참혹상을 짐작할 수 있었다. 윤숙이에게 불행이 닥친 것은 지난 95년 3월 부모의 이혼에 따라 4개월 뒤 아버지가 계모 권 모 씨와 재혼하면서부터. 계모는 걸핏 하면 매를 들었고 윤숙이 문제로 부부싸움이 잦아지자 아버지는 보고도 모른 채했다.[23]

21. 「불구 남편 '물고문' —물통에 얼굴 집어넣고 폭행」, 1990년 8월 29일자 『동아일보』 기사.
22. 「혼수 적다고 폭행—아내 담뱃불 고문」, 1991년 1월 11일자 『동아일보』 기사.

학교폭력이 심각해진 것은 어제오늘의 문제가 아니다. 여학생까지 가담한 폭력조직으로 오늘날 학원가는 몸살을 앓고 있다. 10대 여고생들끼리 물고문을 자행한 일도 벌어졌다.

> :: 서울경찰청은 조직원을 빼내려 한다는 이유로 물고문 등의 폭력을 행사한 10대 소녀 폭력서클 회원 신 모 양(17, D여상) 등 여고생 6명이 낀 소녀 9명에 대해 폭력행위등처벌에관한법률 위반 혐의로 구속영장을 신청 …… .[24]

어느샌가 우리의 사생활은 침범당하고 있고, 서로가 서로에게 폭력적인 세상이 되었다.

> :: 과거 고문이라는 극단적인 형태로 상징되던 견제받지 않은 자의적인 권력남용의 잔재는 지금도 여러 양태로 드러나고 있다. 그 대표적인 예는 최근 물의를 빚고 있는 도청 감청이다. 또 보통 사람들의 일상생활에서 부딪히는 억압적이고, 자의적인 공무집행 등에서 우리는 오랜 억압정권의 구습으로부터 우리가 완전히 벗어나지 못했음을 느낀다. …… 이처럼 조화와 상식이 아닌 독단과 폭력이 지배하는 사회 속에서는 그 구성원들 또한 그러한 원리에 젖어 살게 된다. 힘의 지배원리가 스며들게 되면 개인의 창의성은 말살되고, 사회는 경직되어버리고 만다.[25]

우리의 폭력은 이미 국제적이 되었다. 동두천의 한 업소에서는 필리핀 여성을 공연비자로 데려와 윤락행위를 강요하면서 감금과 가혹행위를 해 국제적인

---

23. 「나쁜 계모, 못난 아빠 …… 전윤숙 양 한 줌 재로」, 2000년 5월 22일자 「동아일보」 기사.
24. 「휴지통」, 1994년 8월 27일자 「동아일보」 기사.
25. 「곳곳에 살아 있는 이근안」, 1999년 11월 8일자 「조선일보」 기사.

말썽이 일었다. 필리핀 대사관 측은 겨우 열여섯 살밖에 되지 않은 소녀를 포함한 이 여성들을 대리해 그 업소 주인을 상대로 민사소송까지 제기했다. 다음은 그 끔찍한 일을 당한 한 여성의 일기이다.

· "모든 일들이 잘될 것이라는 얘기를 듣고 한국에 대한 두려움이 누그러졌다."
   (3월 30일 방콕에서)
· "맙소사, 창녀가 되다니……. 어떻게 손님을 접대할지도 몰라 주인에게 야단만 맞았다."(4월 3일)
· "주인의 친구라는 사람이 가끔 우리가 묵고 있는 방에 와 칼을 꺼내들고 장난을 쳤다. 정말 한국 사람들은 개○○들이다."(4월 11일)
· "한국 사람은 누구도 믿을 수가 없다. 다들 섹스에 굶주린 미치광이들일 뿐."
   (4월 17일)
· "휴일도 없다. 클럽 주인은 휴대폰을 사용하거나 빌려 쓰는 것도 금지했다. …… 갖은 명목으로 월급에서 돈을 공제한다. 손님으로부터 팁도 받지 못했고 쥐꼬리만한 식비가 지급됐을 뿐이다."(5월 19일)
· "동료 한 명이 외박을 나갔다가 한국 남자에게 맞아 시퍼렇게 멍이 들어 돌아왔다. 심지어 그 남자는 돈을 훔쳤다고 신고까지 했다. 마치 내가 그 일을 당한 것처럼 하염없이 눈물만 흘렸다."(6월 3일)[26]

중앙정보부, 안기부, 보안사, 대공분실…… 따위의 악명 높은 수사기관과 그곳에서의 악랄한 고문을 모르는 사람은 없다. 그곳에서 고문을 받은 사람이나 받지 않은 사람이나 모든 국민이 고문의 악몽을 꾸지 않을 수 없다. 서울대병원

---

26. 「필리핀 여성, 눈물의 일기장」, 2002년 10월 17일자 『한국일보』 기사.

정신과 유인균 교수는 "국가가 고문과 같은 억압적 방법으로 질서를 유지해나간 다면 고문을 받은 사람뿐 아니라 고문이 행해지고 있다는 것을 아는 모든 사람들의 행동까지 제약해 국가 전체의 창의적 생산성은 크게 떨어진다"라고 지적했다.[27]

지난 2000년에는 인터넷상에 '사이버 교도소'가 생겼는데 이 사이버 공간은 이렇게 설정, 운영되었다.

> :: 살다 보면 얄미운 사람, 내 마음을 몰라주는 사람, 벌주고 싶은 사람이 있다. 이런 사람이 있을 땐 사이버 교도소에 접속해보자. 스트레스가 확 풀릴 것이다. 사이버 교도소에 들어서는 순간, 당신은 교도관이 된다. '교도관 = 고문기술자' 라는 설정 아래 고문할 대상자의 이름을 입력하고, 여러 가지 캐릭터 중 죄수와 가장 닮은 하나를 지정한다. 마른 남자, 왕자, 뚱뚱한 사람, 모범생 여자, 머리 벗겨진 중년 남자 등을 죄수방에서 고르면 된다. 이제 고문하는 교도관이 되어 고문을 가하면 된다. 타이슨의 핵주먹(단 이빨로 귀를 물어뜯는 고문은 금지돼 있음), 고무줄 튕기기, 똥침, 전기고문, 테이프 눈썹에 붙였다 떼기 중에서 하나를 선택한다. 고문이 끝나면 게시판을 방문해서 왜 그런 사람을 고문했는지, 왜 미워했는지를 표현함으로써 스트레스를 풀어낸다.[28]

내용을 보면 스트레스를 풀기 위해 마련된 가볍고 재미있는 사이트이다. 그러나 고문이 얼마나 우리 사회 저변에 널리 퍼져 있는가를 확인시켜주는 이 사이트를 보면서 씁쓸한 심정을 떨칠 수 없었다. 다음 글은 우리 주변에 일상적으로

---

27. 「'이근안 고문'이 남긴 상처」, 1999년 10월 30일자 『조선일보』 기사.
28. www.cyberprison.kr.ne.kr. 계원조형예술대학 멀티디자인 전공 학생들이 졸업작품으로 선보인 이 사이트는 한때 네티즌들로부터 신선하다는 평을 들었지만 이후 폐쇄되었다.

존재하는 고문을 어떻게 보아야 하는지 좋은 시각을 제공해주고 있다.

::   …… 고문은 단순히 한 명의 악한 사람과 한 명의 피해자가 있는 소설보다도 더 가학적인 어떤 현실을 기초로 하고 있다. 고문이 등장하는 사회는 이미 보이지 않는 다양한 고문기구, 고문을 가능하게 하는 다양한 명분과 규범들을 만들고 있는 사회이다. 그러한 드러난 규범들과 가치들은 보이지 않는 인간의 본능적 가학성과 재빨리 손을 잡는다. 일단 명분과 가치만 부여된다면 어디서든 쉽게 고개를 내밀 가학성은 어디서나 잠재해 있다. 고문은 단순히 범죄자를 다루는 기술이 아니다. 그 사회가 사회구성원을 통치하고 정체성을 조합하는 하나의 이념적인 기초인 것이다.

이런 점에서, 고문의 가해자는 그러한 규범들과 이념들을 습관적으로 묵인해버리는 대부분의 사회구성원들인 것이다. 우리는 그런 가해자와 피해자라는 보이지 않는 경계 사이에서 수동적으로 사회적 메커니즘에 이끌려 다니게 된다. 고문은 우리가 알지 못하는 사이에 행하던 사소한 폭력들이 수면 위로 떠오르는 바로 어떤 한 지점인 것이다. 따지고 보면 우리는 얼마나 사소한 가학성들 사이에 노출되어 있었던가. 이런 것들은 우리의 잠재적인 불안감을 미끼로 언어 사이로, 생각 사이로, 가치 사이로, 부유하고 끊임없는 고문기구들을 생산해내고 있는 것이다. 고문은 그 사회의 정치뿐만 아니라 경제적·규범적 메커니즘에 밀접하게 관련되어 있는 사고의 방식 안에 숨어 있다. …… [29]

원래 고문이란 어느 한 악독한 개인이 저지른 범죄라고 보기는 어렵다. 고문이 발생하고 번성하는 것은 고문이 허용되는 사회 규범과 환경이 존재하기 때문

---

29. 「고문의 미학」(http://www.dongkang.ac.kr 참조).

이다. 우리는 그것을 총체적으로 바라볼 필요가 있다. 반공사회, 국가안보, 군사독재의 이데올로기가 지배하는 우리 사회에서 고문은 움트고 자라고 번성했던 것이다.[30] 그러는 가운데 전체주의·군사주의·권위주의에 우리 사회 전체가 물들고 감염됨으로써, 중앙정보부·안기부·보안대·치안본부 대공분실에서 고문이 양산되고, 더 나아가 우리 주변의 군대·학교·기업·직장을 모두 그런 고문 아닌 고문, 폭력과 가학성이 지배하는 곳으로 만든 것이다. 그러므로 '고문 사회'의 종식은 수사기관에서 고문을 금지하는 것만으로 끝나지 않는다. 우리 사회에 더욱더 민주적이고 인간적인 풍토가 함께 병행되지 않으면 안 된다.

2. 고문정권과 한국의 형사사법
— 아직도 유효한 '자백은 증거의 왕'

1) 폭력정권과 불법

개인의 폭력과 국가의 폭력은 어떤 차이가 있는가? 국가가 행사하는 공권력은 기본적으로 법적 근거에 따라 공익을 위해 사용하기 때문에 정당화된다. 그러나 공권력이 법에 근거하지 않거나 공익을 위해 사용되지 않을 때는 개인의 폭력과 마찬가지로 제한되고 규제되지 않으면 안 된다. 한국현대사에서 명멸한 역대

---

30. 물론 수사·정보기관의 고문이 우리 사회의 일상적 고문 현상의 주범이라고 말하기는 어렵다. 오늘날 광범하게 유포되고 있는 폭력 영상물, 만화 등이 우리 사회의 일상적 폭력과 고문 현상을 초래하는 또 하나의 원인임을 부정할 수 없다. 예컨대, "〈람보 2〉에서는 칼, 화살과 화살촉, 폭발, 총격, 기관총 난사, 구타 등 사람을 죽이는 다양한 방법들이 동원되며 폭탄화살에 맞아 온몸이 찢어지거나 철판 위에서 사람을 전기고문하는 장면 등이 음향효과와 함께 섬뜩하게 묘사되고 있다"라고 한다.「'폭력물' 시민감시제도 필요」, 1994년 10월 3일자『동아일보』기사.

정권은 국가 공권력을 헌법이 주어진 목적에 따라 민주주의와 인권을 위해서 행사하기보다는 개인의 장기 집권과 정권 유지를 위해 사용했다. 따라서 그것은 폭력일 뿐이다. 깡패나 테러리스트의 그것과 무엇이 다르겠는가.

고문 그 자체는 심각한 폭력이다. 심지어 국가안보나 사회질서 유지라는 목적을 위해서도 사용되어서는 안 되는 게 폭력이다. 국민의 기본권과 인간의 존엄성은 누구도, 어떠한 경우에도 침해할 수 없는 헌법과 국가의 기본 가치이며 덕목이기 때문이다. 고문을 자행하는 정권은 민주주의 정권일 수가 없다. 그것은 독재정권이며 폭력정권이다.

한국현대사에서 보이는 권력은 고문을 통해서 성립되고 고문을 통해 유지되고 고문을 통해서 멸망했다. 고문은 그 자체로서도 폭력이지만 그것을 둘러싼 환경과 조건, 절차가 모두 폭력이다. 고문을 자행하는 기관 역시 법적 정당성이 회박하며, 고문을 행하기 위해 연행하는 과정 자체가 불법적이다. 고문은 폭력과 불법으로 얼룩진 하나의 체계이며 절차이다.

:: 이들(국가보안법)의 수사사건 중 사전영장에 의하여 체포하거나 긴급구속 후 법정시한 내에 구속영장을 발부받는 사례는 한 건도 없었다고 해도 과언이 아니다. 대개의 경우 현행범이 아니더라도 대공수사기관원들이 잠복, 납치방식으로 불법연행하며 구속영장을 발부받기까지는 짧게는 수일 또는 10여 일간, 길게는 수개월간을 영장 없는 불법구속 상태에서 밀실수사를 한다. 저 유명한 송씨 일가 간첩사건의 경우, 118일간이나 영장 없는 불법구속 상태에서 조사한 기록이 있다.[31]

---

31. 홍성우, 「국가보안법상의 운용실태와 기본적 인권의 침해」, 『간첩조작은 이제 그만』, 민주화실천가족운동협의회 산하 장기수가족협의회 조작된간첩사건가족모임, 1989, 94쪽.

2) 고문과 형사사법의 퇴행

한국 사회에서 광범하게 저질러진 고문은 고문피해자와 그 가족들에게 끔찍한 고통을 주었을 뿐만 아니라 결과적으로 우리의 형사사법 발전을 저해했다. 고문과 그에 따른 자백을 중시하는 풍조는 더욱 수사를 고문에 의존하게 만들었고, 이는 과학적 수사기법의 발전을 저해했다. 고문을 통해 자백을 이끌어내고 그 자백에 따른 몇 가지 증거를 확보하면 무사히 대법원 판결까지 통과할 수 있다는 신념이 이 나라 수사기관 수사관들의 통념이 되었다. 이것은 결국 실체적 진실을 은폐하거나 비켜나가게 된다.

:: (1983년의 경주 당구장 주인 피살사건의 피의자로서 고문을 통해 범인으로 허위자백했던) 형사반장 출신의 박호영(당시 41세, 경사, 나중에 진범이 잡혀 석방) 씨는 고문을 얼마나 당했던지 현장검증 때도 하지도 않은 범행을 해보이기까지 했었다. 고문은 형사반장 출신을 꼭두각시로 만들 만큼 힘이 세다.

고문은 판사들로 하여금 유죄를 선고하고 구속영장을 발부할 수 있게끔 확신을 심어주기도 한다. 고춧가루 고문을 당해본 어느 시민은 "형사가 고문을 하기 전에 어머니하고 관계했다는 자백부터 받아 보이겠다고 선언을 했는데, 정말 그런 말이 나오더라"고 했다. 고문이란 요술방망이만 마음껏 쓸 수 있다면 4천만 국민 전부를 살인범으로 만들 수도 있다. 수사 기술의 면에서도 고문은 수사의 논리구조를 교란시켜버리는 치명적인 약점을 갖고 있다. 고문이란 야만적 터널을 거쳐 나온 자백이나 증거는 어디서 어디까지가 진실인지, 아니면 우선 고통을 면해보자는 다급함에서 만들어낸 거짓말인지, 고문한 사람까지도 분간을 할 수 없게 한다. 고문의 함정에 수사관 스스로 빠져 억지자백에 속아넘어가기도 한다. 고 씨(윤경화 노파 피살사건의 범인으로 몰렸던 고숙종) 사건이 그런 경우였다.[32]

서양의 역사에서도 알 수 있듯이, 고문은 '자백이 증거의 여왕'이라는 믿음 속에서 번성했다. 한국의 형사 법정이 중세의 마녀재판 법정과 마찬가지로 고문으로 인한 신음과 하소연으로 가득 찼던 것은 바로 자백을 중시하면서 고문으로 확보된 증거를 쉽사리 인정했기 때문이다. 이 땅의 지난 반세기는 피비린내 자욱한 고문의 현장이었고, 사법정의가 실종된 암흑 세상이었다. 이제는 완전히 그리고 영원히 그 고문 시대를 끝내야 한다.

32. 조갑제, 『기자 조갑제의 현대사 추적 2—고문과 조작의 기술자들』, 한길사, 1987, 251쪽.

03
아무도 기록하지 않는 역사

1. 정리되지 않은 역사

:: 　정보부 6국의 저 기이한 빛깔의 방들. 악몽에서 막 깨어나 눈부신 흰 벽을 바라봤을 때의 그 기이한 느낌을 언제나 느끼고 있도록 만드는 저 음산하고 무뚝뚝한 빛깔의 방들. 그 어떤 감미로운 추억도 빛 밝은 희망도 불가능하게 만드는 그 무서운 빛깔의 방들. 아득한 옛날 잔혹한 고문에 의해 입을 벌리고 죽은 메마른 시체가 그대로 벽에 걸린 채 수백 년을 부패해가고 있는 듯한 환각을 일으켜주는 그 소름끼치는 빛깔의 방들. 낮인지 밤인지 분간할 수 없는, 언제나 흐린 전등이 켜져 있는, 똑같은 크기로 된, 아무 장식도 없는 그 네모난 방들, 그 방들 속에 갇힌 채 우리는 열흘, 보름 그리고 한 달 동안을 내내 매순간순간마다 끝없이 몸부림치며 생사를 결단하고 있었다.[1]

그러나 '생사를 결단하던' 그 순간이 지나간 뒤 우리는 모든 것을 잊었다. 떠들썩하게 지면을 가득 채우던 언론들도, 아우성치던 인권단체들도 이제는 조용할 뿐이다. 아주 가끔 새롭게 일어나는 고문의 뉴스도 이제 과거의 기억들을 되살리는 데는 충분하지 못하다. 그만큼 세상이 좋아진 탓일까?

새로운 시대를 맞을 준비는 과거를 잘 정리하는 일에서부터 시작한다. 과거 새로운 왕조를 개창하던 때는 언제나 지난 왕조에 대한 가혹한 비판에서 시작되었다. 새로운 왕조의 정당성을 만들 목적이기도 하려니와 그 방향성을 바로 세우기 위해서도 필요한 일이다. 실학의 새로운 흐름 역시 그 이전 시대에 대한 총체적인 정리와 비판 위에서 만들어졌다.

우리가 경험한 그 불행했던 시대, 고문과 가혹행위가 우리의 일상을 지배하던 그 암울한 시대에 대한 정리는 바로 인권과 인간성이 살아 숨쉬는 세상을 위한 시작이다. 우리는 역사의 페이지마다 고문의 한숨과 핏자국이 아직도 엉겨 붙지 않은 채 배어나고 있음을 본다. 그것은 자신들의 모든 사연이 정리될 때까지 사라지지 않고 기다리고 있다. 우리가 그 모든 경험과 사례들을 정리해내고 새로운 시대의 좌표로 사용하고 나면 마치 아지랑이처럼 사라질 것이다.

하지만 우리 현대사의 가장 끔찍한 장면인 고문을 통사적으로 정리한 책이나 글을 발견하기란 여전히 쉽지 않다. 당시에 산발적으로 기록된 고문의 편린들을 발견할 수 있을 뿐이다. 그것은 우리가 목격한 사실을 기피하는 일이며, 동시대인으로서 기록해야 할 의무의 방기이다. 아직도 그 참혹한 기억들은 잠들지 못한 채 우리의 기록과 정리를 기다리고 있다.

1. 김지하, 「고행 …… 1974上」, 1975년 2월 25일자 『동아일보』 기사.

2. 살아 있는 현재로서의 고문

∷　"아주 예술적이죠. 예를 들면 공공칠가방을 들고 다니는 한 친구는 우리 몸의 뼈 관절을 순식간에 해체하는 기술을 가지고 있어요. 조금의 고통도 없이 말이오. 팔 하나를 덜렁거리게 할 수도 있구요. …… 천천히 낮은 볼트의 전류를 가하죠. 그러다가 전압을 점점 올려요. 그러면 머릿속으로 번개와 안개 같은 것이 지나가죠."(「개구리」 일부) 고문 부분의 꼼꼼한 묘사와 달리 작품 전체는 추상성과 상징성이 짙은 관념소설적 색채를 띠고 진행된다. 주인공인 이공은 고문후유증으로 정신병원에 입원한 인물. 그는 "태초에 개구리가 있었다"라는 사념에 사로잡혀 있으며, 간호사에게 "나의 개구리가 되어달라"고 주문한다. 작가(김영현)[2]는 "'개구리'는 인간에 대한 신뢰와 중심이 사라진 시대를 나타내는 화두이며 이미지"라고 밝혔다.[3]

∷　채윤일은 한국 연극에서 연극을 만드는 작가로서의 역량을 보여주는 연출가임에 틀림없다. 지난 몇 년 동안만 보더라도, '30년 군부독재 체제의 삶'을 다룬 〈불의 가면〉(1993), '어둠의 시절, 어둠 속에서 꾼 많은 꿈'을 기억해내는 〈불지른 남자〉(1994), '자유를 보장받지 못하는 개인이나 사회'를 다양한 상상과 감각으로 말하는 〈영월행 일기〉(1995)에 이어 〈나는 개처럼 살고 싶지 않다!〉(1996)를 내놓았다. 채윤일이 지닌 연극의 지속성은 역사의식에 있다. …… 장소는 남아메리카

---

2. 작가 김영현 자신도 고문피해자다. "강제징집돼 군복무 중이던 80년 5월 영문도 모른 채 군 수사기관에 연행됐다. 보름 동안 상상할 수 있는 모든 육체적 고통을 체험했다. '육체적으로는 물론 정신적 후유증도 크죠. 한동안 폐소(閉所) 공포, 불안, 우울증에 시달렸어요. 요즘도 악몽을 꾸고 소리지르며 일어나는 일이 잦습니다.'" 「김영현 작가, 새 단편 「개구리」 창비에 발표」, 1999년 11월 15일자 『동아일보』 기사.
3. 「김영현 작가, 새 단편 「개구리」 창비에 발표」, 1999년 11월 15일자 『동아일보』 기사.

의 한 나라. 거실, 식당, 창고, 지하실로 구분된 무대공간에서 강간과 고문과 폭력을 일삼는 장보장교, 희망과 감각을 모두 잃어버린 그의 친구인 또 다른 군인, 그들에게 고문을 당하는 이들, 강간의 희생자로 등장하는 열두 살의 소녀, 폭력의 희생자인 정보장교의 아내가 등장인물의 전부이다. ······ 무릎 크기만큼의 단을 높인 무대는 80년대의 악몽과 '기억하고 싶지 않은 암울한 기억들을' 가까이 볼 수 있게 한다. 그리하여 허구의 연극은 '짐승들의 시간'이 아직 끝나지 않은 우리의 현실을 오버랩시킨다.[4]

고문은 소설로도, 연극으로도 형상화되었다. 그러나 그것은 가공의 세계가 아니라 현실의 세계이다. 우리가 목격하고 경험하고 기억하는 일이다. 그것을 작가의 눈으로, 작가의 기억으로 복원한 것이다. 작가도 전혀 없는 일을 만들어내는 사람이 아니다. 그들의 경험과 목격 사실을 자신의 시각으로 해석하고 묘사하고 상상한 것일 뿐이다.

고문이 가져온 결과는 개인의 파괴와 인간에 대한 신뢰가 사라진 사회의 파괴이다. 육체의 파괴는 눈에 보이지만 정신의 파괴와 사회 속 인간 신뢰의 파괴는 눈에 보이지조차 않는다. 그러나 눈에 보이지 않는다고 존재하지 않는 것은 아니다. 우리가 겪어온 권위주의 시대의 많은 풍경들이 사라진 것은 사실이다. 이제 고문이란 단어조차 듣기 어렵다. 가끔 고문이라는 단어가 언론에 등장할 때는 참으로 낯설게 느껴진다. 그러므로 많은 사람들은 이제 우리가 완전히 그 끔찍했던 시대를 졸업했다고 믿는다. 그리고 그 을씨년스러웠던 여러 사회 현상들도 깡그리 잊어버렸다. 마치 존재하지도 않은 일인 것처럼.

그러나 우리 주변을 조금만 돌이켜보면 그것이 착각이라는 사실을 깨닫게

---

4. 「채윤일의 '나는 개처럼 살고 싶지 않다'」, 1996년 1월 4일자 『한겨레신문』 기사.

된다. 아직 우리 주변에는 적지 않은 사람들이 그 시대의 고문과 폭압의 상처를 안고 살아가고 있음을 알 수 있다. 이들은 파괴된 영혼의 상처를 치유하지 못한 채 사회와 격리되고 사람들의 무관심 속에서 과거를 고스란히 간직하고 있다.

그뿐이 아니다. 과거만큼 체계적이고 전반적인 고문은 아니라 할지라도 여전히 크고 작은 고문 사례들이 보고되고 있다. 잊을 만하면 신문 지면에 등장해 우리의 영원한 망각을 방해한다. 고문의 유령은 영원히 잠들기를 거부하면서 우리의 머리 위를 맴돌고 있다. 경찰과 수사기관들의 주변을 맴돌면서 떠나지 못하고 있다. 그 끈질긴 관성과 관행의 힘이란!

더 나아가 느닷없이 사회의 한 언저리에서 고문이 튀어나와 사람들의 상처를 도지게 하는 때가 있었다. 지난 2004년 12월 한나라당 주성영 의원이 열린우리당 이철우 의원을 두고 "1992년 민족해방애국전선사건에서 북한의 조선노동당에 가입한 사실이 있고, 지금도 암약하고 있는 간첩"이라고 발언함으로써 여야 간에 큰 논쟁이 일 것은 물론이고 사회에까지 큰 충격을 던졌다. 물론 이철우 의원 본인은 당시 고문으로 사건이 조작되었고, 판결문에는 그런 사실이 배제되었으며 더구나 모든 것이 사면복권되었다고 주장했다. 모든 사람들이 아주 까맣게 먼 과거의 일로 치부하던 시대의 과거사가 한꺼번에 정치의 중심에 섰다. 그만큼 아직 우리는 고문의 기억에서 충분히 멀어져 있지 않음을, 아직 우리는 고문의 시대를 제대로 청산하지 못했음을 증명하고 있는 것이다.

제2장

한국에서 자행된 고문의 양상

01
정형화된 고문 형사 절차

1. 범죄행위로 점철된 공안사건 수사의 정형성
— 붕어빵처럼 찍어내는 사건들

이 땅에서 이루어진 고문의 가해자, 고문의 장소와 방법, 고문한 기관 등은 너무 여러 갈래여서 일률적으로 말하기가 어렵다. 과거의 중앙정보부와 안기부를 비롯해 지방의 작은 경찰서 대공과, 또는 이름 없는 파출소에서까지 고문이 자행됐기 때문이다. 그럼에도 우리나라에서의 고문은 일정한 정형성을 가지고 있다. 특히 중앙정보부와 안기부를 거쳐 국정원으로 이어지는, 우리나라 최고의 권부이며 비밀 정보기구에서 이루어지는 고문은 더욱 그렇다. 가장 많은 고문이 이루어졌고 또한 고문 정도가 가장 심각한 보안사나 과거 치안본부 대공분실 등도 마찬가지다. 심지어 일선 경찰서에서 이루어진 고문조차도 다음과 같은 정형성에서 크게 벗어나지 않는다.

:: 　민주화실천가족운동협의회 산하 장기수가족협의회는 현재 장기형을 복역하고 있는 간첩들의 공소장, 진술서, 항소·상고이유서, 탄원서, 진정서 따위를 상당수 확보해놓고 있다. 그런 것들, 특히 얼핏 보기에 완벽하게 만들어놓은 공소장이라도 꼼꼼하게 읽어나가면, 그리고 가족들의 하소연을 들어보면 아마도 누구나가 김성학 씨 사건과의 놀라운 유사성을 발견할 것이다. 마치 거대한 붕어빵틀로 찍어내는 붕어빵처럼 정형화된 많은 '간첩사건'들, 불법연행 뒤의 장기에 걸친 밀실 수사, 고문, 굴복, 조서 작성, 세뇌, 지령, 그리고 국가기밀 탐지·수집·누설, 가까운 친구들에게 북한 찬양, 물적 증거의 부재, 검찰 송치 후에 검사에게 하소연하리라는 헛된 기대, 다시 절망. 이것은 진도사건에도, 어부 정삼근 사건에도 김양기 사건에도, 김장현 사건에도, 그밖에 많은 사건에도 해당되는 것이다.[1]

:: 　일반적으로 '조작 간첩'사건의 경우, 체포·연행된 피의자는 수사기관에 도착하자마자 어리둥절한 상태에서 군복으로 갈아입혀지고 곧바로 구타를 당하면서 고문이 시작된다. 수십 일 동안 밀실에 감금된 채 '고문 → 허위자백 → 번복 → 고문'을 거듭하다가 결국 모든 걸 자포자기한 상태에서 수사관이 시키는 대로 자술서를 쓰고 외우고 그러다 틀리면 바로 이어지는 고문, 그러기를 수차례 거듭한 뒤, 죽음의 문턱에 이르러서야 비로소 이 끔찍한 상황이 끝이 났다. 결국 잔인한 고문으로 인해 없는 사실이 만들어지기도 하고, 일상적인 행동이 간첩행위로 둔갑하기도 했다. 그런데 고문피해자들은 한결같이 '고문 → 허위자백 → 번복 → 고문'이 반복 상태로 지속되다 보니 "허위 사실이 마치 진실인 양 착각이 들 정도"가 된다고 증언하고 있다. 끔찍한 고통과 공포가 인간의 이성을 마비시키고 마는 비극이 벌어지는 것이다.[2]

1. 서준식, 「국가보안법의 희생자들」, 『월간 중앙』 1989년 8월호, 358쪽.

불법연행과 납치 → 고문실 도착 → 옷 벗기고 군복 또는 수의로 갈아입히기 → 구타 → 협박 → 자술서 작성 → 피의자 신문조서 작성 → 상처 치유하고 송치 준비 → 송치 후 검사실 입회 또는 따라가기 등으로 이어지는 하나의 코스는 정형화되어 있다. 하나의 패턴[3]이고 양식이었다. 관행이며 공식이었다. 고문수사관의 개인 취향과 특성, 고문수사기관의 전문성과 효율성의 차이는 있을지라도 대체로 우리나라 공안사범들은 이런 경로로 고문과 조작에 의해 만들어져왔다 해도 과언이 아니다.

우리는 아직도 고문피해자들이 제기한 고소사건 가운데 진실이 밝혀져 고문수사관이 처벌된 경우는 여러 차례 보았어도,[4] 고문피해자가 허위로 고소해 무고로 처벌받는 것은 보지 못했다. 일반 국민이 모두 두려워하는 공포의 수사기관을 상대로 아무 고문 없이 수사받은 자가 고발한다는 것이 상식에도 맞지 않다. 그러므로 이들이 고발하는 고문과 가혹행위는 진실이라고 단정할 충분한 근거가 있는 셈이다. 이렇듯 고문피해자들이 말하는 공통된 과정과 절차, 기법과 방법이 거의 똑같거나 유사해서 우리는 이것을 하나의 정형화된 고문의 절차이자 방식으로 간주할 수 있다.

그리고 이 과정의 단계단계는 모두가 불법으로 점철되어 있다. 우리나라의 현행 법제도로 보더라도 어느 것 하나 허용되는 것이 없다. 영장 없는 강제연행, 고문과 가혹행위, 본인의 의사에 반하는 진술서 작성과 신문조서 작성―그 모든 것이 불법이고 범죄행위이다. 그것은 야만적이고 비인도적인 절차와 과정으로 연속되어 있다. 그러므로 이러한 공안사건들은 불법과 범죄의 소산이고 그 열매

---

2. 국가보안법폐지국민연대, 『국가보안법, 고문·용공조작 피해자 증언대회 자료집』, 2004년 12월 16일, 3쪽.
3. 앰네스티 인터내셔널이 한국의 고문사건에 대해 개입하면서 언제나 그러한 고문 주장이 과거의 '패턴'에 부합하기 때문에 합리적이고 믿을 만한 것으로 받아들인다는 표현을 썼다.
4. 검찰이 성의 있게 수사한 아주 희귀한 경우 또는 재정신청에 의해 법원이 심판에 회부한 경우에는 고문 사실이 여지없이 증명되었다.

라고 할 수 있다. 고문과 가혹행위라는 나무에 열리는 독과(毒果)가 아니고 무엇이 겠는가?

1983년에 이수원 등 세 소년이 살인죄로 구속 기소된 사건(무죄 판결)과 사형수 오휘웅 사건(3심까지 유죄 판결)을 비교하면서 조갑제는 사건 조작의 패턴을 다음과 같이 설명했다.

:: 첫째, 허위자백을 받아내는 방법으로서 고문과 함께 회유의 방법을 썼다. 강온 두 가지 방법으로 피의자를 신문하는 것은 상식에 속한다. 인간은 고통 속에 시달릴 때, 조금이라도 인간적으로 대해주는 이에게 의존하려고 하는 마음이 생긴다.
둘째, 과학수사는 증거를 먼저 모으고 이것을 용의자에게 들이대어 자백을 받아내고 거기서 다른 증거를 찾아내 보강하는 것이다. 고문에 의한 허위자백에서는 범행 도구나 장물 등 물증을 찾아낼 실마리를 발견할 수 없다. 그래서 물증을 조작하여 자백과 끼워 맞춰놓는다.
셋째, 아무리 허위자백을 모범답안처럼 잘하려고 해도 범행 자체에 대한 진술은 거의 틀린다. 형사들로부터 들었던 이야기나, 신문을 보고 안 사실 등으로 추리하여 경험도 안 한 사실을 만들어 진술하기 때문이다. 오휘웅 씨의 경우도 그랬지만, 범행 현장이나 도구, 범행 순서 등과 부합하지 않는 진술은 허위자백으로 봐야 한다.
넷째, 확증이 없다. 아무리 고문에 의해 조작된 사건이라도 피고인의 지문이나 피고인의 옷에 묻은 피 흔적 같은 것을 조작하기는 어렵다.
다섯째, 피고인에게 유리한 증언을 한 증인은 경찰로부터 끊임없이 시달림을 받는다. 견디다 못해 당초의 진술을 애매하게 변경하여 경찰에 유리하도록 해준다. 경찰은 또 자기편에 유리한 증인을 손쉽게 만들어낸다. 한국 사회에서 용기 있는 증인이 되는 것만큼 어려운 일도 드물 것이다.
여섯째, 위의 세 소년 사건에서 무죄가 나오도록 하는 데 도움이 됐던 것은 이수원

군이 상당 기간 경찰의 고문을 견디며 버티었기 때문이다. 버틴 흔적이 진술조서나 이 군의 기억에 남아, 나중에 변호사가 고문을 주장하기 쉽게 만들었다. 너무 빨리 고문에 굴복하면 나중에 사건을 뒤집기가 매우 어렵게 된다. 수사기관에서 맞는 매는 공짜가 아니다.

일곱째, 검사는 피고인의 진술이 우왕좌왕하니까 수사형사들을 다시 불러 피고인의 진술을 정리하도록 했다. 오 씨 사건에서도 수사형사들이 검찰로 불려가 검사의 수사를 도운 흔적이 있다. 고문한 형사들이 검찰 수사 단계에서까지 활동한다면, 위압 상태의 연장이라고 보고 진술조서의 임의성을 인정하지 않아야 한다. 지적 엘리트인 검사가 고문을 하지 않으리란 믿음은 한국에서는 통용될 수 없다.

여덟째, 세 소년의 사건에서 소름 끼치는 사실은 1·2심에서 이 소년들이 유죄선고로 무기징역형을 선고받았다는 엄연한 사실이다. 세 소년이 이례적으로 대법원에 가서 무죄선고를 받은 것은 당연한 귀결이 아니라 행운에 속한다. 집념 있는 변호사를 만나지 못했다면 세 소년의 운명은 달라졌을지도 모른다. 연옥과 같은 수사, 중세 암흑기를 연상시키는 고문, 협박, 조작, 위증 교사, 모순투성이의 진술 등의 자취가 그렇게 많이 법정에 나타났는데도 두 번이나 유죄가 선고될 수 있었던 한국 재판의 현실을 직시할 필요가 있다.

아홉째, 이런 사건은 10년에 한 번씩, 또는 1년에 한 번씩 일어나는 예외적인 사건이 아니다. 거의 같은 양식에 따라 자주 되풀이되는 사건이다. 좁게는 수사기관의 풍토, 넓게는 민중과 정부기관 사이의 역학관계, 빈곤·하류층에 대한 수사기관의 편견과 무시, 수사기관과 사법부의 역학관계가 이런 조작수사, 억지수사의 사회·정치학적 배경이 되고 있다.[5]

---

5. 조갑제, 『사형수 오휘웅 이야기』, 한길사, 1986, 283~285쪽.

2. 어느 날 갑자기 ─불법 납치와 연행

그것은 납치이다. 비밀스럽다. 아무도 모른다. 갑자기 뒤에서 앞에서 나타나 자동차에 집어넣는다. 수갑을 채우거나 얼굴을 다리 사이에 파묻게 한다. 자신의 신분을 밝히는 법도, 영장을 제시하는 법도 없다.

∷   …… 저희 부부는 딸 다섯, 아들 하나를 데리고 개야도라는 조그만 섬에서 오직 고기만 잡아먹고 살지언정 그래도 오순도순 행복하게 생활하고 있었습니다. …… 마침 처제의 결혼식이라 모든 친척들이 처갓집에 모여 잔치 기분에 들떠 있는데, 7~8명의 젊은 사람들이 들이닥쳐 봉고차 속에 갇히게 되었습니다. 검은 수건으로 눈을 가리기에 저는 속으로 "아차, 이놈들이 틀림없이 간첩이구나" 하면서 그들에게 납치되는 줄 알았습니다. 그러는 사이 두 달 동안 징글징글하게도 두들겨 맞았던 지하실에 도착하였습니다.(어부 정삼근 씨의 경우)[6]

∷   81년 7월 21일, 주례1동 저의 조그만 자취방을 나서서 아랫마을의 시장에 아침 반찬을 사러 가려고 대문간을 막 나오자 난데없이 나타난 두 사람이 앞뒤를 가로막으며 허리를 턱 움켜쥐고 끌고 가는데 벌써 앞에는 또 한 사람의 험상궂은 사람이 쑥 나타나고 있었습니다. 고함지를 새도 없을 만큼 재빠르며 우악한 행동이었습니다. 주례 삼거리의 주례파출소에서 눈으로 가리고 팔을 묶인 채 택시에 실려 기차소리가 시끄러운 어느 원색 페인트로 칠해진 방 안에 도착했을 때는 아직도 7시쯤의 아침이었습니다.(부림사건 이상록 씨의 경우)[7]

---

6. 1988년 11월 8일자 정삼근 씨의 양심선언서.

:: 내 하숙집에서 불과 100미터가량 떨어진 독립문 근처에서 차가 갑자기 섰다. 뒤에서 좇아오던 지프에서 네댓 명의 남자가 내려 우르르 몰려오더니 두 사람이 차의 양쪽 문을 열고 내 양옆에 올라탔다. 그러고는 손을 비틀어 올리고 머리를 누른 다음, 검은 점퍼로 덮어씌웠다. …… 차는 10여 분 달리더니 …… 이층집 앞마당에 멈춰 섰다. 나중에 안 일이지만, 청와대 바로 옆의 보안사 옥인동 대공분실이었다.(서승 씨의 경우)[8]

:: 차에 태운 후 검은 자루로 얼굴을 덮어버렸다고 한다. 차에서 내려 어느 건물로 들어가는 곳에서 솔잎 냄새가 났다고 한다. 자루가 벗겨진 곳은 음습한 고문실이었다.(1987년 경희대 학생회 간부 납치사건의 경우)[9]

:: 1981년 7월 19일. 운명의 이날, 나는 서울 흑석동 집에서 내가 도덕 강사로 재직하던 용문중학교 학생들의 1학기말 시험지를 채점하고 있었다. 그때 갑자기 형사 2명이 들이닥쳐 "황보윤식 선생에 대해 물어볼 것이 있으니 잠깐 같이 가자"며……. 당시 나는 그 집에서 동생 둘과 함께 살고 있었으나 동생들은 외출 중이어서 내가 연행된 사실을 가족들은 물론 아무도 알 수 없었다. 나는 그렇게 사회에서 어느 날 황망하게 '실종'된 것이었다.(아람회사건 박해전 씨의 경우)[10]

:: 1983년 2월 18일 오전 9시경. 기독교방송국에서 50대 초반의 한 남자가 걸어나왔다. 남자의 얼굴은 까칠했고 나이보다 주름이 깊었으며 손가락 마디는 매우

7. 1982년 5월 21일자 이상록의 재판부에 대한 진술서. 한국기독교교회협의회 인권위원회, 『복음과 인권—1982년도 인권문제전국협의회 자료집』, 1982, 163~164쪽.
8. 서승, 『서승의 옥중 19년』, 역사비평사, 1999, 32쪽.
9. 유지호, 「온몸에 소금물을 끼얹고 전기고문을」, 2004년 12월 28일자 『오마이뉴스』 기사.
10. 박해전, 「역사의 물길을 민중의 바다로」, 5공정치범명예회복협의회, 『역사의 심판은 끝나지 않았다』, 살림터, 1997, 84쪽.

두툼했다. 그 남자가 방송국 앞길을 건너자마자 길옆에 서 있던 차에서 네댓 명의 남자가 뛰어나와 그를 덮쳤다. 남자는 차에 태워졌고 웃옷이 벗겨졌다. 벗겨진 옷이 남자의 머리에 덮어씌워지자 차가 질주하기 시작했다. 그의 이름은 함주명…….(함주명 씨의 경우)[11]

이상의 사례를 보면 거의 인신매매범의 행동과 다를 바가 없다. '납치'이다. 납치는 대체로 목격자가 없을 때 이루어진다. 미행하다가 가장 적절한 시기라고 판단될 때 그 대상을 갑자기 납치한다. 그러다 보니 통상 업무시간과는 관계가 없는 경우가 많다.

① 밤 10시 40분─1990년 8월 29일 잠자다 연행된 진현규 씨의 경우
② 밤 12시 무렵─1995년 4월 26일 연행된 박창희 교수의 경우
③ 새벽 1시─1994년 1월 4일 약혼녀와 잠자다 검찰에 연행된 김동철 씨의 경우
④ 새벽 2시 30분─1995년 11월 15일 연행된 민주주의민족통일전국연합 박충렬 부의장의 경우
⑤ 새벽 3시─1985년 10월 4일 연행된 강원대 유정배 군의 경우

납치과정에서 엉겁결에 당하는 피해자들의 경우에는 영문도 몰라 반항하지도 못한다. 험상궂게 생긴 몇 사람이 달려들어 납치하는데 소리칠 생각조차 못한다. 물론 반항하다가 두들겨 맞은 경우도 있다. 또 때로는 수사기관 사람들이 강제연행하는 과정에서 인신매매범으로 오인받아 주변의 소란을 야기하는 어설픈 납치도 없는 것은 아니다.[12] 이런 불법연행은 오랫동안 개선되지 않았다.

11. 최민희, 「이근안이 만든 '간첩' 함주명의 빼앗긴 10년」, 『월간 말』 1992년 2월호, 108쪽.

::   민주화를 표방하며 출범한 6공에 들어와서도 임의동행, 불법구금, 고문 등 헌법이 금지하고 있는 수사 관행이 사라지지 않고 있다. 전 서울대 여학생회장 이진순(27) 씨가 지난 (1990년 8월) 20일 저녁 치안본부 대공요원들에 의해 강제연행되었다가 하루 만에 풀려난 시간이 터졌다. 이 씨는 서울 구로구 가리봉동 가리봉 오거리에서 신분을 밝히지 않은 사복 차림의 청장년 10여 명이 자신과 함께 버스를 기다리던 한승근(28) 씨를 끌고 가려 하자 이에 항의하며 경찰에 신고전화를 걸던 중 연행됐다. 이 씨는 사복 차림의 수사관들에게 끌려가면서 어쩌면 이들이 말로만 듣던 인신매매범이나 납치범들일지도 모른다는 생각이 들어 온몸이 떨렸다고 한다. …… 이 씨는 치안본부 대공분실에서 한 씨와 다른 곳에서 연행돼온 10여 명과 함께 모종의 '시국사건'과 관련된 조사를 받은 뒤 특별한 혐의가 없어 21일 오후 혼자 풀려났으나 심한 정신적 충격과 피로 등으로 병원에서 입원치료를 받고 있다.[13]

    이런 경우 "당신은 묵비권을 행사할 수 있고 변호인의 면전에서만 진술할 수 있다"라고 수사관이 말해야 한다는 이른바 '미란다(miranda) 원칙'[14]은 차라리 사치이다. 실제로 묵비권을 행사할 수 있다고 고지를 해주어 그렇게 하겠다고 대답했다가 더 구타당한 사례도 있다. 민주주의민족통일전국연합 부의장 박충렬 씨가 바로 그런 경우이다.[15] 1995년 11월 15일 새벽 2시 30분경 박충렬 씨는 안

---

12. (1990년 10월) 8일 오후 6시 30분께 경북 포항시 중앙동 경동예식장 앞길에서 안기부 직원 세 명이 민중당 포항지구당 노동부장 장성희(24, 여) 씨를 강제연행하려다 인신매매범으로 잘못 안 시민 등 100여 명에게 붙들려 경찰에 넘겨지는 사태가 바로 그것이다. 「안기부원 민중당 간부 연행하려 인신매매범으로 몰려 붙잡혀」, 1990년 10월 10일자 「한겨레신문」 기사.
13. 「기자의 눈 ― 사라지지 않는 '불법관행'」, 1990년 8월 22일자 「동아일보」 기사.
14. 1963년 3월 미국 애리조나에서 강간 등의 혐의로 경찰에 구금된 '어니스트 미란다'라는 피의자가 변호인의 조력을 받을 권리와 묵비권 등을 수사관에게서 사전에 고지받지 못한 채 자신의 범죄를 자백하고 이 자백을 토대로 유죄를 선고받았다. 그러나 재판과정에서 담당 경찰 두 명은 피의자의 기본권을 충분히 보장하지 않은 채 수사했음을 시인, 결국 미 연방대법원은 "헌법에 보장된 묵비권을 침해해 얻은 자백은 배척한다"라며 원심 파기 판결을 내렸다. 이렇게 해서 형사소송 절차의 준수를 특히 강조하는 미국에서는 수사관이 피의자를 연행하면서 묵비권 행사, 변호인의 조력을 받을 권리, 자신의 진술이 법정에서 불리한 증거로 채택될 수 있음을 사전에 알려주는 '미란다 경고'가 관행으로 정착되었다.

기부에 연행되었다. 그 당시 수사관들은 자신의 신분을 알려주었고 영장을 제시했다. 조사받기 직전에 묵비권과 변호인 선임권을 통보받았다. 그가 묵비권을 행사하겠다고 하자 곧바로 구타당하기 시작했다. 괘씸죄에 해당한 것일까?

3. '실종자'를 찾아 방황하는 가족들

납치와 같은 불법연행이 자행되다 보니 가족들은 사라진 이들의 행방을 찾아 헤맨다. 사라진 그들이 중앙정보부, 안기부, 보안사 또는 어느 경찰서 대공분실에 가 있다는 것을 가족이 알게 되는 것은 아주 한참이 지난 후이다.

:: 나중에 가족들은 그가 중부경찰서에 있다고 통보를 받았다. 그러나 가족들이 연락했더니 중부경찰서에는 그런 사람이 없다고 했다. 3일 후에야 비로소 가족들은 그가 안기부에 있는 것을 알았다.[16]

:: …… 영장 없이 연행돼간 후 약 1개월이 지나도록 하등의 연락이 없어서 저희 가족들은 충남경찰국, 대전경찰서, 대전검찰청 등 각 방면으로 소재를 알아보았으나 전혀 알아볼 도리가 없었습니다. 저희 가족들은 이들이 아마도 적색분자로 몰려 죽어 없어진 것으로 보고 눈물로 세월을 보내오던 중 1981년 8월 21일자로 대전경찰서장 명의로 상기 피의자들에 대한 국가보안법 위반 혐의로 구속 통지한

---

15. 주로 앰네스티 인터내셔널 보고서에 근거해 설명했다. Amnesty International, Republic of Korea: Summary of Concerns on torture and ill-treatment, AI Index: ASA 25/25/96, October 1996.
16. Amnesty International, 앞의 글.

다고 연락이 옴으로써 그간 저희들 온 가정이 매일같이 울음바다로 지내다가 불행 중 다행이라 생각하고 한숨만 쉬며 지내고 있었습니다.[17]

:: …… 그러고 있는데 우리 딸한테 전화가 왔어. 용식이가 잡혔대. 그래, 이제 야 참말인가 보다 생각하고 안절부절 못했지만, 이놈이 어디 있는지를 알아야지. 사나흘 있으니까 용산경찰서에서 전화가 왔어. 즉시 쫓아갔어. 그런디 학생들은 면회가 안 된다고 그래. 발버둥 치다가 할 수 없이 집으로 왔지. 집에 와서 봉께 경 찰서에서 편지가 왔는데 그 편지봉투에 남영동 대공수사실이 써 있대. 그래서 거 기가 어딜까 해서 서울 시내를 다 뒤졌어.…… 그래, 아, 그런가 보다 하고 그 근 처 골목으로 가서 '대공수사실'이라고 쓰여진 간판을 찾으려고 아무리 둘러봐도 없는 거야.

…… 그러거나 말거나 나는 가방을 둘쳐메고 비를 부실부실 맞으며 정신 나간 사 람처럼 무작정 거기로 들어갔어. 그랬더니 딱 막데. 그리고선 "아주머니, 뭐하는 사람이요?" 그래. 그래서 "동생 만나러 왔다"고 하니까, "동생이 뭐하는 사람이 요? 주민등록증을 좀 보여주시요" 하더군. 그래서 나는 "동생이 여기서 만나기로 했다"니까 문을 딱 잠가버리는 거야. 철문을 딱 닫아거니까 어쩨 볼 재주가 없어. 그래 문 앞에서 나도 모르게 소리를 질러버렸어. "내 아들이 무슨 죄가 있간디 이 런 데다 가두어두냐, 이 죽일 놈들" 하면서 악을 막 쓰는데 어떤 사람이 추리닝을 입고 들락날락하는 거야. 그래서 "저놈들이 내 아들을 고문했다"며 막 땅바닥에 드러누워 뒹굴었어. 여기서 살든지 죽든지 해야겠다고 하면서. 그랬더니 두 놈이 나와서는 나를 폴랑 들어서 한쪽 구석으로 갖다놓데.[18]

17. 1982년 2월 17일자 아람회 사건 가족들의 탄원서. 황보윤식, 「나와 아람회사건」, 5공정치범명예회복협의회, 『역사의 심 판은 끝나지 않았다』, 살림터, 1997, 64쪽.
18. 문용식 씨의 어머니 지동심 씨의 증언. 민주화실천가족운동협의회 편, 「세 번째 구속된 너를」, 『오, 어머니 당신의 눈물 은』, 동녘, 1987, 291~293쪽.

아들의 실종에 당황한 한 어머니가 어떻게 물어물어 그곳을 찾아가 하소연을 하고 막무가내로 만나게 해달라고 요청하는 장면이 눈에 선하다. 5공화국 이후 워낙 많은 사람들이 안기부나 치안본부 대공분실에 연행되어 고문을 당하다 보니, 시국사범들의 경우에는 관련자들의 가족이나 민주화실천가족운동협의회(민가협) 같은 관련 단체들의 협력으로 그 행방을 확인할 수 있었다. 그러나 그 이전이나 일반 형사범과 민주화운동 경험이 없는 공안사범들의 경우에는 여전히 가족들이 사라진 가족의 행방을 찾아 이리저리 허둥대기만 한다. 그러다 보니 이런 에피소드도 있었다. '자라 보고 놀란 가슴 솥뚜껑 보고 놀란다'라는 말이 바로 여기에 해당한다.

:: 가수 변진섭 씨의 매니저 겸 외삼촌인 이종구(43) 씨가 (1990년 8월) 8일 검찰에 구속됨으로써 한때 나돌았던 이 씨의 납치설은 사실 무근으로 밝혀졌다. 그러나 이번 납치 소동은 피의자를 연행하면서 연행 주체와 구금장소 등을 피의자 가족들에게 제대로 알리지 않는 우리나라 수사기관의 그릇된 수사 관행 때문에 빚어졌다는 점에서 문제의 심각성이 있다. 이 씨 가족들에 따르면 지난 6일 밤 9시경 30대 후반의 남자 2명이 찾아와 '서울 영등포경찰서 형사'라고 신분을 밝히고 이 씨를 연행해갔다는 것. 가족들은 이 씨가 그 다음 날까지 연락이 없자 영등포경찰서에 연행 사실을 확인했으나 경찰서 측으로부터 연행 사실이 없다는 통보를 받았다. 불안해진 가족은 7일 오전 11시 반경 서울 노량진경찰서에 "이 씨가 납치당했다"고 신고했다.

이 씨 가족들은 주간지 『시사토픽』 객원기자 노가원(본명 노종상, 34) 씨가 기사 내용과 관련해 안기부 직원들에 의해 백주대로에서 폭압적인 방법으로 강제연행돼 곤욕을 치렀다는 보도를 접하고, 이 씨도 안기부에 끌려간 것이 아닌가 불길한 예감이 들기도 했다는 것. 이 씨 가족들은 이 씨가 연행된 지 하루 반 만인 8일 오후

신문 보도를 보고서야 이 씨가 공갈 혐의로 서울지검 강력부 박경순 검사의 지휘를 받아 박 검사실에 배속된 영등포경찰서 형사들에 의해 연행된 사실을 알게 됐다. …… 이런 어처구니없는 일이 일어날 수 있는 것은 검찰 등 수사기관이 수사 편의를 위해 법적 절차를 밟지 않고 임의동행이라는 못된 5공식 버릇을 아직도 버리지 못하고 있기 때문이다.

…… 많은 국민들은 5공 시절 이 같은 불법행위 뒤에는 고문과 의문사 시비가 끊이지 않았던 불행했던 사실을 아프게 기억하고 있다. 범법자든 아니든 가족 중에 어느 누구가 어느 날 갑자기 수사기관원이라는 사람들에 의해 소리도 없이 끌려간 뒤 행방조차 모르게 된다면 가족들로서는 그보다 더 걱정되고 가슴 죄는 일이 없다는 사실을 수사 관계자들이 깨닫게 될지 그저 답답할 뿐이다.[19]

가족들도 걱정이지만 정작 고문실에 갇힌 피해자는 불안과 공포에 떤다. 자신이 그곳에 와 있는 것을 아는 사람이 아무도 없기 때문이다. 그들은 "여기서는 죽여도 아무도 모른다"라는 협박을 현실로 받아들인다. 거기서 죽어나간들 누가 여기 이 고문실에 왔다가 그렇게 된 줄을 알겠는가. 이 절대공포가 바로 고문자들이 노리는 자백과 조작의 시작이다.

4. 감금—고립무원 상태

법에는 엄연히 변호인과 가족의 접견권을 보장하고 있지만 비밀정보 수사기

---

19. 「기자의 눈—수사기관 인권불감증」, 1990년 8월 9일자 『동아일보』 기사.

관이 그것을 지킬 리 만무하다. 5공화국 후반 이후에 '정의실천법조회(정법회)'나 '민주사회를위한변호사모임(민변)'이 생겨나면서 조직적으로 공안시국사건에 대해서 감히 접견하고 변론하려는 변호사들의 숫자가 늘어났지만 그 이전에는 그런 변호사가 아예 없었다. 이런 사건을 누가 맡으려 하지도 않았고, 설사 맡았더라도 그런 기관에까지 접견을 시도하는 예도 없었다. 변호사에게도 그곳은 두려운 곳이었다. 나중에 법정에서 변론하는 정도가 기껏 변호사가 해줄 수 있는 일이었다. 납북어부, 재일동포, 막걸리 반공법이나 국가보안법 사건의 피의자들에게는 변호사가 그림의 떡이었다.[20]

연행된 바로 직후, 초기 몇 시간 또는 며칠이 고문의 가능성이 가장 높을 때다.[21] 이때는 가족과 변호인과의 면담이 거절되거나 불가능한 상황이 된다. 완전히 외부와는 단절되고 고립된 상태가 된다. 이렇게 차단된 고립 상태를 'incommunicado'[22]라고 표현한다. '고립무원의 상황'이라고 해야 할까?[23] 남미나 다른 독재국가들에서도 잔혹한 고문은 보통 이런 상태에서 이루어진다. 고문자는 자백을 받아내기에 가장 유리하고, 고문피해자에게는 가장 불리한 조건이다.

고문 방지를 위해서는 수사기관과 구금기관을 분리해놓아야 한다. 우리나라에서도 안기부가 수사를 한다면 구금은 경찰이나 구치소가 맡게 된다. 그런데 과거에 안기부는 형식적으로는 법관이 발부한 구속영장에는 중부경찰서(내곡동으로

---

20. 앰네스티 인터내셔널은 전체 변호사 숫자의 희소성, 고액의 선임료, 국가적 법률구조 체계의 부족 때문에 변호사에 대한 접근권이 제약되고 있다고 본다. Amnesty International, Republic of Korea: Summary of Concerns on torture and ill-treatment, AI Index: ASA 25/25/96, October 1996
21. Amnesty International, *Take a Step to Stamp Out Torture*, October 2000, p. 32.
22. 고립무원(incommunicado)은 스페인어로서 흔히 '외부와 소통할 권리를 박탈당한 상태(Without the means or right of communicating with others)'를 말한다.
23. 이 상황을 이렇게 표현하기도 한다. "고문은 공포가 본질이다. 죽음의 공포이다. 따라서 피고문자는 절해고도에 놓여져야 한다. 외부와의 철저한 차단이다. 법으로부터 티끌과 같은 보호나마 기대되어서는 효과를 거두기 어렵다. 따라서 고문의 생성 조건은 적법 절차가 송두리째 무시되는 데 있다. 무엇보다도 우선 불법구금으로부터 시작되기 마련이다." 김상철, 「정의로 가는 길」, 고시계, 1988, 85쪽.

옮긴 다음에는 서초경찰서)로 해놓고 실제로는 자신들이 신병을 유치하면서 지속적으로 수사를 했다. 이것은 구속영장의 내용과도 달라 불법적인 집행이 된다.[24] 이경우 엄격히 말하면 판사는 영장 발부를 취소하고 회수해야 한다.

더 나아가 형사소송법은 구금장소에서의 위법한 인권침해나 부당한 구속을 감시하기 위해 검사의 유치장 감찰의무를 규정하고 있다. 만약 검찰이 이 권한을 올바로 행사했다면 고문은 상당히 방지되고 줄었을 것이다. 그러나 안기부 등의 수사기관에서 수없이 고문이 일어나는 것을 알면서도 검찰은 이를 방치했다.

5. 고문실로의 초대 ─ 도착

이제 강제연행된 고문피해자들은 심문실(고문실)로 안내된다. 고문이 가해지는 곳은 기본적으로 수사기관이다. 안기부, 보안사, 경찰서 등이다. 그러나 '○○ 분실'이라는 이름으로 불리거나 '신길산업', '부국산업' 등의 거짓 이름으로 불리는 곳이 그 비밀스런 이름만큼이나 고문이 성행하는 장소이다. 심지어 여관이나 호텔도 잠시 고문의 특별장소로 사용된다. 과연 고문실은 어떻게 생겼을까?

:: 그날 저녁 무렵, 보안사의 검은 지프가 들이닥쳐 나를 다시 서빙고 대공분실로 연행해갔다. 처음과는 다른 막사였다. 갓 없는 전구에 드러난, 휑하게 넓은 시멘트 바닥의 을씨년스러운 심문실은 4월인데도 찬기가 몸속까지 스며들었다.(서승 씨의 경우)[25]

---

24. 앰네스티 인터내셔널도 이 점을 강조하고 수사기관과 구금기관의 분리를 주장했다. Amnesty International, 앞의 글.

:: 조사실엔 강력한 백열등 아래 대형 책상, 수사관과 피의자가 앉는 나무의자 2개, 침대와 욕조가 있었다. 1단계 신문을 받는 동안 피의자는 대부분 나무의자에 앉은 채 잠을 자지 못하도록 했다. 침대는 쉬고 싶어 하는 피의자의 갈망을 극대화하는 일종의 정신적 고문장치였다.(남영동 대공분실의 경우)[26]

:: 부산시경 앞 버스정류장에서 정체불명의 괴한 3명에게 연행되어 시내 중앙동 모처에 있는 3평 남짓한 독방에 연행되었습니다.(부림사건 송세경 씨의 경우)[27]

:: 그런 다음 정신 차릴 겨를도 없이 빨간색 카펫이 깔린 조사실로 끌려갔는데 조사받으며 당한 고문 때문에 나는 그 방을 고문실로 기억하고 있다.(YMCA 위장결혼사건 김 모 교수의 경우)[28]

우선 수사기관에 도착하면 일단의 의례 절차가 있다. 먼저 '수의'나 '군인 작업복' 같은 옷으로 갈아입힌다. 본인에게 일단 자신의 일상 공간과 다른 별세계로 이전되어 신병이 구속되었다는 인식을 주는 동시에 고문과 가혹행위를 하는 데 편리한 상태로 만드는 일이다. 물론 옷을 갈아입힌 전후에 '환영식' 또는 '입방식'으로 폭행과 협박이 동시에 가해지는 때도 많다.

:: 계엄사에 도착한 것이 오후 12시 15분경이었는데 곧바로 지하실의 감방으로 끌려갔다. 내려가자마자 "옷 벗어!" 하면서 군홧발로 무릎을 두 번 내려찼다. 그

25. 서승, 『서승의 옥중 19년』, 역사비평사, 1999, 36쪽.
26. 「이근안 전 동료경관이 밝힌 당시 고문수법」, 1999년 11월 25일자 『한겨레신문』 기사.
27. 송세경의 옥중 진술서, 한국기독교교회협의회 인권위원회, 『복음과 인권—1982년도 인권문제전국협의회 자료집』, 1982, 168쪽.
28. 한국기독교교회협의회 인권위원회, 앞의 책, 202쪽.

들이 주는 푸른 수의로 갈아입고 11호 감방에 수감되었다.(YMCA 위장결혼 사건 K모 씨의 경우)[29]

:: 피고인은 1981년 7월 31일 오전 9시경 직장에 출근하던 중 부산시경 앞 버스정류장에서 정체불명의 괴한 3명에게 연행되어 시내 중앙동 모처에 있는 3평 남짓한 독방에 연행되었습니다. 도착하자마자 피고인임을 확인한 후, 군인 작업복을 입게 하고…….(부림사건 송세경 씨의 경우)[30]

대체로 조사실에서는 고문과 가혹행위와 조사가 함께 이루어진다. 그러나 특별한 고문실이 따로 준비되는 경우도 있다.

:: 밤늦게 다른 방(고문실)으로 데려가서 옷을 모두 벗겨 팬티만 입히고 결박된 상태로 얼굴에 수건을 덮어씌우고 물을 붓고 "박형규 목사한테 노동자연맹 조직에 대해 보고했다"고 자백하라는 것이었습니다. 나중에 견디다 못해 "박형규 목사한테 보고했다"고 허위자백을 했습니다. 물을 붓고 전기선을 연결해서 전기고문을 하고 발바닥을 때리기 시작했습니다.(전국민주노동자연맹사건 신철영 씨의 경우)[31]

이곳이 바로 그 유명한 치안본부 대공분실의 고문실이다. 여기는 이근안이 발명했다는 이른바 '칠성판'이 있는 곳이다. 전기고문을 하기 위해 과학적으로 설계된 고문실인 것이다. 여기에서 박종철 군을 포함해 수많은 사람들이 고초를 겪었다. 이 수사기관들에 한 번 들어오면 절대로 그냥 나갈 수가 없다. 고문만 하

---

29. 한국기독교교회협의회 인권위원회, 앞의 책, 207쪽.
30. 송세경의 옥중 진술서, 한국기독교교회협의회 인권위원회, 앞의 책, 168쪽.
31. 신철영에 대한 변호인 반대신문. 한국기독교교회협의회 인권위원회, 앞의 책, 186쪽.

면 무엇이든 자백하게 하고 무슨 사건이든 만들 수 있었기 때문이다. 고문자들 스스로도 이렇게 장담을 했다. 대통령도 그냥은 못 나간다고.

　　:: 　……시어머니께서는 광주보안대로 끌려가셔서 지하실에 감금되어 "여기는 대통령이 들어와도 성하게 나가지 못한다", "저 몽둥이가 무엇인 줄 아느냐 살아서 나가고 싶으면 바른 대로 말해라" 하여서 "우리 아들은 절대로 그럴 리가 없다"고 반항하자 온갖 욕설과 매질을 당했습니다. 저 자신도 보안대에 끌려가 이틀 동안이나 잠을 재우지 않고 정신을 잃을 정도로 매질을 해대고…….(김양기 씨의 경우)[32]

　　잠깐 풀려난 사람들도 있었다. 그러나 결국은 그것이 꼬투리가 되어 언젠가는 다시 끌려가 경을 치게 마련이었다. 강광보 씨의 경우이다.

　　:: 　강광보 씨는 1962년 일본에 있는 백부를 찾아 밀항하였고 조총련계인 그 백부의 집에서 기거하면서 지냈다. 1979년도에 귀국하여 안기부에 연행되었으나 바로 풀려났고, 그해 10월 다시 제주경찰서 정보과로 연행되었으나 두 달 동안의 고문수사에도 불구하고 무혐의로 풀려났다. 그로부터 7년이 지난 1986년 1월 갑자기 제주보안대에 연행되어 35일간의 고문 끝에 구속되어 7년 징역형을 선고받았다.[33]

　　고문실은 한 번도 일반에 공개된 적이 없다. 저 유명한 보안사 서빙고 분실

---

32. 1987년 9월 28일자 김양기 씨의 처 김희유 명의의 호소문, 민주화실천가족운동협의회 산하 장기수가족협의회 조작된간첩사건가족모임, 『간첩조작은 이제 그만』, 1989, 18~19쪽.
33. 박원순, 『국가보안법 연구 2—국가보안법 적용사』, 역사비평사, 1992, 461쪽.

은 민주화되면서 다른 장소로 이전했고, 그 순간에도 장소를 철저히 파괴해 아무도 그곳이 어떤 곳인지 확인할 길이 없었다. 남산 안기부 역시 마찬가지였다. 치안본부 남영동 대공분실은 박종철 군 고문치사사건으로 현장검증이 가능해지면서 일반에게 공개된 유일한 고문실이다.

6. 50일 동안에 못 만들 일은 없다

과거에 고문이 가해지는 대부분의 사건은 공안사건이었다. 이들에게는 국가보안법이나 반공법이 적용되었다. 국가보안법은 다른 일반 형사법과는 달리 경찰에서 20일, 검찰에서 30일 동안 수사가 가능하기 때문에 50일간을 수사기관에서 합법적으로 구금할 수 있다. 이 기간 동안 온갖 고문과 가혹행위가 이루어지고, 여기서 얻어진 자백에 따라 각종 신문조서가 만들어져서 기소와 공판의 토대가 된다.[34] 더구나 이 기간에는 외부와 완전히 단절되고 고립된 구금, 이른바 'incommunicado'의 경우가 많았다. 변호인은 물론이고 가족 면회도 허락되지 않았다. 김근태 씨의 경우 1심 공판 중에도 면회가 일절 불허되었다. 이런 상태에서 50일이면 중앙정보부, 안기부, 보안대, 치안본부 대공분실에서 고문으로 한 사건이 충분히 조작되고 만들어질 수 있었다.

문제는 5공화국 시기와 그 이전에는 아예 법정 구속 기간 50일도 지키지 않

---

34. 한계는 있지만 지난 1992년 4월 14일 선고된 헌법재판소의 판결도 이런 점을 인정하고 있다. 헌법재판소는 국가보안법 제7조(찬양·고무·선전·동조 및 이적 표현물 제작·소지·반포 등)와 제10조(불고지)에 한정해 구속 기간 연장 조항(제19조) 적용이 위헌이라고 판결했다. 헌법재판소는 "특히 수사기관에 의한 신체 구속은 신체적·정신적 고통 외에도 자백 강요, 사술 유도, 고문 등의 사전 예방을 위해 최소한에 그쳐야 한다"라며 "장기 구속은 충분한 증거도 없이 구속하고 난 뒤 증거를 찾아내려고 하는 폐단을 야기할 우려가 있다"라고 했다. 「'구속 후 수사' 관행에 제동—보안법 일부 위헌 결정 의미」, 1992년 4월 15일자 『동아일보』 기사.

았다는 것이다. 아무 때, 아무 곳으로 데려가 적게는 며칠에서 길게는 몇 달간이나 불법구금하면서 고문과 사건 조작을 일삼았다. 구속영장도 필요 없이 필요한 만큼 조사했던 것이다. 검사도, 판사도 이런 사실을 알 수가 없었다. 인신 구속의 대원칙, 헌법이 선언한 영장주의가 완전히 무력화되어 있었다. 형사소송법과 헌법을 유린한 것이었다. 법치주의는 실종되었다. 완전히 초법적 상태와 무법의 영역이었다. 이 정도면 국가권력 자체가 폭력과 하나도 다를 게 없었다. 특히 간첩사건에서 그런 현상이 더욱 두드러졌다. 1970~80년대 간첩사건 기록에 나오는 불법구금 기간을 조사해보면 아래의 표와 같다.[35]

1970~80년대 간첩사건의 장기 구금 기간

성명	연행 연월일	구속영장 발부일	불법구금 일수	구금장소
양회선		1973. 9. 1.	48일	남대문경찰서
조상록		1978. 1. 25.	20일	중앙정보부
신귀영	1980. 2. 26.	1980. 5. 15.	70일	부산시경 대공분실
서성칠	1980. 2. 28.	1980. 5. 15.	70일	부산시경 대공분실
이성국	1980. 9.	1980. 12.	89일	서산경찰서
정종회		1980. 12.	40일	안기부
나진·나수연	1981. 3. 26.	1981. 6. 22.	3개월	서울시경 옥인동분실
김장길	1981. 5. 12.	1981. 6. 25.	45일	안기부 부산분실
이순희	1982. 6. 7.	1982. 6. 17.	25일	치안본부 대공분실
차풍길		1982. 8. 7.	66일	안기부
함주명		1983. 2.	60일	안기부
고창표		1984. 1. 25.	56일	안기부
이창국		1984. 5. 1.	77일	안기부
정금란		1984. 5. 25.	30일	제주경찰서
조봉수	1984. 8. 12.	1984. 10. 19.	72일	창원경찰서
성영회		1984. 10. 16.	56일	창원경찰서
황병규	1985. 4. 25.	1985. 4. 30.	5일	부산시경 대공분실
정삼근		1985. 7. 15.	52일	전주보안대
김양기		1986. 4. 5.	60일	광주보안대

이 표에 등장하지 못한 많은 사건들의 경우에도 대부분 불법구금이 자행되었다. 대부분의 공안사건이나 고문이 문제된 살인 등의 강력사건에서 불법구금은 보편적으로 찾아볼 수 있다. 앞의 표에서 언급한 나진·나수연 씨의 3개월 외에도 송씨 일가 간첩단사건은 118일[36]로 최장기 불법구금의 기록을 세웠다. 5공화국 후반으로 가면서 인권단체들의 항의가 잇따르자 완화되기는 했으나 불법구금은 크게 시정되지 않았다.

:: 　민족민주교육쟁취투쟁위원회 사건의 노현설 씨는 9월 13일, 지영근 씨는 9월 14일, 그리고 윤병선 씨는 9월 19일, 송원재·이상대·이장원 씨 등은 9월 24일 서울시경 대공과 장안동 분실에 불법연행당한 후 9월 24일 구속영장이 발부되기까지 각각 12일, 6일, 5일간 불법감금당한 가운데 국가보안법 위반 혐의로 조사를 받은 후 11월 11일 각각 기소되었다. 반제동맹당사건의 박충렬·우종원·구용회·이민영 씨 등 16명은 10월 27일을 전후해서 경기도경 대공과에 영장 없이 불법연행당한 후 구속영장이 발부된 11월 12일까지 약 16일간 불법감금당한 상태에서 국가보안법 위반 혐의로 경찰의 조사를 받았다. 이외에도 부천경찰서 성고문사건, 마르크스·레닌주의당 결성기도사건(10월 24일), 전국노동자연맹추진위원회 사건 (10월 12일)······ 등 사회적 이목을 집중시킨 사건들이 하나 같이 영장 없는 체포로 시작되어 장기구금과 고문 시비를 불러일으킨 바 있다.[37]

불법구금 기간에는 앞서 살펴본 것처럼 변호인과 가족의 면회가 거부됨으로써 사실상 고립무원의 상태가 되기 일쑤다. 수사기관이 어느 누구의 통제나 개입

---

35. 박원순, 「국가보안법 연구 2―국가보안법 적용사」, 역사비평사, 1992, 556쪽.
36. 홍성우, 「국가보안법상의 운용실태와 기본적 인권의 침해」, 「간첩조작은 이제 그만」, 민주화실천가족운동협의회 산하 장기수가족협의회 조작된간첩사건가족모임, 1989, 94쪽.
37. 대한변호사협회, 「1986년도 인권보고서」, 1987, 25쪽.

없이 마음대로 피의자를 고문한 기간이라고 보아도 틀림이 없다.

7. '추리소설' 쓰기 ─ 자술서와 신문조서 작성과정

　　일단 갖은 고문과 폭행, 가혹행위와 모독, 협박으로 고문피해자가 굴복하고 심리적 저항 상태가 무너지면 정식으로 자술서와 신문조서 작성과정에 들어간다. 수백 번도 넘게 자술서를 쓰는 이 과정은 피해자의 의식을 세뇌시켜가는 시간이기도 하다.

　　∷　……구타와 협박, 기합으로 피폐해진 심신은 저항할 기력조차 상실하였고, 그들이 요구하는 대로 마치 로봇처럼 움직이게 되었다. 그리고 그들은 고문에 의해 허위자백한 것을 수백 장의 자술서로 작성케 하여 세뇌시켰다. 쉴 새 없이 자술서 작성을 강요하며 자신들의 요구대로 쓰지 않으면 구타가 다시 시작되었다. 이런 과정이 되풀이되자 그들이 강요했던 허위 사실이 마치 내가 한 것처럼 스스로 생각하게 되었다.(구미유학생 간첩단사건 양동화 씨의 경우)[38]

　　∷　불법감금, 잠 못 잔 악몽의 밤, 되풀이 써야 했던 원고지 수백 장 분량의 자술서, 그리고 목욕탕, 물주전자, 몽둥이, 기자들의 눈총, 쏟아지는 텔레비전 카메라의 불빛, 현장검증 구경꾼들의 악담, 300일간의 감방생활, 가족들의 고통……이것들을 어찌 2,700만 원으로 환산할 수 있을 것인가.(고숙종 여인의 경우)[39]

---

38. 「구미유학생사건 양동화 씨의 증언」, 1998년 4월 24일자 『인권하루소식』 기사.

::   공포의 40일간이었다. 잠을 안 재우는 고문도 당했다. 며칠씩 잠을 안 재우고(그들은 교대했다) 겨우 몇 시간 깜빡 잠들게 했다. 그것은 미칠 것 같은 수면이었다. 그렇지만 단잠은 곧 깨워졌고, 다시 깨워진 나는 똑같은 자술서를 썼다. 끄덕끄덕 졸면서 또는 혼몽한 의식상태 속에서 자술서를 쓰고 또 썼다. 토씨 하나라도 틀리면 구타와 욕설이 뒤따르고, 그것을 핑계 삼아 같은 내용을 다시 쓰게 했다. 몇 자루의 볼펜이 닳을 때까지 그 작업은 반복되었다. 그러는 사이 나는 그 사실을 암기하게 되었고, 자기 암시에 의한 묘한 환각상태에 빠져들게 되었다. 실제는 없었던 일이 자술서의 내용처럼 행동한 것처럼 생각이 들고 나중에는 그런 언행을 한 것이 틀림없는 사실이라고 엉뚱하게 확신하게 되는 것이었다. 예를 들면, 4·19 위령제를 지낸 후 '우리가 손을 포개고 맹세를 했으며 오송회를 조직하고 강령을 선택했다' 부분은 날조였음에도 불구하고 반복하여 자술서를 쓰는 과정 속에서 '우리가 손을 포개고 맹세를 했다'는 행동이 실제 있었던 것처럼 확신했다는 점이다. 그것도 나중에 유치장에 있을 때 이옥렬 선생이 깨우쳐주어 알게 된 사실이었다. 장기간의 불법감금상태와 혹독한 고문 속에서 오는 심한 강박관념과 공포감, 심리적 위축감 때문에 이른바 파라노이아(paranoia) 현상에 빠진 것이라고 훗날 황인철 변호사가 나의 심리상태를 설명해준 적이 있다.[40]

고문은 바로 허위자백과 사건 조작의 바늘이고 실이다. 하나의 사건을 만들어가는 데 유용한 도구이다. 여러 옷감을 그 바늘과 실로 엮고 꿰매어 사건으로 만들어가는 것이다. 김근태 씨의 표현대로라면 "이 사건은 문용식 씨가 이을호 씨를 물고 이을호 씨가 나를 물어서 확대된 사건이다. 다른 사람으로 확대되는

39. 조갑제, 「사형수 오휘웅 이야기」, 한길사, 1986, 267쪽.
40. 박정석, 「진보가 우리를 자유케 하리라」, 5공정치범예회복협의회, 「역사의 심판은 끝나지 않았다」, 살림터, 1997, 161~162쪽.

그 사이사이마다 매개수단이 되었던 것은 바로 잔인한 고문이다. …… 그곳에서 세 사람은 모두 도마 위에 올려진 생선 그 자체였고 칼잡이들에 의해 무참히 회 쳐져버린 것이다."[41] 과연 문용식은 어떻게 다른 사람을 물었을까?

:: 　그들은 고문을 하며 어거지로 질문했는데, "7월 이후 도피하여 평양으로 갔지? 접선 장소는 어디였어?" 이런 질문을 하며 몸을 발가벗겨 칠성판 위에 눕힌 후 안전벨트로 손가락, 발가락만 움직일 수 있게 하고 실신할 때까지 물을 부어 마치 몸을 묶고 물속에 빠트려놓은 상태에서 DJ를 만나 지시를 받았지? 장기표를 만나 삼민투 지시를 받았지? 등 어처구니없는 질문을 퍼부었습니다. 이런 상태에서 만약 김대중 씨를 한 번이라도 만났더라면 "네, 그랬습니다" 하고 싶은 심정이었습니다. 수없이 실신하고 똥물까지 게워낸 후 하룻밤이 지나 인내가 극히 한계에 다다랐을 때, 김근태 의장 만났지, 지시받았지 하고 물어 "네, 지시받았습니다"라고 이야기할 수밖에 없었습니다. 김 의장 얼굴을 제가 아는 게 죄였지요. "만나서 뭐했어?", "내 개인적으로가 아니라 집단적으로 총회 때……", "네 이놈, 이제 풀렸어" 하며 고문하며 "네, 2~3번 만났습니다" …… 치안본부에서 자술서를 쓸 때마다 틀려서 논리적으로 살이 붙게 되었는데 역설적으로 표현하면 CNP는 치본에서 비로소 성립된 것입니다.[42]

고문실에서 사건이 만들어지는 과정은 흡사 하나의 추리소설이 만들어지는 것과 같다.[43] 완전한 허구의 가공세계에서 고문이라는 직조과정을 거쳐 현실세계에 존재하는 실재의 모습으로 탈바꿈하는 것이다. 독자가 소설을 읽다 보면 마치

41. 김근태의 항소이유서.
42. 문용식에 대한 변호인 반대신문. 「민주화운동청년연합 의장 김근태 씨 제8차 공판기록」, 1986년 2월 17일자, 14쪽 이하.
43. 84도 748호 사건 김성규 씨의 상고이유서. 민주화실천가족운동협의회 산하 장기수가족협의회 조작된간첩사건가족모임, 「간첩조작은 이제 그만」, 1989, 14쪽 이하.

실재하는 현실로 인식하듯, 관객인 국민들은 마치 그것이 실재하는 역사적 사건인 것처럼 받아들인다.

물론 어디까지나 이것은 허구의 본질을 벗어날 수 없으므로 완전한 현실일 수는 없다. 이렇게 고문으로 사건을 조작하다 보니, 말도 안 되는 허구의 사실이 탄로나는 경우도 적지 않았다. 아무리 꿰맞추려고 해도 진실은 그 틈을 비집고 보이는 것이다. 다음의 몇몇 사례는 그중 일부이지만 이것만으로도 얼마나 많은 사건이 고문으로 조작되었는지 짐작하기에 어렵지 않다. 그뿐만 아니라 공소 사실의 구성 자체가 완전히 무너지고 만다.

:: 김장길이 옥포조선소의 사진을 찍거나 그 건설계획을 탐지해서 누설하였다는 부분은 거의 완전히 김장길의 자백에 의존하고 있다. 그런데 김장길이 모두 부인하고 있을 뿐만 아니라, 이 가장 중요한 문제에 있어서 수사기관은 자신들의 수사가 '조작'이었다는 점을 폭로하는 중대한 실수를 저지르고 있다. 즉 옥포조선소 건설계획은 1974년 6월에 1차 수정을 거치고 1975년 이후에는 모두가 변경되고 최근에 이르러서야 확정됐는데, 김장길의 자백으로서 1974년 4월 초까지 탐지했다는 계획이란 그 당시의 것이 아니라 1975년 이후의 건설계획과 일치되고 있다는 사실이다.[44]

:: 공소 사실의 핵심은 윤정헌이 공작선인 변희재의 인솔로 1978년 8월 2일 니가타 항에서 만경봉호를 타고 평양에 가서 교육받고, 같은 달 14일 일본으로 돌아왔다는 대목이고, …… 그러나 입북 사실과 관련하여 윤 씨는 당시 운전교습을 받으며 일본에 있었고, 만경봉호도 일본을 떠난 사실이 없음이 입증되었다. 입북자

---

44. 서준식, 「국가보안법의 희생자들」, 『월간 중앙』 1989년 8월호, 365쪽.

명단에도 윤 씨는 없었다. 변회재 인솔하에 갔다고 되어 있으나 변회재도 1975년 경에는 입북한 사실이 없는 것으로 드러났다. 가족들의 의욕적인 활동과 검찰 스스로 제출한 영사증명서 등의 증거에 의해 이 사건의 핵심이라 할 입북 사실이 거짓으로 밝혀졌다.[45]

북한을 방문했다는 것은 남북관계가 엄혹하던 당시 상황에서 양형(量刑)에 천지 차이를 만들 수 있는 핵심적인 사건이었다. 그런데 그것이 본인의 자백에 근거해 공소 사실에 버젓이 나타났고, 다시 그것이 허위라는 것이 밝혀졌으니 도대체 그 과정을 무엇으로 설명할 수 있을 것인가.

8. 고문의 흔적 지우기

심각한 고문 뒤에는 고문의 흔적으로 상처가 남게 마련이다. 육체에 남은 상처는 그 사건을 이어서 수사하는 검찰이나 가족 등이 참관하는 법정에서 타인에게 보일 수 있고, 피고인이 그것을 근거로 고문 사실을 폭로할 수도 있다. 그러므로 그 흔적은 빠른 시간 안에 지워야 한다.

   ∷   너무 많이 맞아 같이 조사받던 피고인들도 알고 있을 정도였으며, 피멍을 없애기 위해 쇠고기를 썰어 붙인 채 3일간을 인사불성으로 엎드려 지냈고, 여러 차례 허위 사실을 시인하기보다는 차라리 죽는 게 나으니 죽여달라고 호소했다.[46]

---

45. 홍성우 변호사의 '재일동포 간첩단사건'에 관한 발표, 손광운, 「양심수 석방의 제문제」, 대한변호사협회, 『1987·1988년도 인권보고서』, 역사비평사, 1989, 383〜384쪽.

:: 작은 송곳으로 47일간 허벅지를 찔러 피가 전신을 적셨다. 수사관들은 고문의 흔적을 지우기 위해 쇠고기를 얇게 썰어 상처 부위를 싸서 압박붕대로 동여매 주었다.[47]

:: 그 뒤 5월 10일 11시경, 새로운 조사관이 "심상정의 소재를 대라"고 하며 주먹으로 얼굴을 10여 회 때리고 위와 같은 속칭 비녀꽂기 고문을 약 20분간 하였다. 그리고 송파보안사에 있는 동안 고문으로 인한 상흔 치료를 위해 더운 물 목욕, 마사지 안티프라민 등 치료를 받았다. 그 뒤 5월 12일 11시 30분경, 장안평에 있는 서울시경 대공분실로 이첩되어…… 구속영장이 발부되고 6월 30일 검찰에 송치되었다.[48]

:: 지난 13일 소환된 당시 안기부 관계자들은 검찰에서 "서(경원) 전 의원을 검찰에 송치하기 3~4일 전께 정형근 당시 대공수사국장이 서 전 의원의 수사 상황을 폐쇄회로 텔레비전을 통해 지켜보다 직접 조사실로 와 수사관들을 내보낸 뒤 문을 잠근 채 혼자 서 전 의원을 조사했다"고 진술했다. 이들은 또 "그 뒤 정 국장이 고성을 지르는 소리가 새나왔으며 조사를 마친 뒤 들어가보니 서 전 의원의 얼굴이 피투성이가 돼 있었다"며 "정 국장의 지시로 피멍을 빼기 위해 중구 인현동 시장에서 쇠고기를 사와 서 전 의원의 얼굴에 붙였다"고 진술했다.[49]

:: 수사 중에 "누구누구도 다 불었어", "한 번 거꾸로 매달아볼까", "널, 영원

46. '김대중 사건'의 고문에 관한 부분에서 이해동 씨의 진술. 한국기독교교회협의회 인권위원회, 『복음과 인권―1982년도 인권문제전국협의회 자료집』, 1982, 200~201쪽.
47. 국가보안법폐지국민연대, 『국가보안법, 고문·용공조작 피해자 증언대회 자료집』, 2004년 12월 16일, 29쪽.
48. 대한변호사협회 인권위원회, 「서울노동운동연합 김문수 씨 등의 경우」, 『고문근절대책공청회 자료집―고문 피해의 증언』, 1987, 23쪽.
49. 「'정형근 의원 서경원 씨 고문했다'」, 1999년 11월 20일자 『한겨레신문』 기사.

히 매장시킬 수 있어", "그 머리로 무슨 운동을 해" 하는 수사책임자의 원색적인 인신공격을 당했습니다. 이들은 "학생운동과는 질이 다르다"며 제가 무슨 거창한 사건 주모자라도 되는 것처럼 몰아갔습니다. 목욕을 시킨다며 구타당한 왼쪽 가슴의 심한 통증을 가라앉히는 샤워를 하루에도 몇 번씩 했고, 협조 않으면 임신 8개월인 아내를 연행·조사하겠다는 협박을 계속했습니다.[50]

고문의 흔적을 지우는 데는 쇠고기와 마사지, 목욕 등의 방법이 동원되었다. 정도가 심각한 경우에는 의사가 동원된 적도 있다. 그러나 이런 방법으로도 도저히 고문 흔적을 지우기 어려울 정도로 심각한 경우에는 아예 검찰에 기록만 송치하고 신병을 교도소로 송치하기도 했다. 검찰은 밀실이 있는 수사기관과는 달리 기자나 일반인의 출입도 가능한 곳이어서 언제든지 고문 사실이 알려질 수 있기 때문이다.

:: 정병욱 부장은 두 직원이 "(정 의원의 고문폭행 때문에 생겨난 얼굴 상처를 없애기 위해) 며칠간의 쇠고기 찜질에도 불구하고 멍이 없어지지 않자 송치 장면을 언론에 공개하지 않기 위해 제헌절인 7월 17일 밤 9시쯤 서 전 의원을 구치소로 곧바로 이감했고, 수사검사도 곧바로 검찰청으로 서 전 의원을 소환하지 않고 며칠간 구치소에서 출장조사를 벌였다"고 진술했다고 말했다. 당시의 구치소 의무과장도 "휴일 밤 서 전 의원이 이감돼 신체 상태를 진찰하지 못했다"고 진술했다고 검찰은 밝혔다.[51]

---

50. 김상석, 「17일간의 구타·성추행 그리고 자살기도」, 2004년 12월 22일자 『오마이뉴스』 기사.
51. 「정 의원이 서경원 씨 고문」, 1999년 11월 20일자 『조선일보』 기사.

9. 비밀 정보기관의 수사를 합법화시키는 검찰 조사

경찰이나 안기부 등에서 수사가 어느 정도 마무리되면 이제 검찰에서 또 한 번의 통과의례가 치러진다. 검사가 작성하는 조서는 임의성이 부정되지 않는 한 증거능력이 있기 때문에 검사 앞에서도 자백을 유지하는 것이 대단히 중요하다. 따라서 수사관들은 검사의 첫 피의자 신문조서 작성 때 대체로 입회함으로써 피의자의 자백 진술이 유지되도록 감시하는 경우가 보통이다. 심지어 경찰이나 안기부, 보안대에서 미리 검사 앞의 조서 작성에 관한 예행연습을 하는 경우도 있다.

:: 그렇게 매일 쓰고 때리고 달래는 사이에 내가 잡혀온 지 약 두 달 정도가 되는 날이었습니다. 하루는 처음 보는 어떤 사람이 들어왔는데 내가 언뜻 보기에 조금 높은 사람같이 생각되었는데, 인자스럽게 웃으면서 여기 생활이 어떠냐고 묻고 여태껏 조사받은 게 사실이냐고 하며 제가 먼저 베껴 썼던 것을 보여주더군요. …… 마구 때리던 사람의 얼굴이 떠올라 망설이자 그 사람은 부드럽게 웃으면서 괜찮다고 하기에 용기를 내어 "사실은 모두 허위입니다. 그 사람이 써온 것을 그대로 베껴 쓴 것입니다"라고 대답했더니, 갑자기 가슴속에서 녹음기를 꺼내 스위치를 끄며 얼굴 표정이 험악하게 변하면서 "이 새끼, 생똥 더 싸야겠군" 하며 밖으로 나갔습니다. …… 홀딱 벗겨놓고 얼마나 패는지, 시멘트 바닥에 무릎을 꿇고 살려달라고 애원했는데, 아마 개새끼도 그렇게 무자비하게 때리지는 않았을 것입니다. …… 이번 한 번만은 용서를 해줄 테니 사나이답게 의리를 지키자고 하며 반성문을 쓰라고 하여 "앞으로는 어떤 사람이 와서 물어도 무조건 이 자술서가 사실이라고 대답하겠습니다"라고 썼습니다.

…… 차를 타고 군산으로 가더니, 여기까지 왔으니 검사한테 한 번 들렀다 가자고 하면서 "오늘 정삼근이 의리가 있나 한 번 믿어보자"고 하기에 저는 걱정 말라고 하며 나중에 벌금이 몇십만 원 나오면 어떡하나 그것만 걱정했습니다. 조금 후 검사실에서 수사관은 옆에 있고 검사는 내 서류를 넘기면서 조사 내용을 이것저것 묻기에 묻는 대로 "예, 예" 하며 모두 사실이라고 대답하고, 끝으로 할 말이 없느냐 하기에 가족들과 두 달 동안 못 만나고 연락도 못했으니 우리 집으로 빨리 보내달라고 했더니 알았다고 하며 1시간 정도에 조사가 모두 끝이 났습니다. …… 담당수사관이 오늘은 배반도 안 하고 정말 말을 잘했다고 좋아했습니다. "검사가 교도소에 가서 며칠만 있으라고 하니까, 3~4일 있다가 데리러 갈 테니 조금만 기다리라"고 하면서 교도소에 들어갔습니다. …… 그후에야 내가 그놈들한테 속은 것을 알았습니다.[52]

어부로 납북된 사실이 있는 사람을 데려다가 간첩으로 만들고 이렇게 기만까지 해가면서 검찰조서를 받아내고 있다. 세상물정을 모르는 하층계급의 사람들이 이렇게 해서 많이 간첩이 되었다. "가족들과 두 달 동안 못 만났다"는 말이나 피의자가 고문받은 직후의 정황에 비추어 고문 사실을 모르지는 않았을 텐데, 그렇게 중죄를 순순히 자백하는 피의자의 말을 그대로 다 믿었다는 것도 이해가 안 되는 대목이다. 아무튼 공안사건 중에서 고문이 있었든 없었든 간에 검사가 재조사해서 무혐의 처리를 한 사건은 거의 예를 찾아보기 어렵다. 그것은 검사가 경찰이나 안기부 등에서의 수사 내용을 정리해서 검찰의 권위를 부여해 법원으로 넘기는 지게꾼의 역할을 철저히 수행했다는 결론이 된다.

---

52. 1988년 11월 8일자 정삼근의 양심선언서.

10. 꼭두각시 공판과정

이 모든 불법과 야만의 과정을 깨끗이 정리해주는 마지막 절차로서 법원의 재판과정이 있다. 경찰과 안기부(중앙정보부·국정원), 보안대 등에서 고문받고 검찰에서도 구제받지 못한 고문피해자들은 마침내 법정에서 모든 것을 밝힐 수 있으리라고 기대하며 마지막으로 호소하게 된다. 대부분의 고문피해자들이 법정에 와서는 비교적 자유롭게 고문 사실과 조작 내용을 폭로한다.

그러나 법관이 이에 귀 기울여 무죄를 선고한 경우는 거의 없었다. 특히 공안사건은 더욱 그러하다. 검사가 작성한 피의자 신문조서의 임의성이 부정되는 경우는 거의 없었다. 우리가 수없이 확인한 것처럼 검사가 조사할 때 고문수사관이 입회하는 것이 통례였고, 검사가 직접 협박·고문하는 경우도 다반사였다. 그런데도 법원은 아무 일도 없었다는 듯이 버젓이 유죄를 선고하곤 했다. 무죄추정 아닌 유죄추정의 원칙이 법관 머릿속에 있는 게 아닌가 착각할 지경이다.

    ::   원래 반공법 또는 국가보안법 위반사건에서 물적 증거보다 진술 증거에 의존하는 경우가 대부분이다.⋯⋯ 사실상 피고인이나 변호인으로서는 공소 사실에 대해 반박할 수 있는 증거를 내세우기가 마땅하지 않은데 겨우 가능한 소수의 증거조사 요구마저 기각당하기 일쑤였다. 반공법 또는 국가보안법 위반사건에서는 형사소송법상의 '무죄추정'의 원리가 유난히 '유죄추정'으로 번복되고 있다.⋯⋯ 엄격한 입증의 요구가 적어도 국가보안법 사건에서는 '무장해제'를 당하고 있는 셈이다.[53]

---

[53] 박원순, 『국가보안법 연구 2 ― 국가보안법 적용사』, 역사비평사, 1992, 572~573쪽.

공안사건뿐만이 아니다. 일반 형사사건에서도 법관은 고문 주장을 너무 가벼이 일축하거나 자백을 너무 중하게 받아들이는 경향이 있다.

∷　고문에 이길 장사는 없다. 인간은 쇳덩어리가 아니라, 피·뼈·살로 된 유기체이기 때문이다. 고문에 걸려서 어떤 자백이든 안 하고 배길 사람은 대한민국뿐 아니라 이 세상엔 없을 것이다. 이범렬 변호사는 "무죄로 밝혀진 사건을 보면 피고인이 수사기관에서 자백하지 않은 것이 거의 없다"고 했다. 그러나 고문으로 얻은 자백이란 돈으로 산 섹스처럼 아무런 값어치가 없다.
…… 나는 판사들을 만나면 늘 자백 문제로 토론을 하곤 하는데 하나의 벽이 있음을 깨닫게 된다. 나는 자백이란 것은 일단 의심해볼 만한 것 정도로 평가하는 버릇이 있는데, 판사들은 거개가 "그래도 제 입으로 털어놓은 범행이니까……" 식으로 일단 믿고 들어가려는 태도가 있다. '일단 의심'과 '일단 믿음'은 출발점이 다른 근본적인 차이다. 나는 판사들이 인간의 자백 심리를 너무 단순하게, 또 안이하게 판단하는 것이 아닌가 하는 느낌을 받고 있다. "심한 고문을 한 것도 아닌데 자백을 했다면 믿어야요" 식의 말을 들을 때마다 당해본 사람과 안 당해본 사람 사이의 인식차를 벽처럼 느낄 때가 있다.[54]

이로써 사건은 마무리되고 고문피해자는 한없이 무거운 형량을 안고 교도소로 간다. 거기에는 하염없는 고난의 세월이 기다리고 있다. 교도관의 감시와 가혹행위, 언제 나갈지 알 수 없는 세월을 살아야 하는 것이다.

---

54. 조갑제, 『사형수 오휘웅 이야기』, 한길사, 1986, 295쪽.

02
공포의 비밀 정보·수사기구

1. 무소불위의 권력

:: 　이른바 대공사건 전담기구라는 명분 아래 경찰·안기부·국군보안사령부 산하에 수많은 대공사건 수사기관이 난립하여왔다. 일반인들은 물론 법률 전문직 종사자들조차도 그 설립의 법적 근거나 공식 명칭마저 알 수 없는 수많은 대공사건 수사기구들이 경쟁적으로 대공수사 실적을 올리기 위하여 온갖 무리한 강제수사를 마다하지 않았다.

남산(안기부), 지방마다 있는 분실, 치안본부나 시경의 대공분실, 그것도 남영동에도 있고, 옥인동에도 있고, 장안평에도 있으며, 또 서빙고에도 있고, 성남 어디 산속에도 있다고 하는 보안사령부의 대공분실 등등 실로 헤아릴 수 없는 많은 대공수사기관들이 저마다 막대한 인력과 시설·예산을 사용하면서 수사 실적 올리기 경쟁을 하고 있다. 이들 기관 사이의 관할의 분장 같은 것이 있는지도 불명하고, 군형법 위반사건이나 군법회의 관할사건에 대한 수사권만 있을 뿐인 보안사령부가 민간인에 대한 수사를 버젓이 행하고 있다.[1]

일반인들은 수사관의 신분과 명칭, 기관의 소재지조차도 알 수 없는, 행정기관 법정주의의 열외에 있는 이 비밀 경찰기관들은 무소불위의 권력을 휘두르며 고문을 자행했다. 지난 반세기 동안 반공·방첩이라는 지상 과제를 위해 이들의 활동은 법 위에 군림하며, 오직 독재자 한 사람의 명령에 따르는 전지전능한 권력 그 자체였다.

반세기의 역사 속에서 정보기관들은 최고 권력자의 의지에 따라 부침과 변화를 겪어오면서 상호간의 경쟁과 쟁투도 없지 않았지만, 그 과정에서 야당 정치인들과 저항세력, 힘없는 서민들이 희생양이 되었다. 미군정과 정부 수립 초기의 수도경찰청과 경찰, 이승만 정권에서 안하무인의 권력을 휘둘렀던 특무대를 비롯해 박정희 쿠데타 정권과 더불어 창립된 중앙정보부는 1970년대를 통해 가장 악명을 떨쳤다. 1980년대에 보안사령관 전두환의 집권과 더불어 위세를 떨쳤던 보안사, 중앙정보부의 악업을 이어받은 국가안전기획부 등은 최악의 인권 상황을 연출했다. 저 유명한 치안본부 대공분실도 그 대열에서 빠질 수 없다. 전국에 거미줄같이 펼쳐진 이들 정보·수사기관의 지부, 분실 등도 이 나라를 '비밀경찰'의 나라로 만드는 데 한몫했다. 그 희생은 고스란히 이 땅의 일반 민중이었고, 민주주의였다.

---

1. 홍성우, 「국가보안법상의 운용실태와 기본적 인권의 침해」, 『간첩조작은 이제 그만』, 민주화실천가족운동협의회 산하 장기수가족협의회 조작된간첩사건가족모임, 1989, 94쪽.

2. 중앙정보부 — 국가안전기획부·국정원

　　모든 국민에게 공포의 대상이 되는 기관, 그것이 바로 우리나라에 실재한 중앙정보부와 안기부였다. 따지고 보면 이 비밀경찰 또는 비밀 정보기구는 한국현대사의 모든 시대를 통틀어 가장 막강한 권력기관으로 존재했다. 이승만 정권의 특무대에서부터 오늘날의 국정원까지 이어지는 이 정보기구는 우리나라 정치를 유린하고 국민을 억압해온 역사적인 존재이다.

　　::　　정보기관에 의한 공작정치는 오랫동안 국민을 신음케 했다. 자유당 때는 특무대 헌병총사령부 치안국 사찰과 분실이 야당인사들을 괴롭혔다. 5·16쿠데타가 일어난 뒤 창설된 중앙정보부는 무력으로 집권한 박정희 씨가 무력에 의해 실각되지 않도록 군부를 감시하기 위한 것이었다. 군부의 감시에서 시작하여 공화당에 내분이 일어남에 따라 여권 내의 감시로 그 기능이 확대되었다. 이때부터 여권의 고위인사에 대한 동태 파악이 관행으로 정착되었다. 동태 파악에 따라 박 대통령의 뜻을 어기는 경우 가차없이 보복한 것도 정보부였다. 사병화의 정착이다. 박 정권의 독재화에 따라 야당과 반체제 세력, 언론에 대한 탄압과 와해 공작을 한 것도 중앙정보부였다. 법관의 영장 없이 사람을 잡아가 고문하고 정권에 협력하겠다는 각서를 억지로 쓰게 한 것도 그곳이었다. 물리적 폭력에 약한 지식인들을 상대로 공권력을 빙자하여 고문을 하며 마음에도 없는 허위진술과 각서 쓰기를 강요했기에 이른바 양심선언이 나오기까지 했던 것이다.

　　…… 정보부는 곧 정통성 없는 권력을 유지하기 위해 야당을 탄압하고 국민들을 폭력으로 억압하는 기구로 전락하였다. 박 대통령과 유신의 종말이 어떻게 왔던가 하는 것은 이미 모두가 다 아는 역사가 되었다. 5공을 전후하여 안기부로 이름이

바뀌었으나 인권유린, 권력남용, 비밀경찰적인 속성은 그대로 유지되었다. 영장 없는 구속, 국회의 감시 불능상태가 그것이다. 이렇게 볼 때 6공은 대통령 직접선거로 민주화의 문은 열었으나 정보기관에 대한 국민대표의 감시와 통제가 제도적으로 불가능하다는 점에서 아직도 권위주의의 잔재를 청산하지 못하고 있는 것이다.[2]

정보기관에 근무한다는 것만으로도 하나의 특권이며 권력이었다. 고문을 가한 수사관들이 흔히, "여기가 어딘 줄 몰라?", "대통령도 그냥은 못 나가", "너 하나쯤은 쥐도 새도 모르게 죽일 수 있다", "죽여도 휴전선에서 월북하려다 사살당했다고 하면 끝난다"라는 말을 쉽게 하는 이유가 여기에 있다.

:: 무수한 고문으로 사건을 조작하면서 수사관들이 하는 말이 칼자루를 쥔 자는 자기들이니 일단 자기들 손아귀에 잡혀오면 장관이나 국회의원도 꼼짝 못하는데, 하물며 촌놈들은 칼자루 쥔 자의 처분이나 기다리라고 하면서 이 사건은 대한민국 변호사를 다 동원해도 끄떡없으니, 차라리 검사와 판사 앞에서 순순히 자백하면 형제간의 일이니 동정을 받을 것이나, 만약 부인하면 다시 안기부로 끌어다가 몇 년이고 썩혀버리겠다고 위협하였습니다. 칼자루를 쥔 자는 불가능이 없다고 자신만만하였으며, 무에서 유를 창출하는 요술쟁이들로서 폭력을 주력으로 적절한 시기에 필요에 따라 많은 간첩을 양산한 것이 현실로 나타나고 있습니다.[3]

실제로 1971년 공화당 일부 실세 의원들이 야당의 내무장관 해임안에 동조

2. 「공작정치의 근절을 위하여」, 1990년 4월 21일자 「동아일보」 기사.
3. 박경준 씨의 증언. 민주화실천가족운동협의회 산하 장기수가족협의회, 「분단을 종식하고 통일을 이룩해야 간첩조작은 없어진다」, 「간첩은 이렇게 만들어집니다 — 간첩사건 조작 증언자료집」, 1989, 139쪽.

해 이를 가결시켰던 10·2항명파동 때, 의원들조차 중앙정보부로 끌려가 고문을 당하고 나오기도 했던 것이다. 그리하여 "5·16 이후 중앙정보부가 창설되면서부터 우리는 정치가 '정치인에 의한 정치권'에서 이루어지지 않고 '정보기관원에 의해 정보기관'에서 이루어지다시피 한 현상이 현저했다"[4]는 지적까지 나오고 있다. 이른바 '공작정치', '정보정치'라는 단어가 생겨났던 것이다. 이러다 보니 헌법이나 헌법기관은 모두 명목상의 권한을 가질 뿐이었다. 검찰도, 사법부도 이들의 요구를 거역하기 어려웠다. 그것이 아무리 잔혹한 고문이라 하더라도, 그것이 불법적이고 위헌적이라 하더라도 중앙정보부와 안기부는 자유로울 수 있었다. 법은 멀고 주먹은 가까웠다. 국회의원이 백주대낮에 끌려가 고문당하고 나오는 마당이었다.

:: 그래도 모자라 한 나라의 국회의원을, 더욱이 3천만 국민의 대표를 끌어다가 실오라기 하나 걸치지 못한 채 손발을 결박하여 거꾸로 매달고 개 패듯 몽둥이질을 하고 엄동설한에 찬물을 끼얹고 콧구멍에다 더러운 물로 퍼부으며…… 실로 원시국가나 야만국가에서도, 간첩이나 포로에 대해서도 차마 행할 수 없는 잔인하고도 비인간적인 고문을 함부로 자행한데서야 우리 국민이 단 하루인들 안심하고 살 수 있겠습니까?[5]

:: 일행과 함께 골프장에 있던 강성원 의원은 임의동행의 명목으로 연행 제1호가 되었으며, 현장에서 이 모습을 지켜보았던 김창근 의원은 삼선동 자택에서 수사관의 방문을 받았다. 그 다음으로 김성곤 의원은 이날 밤 12시쯤 사복의 안내를 받으며 집을 떠났고, 길재호 의원도 역시 이날 저녁 기관원의 안내로 집을 떠났다.

4. 「시대역행적 공작정치—진실 규명과 방지책 마련에 성의를」, 1990년 4월 16일자 『동아일보』 사설.
5. 김한수, 『누가 죄인인가』, 놀뫼, 1988, 121쪽.

이들 항명세력의 주역들은 2일, 오후에서 밤 사이에 모두 임의동행 형식으로 연행되었던 것이다. …… 처음에는 찾아온 사람들의 말만 듣고 부장이나 국장을 만나게 될 것으로 알았으나, 그들이 도착하여 만난 사람은 부장이나 국장 대신 조사관뿐이었다. 연행된 이들 항명세력의 주역들이 조사관들로부터 규명을 당한 것은 주로 조직과 자금 관계를 대라는 추궁이었다.

…… 이들의 조사과정이 어떠했는지는 2, 3일 후에 풀려나온 당사자들이 모두 굳게 입을 다물어 확실한 것은 전혀 알 길이 없었으나, 그중에서도 심한 대우를 받았다는 어떤 의원은 풀려나오는 즉시로 동료 의원을 찾아가 "사람을 이렇게 다룰 수가 있느냐"며 울먹이기도 했다. 그러나 또 20만 선량(국회의원)으로서 상식 밖의 대우를 받았다는 말이 떠돌아다닌 것도 사실이었다. …… 이때 항간에는 김성곤 씨의 콧수염이 뽑혔다는 풍설이 떠돌아 다녔으나……[6]

중앙정보부(안기부)에 끌려가 고문을 받는 일은 반드시 범죄가 있어서만은 아니다. 그냥 '손 좀 봐주기' 정도로 불러들여 위와 같은 고문을 행하는 일도 있었다. 정치인, 언론인, 법조인 등도 예외가 아니었다. 박종철 군 고문치사사건 당시 부검 주임검사였던 안상수 검사의 회고담은 수사를 지휘해야 할 검사마저도 안기부의 권력 앞에서 벌벌 떨어야 하는 상황을 잘 보여주고 있다.

:: 다음 날인 16일, 최(환) (공안)부장이 안기부에서 나를 부른다고 연락해왔다. "왜 검사가 안기부에 가야 하느냐"고 반발하자 최 부장은 "사건 내용을 설명하고 진상을 공개하는 쪽으로 유도할 필요도 있지 않느냐"고 설득했다. 당시 안기부는 검사인 내게도 섬뜩한 곳이었다.[7]

---

6. 1971년의 오치성 내무장관의 해임안 가결을 둘러싼 10·2항명파동으로 인해 김성곤 당시 공화당 의원을 중심으로 한 주역들이 중앙정보부에 끌려가 고문을 받았던 사건이다. 서병조, 『비화 제3공화국, 그때 그 사람들』, 청목, 1982, 373~375쪽 참조.

검사에게조차 '섬뜩한' 그곳, 바로 안기부였다. 그러니 중앙정보부(안기부)에서 고문한 사건을 검찰이나 법원에서 수사한다거나 제대로 처벌하는 일이 가능한 일이 아니었다. 대한민국에 이들을 견제할 만한 세력은 없었다. 고문은 마른 들판에 들불이 번져가듯 번성할 수밖에 없었다. 1992년 총선 당시 집권당인 민자당을 위해 흑색선전물을 뿌리다가 들켜 구속된 안기부 직원들에 대한 재판 상황을 살펴보자.

:: (1992년 5월) 8일 열린 안기부 직원들의 흑색선전물 살포사건 첫 공판은 이들의 범행 동기와 배후에 대한 의혹 규명에 큰 관심이 모아졌지만 이 기대를 완전히 빗나가게 했다. 검찰은 안기부 대공수사국 소속 한기갑(37) 피고인의 유인물 제작 살포와 나머지 3명의 범행 가담 여부 등 공소 사실을 확인하는 세 가지 질문만 한 채 단 3분 만에 심리를 마쳤다.…… 재판에 앞서 구치소 측도 보도진의 사진촬영을 막기 위해 오후 공판인데도 피고인들을 오전부터 빼돌리고, 법원은 경비병력 1개 중대를 법정 주변에 배치하는 등 '극진한 배려'를 했다. 국민의 관심이 집중된 사건의 재판을 첫 공판에서 의혹의 실타래를 풀려는 노력도 하지 않고 단 25분 만에 구형까지 마치고 법정을 빠져나가는 재판부와 검찰, 변호인들의 모습을 보면서 속된말로 '짜고 치는 고스톱'이라는 인상을 지울 수 없었다.[8]

중앙정보부와 안기부가 최고의 권부로서 정점에 서고 그 지방 조직, 보안사와 지방부대, 치안본부 대공분실과 일선 경찰서의 대공과 등이 거미줄처럼 전국적인 감시망을 구축해 전국을 하나의 거대한 감옥처럼 통제하고 있었다.[9] 어디서 헛소리 한 번쯤 했다가는 곧바로 이들의 귀에 들어가 홍역을 치러야 했다. 이른

7. 「안 검사의 일기 1 ─ 경찰 고위층 "심장마비로 만들라"」, 1994년 11월 15일자 『동아일보』 기사.
8. 「기자의 눈 ─ 안기부원 '번개 공판'」, 1992년 5월 9일자 『동아일보』 기사.

바 '막걸리 반공법'이라는 것도 포장마차에서 술 마시며 말 한마디 잘못했다가 끌려간 가난하고 평범한 서민들의 풍속도를 반영한다.

이렇게 막강한 권력을 행사하던 중앙정보부(안기부)는 "나는 새도 떨어뜨리고", "우는 아이도 뚝 그치게 만드는 힘"을 갖게 되었다.[10] 사실 중앙정보부와 안기부라는 이름은 모든 국민에게 공포의 대상이었으며, 정치권력은 바로 이 공포정치를 통해 국민을 억압하고 권력을 유지해나가고 있었다. 공포에 짓눌려 많은 정신질환자들이 생겨났고, 이들은 한결같이 안기부가 자신을 감시한다고 말한다.

:: 　지난 달부터 1주일에 한 번 꼴로 찾아오는 사람이 있다. 그는 부산에서 러시아 문학을 강의하는 임채회라는 사람이다. 그는 박사학위를 갖고 있으므로 상당한 지적 수준을 가진 사람이다. 시와 편지쓰기를 좋아하고 아내와 딸, 아들이 있다. 하지만 그는 정신병원을 세 번이나 드나들었고, 대학 강의를 하고 있는 지금도 자신의 일거수일투족이 안기부에 의해 감시당하고 있다는 생각에서 벗어나지 못하고 있다. 아내와 딸마저 자신의 적인 안기부에 포섭되어 자신을 공격한다고 생각한다. 그 공포로부터 벗어나기 위해 불교 공부를 했고, 지금은 웬만큼 자신이 있다고까지 말했다.

인권단체의 활동가들은 이와 비슷한 증세를 가진 사람들을 종종 만나곤 한다. 안

---

9. 1992년 한준수 전 연기군수가 14대 총선 당시 충남 연기군에서 안기부 주도로 관계기관 대책회의가 열려 관권선거를 주도했다고 폭로했다. 한 군수는 "선거 직전 열린 관계기관 대책회의에는 도 단위의 경우 도지사, 안기부 도지부장, 지방경찰청장, 지검장, 사단장, 기무사 지역 책임자가 참석, 여당 후보의 지원 방안을 논의했다"라고 폭로했다. 군 단위 회의엔 군수, 경찰서장, 안기부 정보관, 교육장, 농협지부장, 기무사 지역 책임자 등이 참석했다고 한다. 보통 이런 회의에서 "주제가 공안 관련 사건일 경우 안기부가 대부분 결정권을 행사하고 있다고 봐도 과언이 아니"며, "이는 다른 지역 기관장들이 안기부의 눈치를 보기 때문"이라고 한다. 「공안사건 대부분 안기부서 좌지우지 — '관계기관 대책회의' 어떤 기구인가」, 1992년 9월 16일자 『동아일보』 기사.

10. 『남산의 부장들』의 저자 김충식은 중앙정보부의 위상에 대해 "안보 파수꾼, 외교 주역에서부터 정치공작, 선거 조작, 이권 배분, 정치자금 징수, 미행, 도청, 고문, 납치, 문학·예술의 사상 평가, 심지어 여색 관리, 밀수, 암살까지 그야말로 올마이티의 권력 중추였다"라고 말하고 있다. 안병욱, 「의문사 진상규명의 현대사적 의미」, 『의문사 진상규명의 역사적 의의와 전망』, 민주사회를위한변호사모임, 2000년 12월 11일, 6쪽에서 재인용.

기부로 대표되는 정보기관이 자신을 감시하고 괴롭히기 때문에 죽고 싶다는 그들은 꽤나 귀찮은 존재다. 때로는 매정하게 내치기도 한다. 그들은 대부분 정보기관과는 거리가 먼 사람들이다. 무슨 지하운동을 한 것도 아니고, 정보기관이 일거수일투족을 감시할 만한 정보를 갖고 있지도 않았다. 그럼에도 그들이 겪는 정신적인 고통은 실제 죽음에 이를 정도로 심각하다. 문제는 '오해'로부터 기인한 이런 정신적인 공포가 어디서부터 오는가에 있다. 한 정신과 의사는 이런 과대피해망상증 환자들이 어느 시대에나 있었다고 말한다.……

하지만, 이 문제를 개인적인 문제로만 생각할 수는 없다. 정신과 치료나 받으라고 말할 수도 없다. 원인은 분명 이 사회에 공포를 조장하고, 그 공포로 이 사회를 지배하려는 사람들과 기관이 있기 때문이다. 그런 가공할 공포의 원인 제공자가 바뀌지 않는 한 이런 터무니없는 피해자들은 계속 생겨날 것이기 때문이다. 고문의 대명사인 물고문, 전기고문을 당했다는 주장들이 이어져왔고, 심지어는 그 과정에서 목숨을 잃은 사람조차 있지 않은가. 도청과 협박, 감시, 미행 등등 음울한 행위들이 정보기구라는 이유만으로 합법화되고 아무런 제지도 받지 않는다면, 그 공포는 계속 이어질 것이다. 안기부의 존재는 정치인이나 운동권 인사들에게만 의미 있는 것은 아니다. 더 많은 사람들이 안기부를 공포의 대상으로 여기고 있는 상황이 사실 더 큰 문제다. 이런 생각을 하면, 이런 말을 하면 안기부에 잡혀가지 않을까 하는 두려움이 은연중 국민들 속에 유포되어 있는 것이다.[11]

11. 박래군, 「공포로부터의 자유, 인권의 출발」, 1998년 3월 24일자 『인권하루소식』 기사.

3. 보안대 ─특무대·보안사

    이승만 정권기에 일제 헌병 출신인 김창룡의 발호로 탄생한 군 수사기관 '특무대'는 고문과 조작의 대명사가 되었다. 여기서 고문으로 조작된 사건의 수는 헤아리기조차 힘들다. 그후 이를 승계한 보안사령부[12]는 "공포와 증오의 대상으로 국가안전기획부와 함께 국가권력을 떠받쳐온 '권부 중의 권부'"였다.[13]

    보안사는 5공 정권의 성립과 더불어 새로운 시대를 맞는다. 전두환 보안사령관이 정권을 탈취하면서 그 과정에서 역할을 한 보안사가 권력의 중심에 서게 된 것이다. 보안사는 과거 중앙정보부가 개편된 안기부의 위상을 넘을 정도였다. 5공 정권의 수립과정과 정권 초기에 보안사는 온갖 악행에 관여했다.

    언론사 통폐합도 보안사의 작품이었다. 언론사 사주를 연행해 재산포기각서를 쓰게 만든 것이다.[14] 경기신문사 전 사장 홍대건 씨는 1980년 9월, 신문사 경영권을 포기하라는 요구에 불응했다는 이유로 보안사에 10여 일간 감금돼 고문까지 당한 뒤 자신과 가족들의 신변에 위협을 느껴 한 푼도 받지 못한 채 경영권을 넘겨주고 말았다.[15]

    보안사 서빙고 분실은 특히 악명을 떨쳤다. 흔히 서빙고호텔로 불리던 이곳을 거쳐간 수많은 재야인사, 정치인들은 끔찍한 고문 기억을 잊지 못한다. 그러나 5공화국이 물러가고 6공화국이 들어서면서 보안사에 대한 국민의 반감이 높

---

12. 미군 진주와 함께 시작된 보안사의 역사는 미군정 정보과(1945)→국방경비대의 정보처(1947)→국군정보국(1948)→특무대(한국전쟁 중)→방첩대(1960)→국군보안사령부(1977)로 변화되었다.

13. 안영배, 「집중분석─국가보안사령부」, 『월간 말』 1990년 11월호, 72쪽.

14. 6공화국이 성립된 후 이른바 언론청문회가 열려 당시의 만행이 적나라하게 드러났다. 그러나 이 당시의 강요가 "의사결정의 자유를 완전히 박탈된 상황에서 이루어진 것인가"를 둘러싸고 법원에서 치열하게 논쟁이 제기되었다. 법원의 판단은 소극적이었고, 더구나 시효 소멸 등의 이유로 반환청구소송은 모두 기각되었다.

15. 「사법부 '소신 있는 판결' 주목─언론사 잇단 소송 법적 쟁점과 전망」, 1990년 11월 27일자 『동아일보』 기사.

아졌고, 특히 1990년 10월 4일 윤석양 이병이 보안사 민간인 사찰자료를 공개한 직후 국방부에서 국군보안사령부 명칭을 국군기무사령부로 바꾸고 서빙고 분실을 폐쇄함으로써 서빙고 분실의 악명 높은 고문 시대를 마감하게 됐다.[16]

> ::   지난 (1990년 11월) 10일 폐쇄, 건물마저 헐어버린 보안사 서빙고 분실이 바로 그것이다. 육군방첩부대 시절인 60년대 말 현재 위치에 설치·운영된 분실은 81년 3월 5공이 출범한 이후 보안사의 권능이 강화되면서 재야인사, 정치인들을 협박·회유·고문하는 수사장소로 이용됐다. 보안사령관을 역임했던 윤필용·강창성 씨 등이 고초를 겪어야 했고, 10·26사건 후 김재규 씨, 12·12사태 후 정승화 대장도 쓴맛을 봤다. 국민에게 저주받은 땅이며 군인들의 공포와 원한의 대상이었던 원부(怨府) 서빙고 분실이 헐렸다. 일명 서빙고호텔을 철거할 때 불도저로 파헤쳐버렸을까.[17]

그후에도 한동안 새로운 이름의 기무사는 서빙고 분실 대신 장지동 분실을 만들어 시국사건들에 여전히 관계했다. 당시 이러한 보안사 활동에 대해 적지 않은 의구심과 우려가 있었다.

> ::   …… 서빙고 분실의 폐쇄는 이미 일반에 위치가 많이 알려져 보안부대의 건물로는 부적당하다고 판단, 이를 폐쇄함으로써 생색만을 낸 조치라는 혹평을 하고 있다. 그런데 서빙고 분실의 자료가 옮겨진 것으로 알려진 장지동 분실의 '활약'으로 이러한 우려가 현실로 나타나고 있는 것이다. 한편 현재와 같은 추세로 나간다면 기무사가 국가보안법 자체나 학문·사상의 자유까지 자의적으로 재단하는 것

---

16. 「보안사 서빙고 분실─비밀리에 철거」, 1990년 11월 24일자 「동아일보」 기사.
17. 「횡설수설」, 1990년 11월 25일자 「동아일보」 기사.

이 관행화될 가능성이 있다는 주장까지 대두되고 있다. 이러한 경향에다 사회의 보수화라는 정치적 분위기에 편승한 군 관료조직 특유의 한건주의식 실적 경쟁까지 가세한다면 기무사는 이전의 보안사 명칭을 무색케 할 정도로 악명을 다시 떨칠 수도 있다는 우려가 높아지고 있는 실정이다.[18]

민주화의 진전과 군대의 문민화에 따라 정부 수사기관의 위상이 서서히 변화를 맞게 되었다. 1989년 정기국회 때 국방부는 "현재의 6처 5실을 5처 4실로 줄이고 인원도 전체의 14%인 860명을 감원하겠다"라고 밝혔고, 이에 따라 정보처가 폐지되고 읍·면의 말단 행정기관까지 출입하며 대민사찰을 해온 116개의 소파견대가 철수했다. 이제 더 이상 보안사가 공개적으로 민간인을 사찰하고 수사하는 사태는 사라졌다.

4. '고문경찰' ― 치안본부 대공과 또는 대공분실

1980년대에 이르러 치안본부 산하에 있는 여러 곳의 대공분실에서 고문사건이 터지면서 경찰의 고문 사실이 널리 알려졌다. 부천경찰서 성고문사건, 김근태 고문사건, 박종철 군 고문치사사건 등으로 이어지는 일련의 사건을 통해서 경찰은 언젠가부터 '고문경찰'로 불리게 되었다. 그러나 고문은 이미 이런 특수한 대공 분야뿐만 아니고 전 경찰의 조직에 뿌리 깊이 스며들어 전국 곳곳에서 고문사례들이 보고되었다. 사실 이 책에서 언급되는 일반 시민들에 대한 대부분의 고

---

18. 안영배, 「국군기무사의 조직사건 조작술」, 『월간 말』 1991년 9월호, 89쪽.

문 사례들은 경찰에 의해 이루어졌다. 고문에 대한 의식과 방식이 이미 보편화되어 어느 지역의 경찰도 고문에서 자유롭지 못했다.

특히 반공사회를 뒷받침하는 대공경찰의 위상은 고문을 해서라도 '빨갱이'를 잡아야 한다는 강박관념으로 고문을 더욱 부채질했다. 대공경찰은 지나치게 막대한 인원과 예산을 차지하고 있었다. 사회가 어느 정도 민주화된 1991년, 13만 4,000여 명의 경찰관 가운데 전경과 의경을 제외한 8만여 명의 분야별 구성비율을 보면, 경비 10.7%, 대공 6.2%, 정보 5% 등 시국 치안업무 관련 경찰관이 21.9%에 이른다.[19] 당시 수사경찰관이 17.3%에 이르던 것을 생각하면 과도한 인원이 대공 분야를 담당하고 있었다.

1991년 7월 경찰은 '경찰청'으로 개편되면서 '정치적 중립성' 확보를 위한 계기를 마련했다. 그러나 기구의 개편만으로 과거 경찰의 욕된 역사가 저절로 시정되는 것은 아니다. 그후에도 여전히 고문과 인권침해의 시비가 끊이지 않았던 것이다. 더구나 전국의 일선 경찰서와 파출소에서는 인권의식의 미약으로 끊임없이 피의자에 대한 고문과 그로 인한 치사상 사건이 꼬리를 물고 일어났다. 변호인의 수사 참여 등 다양한 노력이 돋보이는 것도 사실이나, 고문이 경찰에서 완전히 사라졌다고 단정하기는 아직 이르다.

5. 검찰의 '안가'와 특별조사실

검찰은 과거 중앙정보부(안기부·국정원), 보안사, 치안본부 등에서 행한 고문

---

19. 「'영욕 46년' 딛고 새 위상 찾기」, 1991년 7월 31일자 『동아일보』 기사.

조작사건에 대해, 뻔히 그 고문과정을 알면서도 기소함으로써 야만적이고도 불법적인 수사과정을 합법화해주는 역할을 다해왔다. 게다가 사후 합법화 기능뿐만 아니라 검찰 자신이 직접 고문을 행하기도 했다. 고문이 벌어진 첫 번째 장소는 일반으로부터 은폐된 '안가'라는 이름의 성역이었다.

::　　검찰은 (1993년 10월) 4일 지난 18년 동안 비밀 수사장소로 사용해온 서울 삼청동 안가를 폐쇄했으나 검찰 안가를 아주 없애는 것은 아니고 다른 장소에 새로운 안가를 물색 중인 것으로 알려졌다. …… 이 안가는 대지 1,010평, 건평 184평으로 그동안 검찰 기능직 4명이 관리해왔으며 대검 중수부 직원들이 교대로 매일 이곳에서 야근을 해왔다. 이 안가에는 거짓말탐지기 등 각종 수사장비를 구비해놓았고, 내부구조도 수사에 편리하도록 개조했었다. 검찰은 수사보안을 위해 검찰청사에서 조사할 수 없는 사건 관계자들을 소환, 조사하거나 은밀한 사건 내사 등 비밀 수사를 위해 안가 사용이 불가피하다고 주장하고 있다.

검찰은 과거 소위 끗발 있는 주요 인사들을 수사하면서 이들이 언론에 노출되지 않도록 배려하기 위해 안가를 사용해왔다. 또 안가에서 이루어진 수사 상황에 대해서는 비밀로 일관, 거센 비난을 사기도 했다. 그동안 이 안가에서는 고대 앞 시위사건의 박찬종·장기욱 의원, 박종철 군 고문치사사건의 강민창 전 치안본부장, 수서사건의 이승윤 전 부총리 등 주로 정관계 거물들이 조사를 받았고, 최근에는 율곡사업 비리수사와 관련해 김우중 대우그룹 회장, 정호용 민자당 의원 등이 이곳에서 조사를 받기도 했다.[20]

이렇듯 안가는 검찰이라고 예외가 아니었다. 검찰청 청사 내에 특별조사실

---

20. 「검찰 안가 아직도 필요한가」, 1993년 10월 6일자 『동아일보』 기사.

등이 있었음에도 뭔가 '안가'라는 것을 두어야 권력기관의 냄새가 난다고 생각했다. 스스로의 권위를 위해서 필요하다고 생각한 것일까. 권위주의 정권이 문민정권으로 바뀌면서 안가 철거는 너무나 당연한 일이었음에도 또 다른 안가를 찾고 있었던 것을 보면 하루아침에 그런 권위주의가 청산되기 어렵다는 것을 알 수 있다.

또한 검찰청 내에 있던 특별조사실은 외부인의 출입이 완전히 금지되어 마치 고문과 가혹행위로부터 자유로운 곳으로 인식되고 있었다. 마침내 2002년 10월 서울지검 특별조사실에서 고문치사사건이 일어나고 말았다. 그것은 이미 예상되던 사태였다. 검찰의 안이한 자세가 불러온 홍경령 검사와 검찰수사관들의 무지막지한 고문으로 결국 한 피의자가 사망하고 말았다. 그후 검찰은 2004년에 이른바 '신개념 조사실'을 도입해 시범 운영에 들어갔다.

∷　검찰이 시범 운용에 들어간 '신개념 조사실'은 피의자 인권보호에 있어 획기적인 조치로 환영할 만한 일이다. 서울중앙지검, 서울남부지검 등에 설치된 조사실, 검사 신문실, 아동·여성 조사실 등의 신개념 조사실은 검찰에 대한 기존 관념을 완전히 바꾸어놓을 것으로 보인다. 우선 폐쇄회로 TV를 설치한 조사실에서 조사 즉시 녹음·녹화 CD 동영상을 제작, 법원에 증거로 제출할 준비를 갖춘 것은 선진국에서도 보기 어려운 첨단 설비다. 이를 통해 강압수사 시비 등 인권침해 방지는 물론 검찰 신문조서의 신빙성을 높이는 데도 기여할 수 있을 것이다. 새로운 검사 신문실도 검찰의 진일보한 인식을 반영한다. 검사가 중앙에 앉고 양옆에 피조사자와 변호인이 함께 앉을 수 있도록 법정과 비슷한 형태로 바꾼 것이다. 이 같은 신문 방식은 그동안 이론적으로만 가능했던 검사와 피의자 간 대등한 당사자 지위를 조사과정에서부터 구현한 것으로 볼 수 있다. 내부를 안락하고 부드럽게 꾸민 아동·여성 전용 조사실도 최근 밀양 성폭행사건 수사에서 보듯 피해자 보호

를 위해 반드시 필요한 시설이다.

특히 밖에서 안을 볼 수 있도록 편면경을 설치, 투명한 조사실을 만든 것은 대단히 상징적이다. 피의자 고문치사 등 부끄러운 기억을 씻고 투명한 인권보호기관으로 거듭나기 위한 검찰의 다짐으로 해석할 수 있기 때문이다. 하지만 하드웨어 못지 않게 중요한 것은 조사실 운용의 소프트웨어다. 한마디로 검사 등 검찰 관계자들의 자세 역시 획기적으로 바뀌어야만 신개념 조사실을 마련한 소기의 목적을 달성할 수 있는 것이다. 과거에 비해 많이 나아졌지만 검찰의 고압적인 언행과 불친절에 대한 원성은 여전하다. 검찰이 표면적으로 드러나는 인권침해 소지를 없앨 뿐 아니라 철저히 국민의 입장에서 수사를 진행할 때 우리도 진정한 인권 선진국으로 발돋움할 수 있을 것이다.[21]

---

21. 「'투명한 조사실'을 환영한다」, 2004년 12월 24일자 『국민일보』 사설.

03
고문의 방식과 수단

　　한국현대사의 굽이굽이, 정권의 고비고비마다 벌어지는 고문의 현장에는 다른 나라의 역사에서 볼 수 있는 고문의 수단과 방법이 거의 예외 없이 등장한다. 그야말로 고문의 보편성을 확인할 수 있는 것이다. 고문과 가혹행위의 기본인 구타와 폭행은 말할 것도 없고 물고문, 전기고문, 위협과 협박, 모욕과 굴욕감 주기 등 헤아릴 수도 없는 온갖 방법이 동원되었다. 여기에서 몇 가지 사례만 검토해보기로 한다.

1. 협박과 위협

　　고문과 가혹행위를 통해 자백을 얻는 과정에서 반드시 등장하는 것이 위협과 협박이다. 협박의 내용은 조금씩 다르지만 살해 위협, 가족에 대한 살해나 고문 위협, 불이익 등의 위협, 공포를 주는 위협, 성폭력 위협 등으로 나눌 수 있다. 실제로 이런 위협은 실행되지 않기도 하지만 실행된 경우도 있었다. 그런데 설사 실행되지 않았다 하더라도 구금 당시 상황에서는 그 협박을 믿을 수밖에 없는 여러 가지 정황이 있다. 그러므로 고문과 가혹행위의 상승효과를 거두고 이를 통해 고문피해자의 굴복과 자백을 얻어내는 것이다. 그 위협의 사례를 몇 가지만 소개한다.

:: 　그때 부인을 계속하니까 "네가 죽겠느냐, 이선근이가 죽겠느냐"고 했습니다. "한강에다 빠트려 죽이겠다,[1] 휴전선에다 버리겠다"는 등의 협박을 했고, 각본이 다 짜여진 것 같았고 계속 부인하면 이로울 것이 없다고 판단하여 나중에 인정할 수밖에 없었습니다.(전국민주학생연맹사건 이태복 씨의 경우)[2]

:: 　어딘지 장소를 짐작할 수가 없어서 어리둥절해 하고 있는데 방 안 가득 험상 궃게 생긴 사람들이 나타나서 "…… 말을 잘 듣지 않으면 바닷물에 던져넣겠다. 우리는 너희 하나쯤 죽여도 문제 되지 않는 신분에 있는 사람들이다"라는 말을 했다.(부림사건 이상록 씨의 경우)[3]

:: 　취조실로 들어가자마자 군복으로 갈아입혀진 뒤 곧바로 수사가 시작되었다. "아무도 몰래 혼자 잡혀왔으니까 협조하지 않으면 죽여서 버려도 아무 문제없다.

---

1. 강물에 빠뜨려 죽인다는 위협은 서양 중세시대 이후 보편적 고문의 한 방식이다. 콩고공화국의 작가 아드리앵 화이(Adrien Wayi)라는 사람이 당한 일이다. "어느 날씨 좋은 날 한 남자가 도착했다. 그리고 당신 아드리앵 화이 맞지? 오늘 밤 2시 당신은 여행을 떠날 거야. 여권은 필요 없어. 마칼라 캠프에서 당신을 죽여서 강에다 버릴 거야. 알겠어? …… 나는 삶의 모든 희망을 잃어버렸다. 다만 유감인 것은 내 아이들이 나를 기억할 무덤을 못 가지는 것이다." Amnesty International, *Take a Step to Stamp out Torture*, October 2000, p. 4.
2. 1982년 4월 26일 오전 10시 서울형사지법 대법정에서 피고인 이태복이 한 진술. 대한변호사협회 인권위원회, 「전국민주학생연맹사건 이태복 씨 경우」, 『고문근절대책공청회 자료집―고문 피해의 증언』, 1987, 6~7쪽.
3. 1982년 5월 21일자 이상록의 재판부에 대한 진술서. 한국기독교교회협의회 인권위원회, 『복음과 인권―1982년도 인권문제전국협의회 자료집』, 1982, 164쪽.

많은 놈들이 여기서 죽어나갔어도 아무 일 없었다. 자! 봐라. 이 벽에 배인 핏자국이 여기 온 놈들이 고문받고 남긴 자국이다. 순순히 불어"라며 거침없이 협박했다. 내가 어리둥절하여 대답을 못하자 잠시 후 다른 안기부 수사관 3명이 들어와 그중 2명이 몽둥이로 온몸을 무차별 구타하기 시작했다.(구미유학생 간첩단사건 양동화 씨의 경우)[4]

::   6일간 한잠도 안 재운 채 몽롱한 상태에서 받은 고문과 공소 사실을 조작하면서 새벽 5시부터 밤 늦게까지 받은 고문은 인간으로서는 당할 수 없는 살인적인 것이었다. …… 지하실에서 3일 후 죽인다, 5일 후 식구를 다 죽인다며 협박한 사실 …….(차풍길 씨의 경우)[5]

::   8일에는 두 차례 전기고문과 물고문을 당했고 10일 한 차례, 13일 …… 13일 금요일입니다. 9월 13일 고문자들은 본인에게 "최후의 만찬이다", "예수가 죽었던 최후의 만찬이다", "네 장례식이다", 이러한 협박을 가하면서 두 차례의 전기고문을 가했습니다.(김근태 씨의 경우)[6]

::   …… 형사 ○○○와 ○○○는 조총련 가입번호를 쓰라고 하였고 "너 이거 한 번 먹으면 병신 되어 나가니 잘 생각하라. 너는 아무도 모르게 한강에 돌 매달아 죽일 수 있어" 등의 공갈, 협박, 고문에 못 이겨 썼다 합니다.(양승선 씨의 경우)[7]

---

4. 「구미유학생사건 양동화 씨의 증언」, 1998년 4월 24일자 「인권하루소식」 기사.
5. 1983년 4월 21일자 차풍길의 처 박명자 명의의 호소문. 민주화실천가족운동협의회 산하 장기수가족협의회 조작된간첩사건가족모임, 「간첩조작은 이제 그만」, 1989, 68쪽.
6. 대한변호사협회 인권위원회, 「민청련 의장 김근태 씨 경우」, 앞의 책, 16~17쪽.
7. 1988년 3월 8일자 양승선의 처 김의선 명의의 호소문. 민주화실천가족운동협의회 산하 장기수가족협의회 조작된간첩사건가족모임, 앞의 책, 29쪽 이하.

:: "나는 5·3사태 때 여자만 다뤘다. 그때 들어온 년들도 모두 아랫도리를 발가 벗겨서 책상에 올려놓으니까 다 불더라. 네 몸(자궁)에 봉(막대기를 지칭한 듯하나 정확히 무슨 의미인지는 모른다)이 들어가면 안 불겠느냐"고 협박하였다.(부천경찰서 성고문 사건의 경우)[8]

:: "여기가 어딘 줄 아나. 이곳에서는 너 같은 놈 죽여 신문에 가장해버리면 끝이다. 월북하려다 아군에 피살됐다고 하면" 하면서 권총 총구를 입에 물게 하고 방아쇠를 당겨 죽여버린다고 협박, 구타하고 벽과 책상에 자해하지 못하도록 고무로 씌우고, 옷을 벗기고 군복으로 갈아입힌 후…….(방양균 씨의 경우)[9]

:: 김 씨는 무엇보다도 "안기부가 가족을 들이대며 협박한 것이 가장 힘들었다"고 밝혔다. 김 씨에 따르면, 당시 안기부 수사관들은 사법고시를 준비 중이던 동생을 거론하면서 "동생이 밑에 와 있다. 네가 제대로 안 하면 사법고시고 뭐고 없다"며 협박했다고 한다.(김진성 씨의 경우)[10]

:: 간단한 질문을 하여 피고인이 아는 대로 답변을 하자, "너희들 조직은 다 깨졌다. 사실대로 이야기하면 살아서 나가지만, 숨기려고 할 경우 쥐도 새도 모르게 죽여버리는 곳이다. 송병곤이를 만나게 해줄 테니 만나보고 알아서 이야기하라" 하고 나간 후 송병곤을 데리고 왔는데, 그 모습을 보니 마치 사진에서 본 비아프라의 기아에 허덕이는 주민의 모습인 듯 앙상한 몰골이었습니다.(부림사건 송세경 씨의 경우)[11]

---

8. 고영구 외 8명의 변호인단 명의의 고발장. 민주화운동청년연합, 「권 모 양에 대한 부천경찰서 형사 문귀동의 성고문을 고발한다」, 『해방되어야 할 또 하나의 성―성고문, 성폭력에 관하여』, 1986년 12월, 61~64쪽.
9. 서경원 의원 비서관 방양균의 처 정혜순 명의의 고발장, 1993년 10월 8일자.
10. 「"안기부 고문수사관 승승장구"―김진성 씨 고문 사례 발표」, 1998년 4월 17일자 『인권하루소식』 기사.
11. 송세경의 옥중 진술서. 한국기독교교회협의회 인권위원회, 『복음과 인권―1982년도 인권문제전국협의회 자료집』, 1982, 168쪽.

2. 물고문

물고문도 한국현대사에서 가장 고전적이고 보편적 고문방법이었다. 일제시대, 미군정 시기, 이승만 정권, 그리고 5공화국의 김근태 씨와 박종철 군 고문치사사건에 이르기까지 물고문은 모든 수사 때 관에서 애용한 고문방식이었다. 흔히 전기고문과 물고문을 결합해 그 공포와 고통의 효과를 배가시켰다. 몇 가지 예만 들어보기로 한다.

:: 　내가 기억할 수 없을 만큼 많은 사람들이 물고문을 받았어요. 그들은 한 친구의 입에다 고무 튜브로 계속 물을 퍼부어 거의 질식할 지경으로 만들어놓았지요. 또한 경찰들이 쇠몽둥이로 한 사람의 어깨를 갈기고 그를 쇠고리에 매달아놓는 것도 보았어요.[12]

:: 　서귀포경찰서에 잡혀갔는데, 물고문하고 무진장 때렸다. 어떻게 내가 제정신 가지고 얘기했는지 모르겠으나, 경찰들이 내가 빨갱이 도움을 받아서 이런 일들을 한 게 아니냐, 이렇게 작성한 것 같다. 서귀포에서는 주로 물고문을 많이 했다. 물을 그냥 막 먹이면서 묶어놓고 고무 같은 것으로 매질을 했다. 쇠줄몽둥이, 때리면 살에 착착 붙는 것이다.[13]

:: 　그러더니 고문을 시작하여 양쪽 팔을 걸레로 싸매고 포승을 지은 다음 몽둥이를 팔꿈치로 해서 무르팍 밑으로 꼬아가지고 두 테이블 사이에 몽둥이를 매달아

12. 마크 게인, 「해방과 미군정」, 까치, 1986, 87쪽.
13. 고만형 씨의 사례. 제주4·3사건진상규명및희생자명예회복위원회, 「제주4·3사건 진상조사 보고서」, 2003, 484~485쪽.

놓고 "중화루사건을 자백하라"고 2차에 걸쳐 무려 한 시간 반 동안 냉수고문을 했다는 것이다.[14]

:: 위와 같은 구타를 하였음에도 박 군에게서 자신들이 원하는 진술을 얻어내지 못하자 피고 조한경은 더 심한 고문을 해서라도 박종운 군의 소재를 알아내야겠다고 결심하고, 물고문 및 전기고문의 시설이 완비되어 있는 제9호 조사실로 박 군을 옮기도록 나머지 피고들에게 지시하는 동시에 피고 강진규를 불렀습니다. 1987년 1월 14일 새벽 1시 10분경, 피고 조한경은 옆에 있던 이정호에게 조사실 안에 있는 길이 123cm, 높이 57cm, 폭 74cm의 물고문용 욕조에 물을 채우라고 지시하고, 피고 이정호는 그 지시에 따라 물을 채우고, 피고 강진규는 박 군의 옷을 벗긴 후 이른바 '고문복'이라고 불리는 옷을 입힌 다음 욕조 앞으로 데리고 가 욕조에 올라서서 고함을 지르며 공포 분위기를 만들어 겁을 주고, 피고 조한경은 옆에서 바른 대로 말하지 않으면 죽이겠다고 위협하였습니다. 이러한 상황에서도 박 군이 박종운 군의 소재를 밝히기를 거부하자, 피고 반금곤과 피고 황정웅은 박 군의 양손을 등 뒤로 돌려 끈으로 묶음으로써 저항을 할 수 없게 한 다음 욕조 앞에 무릎을 꿇게 하고, 피고 이정호는 뒤에서 양다리를 들어 박 군의 얼굴이 욕조의 물속으로 잠겨 숨을 쉴 수 없게 하고, 피고 강진규는 욕조 속에 들어가 두 손을 사용하여 고통을 참지 못한 박 군이 머리를 물 위로 들 때 다시 머리를 물속으로 누르는 등의 방법으로 물고문을 하였습니다.[15]

14. 「"나는 고문을 받았다"―형사 때리고 구속되었던 한 청년 호소」, 1955년 7월 6일자 『조선일보』 기사.
15. 박종철열사추모사업회, 「손해배상청구소송 소장」, 1988년 4월, 31〜32쪽.

3. 전기고문

:: 우선 정도영 피의자의 경우, 연행된 직후 왜 가슴이 뛰는가라고 묻자 폐가 나빠서 뛴다고 말했더니, 그러면 고문은 안 되겠는데라고 수사관이 말하면서 침대 위에 눕히고 전기고문을 가했는데, 그 시간 동안 의식을 잃었다. 그 다음 질문이 고문치사 모르는가, 고문까지 했으니 우리 약점을 잡힐 대로 다 잡혔다 하면서 고문을 계속하였다. 또 도예종의 경우에는 중앙정보부에서 왔다는 수사관에게 연행되어 환영식이라고 어떤 방 안으로 인도되었는데, 잠시 후 윗옷을 벗긴 다음 다다미 1장 넓이 위에 앉혀놓고 물을 머리 위부터 부은 다음 수건과 로프로 결박, 옷을 입히고, 두꺼운 베 감은 것으로 만든 잠수복 비슷한 것을 덮어씌워 목과 다리만 나오게 했는데, 조금만 움직이면 두 다리는 위로 올라가고 고개는 꼼짝 못하게 결박되고, 수건으로 코·입·얼굴을 씌워 물을 부으면서 엄지발가락에 끼운 전선에 전기를 통하게 하여 전기고문을 당했다.(1964년 1차 인혁당사건의 경우)[16]

폐가 나빠서 가슴이 뛴다는 사람을 전기고문했으니 이들의 무도함은 이루 말할 수가 없다. 1964년부터 이런 고도의 전기고문이 이루어지고 있었다. 전기고문은 중앙정보부(안기부), 군보안대, 치안본부 대공분실, 각 경찰서 등에서도 모두 이루어지고 있었다. 전기고문 정도는 이미 보편화된 기술이었다. 다만 울산 보안사에서는 수동식 전화기를 이용해서 구식 전기고문을 하고 있었던 것으로 보인다.

---

16. 한국인권옹호협회장 박한상 변호사(당시 국회의원 겸직)의 증언. 천주교 인권위원회, 『사법살인—1975년 4월의 학살』, 학민사, 2001, 300~301쪽.

:: "당시 부인이 어떤 고문을 당했나?" "울산보안사에 끌려가서 전기고문, 물고문 등을 당했다. 옛날에 쓰던 돌려서 받던 전화기 선을 손가락에 묶어서 전기고문을 했다. 후에 경찰에 자수한 후 나도 같은 고문을 당했었다. 그리고도 등허리에 물수건을 올려놓고 몽둥이로 때리는 등 이루 말할 수 없는 고문을 했다더라. 당시 난 서울에서 내 처가 잡혀갔다는 소식을 듣고 정보부에 직접 전화해 자수했다."(김형식 씨 부인 이순자 씨의 경우)[17]

이 끔찍한 전기고문에는 남녀의 구별이 없었다. 전기고문을 하는 상황에 대해서는 김근태 씨의 폭로가 가장 인상적이다. 그는 전기고문의 실상에 대해 자세히 설명하면서 자신이 어떤 상태에서 어떤 생각을 했는지를 극명하게 표현했다. 바로 아우슈비츠를 연상했다는 것이다.

:: 고문을 할 때는 온몸을 발가벗기고 눈을 가렸습니다. 그 다음에 고문대에 눕히면서 몸을 다섯 군데를 묶었습니다. 발목과 무르팍과 허벅지와 배와 가슴을 완전히 동여매고 그 밑에 담요를 깝니다. 머리와 가슴, 사타구니에는 전기고문이 잘 되게 하기 위해서 물을 뿌리고 발에는 전원을 연결시켰습니다. 처음엔 약하고 짧게, 점차 강하고 길게, 강약을 번갈아 하면서 전기고문이 진행되는 동안 죽음의 그림자가 코앞에 다가와 (이때 방청석에서 울음이 터지기 시작, 본인도 울먹이며 진술함) 이때 마음속으로 "무릎을 꿇고 사느니보다 서서 죽기를 원한다"(방청석은 울음바다가 되고 심지어 교도관들조차 숙연해짐)는 노래를 뇌까리면서 과연 이것을 지켜내기 위한 인간적인 결단이 얼마나 어려운가를 절감했습니다. 죽음의 그림자가 드리울 때마다 아우슈비츠 수용소를 연상했으며, 이러한 비인간적인 상황에 대한 인간적인 절망에

---

17. 김지은·남소연, 「고문 사례 공개 … '특별법' 제정 추진」, 2002년 11월 21일자 『오마이뉴스』 기사.

몸서리쳤습니다.(김근태 씨의 경우)[18]

전기고문은 물고문의 연장선상에서 물고문보다 더 심각한 고문방식으로 채택되는 경우가 많았다. 전기가 주는 충격은 인간에게 더 큰 공포를 주기 마련이다. 자신의 죽음으로 5공화국의 종말을 앞당겼던 박종철 군에게도 예외 없이 물고문과 전기고문이 가해졌다.

:: 위와 같은 물고문만으로 부족하다고 생각한 위의 피고인은 전기고문을 하기로 하고 위 조사실 안에 있던 이른바 '칠성판'이라고 하는 전기고문용 나무침대 위에 박 군을 강제로 올라가게 하여 박 군이 두 팔과 다리를 움직일 수 없도록 로프로 박 군의 몸을 결박하고 전기가 잘 통하도록 박 군의 몸에 물을 부은 후 미리 준비된 직류의 전기회로를 박 군의 양손 엄지와 검지 사이, 그리고 사타구니에 번갈아 가며 붙였다 떼였다 하면서 처음에는 전류의 세기를 약하게 하다가 물을 뿌리며 점차 전압을 높게 하는 방법으로 전기고문을 가하여 박 군에게 극심한 육체적 고통과 공포감을 주면서 박종운 군의 소재를 대라고 강요했습니다. 위와 같은 방법으로 여러 차례에 걸쳐 물고문과 전기고문, 그리고 구타를 당한 박 군이 더 이상 견딜 힘을 상실하여 생명이 위태로운 상태에 도달하였음을 잘 알았음에도 위 피고들은 계속하여 박 군에게 박종운 군의 소재를 대라고 요구하면서 고문을 하였습니다.…… 결국 위 피고들은 박 군이 죽는 한이 있더라도 박종운 군의 소재에 관하여 자백을 받아야겠다고 결심하고 물고문과 전기고문을 반복하여 가하던 중 같은 날 11시 20분경 모든 힘을 상실한 박 군에게 전기고문을 계속 가함으로써 박 군을 살해하였습니다. 위와 같은 구타의 결과 박 군은 수십 군데에 걸쳐 피멍이 들

---

18. 대한변호사협회 인권위원회, 「민청련 의장 김근태 씨 경우」, 『고문근절대책공청회 자료집—고문 피해의 증언』, 1987, 17쪽.

고 또 타박상을 입었으며, 물고문을 당하던 중 욕조에 짓눌린 목 부분에 상처를 입고 폐와 복부에는 물이 가득 차게 되었으며, 전기고문의 결과 양손의 엄지와 검지 사이에, 그리고 허파와 사타구니에 전류반이라고 하는 상처를 입었습니다.[19]

4. 모욕과 굴욕감 주기

고문피해자에게 모욕감과 굴욕감을 주어 스스로 절망감에 빠지게 하는 방법은 고문기법 중에서 가장 잔혹한 것인지도 모른다. 외형적으로 때리는 매보다도 더 인간의 마음을 좌절하게 만드는 것이다. 사실 수사기관에서는 일단 연행되면 옷부터 벗긴다. 군복이나 수의 등으로 갈아입히기도 하지만 아예 발가벗겨놓고 폭행과 구타를 가하기도 한다. 그야말로 동물적 수준으로 만들어놓는 것이다. 이 것 자체가 이미 모욕적인 상황이다.

더 나아가 수사기관은 온갖 방법으로 피해자가 굴욕감과 모욕감을 자아내도록 시도한다. 거기에는 성적인 모욕도 있고 인간적인 모욕도 있다. 어쨌든 인간 이하의 갖은 방법이 다 동원된다. 몇 가지의 예만 들어본다.

> :: 권 양의 뒤쪽에 붙어 서서 자신의 성기를 권 양의 국부에 갖다대었다 떼었다 하기를 몇 차례에 걸쳐 반복하였다. 이때 권 양이 절망적인 공포와 경악과 굴욕감으로 거의 실신상태에 들어가자 문귀동은 권 양을 다시 의자에 앉히더니 담배에 불을 붙여 강제로 몇 모금을 빨게 하였다.(부천경찰서 성고문사건의 경우)[20]

19. 박종철열사추모사업회, 「손해배상청구소송 소장」, 1988년 4월, 31~33쪽.

∷　조용한(63) 씨는 수원지검 최정운 검사에게 양쪽 뺨과 어깨, 가슴을 구타당하고 무릎을 꿇린 채 팔을 들고 벌을 서야 했고 폭언을 당했다. 그는 30대의 젊은 검사에게 구타와 모욕을 당하였다는 심한 모멸감에 시달리다가 5월 25일 자살하고 말았다.(조용한 씨의 경우)[21]

∷　조사관들은 탈북자의 무릎을 꿇린 채 곤봉으로 때리거나 지하실로 끌고 가 고문하며 심지어 옷을 벗겨 성적 모욕을 주는 것으로 드러났다고 차(병직) 변호사는 밝혔다.(탈북자들에 대한 가혹행위)[22]

∷　뿐만 아니라 고문을 받는 과정에서 본인은 알몸이 되고 알몸 상태로 고문대 위에 묶여졌습니다. 추위와 신체적으로 위축돼 있는 상태에서 본인에 대해 성적인 모욕까지 가했습니다. 말씀드리면 제 생식기를 가리키면서 "이것도 좆이라고 달고 다녀? 민주화운동을 하는 놈들은 다 이 따위야!" 이렇게, 말하자면 깔아뭉개고 용납할 수 없는 만행을 저질렀습니다.(김근태 씨의 경우)[23]

∷　그날 유원호 씨는 변호인이 집요하게 묻는데도 자신이 안기부에서 당한 가혹행위를 말하려 들지 않았다. 입에 담기도 싫은 모양이었다.…… 몇 차례나 온몸을 발가벗기고 구타를 당했으며 혈압이 높아질 때마다 의사가 조사를 중단시키기도 했다고 한다. 모욕적인 언사는 견디기 어려운 것이었으며…… 서면에 의한 진술을 허용해달라고 하면서 말문을 닫고 말았다. 그러면서 그는 "죽어도 안기부에는

20. 고영구 외 8명의 변호인단 명의의 고발장. 민주화운동청년연합, 「권 모 양에 대한 부천경찰서 형사 문귀동의 성고문을 고발한다」, 『해방되어야 할 또 하나의 성—성고문, 성폭력에 관하여』, 1986년 12월, 61~64쪽.
21. 인도주의실천의사협의회·한국인권단체협의회, 『고문 기타 잔혹한, 비인도적 또는 굴욕적 처우나 형벌금지협약 제19조에 따른 대한민국 정부의 보고서에 대한 대한민국 인권단체들의 반박보고서』, 1996년 10월, 52항 '가' 부분 참조.
22. 「'탈북자에 가혹행위」, 1999년 1월 16일자 『한겨레신문』 기사.
23. 대한변호사협회 인권위원회, 「민청련 의장 김근태 씨 경우」, 『고문근절대책공청회 자료집—고문 피해의 증언』, 1987, 17쪽.

가지 말라"는 말을 자녀들에게 유언을 남기겠다고 말했다.(문익환 목사 방북사건 유원호 씨의 경우)[24]

:: 약 열흘 후에는 수사관 160번과 다른 수사관에게서 잠잘 새벽에 수사 내용과 관계없는 한 여성을 대며 "노처녀 몇 번 먹었냐", "맛있더냐" 하는 모욕적인 말을 들었습니다. 전 수차례 그만하라고 말했으나 그들은 아랑곳 않고 계속 성적 수치심을 자극하는 말을 되풀이했습니다. …… 수사 중에 "누구누구도 다 불었어", "한 번 거꾸로 매달아볼까", "널 영원히 매장시킬 수 있어", "그 머리로 무슨 운동을 해" 하는 수사책임자의 인신공격을 당하였습니다. …… 협조 않으면 임신 8개월인 아내를 연행, 조사하겠다는 협박을 계속했습니다. …… 수사 종료 이틀 전에 수사책임자와 다른 수사관들은 "너, 태어날 때 너희 부모가 북한 보고 낳았지" 하며 "이제 감옥생활하면 관계는 어떻게 가지나", "혼자 벽 보고 해야지" 하면서 서로 웃으며 대화를 나누고 있었습니다.(남매간첩단사건 김삼석 씨의 경우)[25]

:: "…… 옷을 모두 벗기우고 몽둥이로 허리와 다리 등 온몸을 혹독하게 구타당했다"고 지난 2일 접견한 유선호 변호사에게 밝혔다. …… "심지어 옷을 모두 벗긴 채 플라스틱 자로 성기를 때리는 성적 모욕도 당했다"고 주장했다.(사노맹사건 현정덕 씨의 경우)[26]

사실 많은 사건에서 피해자들은 모욕이나 굴욕감을 준 사례에 대해서는 솔직하게 털어놓지 않는다. 구타를 포함한 육체적 고문에 대해서는 잘 털어놓는 데

24. 「"죽더라도 안기부에는 가지 마라"」, 1989년 9월 2일자 『한겨레신문』 사설.
25. 김삼석, 「17일간의 구타·성추행 그리고 자살기도」, 2004년 12월 18일자 『오마이뉴스』 기사.
26. 「사노맹 고문 폭로 잇따라— "안기부서 사흘 동안 온몸 폭행당했다"」, 1990년 11월 7일자 『한겨레신문』 기사.

비하면 모욕적 언사나 행동은 스스로 털어놓기가 어려운 대목이다. 그만큼 고문 방법으로서 효과적이라는 것이 증명되는 셈이다.

5. 잠 안 재우기

안기부와 보안사 등 우리나라의 대표적 정보기관들의 고문에는 잠 안 재우기가 등장한다. 수많은 고문피해자들이 당한 고문기법 중에 가장 보편적인 것이 바로 잠 안 재우기다. 하루 이틀은 물론이고 1주일씩 잠을 안 재운 경우도 있다. 우리나라에서는 가혹하고 심각한 고문들이 하도 많았기에 웬만한 구타와 폭행, 모욕행위 등은 아예 가해자는 물론 피해자조차도 고문으로 생각하지 않을 정도이다. 특히 그동안 꾸준히 문제제기가 되어온 잠 안 재우기도 마찬가지다. 잠 안 재우기는 철야조사라는 이름으로 고문에 대한 경각심이 높아진 이후에도 오랫동안 진행되어왔다. 그만큼 잠 안 재우기가 고문이라는 생각이 많지 않았다는 반증이다.

그러나 잠 안 재우기는 가장 심각한 고문에 속한다. 원래 잠 안 재우기는 종교재판인 이단심문이 가장 심각하던 16세기에 히폴리투스(Hippolytus)라는 사람이 애용했다. 육체적 상처를 입히지 않고도 자백을 얻어내는 가장 효과적인 방식이었던 것이다.

:: (고문의) 피해자는 경비원이 돌아가면서 주기적으로 흔들어 깨우거나 찌르거나 또는 걷게 만들어 계속 이틀 밤낮 또는 그 이상을 깨어 있게 만든다. 거기에다 식사량을 줄이거나, 아니면 아주 식사와 물까지 끊어버린다거나 함으로써 음습

한 고문실의 상황이 곧 피해자에게 감각 상실을 가져와 무엇이든 원하는 자백을 얻도록 만든다.[27]

잠 안 재우기는 영국에서 보통법에 의해 고문이 정식으로 금지된 후에도 여전히 선호하는 심문방식이었다. 스스로를 '마녀 발견 장군'이라 부른 매튜 홉킨스(Mattew Hopkins)는 이 방식으로 마녀들을 가려냈다. 아래의 내용은 홉킨스의 조수가 증언한 잠 안 재우기 고문방식이다. 당시 70세의 존 로이(John Lowes)라는 목사가 그 희생자였다.

::   그를 며칠 동안 밤낮으로 깨어 있게 만들었다. 거의 숨을 못 쉴 정도가 될 때까지 그로 하여금 방을 앞뒤로 오가게 했다. 그리고 나서 잠깐 쉬게 하고 다시 반복했다. 이와 같이 며칠이 지나자 그는 무슨 말을 하고 무슨 일을 했는지 분간하기가 어려워졌다.[28]

그 목사는 결국 악마와 교접했고, 가축에게 주술을 걸어 죽게 했으며, 남의 배를 침몰하게 만들었다고 실토하고 만다. 이런 잠 안 재우기 고문은 1930년대 스탈린 시대에 와서 이른바 '컨베이어 시스템'이라는 이름으로 정교해졌다. 일련의 심문관이 돌아가면서 며칠 동안 잠도 안 재우고 계속 심문을 하는 것이다. 세르게이 베소노프(Sergei Bessonov)라는 사람은 17일간 음식과 잠을 박탈당한 채 연속 심문을 받았다고 한다. 스페인 내전에서 사형선고까지 받았다가 구사일생으로 살아난 소설가 아서 케스틀러(Arthur Koestler)는 그의 명소설 『정오의 암흑(Darkness at Noon)』(1940)에서 당시 소련의 잠 안 재우기 고문을 이렇게 묘사했다.

---

27. Brian Innes, *The History of Torture*, St Martin's Press, New York, 1998, p. 44.
28. Brian Innes, 앞의 책, p. 118.

::   그때로부터 루바쇼프의 기억력이 안개의 베일 저 너머로 짙어져갔다. 나중에 그는 단지 글레트킨과 며칠 사이의 밤낮 동안 한두 시간의 간격을 두고 나눈 대화의 몇 조각을 간간이 기억할 수 있을 뿐이었다. 그는 심지어 몇 날 낮과 밤이었는지조차 정확히 말할 수 없었다. 아마 그건 1주일에 걸쳐져 있었으리라. 사실 48시간 후 루바쇼프는 밤낮의 감각을 잃어버렸다. 한 시간 잔 후, 누군가가 깨웠을 때, 창문의 회색빛으로 아침녘인지 저녁인지를 분간할 수 없었다. 이발소, 다락방 계단, 그리고 막힌 문이 있는 복도에는 언제나 같은 등과 전구가 켜져 있었다. 육체적 기능에 관한 느낌이 있는 모든 것이 글레트킨 앞에서는 모욕적이었다. 그는 도대체 피곤의 기색도 없었고, 하품도 하지 않았으며, 담배도 안 피웠고, 먹거나 마시지도 않았으며, 언제나 그의 책상 뒤에 정복을 입고 꼿꼿한 자세로 자신의 책상 뒤에 앉아 있었다. …… 이제 유혹이 분간할 수 없는 낮과 밤을 통하여, 복도를 흔들거리며 걸을 때나, 글레트킨의 하얀 램프 속에서나 계속 그를 따라다녔다. 그 유혹, 패배자의 공동묘지에 쓰인 단 하나로 된 단어 — 잠(sleep).[29]

우리나라에서 잠 안 재우기에 대한 여론의 관심이 높아지면서 마침내 수사기관에서 '밤샘수사'를 금지하는 조치를 취하게 되었다. 2001년에 인기 탤런트 황수정 씨가 검찰에 긴급체포된 후 22시간 동안 잠을 못 자고 조사받은 일에 대해 황 씨의 아버지가 가혹행위라면서 담당수사관을 고발한 것[30]도 잠 안 재우기 고문에 대한 경각심이 일반 시민에게까지 확산되었음을 말해준다. 드디어 대법원도 잠 안 재우기를 가혹행위로 간주하게 되었다.

::   대법원 형사2부(주심 김형선 대법관)는 (1997년 7월) 6일 수입신용장 개설과

29. Brian Innes, 앞의 책, pp. 176~177.
30. 「'황수정 수사 때 가혹행위' 아버지, 담당검사 고발」, 2001년 11월 27일자 「한국일보」 기사.

관련해 업자한테서 사례금을 받은 혐의(특정경제가중처벌법의 수재 등)로 기소된 문 아무개(60, 전 J은행 지점장) 씨에 대한 상고심에서 "잠을 재우지 않은 상태에서 이뤄진 피고인의 자백은 임의로 진술한 것이라고 볼 수 없다"며 이렇게 판결했다.[31]

6. 자백의 '묘약' — 안기부에서 투약했다는 약?

:: 현대의 많은 저자들은 원래 고문의 법률적 정당성은 정보를 확보할 필요성에서 나오기 때문에 모든 형태의 육체적 고통은 바로 약물 사용에 의하여 성공적으로 고통 없이 대체될 수 있다. 그러나 어떤 약의 사용도 복용당하는 사람의 허락 없이는 그 인격에 대한 침입이 되는 것이고, 더 중요하게는 쉽게 남용될 수밖에 없는 방법이 된다.[32]

최근에 '진실의 약'이라는 약물이 개발되었다. '속효성 마취제(sodium pentothal)'가 바로 그것인데, 치과 수술 때 일반적 마취제로 활용한다. 투약 후 곧바로 무의식에 가까운 이완상태가 되었다가 서서히 의식이 돌아온다. 이 상태에서 사람들은 종전에 감추었던 진실을 말하도록 설득된다고 한다. 1970년대에 우루과이에서는 의사들이 망상(hallucination)이나 깊은 통증과 가사상태(asphyxiation)를 유발하는 다양한 종류의 투약을 실시했다고 한다. 심지어 투약을 거절한 의사들이 실종되는 사례조차 보고되었다.

불행하지만 한국에서도 약물 투여 주장이 심심찮게 제기되어왔다. 특히 안

31. 「밤샘조사 자백 증거능력 없다」, 1997년 7월 7일자 『한겨레신문』 기사.
32. Brian Innes, *The History of Torture*, St Martin's Press, New York, 1998, p. 179.

기부에서 조사받은 고문피해자들은 약물 투여 주장을 수없이 제기했다. 한두 사람이 아니라 이토록 여러 사람이 주장하고 있다면 필시 약물 투여가 있었음을 충분히 짐작할 수 있다.

:: 그녀들(인혁당사건 피고인들의 부인들)이 정보부로 연행되어 짧은 기간이나마 고초를 겪은 것도 그런 사정에서다. 8인의 사형수의 한 사람인 전 경기여고 교사 김용원의 부인 유승옥(51) 씨는 정보부에서 겪은 해괴한 일 때문에 자살을 꾀하기도 했다. …… 정보부로 연행되자마자 그곳 취조요원 한 사람이 다짜고짜로 유 씨의 멱살을 움켜쥐고 이런 욕설을 퍼부었다. "이 간첩의 여편네, 왜 까불고 다녀!" …… 그런 후 취조가 시작되었다. 반쯤 얼이 나간 부인 유 씨는 목이 말라 물 한 컵을 청하였다. 그들이 건네준 물을 반 컵쯤 마셨는데, 조금 있다가 묘한 느낌이 그녀의 몸을 사로잡기 시작하였다. 성적인 흥분이 일어나며 몸이 비비꼬이는 것이었다. 어떤 약물 작용 때문임이 분명했다. 그녀는 어찌할 줄 몰라 의자 밑으로 굴러떨어지기조차 했다. 이런 비정상적 상태에서 그녀는 요원들이 불러주는 대로 '내 남편은 간첩'이란 글을 쓰고 지장을 찍었다. 집에 돌아와서도 환각증세는 여전했다. 귀에서 윙윙 소리가 나며 사흘이 지나도록 한잠도 잘 수 없었다. 약 기운이 떨어지면서 자책감이 밀려왔다. 남편을 간첩이라고 밀고한 꼴이 된 그녀는 자책감을 견디지 못하고 죽음을 결심하기에 이르렀다.[33]

:: 4월 10일 함께 연행된 강우근의 어머니가 속옷을 갈아입혀서 입었던 속옷을 가지고 나왔는데 그 속옷에는 고름과 피가 묻어 있었습니다. …… 이 사실에 놀란 우리는 4월 11일 확실한 고문의 사실을 확인하기 위해 또다시 면회를 신청했습니

---

33. 김재명, 「유신독재의 제물 인혁당사건」, 천주교 인권위원회, 『사법살인—1975년 4월의 학살』, 학민사, 2001, 179~180쪽.

다. 4월 11일 당시 오빠는 육체적 고문 외에도 화학적 고문(약물 복용)의 흔적을 확인했는데, 오빠는 계속 "기억이 잘 나지 않아"라는 말만 되풀이하면서 ······.[34]

:: ······ 야전침대 각목으로 어깨 좌우측 신경부터 다리, 대퇴부, 손등을 2인 1조로 교대해가면서 전문수사관이 1시간 정도 구타, 혼절하였다가 일어나 보니 찬물을 끼얹고 의자에 항거불능, 포박상태에서 다시 야전침대 각목으로 다시 구타, 정신을 들어보니 온 전신이 피투성이였고, 의사가 주사를 놓고 있는 상태에 정신이 들었을 때 눈앞이 깜깜했고 심한 어지럼증이 있었으며, 공포와 불안 속에서 무참히 수십 차례 혹독한 구타와 잠 안 재우기(13일), 철야조사, 화장실 못 가기, 심지어 물도 못 마시게 하고 양치질은 물론 식사 후 즉시 조사하기 등 원인 모를 약물을 강제 복용시키며 ······.[35]

:: 안기부가 피의자에게 약물을 투여했다는 의혹이 또다시 제기됐다. 지난 3·13 사면으로 석방된 진관 스님은 "96년 안기부에서 조사를 받을 때 음식을 먹고 나면 아무 생각도 나지 않고 머리가 빙빙 도는 현상이 벌어졌다"며, "당시 질문에 무슨 답변을 했는지 기억도 나지 않았다"고 밝혔다. 진관 스님은 또 "구치소로 옮겨간 뒤에야 구치소에서 제공되는 식사가 정상이라는 생각이 들었다"고 말했다.[36]

사노맹사건으로 구속되었던 백태웅 씨도 1992년 안기부 수사 당시 "밥을 먹고 나면 잠시 후 머리에서부터 발끝까지 마비증세가 오고 정신이 혼미해지는 현상을 여러 차례 겪었다"라고 밝혔다. 이외에도 안기부에서 조사를 받은 작가 황

---

34. 대한변호사협회 인권위원회, 「백산서당, 보임사 관련자」, 『고문근절대책공청회 자료집─고문 피해의 증언』, 1987, 33쪽.
35. 서경원 의원 비서관 방양균의 처 정혜순 명의의 고발장, 1993년 10월 8일자.
36. 「안기부 약물수사 의혹 제기─진관 스님, 고문피해 폭로」, 1998년 5월 23일자 『인권하루소식』 기사.

석영 씨와 박창희 교수도 같은 현상을 호소했다. 그러나 도대체 안기부에서 어떤 약물을 투여했는지는 알 수 없고 밝혀지지도 않았다. 과연 안기부에서는 어떤 약물을 사용했단 말인가?

7. 세뇌

의식개혁의 일환인 세뇌(brain-washing)는 심리적 고문기법의 하나이다. 수세기 동안 과거 유럽의 이단심문소, 차르 정부와 러시아, 그리고 20세기의 중국에서 사용되어온 방식이다. 특히 중국의 세뇌방식은 공산주의 이론을 제대로 교육받지 못하고 자본주의 태도를 가진 사람들에게 정치이념을 주입하는 프로그램의 일환이었다. 세뇌의 방법은 육체적 억압, 모욕, 죄의식 주입을 통해 자신의 이미지와 정체성을 완전히 파괴하는 것이다.[37]

우리나라에서도 지속적인 고문과 가혹행위, 끝없이 지속되는 자술서 작성과 자백 강요, 학습과 암기, 위협 등에 의해 피해자가 자신이 하지도 않은 범죄를 자백할 뿐만 아니라, 스스로 허위자백이 진실인 것처럼 믿게 되는 효과를 가져온 사례들이 있다. 물론 평생 지속되는 정도의 세뇌는 아니지만 그 착각 효과를 검찰 신문 또는 1심 재판에 이르기까지 지속시킨 사례들이 있다. 중앙정보부, 안기부, 보안사, 대공분실 또는 일선 경찰서 등에서 장기간의 고립과 고문이 강요되었을 때 이런 착각을 경험했다는 피해자들의 진술이 계속 제기되었다.

---

37. Brian Innes, *The History of Torture*, St Martin's Press, New York, 1998, p. 181.

:: ⋯⋯ 구타와 협박, 기합으로 피폐해진 심신은 저항할 기력조차 상실하였고, 그들이 요구하는 대로 마치 로봇처럼 움직이게 되었다. 그리고 그들은 고문에 의해 허위자백한 것을 수백 장의 자술서로 작성케 하여 세뇌시켰다. 쉴 새 없이 자술서 작성을 강요하며 자신들의 요구대로 쓰지 않으면 구타가 다시 시작되었다. 이런 과정이 되풀이되자 그들이 강요했던 허위 사실이 마치 내가 한 것처럼 스스로 생각하게 되었다.(구미유학생 간첩단사건 양동화 씨의 경우)[38]

앞에서 살펴보았듯이 안기부나 치안본부, 대공분실 등에서 수십 일 동안 구타와 협박, 물고문과 전기고문을 당하며 수십, 수백 번의 자술서와 진술조서를 작성하고, 그 진술 내용을 암기하며 지낸 사람들은 대부분 자신이 하지도 않은 사실을 마치 진짜 한 것처럼 생각하게 된다. 세월이 한참 지나서야 비로소 자신의 원래 생각으로 돌아오는 것이다. 심지어 검찰 조사가 끝나고 공판이 시작되어도 이런 혼란스런 정신상태가 지속되는 경우들이 있다.

---

38. 「구미유학생사건의 양동화 씨의 증언」, 1998년 4월 24일자 『인권하루소식』 기사.

제3장

끝나지 않은 범죄
─계속되는 고통의 나날들

01
고문의 상처는 영원히 남는다

∷ 요즘 텔레비전 드라마 〈모래시계〉가 인기리에 방영되고 있다. 그 드라마에 나오는 폭력, 음모, 학살, 삼청교육대 등의 얘기를 실제로 우리 세대는 겪으며 살았다. 이런 인간 파괴행위에 우리는 분개하기도 하고 그에 대항하여 싸우기도 하였다. 하지만 많은 이들은 무자비하게 자행되는 제도적 폭력에 공포감을 느끼며 살았다. 멀쩡했던 사람이 삼청교육대에 끌려가 반병신이 되어 나오고, 말 한마디 잘못했다가 감옥살이를 해야 하는 일을 주위에서 겪으며 보통의 인간들은 그 공포에 대항하기보다는 두려움에 떨며 살아야 했다. 그런 공포와 두려움이 남긴 상처들은 어떤 것이 있을까.[1]

---

1. 박래군, 「나는 안기부에 인체실험 당했다」, 『월간 말』 1995년 3월호, 223쪽.

1. 인간에게 '아무 일 없이'란 있을 수 없다

　　사실 우리가 지난 시대에 수사기관에서 부당한 위협과 고문을 당한 사람들을 모조리 파악하기란 불가능하다. 신문에도 나고 세상에도 알려진 사건은 오히려 적은 숫자일 뿐이다. 아마도 국가에서 조사사업을 벌인다면 입건·기소되고 판결된 사건들을 추적·확인할 수 있을 것이다. 그러나 그중에는 입건조차 되지 않은 채 수사기관에 가서 얻어터지고 온 사건들도 부지기수일 것이다.

　　필자가 아는 변호사, 사실 온 국민이 이름만 들어도 알 만한 원로 변호사 한 분이 이런 말씀을 한 적이 있다. 5공화국 말기에 김일성에 관한 유명한 연구자(미국에서 활동하는 한국인 교수)를 초청해서 강연을 한 번 들은 적이 있는데, 그 학술행사를 주최한 사실 때문에 안기부에 불법연행되어 이틀을 그곳에 있다 온 적이 있다고 한다. 그런데 들어가자마자 옷을 완전히 벗기고, 성기를 가지고 모멸감을 주고, 거친 욕설을 하더라는 것이다. 물론 그 나머지 이야기는 구체적으로 듣지 못했다. 당시 이미 국내외적으로 유명했던 그분은 창피해서인지 더 이상 말을 하지 않았다.

　　사실 우리 주변에는 안기부를 비롯한 수사기관에서 고문과 가혹행위를 당하고도 위의 모 변호사처럼 세상에 털어놓지 못한 사람들이 많이 있다. 고문수사관들이 흔히 말했던 것처럼 당시에는 "국회의원도 데려다가 팼다"라고 하지 않았던가. 그뿐만 아니라 고문의 고통을 잊기 위해서라도, 아니 덜기 위해서라도 일부러 그 사실을 생각하지 않고, 말하지 않는 사람들도 적지 않을 터이다.

　　그러나 말하지 않고, 생각하지 않는다고 잊혀지지는 않는다. 최근 여러 증언의 기회에서 여전히 고문의 고통과 상처가 살아 있으며, 그 때문에 힘겨운 삶을 살아가는 사람들이 있음을 알 수 있다. 지독한 고문일수록 '아무 일이 없었던 것처럼' 살아가기는 힘들다. 수면 위에 돌을 던지면 일었던 파문이 조금 있으면 이내 사라진다. 그러나 인간은 그렇지 못하다. 작은 파문도 기억과 내면에 침잠되고 기록된다. 그리고 그것은 언제고 다시 수면 위로 올라온다. 인간은 원래 그런 존재이다.

2. 인간의 영혼은 질그릇처럼 약하다

엄청난 고문을 당하고도 당당하게 고발하고 현실 속에서 잘 살아가는 듯한 사람들을 보면 인간은 참으로 강하다는 사실을 확인하게 된다. 그러나 이들에게 진정 아무런 상처가 남아 있지 않겠는가.

하물며 당시의 고문 때문에 엄청난 상처를 안고 살아가고 있음이 눈에 뚜렷이 보이는 사람들도 적지 않다. 어떤 희생자들은 하루 이틀의 고문 때문에 심각한 마음의 상처를 입고 마침내 치유할 수 없는 정신질환을 평생 안고 살아가기도 한다. 고문은 순간이지만 그 상처는 영원히 남는 것이다.

아무리 잘 두더라도 질그릇은 어느 순간 사소한 충격에 그냥 깨지고 만다. 인간의 영혼도 어느 면에서는 마치 질그릇과 같아 쉬이 깨지는 수가 있다. 고문의 충격으로 영혼이 상처받고 그 후유증으로 정신질환을 얻은 피해자들을 보면서 질그릇을 연상하는 것은 비약일까. 사실 고문은 '사소한 충격'이 아니다. 갑작스런 연행, 낯선 고문자들, 험상궂은 인상과 폭언, 협박과 폭행—구태여 물고문, 전기고문이 아니라도 웬만한 사람들에게는 이 정도의 소도구만으로도 큰 충격이 될 수 있다.

우리는 이 장에서 그렇게 깨진 영혼, 상처받은 정신 때문에 말할 수 없는 고통을 당하고 있는 동시대인들을 만나보게 될 것이다. 어쩌면 이 사람들은 하나의 사례에 불과할지도 모른다. 고문으로 인한 정신질환이 10년도 넘게 현재형인 사람도 있고, 아직 잠복기에 있는 사람도 있을 수 있다. 또 세상에 드러나지 않고 속으로만 골병이 들고 상처가 도져가는 사람도 있을 수 있다.

3. 시대의 비극, 시대의 희생 —고문피해자들과 동시대인들

:: 　분명히 그들은 고문을 당한 바가 없다는 점에서 외상을 입은 후 스트레스 증후군과는 질적으로 다른 피해망상형 정신분열증을 앓고 있는 사람들이다. 요즘도 인권단체들에게는 자신이 늘 실험대상이 되어 고통을 당한다는 피해의식을 가진 사람들이 찾아오고 있다. 천주교정의구현전국사제단 같은 곳에서는 100건도 넘는 사건을 접수해놓고 있다.[2]

많은 사람들이 정신질환을 앓고 있다는 것은 참 불행한 사회의 징표가 아닐 수 없다. 굳이 시국사건이 아니라 할지라도 우리 사회에 이토록 많은 정신질환자가 있다는 사실에 우울해질 수밖에 없다. 그런데 이들 대부분이 안기부, 경찰, 검찰의 감시를 호소하는 등의 증상을 가지고 있다는 것에 놀라지 않을 수 없다.

:: 　이런 증세를 호소하던 사람 중에 한 사람은 40대 중반의 교통사고로 다리를 다친 사내였다. 그는 사무실의 계단을 목발에 의지하여 힘겹게 올라왔다. 그는 안

---

2. 박래군, 「나는 안기부에 인체실험 당했다」, 『월간 말』 1995년 3월호, 224쪽.

기부가 전자파로 자신을 괴롭히고 있다고 믿는 사람이었다. 그는 5공 정권이 마지막 발악을 하던 1987년 4월에 경기도의 한 경찰서 정보과에 근무하고 있었다. …… 그는 89년도에 갑작스럽게 교통사고를 당했다. 영업용 택시에 받혀서 뇌와 다리를 다쳤다는 것. …… 그는 자신이 교통사고를 당한 것이 안기부의 짓이라고 믿고 있다. 그 이유는 자신이 알고 있는 정보를 폭로하면 정권에 엄청난 위협이 되기 때문에 안기부가 늘 자신이 무슨 말을 하고 무슨 생각을 하는가를 감시하게 되었다는 것이다. 특히 자신이 아는 그 정보들을 폭로해야 한다고 생각만 하면 머리에 굉장한 고통이 가해진다고 한다. 아마도 병원에 있을 때 자신의 뇌에 전자칩을 이식해놓고 감시와 아울러 자신을 전자파로 실험하고 있는 것이 아니겠는가 생각하기 시작했고…….[3]

:: 과거에 농협에 근무한 적이 있는 한 사람은 비슷한 증세를 가진 사람들을 모아서 당국에 자신들을 괴롭히는 존재를 찾아 응징해달라는 진정을 냈다. 무려 60여 명의 연명을 받았을 정도다. 이것은 평소 자신과 비슷한 증세를 보이는 사람들을 의식적으로 찾아나섰고, 서로 연대를 꾀했다는 것을 뜻한다. 하지만 당국의 무성의하고 어쩌면 당연한 회신은 진정을 낸 그들로 하여금 '역시 안기부는 세다'는 확신을 하게 만들었고, 그런 안기부에서 진행하는 특수사업을 밝힌다는 것은 불가능하다는 결론에 이르게 하였다.[4]

우습기조차 한, 그러나 웃지 못할 비극이 난무하고 있다. 전문가들은 이런 현상을 심각하게 받아들인다.

---

3. 박래군, 앞의 글, 224~225쪽.
4. 박래군, 앞의 글, 225쪽.

:: 　김병후 원장(연희신경정신과)은 "이들의 얘기를 비논리적이라거나 비체계적인 망상이라고만 치부할 수는 없습니다. 그들은 자신들의 상징체계로 진실을 호소하고 있습니다. 전자파, 압박점, 약물, 소음, 빛, 미행, 감시, 도청, 이런 것들을 이용하여 인간을 억압하였던 시점이 있었던 것이 사실이고, 지금도 그런 것이 완전히 청산된 것은 아니거든요. 그들은 오해에서 비롯된 자신들의 분노의 대상을 찾는 것이고, 그 분노의 대상이 명확하지 않을 때 가상의 대상을 만들게 되는 것입니다. 시간이 흐를수록 이런 생각들은 체계화됩니다. 이들이 말하는 안기부는 이승만 정권 시절에는 공산당, 빨갱이를 잡는 곳이었다가 박정희 시절에는 중앙정보부로 바뀌었습니다. 또 5공과 6공에서는 안기부로 바뀌고요. 이들은 자신을 괴롭히는 실체를 사회의 가장 억압적인 기관으로 생각하는 것입니다."[5]

위의 글은 너무나 황당하고 우스꽝스런 정신질환자들의 사고체계에까지 이 시대의 어두움과 고통, 자신을 억압하는 상징체계가 고스란히 담겨 있다는 지적이고 분석이다.

"과거의 억압적인 정치와 폭력의 기억이 이토록 진하게 남아서 일반 시민을 고통스럽게 피해망상형 정신분열환자로 만들었다면 이것은 정말 심각한 문제이다. 이는 단지 정신병원이나 정신과 의사들만의 책임은 아니다." "그들을 병원에 강제 수용한다든지 격리한다든지 해서 그런 사람들이 있다는 것을 숨길 수 있을지는 몰라도 그들이 정신질환을 얻게 된 원인을 제거할 수는 없다. 제도화된 폭력에 대한 두려움, 그 밀실의 세계에서 다 함께 빠져나오려고 노력하는 일이 반드시 필요하다. 그들이 지금 이 사회에 전하고자 하는 것은 진정 인간적인, 인권이 보장되는 민주사회, 억압이 없는 사회가 아닐까. 그들은 아무도 지배하지 않

5. 박래군, 「나는 안기부에 인체실험 당했다」, 『월간 말』 1995년 3월호, 225쪽.
6. 박래군, 앞의 글, 225쪽.

고 누구의 지배도 받지 않는 자유로운 인간이고자 열망하는 순수한 사람들일 것이다."[6] 그 열망을 이루는 일은 우리 사회 모두의 책임이다.

02

고문피해자들의 삶과 현실

1. 고문피해자들에 대한 무관심

::   우리나라에서 고문피해자들에 대한 본격적이고 체계적인 연구는 아직까지 이루어지지 않고 있다. 필자의 기억으로는 개인적으로 몇몇 피해자들의 치료 및 상담 경험을 가지고 있는 사람들이 있기는 하지만 보고 형식으로 발표한 것은 하나밖에 없는 실정이다. 우리나라 고문피해자의 특성은 신체적 증상을 호소하는 비율이 외국보다 높고, 신경 및 감각증상을 호소하는 비율은 상대적으로 낮으며, 정신증상을 나타내는 사람은 아주 낮은 것으로 나타고 있었다. 이는 상담을 한 고문피해자들이 대부분 운동권에 속한 사람으로서 정신적인 장애를 호소하는 것을 기피하거나 스스로 억제하려고 애쓰기 때문이다. 그러나 알려져 있는 여러 사례들을 볼 때 정신증상을 가지고 있는 고문피해자는 상당히 많을 것으로 추정되며, 이러한 피해자들이 자유롭고 평안하게 치료받을 수 있는 환경이 갖추어진다면 정

신장애를 일으키고 있는 고문피해자의 실상을 보다 더 정확하게 알 수 있게 될 것이다.[1]

고문은 거의 보편적이라고 할 정도로 전 시대와 전 지역을 통해 이루어졌다. 동서고금을 막론하고 독재정권에서는 고문이 발견된다. 그런데 한국현대사에서처럼 정권의 속성이라 할 만큼 대량으로, 그리고 지속적으로 고문이 이루어진 경우도 드물다. 고문은 한국현대사에서 명멸했던 이승만·박정희·전두환·노태우 정권에서, 그리고 그 어두운 잔재가 남은 김영삼 정권에 이르기까지 체계적이고 일상적으로 이루어졌다. 간첩·반국가·좌익사범을 양산하는 과정에서 특히 고문이 자행되었고, 일반사건 중에서는 살인이나 강도 등 강력범 사건에서 고문으로 인한 조작이 많았다. 따라서 그 피해자들이 수없이 양산되었고 지금까지 확인한 것만도 부지기수이다. 그러나 그것도 빙산의 일각이다. 자신의 불운으로만 알고 조용히 지내는 사람들이 너무나 많기 때문이다.

더구나 지난 20세기의 한반도는 식민지 지배와 분단으로 인한 남북 갈등, 내부 좌우익의 갈등으로 고문희생자들이 끊임없이 양산되었다. 태평양전쟁 부상자와 강제징용자, 일본군 위안부로 고초를 겪었던 희생자들, 제주4·3사건 피해자와 당시 양민학살과 백색테러의 희생자들, 5·18광주민중항쟁의 고문과 구금 피해자들이 바로 그런 예들이다. 또한 수십 년을 감옥에서 지내야 했던 비전향 장기수들 역시 그들의 신체적·심리적 상황에 대한 주의와 조사가 이루어진 적이 한 번도 없었다.

무엇보다 아직 한 번도 사회적·국가적 차원에서의 조사가 이루어지지 못했다는 점이 중요하다. 과연 얼마나 많은 고문피해자들이 생겨났으며, 그들은 지금

---

1. 양길승, 「의학적 측면에서 본 고문의 심각성」, 『고문후유증 사례 보고 및 토론회』, 민주사회를위한변호사모임·인도주의실천의사협의회·문국진과함께하는모임, 1994년 4월 11일, 18쪽.

어떤 상황에서 고통받고 있는지조차 조사한 적이 없었다. 반면 우리와 비슷한 경험이 있는 남아메리카나 아프리카에서는 직접 또는 유럽의 도움을 받아 고문피해자들에 대한 조사나 이들에 대한 지원이 국제적으로 이루어지고 있다.

2. 고문피해의 특징과 실태

일반적으로 고문피해를 당한 사람은 그 육체와 영혼, 그리고 사회적 관계에서 많은 상처와 후유증을 갖게 마련이다. 앞에서 본 것처럼 고문의 양상과 기법은 놀랄 정도로 비슷하다. 고문의 목적과 동기가 같기 때문에 고문피해자에게 가능하면 많은 고통을 주기 위해 유사한 상황과 조건, 유사한 고문기법을 개발·발전시켜왔다. 따라서 같은 상황에 처했던 고문피해자들이 고문이 종료된 후 사회로 되돌아간 다음에 겪게 되는 상처와 후유증 역시 보편성을 갖는다.

서양에서는 비교적 고문피해에 관한 연구와 조사가 많이 축적되어 있다. 무엇보다 먼저 고문이 가져오는 육체적 손실과 피해가 분명하다. 신체에 대한 다양하고도 심각한 공격이 있었고, 고통스럽고 부자연스러운 상황에 장기간 노출되었기 때문에 신체 이상과 변형이 초래된다는 것은 너무도 당연한 일이다.

:: 고문피해자의 신체적 문제에 관한 전문적인 연구는 1954년 홀로코스트 피해자들에 관한 연구에서 시작되었다. 이 연구를 통해 '기질성 뇌증후군' 이라고 부르는 신경정신질환이 대부분 두개골 외상으로 인한 뇌기질 이상과 관련되어 있음이 밝혀졌다. 또 고문에 장기간 노출될 때 나타나는 '고문 특이증후군' 이라는 용어는 1982년 그리스의 고문피해자 22명에 대한 연구에서부터 사용되었는데, 이

증후군에는 위장관증후군, 심폐증후군, 이유 없이 갑작스럽게 일어나는 땀 흘림, 기억력과 집중력 감소, 악몽과 수면장애, 불안과 우울증, 원인 모를 골절, 요추통, 척추변이, 한쪽 사지를 오랫동안 매달아놓아서 오는 편마비, 발가락 집중 구타로 인한 도보시 통증, 다리의 만성 정맥혈관 부종, 손·발가락 괴사 등이 포함된다. …… 남성 성고문 피해자의 경우 성기능 상실 및 성기 위축이 나타난다.[2]

뒷장의 도표는 고문피해자가 고문이 종료된 후 겪게 되는 다양한 신체적 고통의 증상과 후유증을 의학적으로 정리한 것이다. 우리나라 고문피해자들도 대체로 이 도표 내용 중 어느 하나에 해당하는 고통을 겪었고 또 겪고 있을 것이다.[3]

고문은 육체적 고통과 상처를 수반하기도 하지만 사실은 정신적 고통과 상처가 훨씬 더 크다. 어쩌면 육체적 고문조차 정신적 상처를 내기 위해 의도된 것일지 모른다. 고문으로 인해 고문피해자의 정신과 영혼은 심각하게 파괴된다. 고문이 가장 악독한 범죄인 점은 그것이 잠시의 고통으로 끝나지 않고 지속적이고 영구적인 정신적 상처와 고통을 남긴다는 점이다.

:: 고문 중에 나타나는 심리적 반응은 고문과 같은 비정상적인 상황에서 인간이라면 누구나 보일 수 있는 정상적인 반응이다. 그러나 이러한 반응이 출옥 후에도 반복되거나 몇 달 혹은 몇 년이 지난 뒤에 갑자기 나타나면 적절하지 못한 병적 반응으로 간주된다. 무사히 석방된 후 피해자는 그의 역할에 재적응해야 한다. 그러나 대부분의 피해자들은 끝없는 충격상태에 머물러 있게 된다. 고문피해자가 직면해야 할 잔혹한 기억들, 세상에 대한 불신, 죄책감, 불안, 무거운 책임감, 자아 존중감 상실, 재적응 등을 고려해본다면, 재적응과정이 자연스럽게 진행되리라 기대

2. 고문등정치폭력피해자를돕는모임(KRCT), 『고문, 인권의 무덤』, 한겨레출판, 2004, 118쪽.
3. 고문등정치폭력피해자를돕는모임(KRCT), 앞의 책, 126쪽.

고문피해자의 신체적 후유증

분류		종류
급성 고문후유증 ※ 사고 및 폭행당한 후 나타나는 증상과 비슷하나 성병이나 전염병 증상을 동반하는 점과 급성사망이 많은 점이 다름		골절
		탈구
		혈종
		외상
		화상
		뇌진탕
		신경손상·마비
		혈관손상·출혈
		사망(주로 내부 혈종으로 급사)
만성 고문후유증	눈	대체로 증상 없음. 만성 결막염, 복시 및 혼시
	귀, 목, 코	외상, 고막 파열, 청력 손상, 현기증, 이명, 이통, 만성 중이염
	치아	타박상, 발치, 치아 마모, 치아 파손, 치주염, 치아 상실, 잇몸 출혈, 씹는 기능 불량, 두통, 안면 통증
	폐	대체로 증상 없음, 과민성 기침, 결핵
	심장	심인성 심장증후 호소(명치통, 심계항진, 호흡 곤란)
	소화기계	식욕 상실, 위궤양증(상복부 통증, 공복통, 위산증, 구역질, 구토), 체중 상실, 척추 외상상 위통, 변비, 설사, 배변통, 혈변
	비뇨·생식기계	빈뇨, 혈뇨, 에이즈를 비롯한 성병, 여성에게는 생식기 내외부 통증 및 만성 염증·월경 불순·비특이성 요통·배뇨 및 배변 곤란·골반근육 기능 이상·원치 않는 분만이, 남성에게는 조루와 성교 능력 감소가 나타남
	중추 및 말초신경계	긴장형 두통(머리띠를 두른 듯함), 두개골 외상형 편두통, 현기증, 피로, 뇌진탕, 혈관 및 신경 손상 증상, 말초지각 및 운동 이상으로 인한 마비, 심한 근육경련성 신경통(발바닥신경통, 상완신경통)
	근골격계	신체구조 변형 및 균형 상실로 인한 기능장애, 급·만성 근육통, 어깨관절통, 근육 내부 혈종으로 인한 사망, 감각 마비, 피로감, 흉곽 및 명치 통증, 고문 특이 우울자세 보유, 근육 긴장으로 인한 추간판 이상 및 요통, 근육 부종, 편타성 증후군(경추 이상으로 인한 통증, 근육 강직, 전이성 사지 통증, 혼시, 현기증, 치통, 흉통, 안면근육 마비, 소화기계 이상 증상)
	피부	화상, 피부 특이반점, 피부 부식 흉터, 채적 형태의 피부 상흔

하기는 어렵다.

고문 후 만성적으로 나타나는 가장 특징적인 심리문제에는 주의력과 집중력 부족, 혼돈, 지남력과 기억력 훼손 같은 사고와 인지력 문제를 비롯하여 공황·불안·두려움·공포·우울·짜증·성생활 문제 같은 감정적 문제, 마지막으로 악몽을 동반한 수면문제가 있다. ……

고문피해자에게 나타나는 병적인 현상에 관한 체계적인 연구에 따르면, 이들에게 는 고문 특이증후군으로 보이는 '만성유기성심리증후군(COP: chronic organic psychosyndrome)'이 나타난다. 증후로는 기억력 및 집중력 장애, 수면 곤란 및 악몽 경험, 신경증, 불안증, 우울증(소화기 및 심혈계 증상들이 포함된), 감정적 위축 같은 수동적 식물 증후와 병적 소견 없는 갑작스런 땀 흘림 등이 있다. 또 다른 연구에 서는 고문 후유증후군으로 성격장애, 정서장애, 인지장애, 말초신경장애 등 네 가 지를 꼽기도 한다.[4]

고문피해자들의 이런 심리적 후유증을 도표로 정리하면 뒷장의 표와 같다.[5]

고문과 그로 인한 사건 조작의 피해를 입었던 사람들은 석방이 된 후에도 다양한 사회적 차별과 억압을 경험한다. 간첩으로 조작당한 사람들이 많은 부류 가운데 재일동포와 납북어부 그룹이 있다. 재일동포들은 석방된 후에 일본으로 돌아가지만 여권의 제약 등으로 다시 귀국하거나 여행하는 것이 불가능했다. 납북어부 가족들은 "1989년 공무원시험 응시자격 제한이 폐지되기 전까지는 국가시험에 응시도 할 수 없었고, 사관학교에도 지원할 수 없었다. 주기적으로 정보기관에 불려가 조사받는 등 감시를 받았고, 거주 지역을 벗어날 때는 당국에 신고해야 했다. 재산이 늘어나면 그 경위까지 조사받아야 했다."[6]

---

4. 고문등정치폭력피해자를돕는모임(KRCT), 『고문, 인권의 무덤』, 한겨레출판, 2004, 137∼138쪽.
5. 고문등정치폭력피해자를돕는모임(KRCT), 앞의 책, 143쪽.

고문피해자의 심리적 후유증

분류		종류
급성 심리적 후유증	인지반응	급성 뇌증후군(혼돈, 지남력·집중력·대응력·의식 상실), 현실감 상실, 오보화 상태, 역조건화 상태
	정서반응	공포, 불안, 우울, 의미 상실, 죄책감, 수치감, 굴욕감, 자아 존중감 상실, 인간 정체성 상실, 초현실세계 몰입, 신뢰감 상실, 예견력 상실, 해리 및 이인증(離人症)
	적응반응	비타협 전략, 재정립 전략, 내향화 전략, 협력 전략
만성 심리적 후유증	성격장애	자아 정체성 결여, 자아 존중감 결여, 삶의 의미 및 목적 상실, 인간성 변질, 불신
		고문사건과 관련된 특정 인물이나 장소에 대한 극심한 회피, 사건 반복 경험 및 환기
		수면장애 및 악몽, 가위눌림
	정서장애 (고문 특이외상 후 장애)	신경증, 불안증(사건 관련 불안으로 즉각적 공황상태에 빠짐), 우울증(외부 상황에 무관심하나 사회정의를 위한 투쟁의지 보임)
		사회적 위축 및 수동적 증후, 자폐
	인지장애	고문사건은 미세한 부분까지 기억하나 그밖의 기억은 상실, 집중력 상실, 학습 불능, 독서 불능
	말초신경장애	신체 활력 감소, 성기능 감소, 급작스런 땀 흘림
	백일몽	장기적 불안상태에서 소망적 사고로 도피, 과장된 생각과 마술적 사고 발달, 종교적 몰입
	전치	파괴적 충동을 고문가해자가 아닌 가족 구성원에게 돌림
	피해자 역할에 사로잡힘	영원한 피해의식에 빠짐, 지속적 악몽과 괴로운 기억에 묶임
	신체화	심리적 고통을 만성 두통, 소화불량, 근육 긴장, 심장 증상 등 신체 증상으로 느낌

고문피해는 단지 피해자 본인에게만 영향을 미치는 것은 아니다. 당연히 가족들에게도 큰 충격과 영향을 미친다. 특히 자식들에 대한 영향은 심각해서 다음 세대까지 씻을 수 없는 상흔을 남긴다. 옆장의 도표는 가족들이 겪는 후유증과 피해자가 석방 후 사회경제적으로 겪게 되는 각종 후유증들을 정리한 것이다.[7]

---

6. 이훈·김창원, 「납북자 가족은 아직도 차별······ 여행─취업 불이익」, 2001년 12월 13일자 『오마이뉴스』 기사.
7. 고문등정치폭력피해자를돕는모임(KRCT), 『고문, 인권의 무덤』, 한겨레출판, 2004, 149쪽.

고문피해자 가족의 후유증과 사회경제적 문제

분류		종류
가족 문제	해체 문제	실직, 가난, 성격장애 문제 등으로 가족 해체 빈발, 신뢰감 상실로 부부 결혼생활 부적합
	자식 문제 * 투옥 등으로 인한 부모결손과 부모 연행과정에서 발생한 폭력 목격의 문제	두려움, 특정 사건이나 사물과 연관된 불안, 우울, 성격의 내향화, 수면장애, 불면, 자폐, 공포, 소음 과민, 과도한 신체적 밀착, 학습부진, 부모 투옥에 대한 자책, 두통, 위통, 식욕 부진, 악몽, 야뇨증, 고문가해자의 직접적 폭력으로 인한 외상
사회경제적 문제	실직 문제	신체적 불구와 뇌 외상, 기억력 및 집중력 결여로 직업훈련 불가
	인간관계 문제	충동적, 신뢰감 상실로 인간관계 형성 장애
	사회적 고립	군중 합류 불가, 독거, 과민한 공포 상황 회피 노력으로 사회적으로 무능력해짐
	경제적 지출 문제	실직, 고문으로 인한 고통을 각종 신체 질병으로 표현하는 탓에 과도한 의료비 지출
가해자 석방 및 면책이 주는 문제		고문행위에 대한 사회적 무관심과 관용이 사회적 정의에 대한 불신을 불러 절망감, 불안감, 두려움, 사회적 소외감, 낙오감, 분노, 절망감에 빠짐

:: 부모가 구속되어 있는 동안 부모의 부재를 경험하거나 부모가 고문받는 모습을 직접 목격한 자식들의 경우 불안, 불면증, 악몽, 자폐증, 공포증, 소음에 대한 과민반응, 부모와의 과도한 신체적 밀착, 학과 수업 부진 등을 들 수 있는데, 이들 역시 종종 체포되어 감옥에서 폭력을 직접 경험하기도 한다. 부모가 체포되어 실종되었을 때는 침묵이라는 길고도 위험스러운 도피과정을 거치게 된다. 부모가 아이들에게 투옥되는 이유와 도피해야 하는 이유를 설명할 수 없는 상황이다 보니 침묵은 유지되고, 아이들은 실제보다 악화된 모습으로 자신이 만든 환상 속에 남겨진다.[8]

---

8. 고문등정치폭력피해자를돕는모임(KRCT), 앞의 책, 144~145쪽.

한국에서는 고문피해 사례에 대해 제대로 조사하거나 보고된 적이 별로 없다. 1980년대 후반에 민주화가 진행되면서 고문피해자가 드러나고, 적극적인 소송 제기, 고발, 모임 결성 등의 과정을 통해 그들의 존재와 그들이 겪고 있는 고통의 내용들이 사회에 알려지기 시작했다.

전북대학교 간호학과 변주나 교수는 고문과 그 피해자들의 실태 연구에 깊은 관심과 연구 실적을 쌓아온 거의 유일한 연구자이다. 변 교수는 5·18광주민중항쟁 당시 연행·구금·수형자들이 경험한 고문 실태 조사·연구와 일본군 위안부 고문 실태에 이어서 한국인권단체협의회 보고서에 나타난 고문 실태, 한총련 연세대집회 연행자 및 구금자 고문 실태에 대한 조사와 연구를 수행했다.[9] 변 교수는 특히 한국인권단체협의회 보고서에 나타난 고문 실태에 관해 다음과 같이 분석하고 있다.

:: 고문피해자 29명이 경험한 고문 건수는 모두 52건으로 피해자 1인이 1.8회 이상 고문을 경험했다. 다시 말해서 피해자 1인이 신체적 고문을 1.1회, 심리적 고문을 0.7회 이상 경험한 것이다. 신체적 고문기법으로는 전신 구타와 발바닥 구타, 매달기, 화상, 고춧가루물 먹이기 같은 강제 급식, 수갑이나 포승을 이용한 부동자세 강요, 물고문과 전기고문 등이, 심리적 고문기법으로는 감각 박탈과 사회적 박탈기법, 강압기법 등이 주로 사용되었다.

박탈기법의 종류로는 수면 박탈, 안대 착용, 창이 없는 독방 감금, 고춧가루물을 먹인 후 구토하게 하는 영양 박탈 등이 있었으며, 강압기법의 종류로는 회칼 등으로 위협하기, 모의 사형집행이 있었다. 특히 의료 서비스 박탈로 인해 태아 사산, 실명, 의식불명, 정신분열 사례가 보고된 것은 주목할 만하다. 고문 후 정신분열을

---

9. 고문등정치폭력피해자를돕는모임(KRCT), 『고문, 인권의 무덤』, 한겨레출판, 2004, 173쪽 이하 참조.

받다가 자살한 사례도 보고되고 있다.[10]

그러나 한국인권단체협의회의 보고서 자체가 간략해 고문의 내용과 실태를 충분히 분석하기는 어려웠을 것이다. 그 외에는 대부분의 고문 실태 폭로나 보고가 개별적 하소연이나 고발 차원에 머물러 있고, 또한 의학적·전문적 접근이 안 되어 있기 때문에, 한국 사회에서 경험한 고문후유증이나 사회적 문제에 관한 전반적인 실태 조사와 연구 작업은 없는 셈이다.

    ::   현재 문(국진) 씨가 입원해 있는 고려대 부속 구로병원 신경정신과 정인과 박사는 진단서에 문 씨의 병이 '정신분열증'이라 적고, 발병 원인에 대해서는 "86년 12월 첫 입원 당시 수사과정 중 증상이 발생해 국립정신병원에서 입원치료를 시작한 것과 현재까지의 치료 경과로 보아 심리적 고통이 상당 부분 작용할 수 있었을 것"이라고 추정하고 있다. 또 문 씨를 치료해온 동교신경정신과 의원 배기영 박사는 소견서에서 문 씨의 병이 국제질병 분류기호 298.4에 해당되는 '심인성 편집증적 정신병'이라고 밝히고 있다. 국제질병 분류에 따르면, 분류기호 "298.3은 어떤 정서적 스트레스에 의해 명백히 유발된 편집증적 상태로, 이 스트레스는 공격이나 위협으로 종종 오해된다. 그런 상태는 특히 수감자에게서 일어나기 쉽다"고 한정되어 있고, "298.4 심인성 편집증적 정신병은 298.3에 망라된 급성 반응보다 더욱 지속되는 여느 형태의 심인성 또는 반응성 편집증적 정신병으로 정의된다"고 했다.

배 박사는 또 80년 11월 덴마크 의학회에서 실시한 고문피해자들의 정신적 피해 실태 조사에 따르면, 대상자 135명 중 75%인 101명에게서 이상 증상이 발생한다

---

10. 고문등정치폭력피해자를돕는모임(KRCT), 앞의 책, 175쪽.

고 보고된 점과, 또한 고문후유증으로 불안·우울, 외상 후 스트레스 장애, 정신분열 증상이 있다는 보고를 감안할 때 문 씨의 증세는 고문후유증, 혹은 고문에 의한 반응성(심인성) 편집증적 정신병이라고 설명한다.[11]

고문희생자 문국진 씨의 경우는 지속적 치료와 소송 제기 및 승소로 인해 그 증상이 정확히 밝혀지고 고문과의 연관성도 명확히 입증되었다. 그러나 대부분의 고문조작사건 피해자들에게 이런 사실들이 명확히 드러나지는 않는다. 다만 개인적으로 그것을 삭혀내야 하는 또 다른 형벌을 받고 있는 셈이다.

:: 5공 초기에 간첩죄로 구속되어 심각한 고문을 당한 양승선 씨의 경우가 여기에 해당한다. 가족에 의하면 석방된 양승선 씨는 실어증을 보이는 등 건강상태가 지극히 좋지 않은 이유도 있지만 언제 어느 때 또 납치되어 고문으로 새로운 사건이 조작될지도 모른다는 불안감 때문에 산보도 삼가고 있다고 한다. 양승선 씨는 감옥에 있는 동안 함께 수감되어 있는 '정치범'들에게 이런 말을 했다고 한다. "혹시 우리가 밖에 나가게 되어 길거리에서 만나더라도 반갑다고 악수하거나 포장마차에서 인사 나누는 일은 하지 맙시다. 그냥 아무런 이야기도 하지 말고 지나치는 거예요." 가족들은 그가 대인접촉기피증을 나타내게 되는 이유에 대해 "20여 년 전 일본 유학시절 단 한 번 우연히 만난 이천강 씨가 조총련계 인물이라는 이유로 너무나 엄청난 간첩혐의가 부여됐기 때문"이라며 "육체적 피해도 피해이지만 정신적 피해에 대해 누가 보상할 것이냐"며 항변한다.[12]

더구나 한국 사회에서는 고문피해자들에 대한 조사나 진단, 분석 등이 없기

11. 이성남, 「'악령의 세월' 배상하라」, 『시사저널』, 1993년 10월 28일.
12. 장영석, 「진상! 조작된 간첩사건들」, 『월간 말』 1989년 2월호, 28쪽.

때문에 일반화해 말하기가 대단히 어렵다. 당사자나 가족들에게만 고문피해의 책임을 맡겨왔고 사회적 관심을 기울인 적이 없기 때문이다. 단편적이고 개별적인 사건들이 일부 보고되거나 알려졌으며, 학계나 민간 차원에서 고문피해자들에 대한 세미나와 워크숍이 몇 차례 열린 적은 있다.

:: 　 한양대 정신건강연구소(소장 김이영)는 지난 11일 '고문피해자'를 주제로 세미나를 개최, 고문피해 예방 또는 치료를 위한 의료계의 역할을 모색했다. 인도주의실천의사협의회 양길승 기획국장은 국내 고문피해자 14명을 조사한 결과, 이들이 고문 당시 입은 신체 손상은 물론 하혈·만성 설사 등 장기간의 후유증에 시달리는 것으로 나타났다고 밝혔다. 조사에서는 또 고문을 당하지 않은 부위까지도 통증이 확산되거나 뚜렷한 증세가 없는데도 아픈 것처럼 느끼는 심리적 불안감 등이 많았다는 것. 특히 고문 당시 받은 모멸감 등으로 정신적 타격을 받아 인간에 대한 믿음을 상실하거나 항상 피해의식에 사로잡히는 등 정신적 후유증에 시달리고 있다는 것이다. 김이영 교수(신경정신과)도 이날 주제 발표를 통해 대부분의 고문피해자들이 △ 자신을 도와주려는 사람마저 의심하거나, △ 인간으로서의 자긍심을 상실하는 등 쇠약한 심리상태를 보이고 있다면서, 이들에 대한 치료는 신체적 후유증보다 정신적 후유증에 초점이 맞춰져야 한다고 지적했다.[13]

---

13. 「고문후유증 심각하다」, 1988년 11월 16일자 『동아일보』 기사.

3. 고문피해자들의 삶

1) 고문후유증으로 이승을 떠난 사람들

고문은 단지 고문당하는 그 시점에만 고통이 있는 것이 아니라 긴 여운과 후유증을 남긴다. 비교적 쉽게 그 고통을 극복하는 사람들도 있지만 평생 그 고통을 가지고 사는 사람도 있다. 또 가끔은 옥중에서 또는 출옥 후 그 고통을 이기지 못하고 죽음으로 생을 마감하는 사람도 있다. 여기에 몇 사람의 이야기를 소개하고자 한다.[14]

부산 김근하 군 살해사건 김기철 씨의 경우 — 1967년

김기철 씨는 1967년 10월, 부산 김근하 군 살해사건과 관련해 검찰에 구속 기소된 후 1심에서 유죄로 사형선고를 받고 2심에 가서야 무죄를 선고받았다. 대법원에서 무죄 확정판결 후 그가 옥문을 나서 푸른 하늘을 다시 볼 수 있었던 것은 447일 만이었다. 그러나 그것으로 악몽은 끝나지 않았다. 그의 육신과 영혼에 이상이 오기 시작한 것이다.

∷ (447일간의 옥살이를 마치고 나온) 기철 씨는 사람이 달라지기 시작한 것이다. 그 변화는 먼저 외모에서부터 왔다. 강건했던 체구는 출소 때부터 벌써 크게

---

14. 의학적 분석과 검증 없이는 고문으로 인해 일찍 사망했다는 명백한 과학적 근거를 제시하기는 어렵다. 그러나 심각한 고문후유증으로 옥중에서 또는 출옥 직후 사망한 사례에서 우리는 고문으로 인한 사망이라는 개연성을 발견할 수 있다. 여기서 드는 사례는 매우 제한적이다. 예컨대, 인혁당 재건위사건으로 구속되었다가 1982년 석방된 후 5년여를 살다가 간 유진곤 씨 역시 고문으로 단명한 것이라고 볼 수 있다. 전병용, 「인민혁명당재건위 사건」, 국가보안법폐지국민연대, 「국가보안법, 고문·용공조작 피해자 증언대회 자료집」, 2004년 12월 16일, 23쪽.

축나 있었는데 보신의 효험도 없이 야위기 시작했다. 거기에다가 오른쪽 어깨가 비스듬히 내려앉기 시작했다. 목의 근육도 비틀어지고 뻣뻣해져 마음대로 젖히거나 돌릴 수 없게 됐다. 목을 젖히려면 윗몸 전체를 젖혀야 했다. 보이지 않는 변화는 더 심한 것이었다. 체력이 떨어져 무거운 것을 들거나 질 수 없게 됐다. …… 기철 씨의 바둑 실력도 약해졌다. 질 때마다 정신 집중이 안 된다고 투덜댔다. 이것은 그의 정신세계에서 일어나고 있는 갈등과 퇴영의 한 조짐이었다. 또 다른 가장 불길한 조짐은 그가 외부와의 접촉을 끊기 시작한 점이었다. 조카 창식 씨는 "출소 뒤에는 삼촌이 바깥에 나가 술집에서 친구들과 어울려 술을 마시는 것을 한 번도 본 적이 없다"고 했다.[15]

김기철은 범죄 사실을 처음부터 끝까지 부인했다. 그리하여 사실상 사건을 억지로 만들어내는 데 공헌한 김금식조차 "그는 무서운 고문을 받았습니다. 저는 기철이가 고문받는 걸 본 적이 있습니다만 저렇게 당하면 제 에미하고 붙어먹었지 하고 추궁해도 '그렇다'고 대답하겠구나 하는 생각이 들 정도였습니다. 기철이는 끝내 부인했는데 고문하던 수사관들조차 저런 독종은 처음이라고 혀를 내두릅디다. 그 때문에 기철이는 몸을 크게 다쳤고 출소 뒤 성불구가 됐다는 것도 충분히 이해를 하겠습니다"라고 증언했다.[16] 출소된 뒤 오랜 시간이 지난 후에 김금식 씨는 김기철의 고통을 이렇게 털어놨다.

::　　원래 말이 느린 기철 씨는 떠듬떠듬 악몽을 되살려갔다. 미리 짜놓은 것 같은 각본의 배역에 기철 씨를 끼워넣는 우격다짐 수사, 친구의 터무니없는 모함, 결백을 아무리 외쳐도 묵묵부답인 벽 같은 사람들, 자다가 끌려나가 당한 한밤중의 모

---

15. 조갑제, 『기자 조갑제의 현대사 추적 2 — 고문과 조작의 기술자들』, 한길사, 1987, 105쪽.
16. 조갑제, 앞의 책, 225~226쪽.

진 고문, "저놈 죽여라!"라는 현장검증 구경꾼들의 저주, 생전 얼굴도 모르는 청년이 나타나 "네놈이 이렇게 죽이라고 시키지 않았느냐?"고 대들던 장면, "너를 재우면 우리가 혼나게 돼 있다"면서 신문을 받고 들어와 꾸벅꾸벅 조는 그를 차고 때리던 감방 동기생들, 믿었던 판사가 자신의 목숨을 요구했을 때의 허무감, "자다가 생각해도 괘씸하다"고 법정에서 호소할 때 자신을 향한 그들의 싸늘한 웃음, 집요하게 그의 사형을 요구하던 검사가 패배가 확정되자 던진 선물—"이 사건의 진범은 바로 무죄 확정판결을 받은 저들이다. 대한민국의 전 수사력을 동원한다 해도 다른 진범을 찾을 수 없을 것이다"는 영원한 의혹의 꼬리표, 이런 소름 끼치는 사연들을 큰형 아닌 다른 사람들에게 설명해보았자 값싼 동정 이외에 별다른 소득이 없을 것이라고 기철 씨는 생각했을 것이다. 그래서 그는 아예 입을 다물어버리기로 결심했던 것 같다. 마음속에서 부글부글 끓는 울화는 입을 통해 배출되지 못하고 안으로 곪을 것이었다.[17]

한때 김기철 씨는 한 여자와 만나 동거하기도 했다. 그러나 5년 후에 헤어졌는데 "아마도 그 모진 고문을 받은 뒤로는 그것을 못 쓰게 된 때문"(기철 씨의 형님 김이문 씨의 증언)으로 보였다. 이제 마침내 그에게 죽음의 그림자가 다가오기 시작했다.

   ::   기철 씨는 1979년 가을 봉제공장 경비원 자리도 그만두었다. 몸이 더 지탱할수가 없었던 것이다. 그 뒤 그는 본격적으로 드러누워버렸다. 이제 그는 급속도로 쇠약해져갔다. 몸은 바짝바짝 마르고 밤만 되면 가슴이 쑤신다고 했다. 비탈길을 오르면 숨이 가빴고 기침을 길게 자주 했다. 100m쯤 떨어진 큰형 집까지 내려오

17. 조갑제, 『기자 조갑제의 현대사 추적 2 — 고문과 조작의 기술자들』, 한길사, 1987, 106〜107쪽.

는 데도 여섯 번이나 쉬어야 할 정도였다.…… 기철 씨는 이제 서서히 정신을 잃어가기 시작했다. 헛소리가 자주 새나왔다.…… 그리고 스스로 잠에 빠져들었다.…… 그의 마흔세 번째 생일을 두 달 앞둔 춘삼월(1980년 3월)의 새벽이 부옇게 밝아오고 있었다.…… 다음 날 기철 씨의 시체는 당감동화장장에서 한 줌 재로 변했다. 무지막지한 폭력수사에도 몸으로 때우며 조금도 굴하지 않고 시종일관 "나는 결백하다"고 버티었던 그 육체는 수천 도의 불길 속에서 연기가 돼 사라져갔다. (그의 조카) 창식 씨는 화장장 뒷산으로 올라가 파릇파릇 돋아나는 새 생명들 위에 묵은 생명의 파편들을 뿌렸다.[18]

의왕시 농협청계분소 살인사건 이태성 씨의 경우 — 1981년 2월

::　　항소이유서에서 이태성 씨는, 청계분소 사건을 저질렀다는 것은 경찰의 조작이라고 말한 뒤 "인간으로서는 이겨내지 못할 고문을 당했습니다. 그 증거로 가슴 가운데 상처가 너무 커 7개월이 넘도록 치료를 받고 있습니다"고 했다. "형사들이 범인들이 쓰던 연장을 일일이 보여주었고, 어느 곳에 있었다는 것까지도, 일문일답을 하여 알았습니다. 하늘이 알고, 땅이 아옵니다." (이태성의 항소이유서)[19]

::　　이태성 씨는 이미 죽고 없었다. 박(삼중) 스님은, 이 씨가 청주교도소에서 수감 중 병세가 악화되어 형집행 정지로 잠시 바깥에서 치료를 받다가 지난 1983년 5월에 죽었다는 설명을 교도소 측으로부터 들었다. 이 소식을 전해들은 최(재만) 씨는 "이태성이는 틀림없이 고문후유증으로 죽었을 것입니다"면서 눈물을 흘렸다.…… 이 씨는 고문으로 허리·척추·가슴을 상해 근 1년이 지나도록 치료를 받고 있다고 항소·상고이유서나 탄원서 등을 통해서, 또는 법정에선 상처를 보여주

---

18. 조갑제, 앞의 책, 112~118쪽.
19. 조갑제, 앞의 책, 281쪽.

면서 호소하였다. 권·최 씨도 이 같은 사실을 확인하고 있다. 특히 이 씨는 가슴이 아프다는 이야기를 자주 했다고 한다. "고문으로 가슴에 심지가 박혔다"는 표현도 썼다고 한다.(최재만 씨의 말) 그는 자신의 최후를 예견한 듯 상고이유서에서 "포한종천(抱恨終天)할 것 같다"고 썼다.[20]

절도는 했어도 살인은 하지 않았다고 부인했건만 이태성은 안양경찰서에서 엄청난 고문을 받고 사건을 조작당한다. 법정에서 부인했는데도 불구하고 결국 1심에서부터 대법원까지 유죄로 인정되어 무기징역형을 선고받았다. 고문으로 그의 가슴에 박힌 한은 결국 그를 '포한종천'으로 이끌고 말았다. 비극적인 삶이었다.

2) 악령과 싸우는 사람들 ─ 정신질환과 함께 살다

5·18광주항쟁의 피해자들
5·18광주항쟁이 일어난 지 오랜 세월이 지났다. 그러나 아무리 오랜 세월이 흘러도 치유할 수 없는 상처가 남았다. 금남로 일대를 피로 물들였던 계엄군의 학살 만행은 종식되었지만, 그리고 많은 사람들에게 그 기억조차 사라졌지만 아직도 적지 않은 피해자들이 정서불안, 과민반응, 피해의식 등 다양한 형태의 고문후유증으로 심각한 정신적 후유증을 겪고 있다.

　∷　지난 80년 5월 계엄군에 맞서 구성된 광주시민수습대책위원회에서 기획실장으로 일했던 K씨(43)는 그후 정신분열증을 앓게 되어 현재 국립나주정신병원에

---

20. 조갑제, 「기자 조갑제의 현대사 추적 2 ─ 고문과 조작의 기술자들」, 한길사, 1987, 286~287쪽.

입원해 있다. K씨는 80년 5월 27일 새벽 전남도청으로 진입한 계엄군에게 총상을 입고 붙잡혀 갖은 폭행과 고문을 당하고 내란죄로 교도소에 수감되어 있던 중 정신질환을 앓게 됐다. 그는 처음에는 불안감으로 잠을 제대로 못 이루다 곧 심한 환각과 환청에 시달리게 됐고, 대낮에 하늘을 보고 "하느님 용서해주세요"라고 울부짖거나 스트리킹을 시도하는 등 기이한 행동마저 하게 됐다는 것. 그는 요즘도 눈만 감으면 광주항쟁 당시의 모습이 떠올라 불안해지고 자동차 경적소리에도 소스라치게 놀라곤 한다.

…… 국립나주정신병원에는 K씨처럼 5·18 후유증으로 입원 중인 환자가 6명이나 된다. 이 병원 이충경 원장은 "이들 환자들은 모두 정신분열증이나 조울증을 앓고 있으나 치료가 어려운 실정"이라며 "그동안 치료를 받았던 환자들과 정상인들 중 경미한 후유증만을 앓고 있는 사람들까지 포함할 경우 5·18로 인해 지금까지 정신적 고통을 받고 있는 사람은 상당히 많을 것"이라고 말했다. 당시 21세였던 K양은 새벽 예배를 가던 중 군인들의 불심검문에 걸려 개머리판으로 온몸을 마구 얻어맞았다. 그녀는 그런 일이 있은 뒤부터 조그만 일에도 크게 놀라고 누군가 자기를 죽이려 한다며 헛소리를 하는 등 심한 불안에 사로잡혔다. 그녀는 또한 느닷없이 가재도구를 부수는 등 난폭한 행동을 하거나 어린애 같은 행동을 하기도 해 여러 차례 정신병원과 수용소를 오가며 치료를 받았으나 아직 완쾌되지 못했다.[21]

이을호 씨의 경우

::   85년 9월 민청련사건으로 김근태 씨와 함께 연행, 구속된 이을호(당시 서울대 철학과) 씨도 고문의 악령에서 헤어나지 못하는 경우다. 이 씨는 9월 2일에서 25일

---

21. 「세월 가도 아물지 않는 5·18 후유증」, 1991년 5월 19일자 『동아일보』 기사.

까지 남영동 대공분실에서 물고문과 잠 안 재우기 등 혹독한 고문을 받으며 조사를 받던 중 정신질환 증세를 보였다. 가족이 석방을 호소했으나 9월 25일 서대문 구치소로 이감되었다. 그곳에서 안왕선 검사가 취조하는 도중 10월 2일 정신분열 증세를 일으켜 15일 서대문시립병원에 이송되었다. 이 기간에 가족이 이 씨에 대한 병원의 비인간적 조치에 항의하여 11월 23일 국립정신병원으로 옮겨졌다. 병원에 이송된 뒤 감정유치 명령에 의하여 정신분열 증세로 판명되었지만 석방이 보류되었다. 통상 2개월로 정해진 감정유치 명령을 9개월로 끌며 다섯 차례 연장한 끝에 86년 6월 5일 석방되었다.

……김(근태) 씨와 같은 강도로 고문을 받았을 이 씨는 석방 후 계속 병원치료를 받았지만 완쾌되지 않았다. 86년 12월, 90년 10월, 91년 10월, 92년 9월, 이렇게 해마다 가을이면 어김없이 행방불명되거나 안방에 놓인 국화 화분에 불을 지르는 등 고문의 악령이 되살아나는 것이다. 올해도 국화가 도심의 가을 정취를 풍요롭게 수놓기 시작하자, 아내 최정순 씨는 최근 심경을 이렇게 털어놓는다. "또 10월이다. 어머니와 나는 요즘 하루하루를 살얼음 디디듯 살아간다. 작년 이맘때도 서울대병원에 입원했기 때문에 우리 집은 지금 초긴장 상태이다. 발병 시기에는 잠을 안 자고 이상한 행동을 해 가슴이 찢어질 것 같다. 어머니와 나는 남편의 건강을 위해 약과 정성을 다하지만 우리 힘으로는 해결되지 않는다. 그 이전부터 3년을 내리 입원하는 소동을 치렀기 때문에 올해라도 건강하게 넘긴다면 12월 31일 나는 만세를 부르려 한다." [22]

최영미 사건[23]

::   최영미는 1982년 4월부터 1987년 7월까지 무려 17차례 정신병원에서 입원

---

22. 이성남, 「'악령의 세월' 배상하라」, 『시사저널』, 1993년 10월 28일.

치료를 받았다. 1985년 인천기독병원에 입원했을 때는 특수치료에 의한 후유증으로 기억상실증에 걸려 한글도 읽지 못하고 사람도 알아보지 못한 상태에까지 갔다. 그의 가정은 이 과정에서 가산을 탕진하는 한편, 아버지 최운직 씨가 1986년 화병으로 운명하기까지 했다. 최영미의 부친 최운직 씨는 작고하기 직전인 1985년 8월 17일 대통령에게 이와 관련한 탄원을 하였다. 이로 인해 1986년 2월 10일 국가안전기획부 감찰계 직원이 최운직 씨를 방문해 피해자 조서를 받아가면서 "곧 청와대 회신이 있을 것이다"라고 했으나 회답은 없었고, 이후 과음과 화병으로 1986년 6월 16일 작고하게 되었다.

이후 최영미 모친 전진숙 씨가 6·29선언 직후인 1987년 7월 2차 탄원서를 청와대에 보냈으며 정치적 상황 변화 때문인지 1987년 9월부터 안기부 인천지부에서 최영미를 일생 동안 책임지고 치료해주겠다는 약속을 하였고, 이후 1992년 말까지 치료비 일체를 부담하며 치료를 해주었다. …… 그러던 중 1992년 12월 28일 구월2동 동사무소에서 평생의료보호 1호 진료증을 반납하라는 연락이 와서 그나마 통원치료조차 혜택을 받을 수가 없게 되었다. 그동안 치료받는 데 근거가 된 의료보호증이 안기부의 영향력하에 편법으로 발급된 것이고, 담당 동사무소 직원이 감사에 적발되었기 때문에 더 이상 진료증을 쓸 수 없다는 것이었다. …… 13년째 정신병자로 신음하고 있는 딸을 치료하랴 가산을 탕진하며 정신적·육체적으로 어려움을 겪으며 살아오고 있는 전진숙 씨는 김영삼 문민정부 등장 직후인 1993년 4월

---

23. 1981년 당시 인천대헌공업전문대학 통신과 2학년에 재학 중이던 최영미는 1981년 6월 10일 오전 7시경 자신의 2층 방에서 자고 있다가 인하공사(당시 안기부 인천지부)에서 왔다는 건장한 남자 세 명에게 연행당해 안기부 인천지부 지하 취조실에서 11시간 동안 참고인 조사를 받았다. 최영미의 가족과 친필로 쓴 글에 따르면, 그녀가 연행된 이유는 지난 1981년 4월 25일 그녀의 친구 경혜한테 보낸 편지가 어떤 경로로 안기부 요원에게 전달되었는지 모르지만 그 편지에 있는 내용이 사상적으로 문제가 되었기 때문이라고 한다. 11시간 동안 고문과 협박에 시달리다가 안기부의 연락으로 그녀의 오빠와 언니가 안기부에 와서 최영미를 인계해갈 때 그녀는 몹시 공포와 불안에 떨고 있었으며, 얼굴이 몹시 창백했다고 한다. 그후 최영미는 계속적인 긴장상태와 공포감으로 정신상태가 매우 악화되었는데, 그녀의 글에 따르면 그녀는 안기부 요원에 의해 자신의 일거수일투족이 모두 감시당하고 있다는 강박관념 속에서 살아갔다고 한다. 민주사회를 위한변호사모임·인도주의실천의사협의회·문국진과함께하는모임, 「최영미 사건 보고서」, 『고문후유증 사례 보고 및 토론회』, 1994년 4월 11일, 60쪽.

30일 대통령께 3차 탄원서를 올렸다. 전진숙 씨는 탄원서를 통해 딸을 계속 치료할 수 있도록 의료보호 혜택을 받을 수 있도록 해달라는 아주 최소한의 요구를 하였지만, 인천시 남동구청을 통해 온 청와대의 답변은 "생활보호자에게 드리는 의료보호대상"이 아니므로 안 된다는 내용이었다.

최영미는 1989년 9월 이후 안기부의 치료 지원으로 많은 차도가 있었다. 기억상실증에서 많이 회복되어 한글도 쓰고 읽을 줄 알게 되고 사람도 기억하는 등 기억력이 많이 살아났다. 현재 모친과 큰오빠 식구들과 같은 집에서 기거하고 있는데 가정 형편상 정신병 치료를 받지 못하고 있다. …… 그녀는 하루 빨리 입원치료가 절실한 상태이며 그녀의 가족들은 정부가 책임을 지고 평생 치료를 해주기를 간절히 바라고 있다.[24]

최영미 씨는 학생운동이나 시국사건에 깊이 개입되었다거나 오랜 시간에 걸쳐 고문을 받았다고 보기는 어렵다. 하지만 아직 어리고 연약한 여성으로서 안기부 직원들에게 연행되어 지하밀실에서 11시간 동안 전혀 모르는 낯선 남자들에게 심문을 받는다는 것 자체가 큰 충격이었던 것이다. 더구나 본인이 그 당시 상황을 정확히 재현하거나 증언하기조차 어려운 정도가 되어버렸기에, 그 안에서 벌어진 일을 우리로서는 모두 다 알 수가 없다. 중요한 시국사건도 아니고 사회적 관심을 끌지도 않은 사건이었기 때문에 안기부의 조사 경위나 신문 내용 등에 대해서 아무것도 알려져 있지 않다. 말문을 닫아버린 그녀와 가해자만이 알 수 있는 진실이다. 최영미 사건을 보면서 잠깐 동안의 갑작스런 고문이나 심리적 충격으로도 정신질환 등 심각한 고문후유증을 겪을 수 있음을 알게 된다.

이렇듯 고문은 순간이지만 그 고통은 길 수밖에 없다. 꽃다운 나이에 받은

---

24. 민주사회를위한변호사모임·인도주의실천의사협의회·문국진과함께하는모임, 「최영미 사건 보고서」, 「고문후유증 사례 보고 및 토론회」, 1994년 4월 11일, 60~61쪽.

정신적 충격과 정신질환으로 그녀 자신이 파괴된 것은 말할 것도 없고, 주변 가족과 친지에게도 너무나 큰 고통과 희생을 가져온 것이다. 실의와 절망에 빠진 아버지가 화병으로 작고하고 그녀를 데리고 살아야 하는 어머니와 오빠 등 여러 가족들의 고통도 이만저만이 아니다. 가족의 탄원이 이어지자 가해자인 안기부에서 마지못해 행정기관에 압력을 넣어 잠시 동안 편법으로 의료혜택을 받게 해주었으나 그것마저 오래가지 못해 결국 그녀는 다시 방치될 수밖에 없었다. 가난한 가족들은 그녀에게 제대로 된 치료를 제공해줄 수 없었다. 대체 국가 외에 누가 책임을 질 것인가?

이충섭 사건

:: 이충섭 동문은 1979년 서울 우신고를 졸업하여 1980년 모교 경제학과에 입학하였습니다. 입학 후 '휴머니스트 학생회'에 가입, 80년 교내 낙서사건으로 동대문경찰서에 처음 연행되고, 81년 5·12 학내시위에 가담하여 강제 휴학당한 후, 그해 10월 7일 반정부시위를 주동하여 1년 6개월간 징역을 살고 만기 출소한 바 있습니다.

84년 '복대위' 시절 동료들과의 논쟁 끝에 복학을 하였으나 학교를 제대로 다니지는 않았습니다. 연행 때마다 혹독한 고문에 시달린 바 있는 이충섭 동문은 특히 당시 연일 격렬한 시위가 계속되자 안기부가 배후를 수사할 것이라는 압박감에 시달리기 시작하였습니다. 이후 그는 바깥에서 인기척만 나도 "안기부가 잡으러 왔다"며 봉천동 습기 찬 지하 셋방의 문을 꽁꽁 걸어 잠근 채, '2차대전증후군'이라고 불린다는 정신장애에 꼬박 10년을 시달리며 살아가고 있습니다.

귀를 먹으셔서 말을 제대로 못하시는 어머니와 상이군인인 연로하신 아버님의 희망이었던 장남 이충섭 동문은 집안이 극빈하여 제대로 치료조차 받지 못한 채, 지금 국립용인정신병원의 관립시설에 '수용'되어 있습니다. 지난 11월 민주동문회보(22호)에 이충섭 동문에 관한 글이 실린 후 많은 동문들께서 관심을 나타내주셨습니다. …… 이러한 동문 여러분들의 적극적인 관심을 모아 '이충섭후원회'를 만들기로 하였습니다.[25]

이충섭 역시 경찰서 연행과 조사, 구속과 수감생활을 겪었으나 어느 때에, 어떤 형태의 고문이나 가혹행위를 받았는지는 정확하지 않다. "연행 때마다 혹독한 고문"이라는 글에서 당시 경찰관이나 검사·교도관들의 부당한 가혹행위가 있었음을 짐작할 수 있다. 이는 아마도 정신질환을 초래하는 원인이 되었을 것이다. 그러나 다른 고문행위와 마찬가지로 도대체 어떤 가해행위로 정신적 충격을 받았고 그것이 정신질환으로 연결되었는지가 분명하지 않다.

아무튼 시국사건에 연관되어 몇 차례의 경찰 연행과 수사, 그리고 복역과정을 거치며 그는 충격을 받았고 그로 인해 정신질환자가 되었다. 이충섭 역시 집안의 가난 때문에 조기 검진과 치유의 기회를 놓쳤다. 그뿐만 아니라 지속적인 치료가 이루어지지 않아 그의 병세는 악화되었다. 다행인 것은 그의 동문들이 뒤늦게나마 발 벗고 나서서 후원회를 만들고 후원금을 모아 그의 치료가 가능해졌다. 그러나 이 경우에도 지속적이고 본격적인 치료가 가능할 정도의 모금과 지원이 가능하리라고 보기는 어렵다.

강환웅 사건

:: 1986년 11월 13일 신길동 학생시위 사건 때 연행되었으며 연행과정에서 쇠파이프, 각목에 의한 구타, 군홧발로 짓밟혔으며, 노량진경찰서 유치장에서 조서작성시 온몸을 구타당했으며, 영등포구치소로 이감되어서는 짜장면에 고춧가루

---

25. 성균관대학교 민주동문회보 제22호.

많이 풀어 먹여놓고 거꾸로 매달아놓아 음식물을 토했다고 같이 연행되었던 중대생이 이후 증언하였다. 형을 받고 87년 2, 3월경 집행유예로 출소하였다. 출소 직후 몹시 불안해했으며 출소 후에도 형사들이 계속 찾아와 본인이 사회과학 서적들을 불태워버렸다. 곧바로 복학했으나 정신이상 증세로 휴학계 5, 6번 내고 93년 2월에야 졸업하였다.

89년 5월 18일부터 3개월간 중대부속병원에 입원했는데 입원 당시 성남에서 방 1개 얻어 동생들과 자취하였다. 성남에 사는 누나가 살림을 돌봐주고 있었고, 입원 당시 본인 스스로 말하기를 통학길 버스에서 자기에게 욕하는 소리의 환청이 자꾸 들린다며 괴로워해 가족들이 입원시켰으며, 본인도 입원을 원했다. 중대 출신이라 본교 병원에 입원시켰으며 병명은 정신분열증으로 나왔다. 첫 입원 당시도 부친 사망 후 공장도 문 닫고 동생들 중·고등학교 다닐 시기라 몹시 어려운 시기였다. 93년 3 ~ 6월 다시 중대병원에 입원. 이 당시부터 "나는 죽고 싶다"는 소리를 밥 먹듯이 해댔다. 2, 3일 동안 밥도 안 먹고 밤에 잠도 안 자고 좌선하고 앉아서 기도만 하고 있더니 급기야는 난폭해졌다. 자신이 마치 영웅이 된 것처럼 행세하면서 모친이 밥 먹으라고 하면 "말조심해라"면서 사람들 보고는 "나가라"고 하였다. 난폭해져도 물건을 부수거나 남을 위협하거나 공격하지는 않았는데, 어느 날 형이 방에 들어가려 하자 방 안에서 혼자 쇠막대기를 휘두르고 있었다. 입원 당시 저항해 몸을 노끈으로 꽁꽁 묶어 차에 실었다. 당시의 증세는 관계망상증으로 나왔다. 퇴원 후 한동안은 괜찮았다. 영어를 잘해 친구가 하는 학원에 영어강사도 하였으나 20일 만에 그만두고, 혼자 있으면서 뭔가를 골똘히 생각하거나 멍하니 있고, 그후 점차 의욕을 상실해갔다. 불쌍한 사람 도와야 한다며 사법고시 본다고 공부 시작하고서도 금방 그만두었고, 외출도 거의 안 하고 대부분 집에 있으면서 한 번 담배를 피우면 줄담배로 7 ~ 8개씩 피우곤 했다. 또한 자면서도 항상 손을 떨었다.

1993년 12월 31일~1994년 2월 말. 93년 졸업하기 한 달 전부터 증세가 안 좋아지면서 "나는 안 간다", "나는 안 간다"면서 기도만 하고 있어 결국 졸업식에는 참석하지 못하였다. …… 다시 시골 가서 생활하다 점점 증세가 심해져 가족들이 경찰을 불러 도움을 받았으며 스타킹으로 뒤에서 손 묶어서 입원시켰다. 차 안에서 크게 난동을 치지는 않았으나 "여기가 어디냐", "여기가 어디냐"라며 영웅적인 어투를 썼다. 모친이 더 이상 자식들에게 강환웅 씨 병원비를 신세질 수가 없어 서울시립병원에 입원시켰고, 큰누님이 면회 가서 보니 3일 동안 밥 안 먹어 야윈 얼굴로 환자들 사이에 끼여 나와 보는데 눈물이 쏟아져 볼 수가 없었다고 했다. 만 4일 만에 14만 원을 치르고 다시 중대부속병원에 입원시켰고, 현재 7, 80만 원씩 들어가는 병원비는 형제들이 모아서 대고 있다. 이제까지 강환웅 씨를 가장 잘 돌봐주셨던 큰누님은 이렇게 말한다.

"가정 형편이 뻔한데 데모를 하더라도 약하게 하지. 키도 크고 그렇게 건장했던 애가 저 꼴이 되니 너무도 한스럽다. 나라를 위해 운동하다 고문으로 이렇게 되었는데 장래 생활비까지도 보상해야 한다. 본인은 병을 스스로 낫게 하겠다고 2, 3개월간 약을 끊기도 했었다. 그러나 병은 회복되지 않고 깊어갈 뿐이다. 가족들이 더 이상 어떻게 버티나. 지난날 상이군인들도 다 생활보장을 해주었는데 고문피해자들에게도 보상 조치가 있어야 한다. 뉴스 보도나 텔레비전 보도를 보면 악이 바친다. 소송할 생각도 해봤다. 그러나 헛짓일 것 같아 그냥 있다가 이제야 진정서라도 낼 수 있을 것 같아서 작년에 진정서를 청와대 대통령 앞으로 냈다. 그러나 아무 회신이 없다. 이제 올 때까지 다 온 것 같다. 가족들도 이제 모두 지쳤다."[26]

강환웅 씨의 경우는 교도소에서 고문을 당한 것이 이례적이다. 그러나 발병,

---

26. 민주사회를위한변호사모임·인도주의실천의사협의회·문국진과함께하는모임, 「강환웅 사건 보고서」, 『고문후유증 사례 보고 및 토론회』, 1994년 4월 11일, 31~32쪽.

악화 상황, 가족들의 어려움은 마찬가지다. 사립대학병원에서 지속적으로 치료를 받게 할 만큼 가족들의 사정도 괜찮고 헌신적이었음에도 가족들만의 힘으로 계속 치료를 담당하기가 얼마나 역부족인지를 잘 보여주고 있다.

김복영 사건

· 1984년 연세대학교 입학. 서클 쿠사(KUSA)에 가입.

· 84년 당시 위 서클에는 운동 지향적 선배들과 그렇지 않은 선배들로 양분되어 있었는데, 김복영은 전자 쪽 흐름에 속하게 됨. 별로 두드러지게 활동한 것은 없음. 서클 동료들의 말에 따르면 "아주 똑똑하고", "외모나 마음이 깨끗했으며 특히 노래를 잘 불렀다"고 함.

· 84년 7월 여름 농활에 참가.

· 85~86년에 걸쳐 수많은 시위에 참여. 85년 후반기부터 86년 4월까지 이례적으로 8회에 걸쳐 연행됨. 이 중 3회는 불심검문에 의한 것이어서 체포에 대한 강박증 보임.

· 86년 4·19시위에 참석 중 미도파백화점 앞에서 잡힘. 기소되어 3개월간 구치소 생활. 7월 초 집행유예로 석방. 같이 연행당한 학생의 말에 따르면, 연행 당시 집중 구타를 당했다고 함. 구치소에 가족들이 면회를 가도 말이 없었음. 구치소 생활 중 자신의 사상을 지키느라고 정신적으로 고통이 컸다고 함(석방 후 친구들에게 본인이 한 말). 재판과정에서 구호를 외치는 등 이전과는 많이 달라진 모습을 보여줌.

· 석방 이후 군 징집을 피하기 위해 가출. 약 한 달간 서클 동료 집에서 생활. 어느 날 전화하러 갔다가 밤 늦게야 돌아옴. 본인의 말로는 공중전화 박스 옆에서 형사가 자기를 감시해서 산으로 도망가서 숨어 있다가 오는 길이라고 함. 이후 거의 외출하지 않음.

- 집과는 일절 연락을 끊음. 집에서는 3차 소집영장이 나오도록 소식이 없자 행불, 주민등록 말소처리함.
- 가을 무렵, 군 징집을 피해 친구와 함께 봉천동 보라매공원 후문 근처에 자취방 얻어서 생활. 자취집 주인이 형사였다고 하면서 자취집에서 도망쳐 나옴.
- 12월경 수원 집으로 귀가. 이후 집에만 있음. 형사들이 집을 도청하고 있다고 집안 식구들과도 일절 대화하지 않음. 누나와 필담으로만 대화, 남동생과 함께 자던 중 갑자기 일어나 고함을 지르는 일도 생김.
- 87년 3월 부산으로 가서 신체검사를 받음. 결과는 면제였음. 이후 친구들과의 접촉도 없이 집에만 있음.
- 87년 7월경 다시 가출. 집에서는 소식이 끊기자 신문에 찾는 광고를 냄. 가출 후 한 달 뒤에 돌아와서 지리산으로 무전여행을 하고 왔다고 함. 그후 상당히 표정이 밝아져서 식구들과 대화를 하기도 했지만 다시 어두워짐.
- 88년 2월 16일 술 먹고 돌아와서 작은 칼로 식구들을 위협. 용인정신병원에 입원했는데 의사 말로는 우울증과 정신분열증 증세인데 병원에 너무 늦게 왔다고 함. 6월 퇴원 이후 약 1년간 약만 타다 먹고 집에서 '식물인간'처럼 지냄.
- 89년 8월 본인이 약을 끊고 병을 이겨내겠다고 함. 친구들과도 연락, 만나기도 함. 복학도 고려. 약 2개월간 신문 배달을 하기도 함. 그러나 10월경 재발, 방에 만 오그리고 있음. 11월 1일 용인정신병원에 재입원. 90년 5월 퇴원. 용인정신병원에서 진료를 담당했던 의사가 강남성심병원으로 옮김에 따라 그쪽에서 약을 타다 먹음. 지하에 세 든 아이를 칼로 위협하는 일이 생김.
- 91년 2월 강남성심병원 입원. 전기치료만도 약 20여 회 받음. 겉보기에 정상이 된 듯하여 6월 26일 퇴원. 주위의 권유에 따라 기(氣)로 치료를 한다는 스님이 있는 안양 관음사에 감. 1주일도 안 되어 재발, 절에서 나옴. 이후 집에만 계속 있으면서 글쓰기, 독서를 즐김. 그러나 재발되어 두드러지게 폭력적인 증세를

보임. 묶어서 8월 2일 용인정신병원에 입원.

· 부친은 충격으로 직장 퇴직하고 낙향. 12월경 병원에서 외박 나와서 집에 있던 중 자살 기도. 92년 4월 퇴원. 상태 좋아짐. 서울국립정신병원 낮병동에 다니면서 문예반과 편집활동을 했음. 92년 7월 가출했다가 한 달 뒤 돌아옴. 본인 말에 따르면 인천에서 『조선일보』 신문 배달을 했다고 함.

· 본인이 스스로 병원에 입원하겠다고 해서 92년 9월 용인정신병원에 입원. 93년 1월 서울국립정신병원으로 옮김. 이때부터 점차 기억력 상실. 93년 부친이 다시 수원으로 올라옴. 93년 6월 퇴원. 8월 재입원. 이제는 책읽기, 글쓰기도 더 이상 할 수 없게 됨. 10월 5일 퇴원하여 약을 끊음. 마지막 희망을 걸고 주위의 권유에 따라 굿을 함. 다소 쾌활해져 식구들과 대화하기도 함.

· 10월 16일 용인정신병원에 재입원. 94년 1월까지 있음. 의사 말로는 심한 분열증 증세라고 함.[27]

본인은 고문과 그 충격으로 인한 상태 악화로 정신질환을 얻었다는 사실을 알 수가 없고, 가족들은 처음 당해보는 일인지라 곧바로 손을 쓰기가 어려운 법이다. 김복영 씨는 그런 전형적인 사례이다. 그러나 이 사건을 통해 입원과 퇴원을 수십 차례 되풀이하면서 상황이 조금 좋아졌다 다시 나빠졌다를 거듭하는 과정에서 가족은 물론이고 본인도 정신질환을 극복하기 위해 눈물겹게 노력하는 모습을 확인할 수 있다. 심지어 기치료와 굿까지 하면서 일말의 희망을 감추지 못하고 있다. 그러나 일단 정신분열증 증세를 얻은 다음에는 그 치유의 길이 얼마나 험난한지 또한 잘 보여주고 있다.

---

27. 민주사회를한변호사모임·인도주의실천의사협의회·문국진과함께하는모임, 「김복영 사건 보고서」, 『고문후유증 사례 보고 및 토론회』, 1994년 4월 11일, 33~36쪽.

윤여연 씨의 경우

:: "여보, 놈들이 날 잡으러 왔나봐. 나 집에 안 들어갈래.""놈들이 내 밥에 독을 넣었는지도 몰라, 무서워!" 최경자(43) 씨는 괴롭다. 남편의 횡설수설은 하루 이틀이 아니다. 벌써 10년째다. 요샌 증세가 더 심해졌다. 아내인 자신에게마저 욕을 퍼붓는다. 주위에선 이혼하라는 얘기까지 나왔다. 그러나 남편에게 무슨 죄가 있으랴. 최 씨는 '분노의 화살'을 국가에게 돌렸다. 지난해 8월 '고문피해에 의한 국가배상청구소송'을 낸 것이다. 남편 윤여연(42) 씨가 피해망상 증세를 보이는 것은 순전히 고문 탓이라고 믿기 때문이다. 80년대 숭실대 총학생회장 시절 계엄당국에 연행돼 80일간 고초를 겪었던 남편은, 86년 민청학련 사무국장 시절 남영동 대공분실과 서울구치소 먹방에서 '공포'를 경험한 뒤부터 이상해지기 시작했다.

그러나 국가가 쉽게 두 손을 들리는 없는 일. 검찰은 '지정의 신체감정'을 요구했다. 고문과의 관계를 입증하라는 것이다. 그것을 위한 비용 4백만 원. 하지만 남편을 대신해 10년간 생계를 책임졌던 최 씨마저 실직상태다. 결국 4백만 원을 마련하지 못해 지난해 10월부터 6개월째 신체감정을 미루고 있다. 지금은 남편의 대학 후배들이 모금운동에 나서고 있다. "남편이 고문으로 그렇게 된 건 너무나 뻔합니다. 그러나 그걸 증명하기 위한 절차는 너무 힘겹군요." 최 씨는 남편의 정신병력을 세상에 알려야 하는 자신이 참담하게 느껴진다고 말했다.[28]

윤여연 씨와 가족들은 법원에 고문으로 인한 국가배상책임을 청구했으나 때가 너무 늦었다. 법원은 고문에 관한 증거도 없거니와 소멸시효가 지났다는 이유로 청구를 기각하고 말았다.[29]

---

28. 고경태, 「이 여자가 국가와 싸우는 이유」, 『한겨레 21』, 1996년 4월 18일.
29. 서울지방법원 제22민사부 95가합 69287호 사건 손해배상 판결문 참조.

최동 씨의 경우 ── 타살과 다름없는 자살

:: 　　대학에서 제적당한 뒤 5공 때 반독재운동과 노동운동을 하다 구속돼 복역하
다 출소한 지 열 달 만에 분신자살한 한 청년의 죽음에 대해 유족과 친지들은 '경
찰의 고문수사가 낳은 죽음'이라고 주장하고 있다. 7일 오전 한양대학교 사회과
학관에서 분신자살한 최동(30, 성균관대학교 국문과 제적생) 씨. 최 씨가 숨졌다는 소
식을 듣고 7일 밤 최 씨가 안치된 한양대병원 영안실에 찾아온 친구, 동료들은 한
결같이 "최 씨는 고문을 받은 후유증으로 생긴 신경쇠약증 때문에 숨졌다"고 말
했다.
　　최 씨의 어머니 김옥순(54) 씨는 "고문수사를 안 했다면 그렇게 똑똑하고 건강하
던 우리 큰아들이 구속된 지 다섯 달 만에 정신병원에 입원할 수 있었겠느냐"면서
"내 아들은 자살했지만 타살과 다름없다"며 흐느꼈다. …… 당시 최 씨와 함께 구
속됐던 다른 동료는 "서울 서대문구 홍제동의 치안본부 대공분실에 연행된 뒤 3,
4일 동안 계속 잠 안 재우기 고문 등을 받았으며, 서울구치소로 이감된 후 4개월
이 넘도록 독방에 감금돼 감당하기 어려운 정신적 고통을 받았다"고 말했다. ……
최 씨는 이날 오전 9시경 방 안에 "저들의 목적은 인간을 파괴하는 것입니다. 저
들의 의도대로 되었습니다. 저는 무엇 하나 할 수 없는 폐인이 되었습니다"라고
한 맺힌 유서를 남겼다. 최 씨는 가족들에게 "운동을 하고 오겠다"며 집을 나섰으
나 잠시 후 검게 탄 시신이 돼버렸다.[30]

　　최동 씨는 자살로 한 많은 인생을 마감했다. 정신분열증으로 얼룩진 고통의
세월을 이렇게 끝냈다. 그러나 그의 어머니가 피 토하듯 말한 대로 그것은 "타살
과 다름없는 자살"이었다. "저들의 목적은 인간을 파괴하는 것입니다. 저들의 의

---

30. 「"고문이 빚은 인간 파괴" 충격」, 1990년 8월 8일자 『동아일보』 기사.

도대로 되었습니다. 저는 무엇 하나 할 수 없는 폐인이 되었습니다"라는 마지막 유언은 정신분열증 환자로서가 아니라 한국현대사의 고난을 모두 짊어지고 떠나는 한 거룩한 희생자의 모습을 그대로 보여주고 있다. 그러나 그의 슬픔은 그것으로 끝나지 않았다.

:: 17일 밤 서울대병원 영안실. 고문후유증을 견디다 못해 지난 8월 한양대에서 분신자살한 큰 아들에 이어 남편까지 이름 모를 병으로 잃게 된 김옥순 씨는 찾아오는 문상객들을 일일이 고개 숙여 맞고 있었다. 그러나 김 씨는 좀처럼 눈물을 보이지 않았다. 자신의 눈물로 아들과 남편의 죽음이 초라하고 감상적으로 보여질까 봐 걱정했기 때문이었는지도 모른다. "어찌된 일이냐"며 통곡하는 아들딸의 친구들의 어깨를 쓰다듬어주며 위로했다. 평상에 무척 건강해 소화제 한 번 먹은 적이 없었다는 김 씨의 남편 최수호(56) 씨가 쓰러진 것은 지난달 30일, 큰아들 (최)동 군의 사십구일재를 지낸 지 엿새가 되는 날이었다.
"병은 무슨 병, 아들을 그 지독한 고문으로 먼저 보내고 난 뒤 얻은 화병 때문이었지"라는 김 씨의 말처럼 최 씨의 병은 뚜렷한 증세가 없었다. …… "멀쩡하던 아들을, 그것도 집안의 대를 이어나갈 장손을 잃은 뒤 아버지는 사람 만나는 것이 싫다며 그동안 운영해오던 동대문시장의 옷감가게도 정리하고 내내 집안에만 계셨다. '자식을 보내고 나니까 내가 서 있을 곳은 아무 데도 없다'는 말만 되풀이하곤 했지." 김 씨는 아들 친구들에게 넋두리처럼 말했다.[31]

고문피해자 한 사람의 희생으로 끝나는 일이 아니었다. 최동 씨의 사례는 고문이 주변 가족들에게 얼마나 씻을 수 없는 상처가 되고 절망이 되는지를 잘 보

31. 「'고문'이 몰고 온 일가 비극」, 1990년 10월 18일자 「동아일보」 기사.

여주는 사건이다.

문국진 씨의 경우

::   문민정부가 들어서 모든 것이 정상궤도를 찾아가고 있다는 오늘도 야수와 같
은 군사정권의 발톱에 할퀸 상처받은 영혼을 부둥켜안고 살아가야 하는 사람들이
있습니다. 올해 나이 만 33세인 문국진 씨는 연세대 철학과를 졸업하고 네 살배기
딸과 아내가 있는 한 집안의 가장이지만, 1986년부터 시작된 정신분열증으로 이
번에 벌써 여섯 번째 정신병원에 입원을 해야 했습니다. 문국진 씨는 대학 2학년
때인 1980년, 서슬 퍼런 전두환 정권하에서 반공법 위반으로 구속되어, 프락치 활
동을 강요하는 치안본부 형사들의 무차별 구타와 물고문을 1개월 동안 받은 적이
있습니다.

그후 86년까지 출판사 편집장을 하면서 정상인과 다름이 없이 활동을 하다가 86
년 소위 '보임·다산' 조직사건으로 지명수배되었는데, 경찰이 집안에 대해 생업
을 어렵게 할 정도로 가하는 압력을 견디다 못해 자수를 하고, 3일 동안 잠 안 재
우는 경찰조사를 받으면서 정신질환 증세를 보였습니다. 그러나 당시 조사를 했던
청량리경찰서는 치료는커녕 일부러 미친 척한다며 구타를 해대면서 독방에 가둬
둔 채 병세를 악화시켰습니다. 문국진 씨는 이후 정상적인 생활을 하다가도 어떤
정신적인 충격을 받으면 분열 증세가 나타나 몇 달씩 입원치료를 받는 과정을 반
복하여 이번까지 여섯 차례나 정신병원 신세를 져야 했습니다.

그러나 정작 안타까운 것은 본인은 물론 주변에서도 아무런 대책도 세울 수 없었
다는 것입니다. 다른 많은 고문피해자들과 마찬가지로 정신적으로 불안정한 상태
에서 피해보상이나 명예회복을 위해 소송을 제기하는 것조차도 본인에게 미칠 영
향이 어떻게 나타날지 몰라서 그저 속만 태울 수밖에 없었던 것입니다. 얼마 전 고
박종철 씨의 고문치사에 대해 대법원이 신원권을 인정하여 국가가 4천여만 원을

보상해주라고 판결한 데서도 보이는 것과 마찬가지로 고문으로 인한 정신이상 증세를 이겨내기 위해서는 본인이 사회적 소외감과 피해의식을 극복할 수 있도록 사회적 보상이 이루어지는 것보다 더 좋은 해결책은 없을 것입니다. 정부가 자발적으로 이런 피해자들에 대한 대책을 세워주지 않는 한 국가를 상대로 피해보상을 요구하는 소송을 제기하는 것 말고는 아무런 방법이 없는 현실에서 그동안에는 문국진 씨 본인을 위해 쉬쉬 하며 지내올 수밖에 없었던 것입니다.

지난 6월 26일 발작을 일으켜 고대부속병원에 입원해 있는 문국진 씨는 그 며칠 전 아내에게 "내 한을 풀어 달라"는 말을 한 적이 있습니다. 날로 변해가는 시대의 흐름 속에서 아픈 상처를 안고 소외되어간다는 느낌을 견디기 어려웠던 것입니다. 그래서 평소에 문국진 씨를 아끼고 사랑하는 주변 사람들이 이제는 더 이상 문국진 씨를 그대로 방치할 수 없다고 의견을 모으고, 진솔하고 유능한 문국진 씨가 정상적인 삶을 살아나갈 수 있도록 하자고 결의했습니다. 오는 8월 23일에 결성될 '문국진고문피해대책위원회'는 앞으로 법정 투쟁을 지원하는 한편, 고문피해 사례들을 모아서 널리 알리고, 이 땅에 더 이상 고문으로 인해 문국진 씨와 같은 피해자가 나오지 않도록 하기 위해 제도적 개혁을 추진하는 등 모든 활동을 벌여나갈 것입니다.[32]

문국진 씨는 그래도 다른 사람에 비교하면 불행 중 다행이다. 먼저 주변 인사들이 고문피해대책위를 잘 꾸려서 소송 지원, 생활비 모금, 가족 격려 등의 다양한 활동을 벌였다. '문국진과함께하는모임'의 사업계획을 보면 다음과 같다.

① 문국진의 사회 복귀를 위한 노력

---

32. 1993년 8월 7일자 '문국진고문피해대책위원회를 준비하며'라는 제목의 문건.

② 문국진 사건 소송의 승리를 위한 지원사업

③ 문국진의 치료와 가족의 생활보조사업

④ 고문피해자와 후유증에 대한 조사사업

⑤ 고문신고 상담 운영

⑥ 고문(후유증 포함) 문제의 심각성을 제기하고, 고문 근절과 후유증 치료를 위한 노력

⑦ 회보, 자료집 발간 등의 홍보사업

이미 정신질환으로 발전한 사실을 알면서도 문국진 씨의 부인 윤연옥은 평생 그를 돌보기 위해 결혼까지 했다. 문국진에게는 그야말로 삶의 동반자요, 고통의 분담자이다. 그것은 위대한 러브스토리이기도 하다.

:: 　윤연옥은 나보다 3년 후배이다. 그러나 언제부터인가 그녀는 내 인생의 스승으로 내 마음속에 자리잡고 있다. 그녀를 만날 때면, 나는 항상 반문해보곤 한다. "나라면 어떻게 했을까?" 그리곤 그녀의 생각과 비교해보곤 한다. 그녀는 내가 항상 긋는 한계선 위에 서 있다. 졸업과 결혼을 거치면서, 동창들과의 연락도 뜸하던 어느 날, 국진이가 수수한 인상의 한 아가씨를 데리고 우리 집에 왔을 때 나는 내심 놀랐다. 이미 국진의 병이 나타난 이후였기에, 다른 사람들처럼 평범한 삶의 과정을 거치기가 쉽지 않을 것이라는 것을 막연하게 느끼고 있었기 때문이다. 그러나 나는 국진이의 친구였기에, 윤연옥 씨가 너무 고마웠고, 그들의 결혼을 무조건 축하해주고 싶었다.…… 여러 사람의 입을 거쳐서 내 귀에 들어온 국진이의 소식은 내가 가장 듣고 싶지 않은 그런 소식이었다. 아무리 현실이 필연의 연속이라 해도, 기적은 바라지 않지만 왜 그렇게 가혹한 상황에 부딪히지 않으면 안 되는가. 가능성은 미루어 짐작할 수 있었지만, 결코 마주하고 싶지 않던 상황 속에서 제일

먼저 생각나는 사람은 윤연옥이었다.

…… 결혼 전 두어 번 만난 적이 있는 그녀를 다시 만났을 때도 역시 그녀는 내가 상상했던 모습과는 너무도 달랐다. 눈물을 주체할 수 없을 줄 알았던 그녀는 너무도 담담하게 현실을 받아들이고 있었고, 닥쳐올 어려움에 대한 불안감이 아니라, 자신의 할 일이 무엇인가를 고민하고 있었다. 나는 윤연옥을 볼 때마다 살이라고는 조금도 없는 그 연약한 몸 어디에 그런 당찬 기운이 숨어 있는지 의아스럽다. 7년의 결혼생활 내내 이어지는 남편의 투병생활 속에서, 생활을 하기 위해 직장을 다니고, 아이를 키우고, 그리고 무엇보다도 남편을 돌보는 3중의 고통을 어떻게 감내하고 있는지 그 속마음을 들여다보고 싶다. 어쩌다가 그런 식의 질문을 던지면, 그녀는 이렇게 대답한다. "해야죠." 그 한마디에 나는 또다시 압도당한다.

…… 내가 아는 연대생 문국진은 검정색 작업복이 무척이나 잘 어울리는 지적인 청년이었다. 철학 공부를 즐기고, 무척 지적 호기심이 많고, 농담도 즐기는 멋진 남자였다. 윤연옥도 그런 문국진을 사랑했으리라. 나는 국진이의 입원 소식을 들을 때마다 잠이 안 온다. 그리고 국진이를 그렇게 만든 자들에 대한 분노로 가슴이 터질 것 같다. 윤연옥의 얼굴이 겹쳐지면, 그 분노는 열 배로 커진다. 해인이의 얼굴이 겹쳐지면 그것은 백배로 커진다. …… 그녀와 모든 사람들의 기원에도 불구하고, 국진이의 투병생활은 지금 이 시간까지 계속되고 있다. 잔인한 역사의 발자국에 짓밟힌 국진이의 청춘과 더불어 찢기어진 그녀의 행복은 아직도 그녀를 혹한의 벌판 속으로 내몰고 있다. …… 한여름의 폭염과 같은 권력의 횡포 속에서 결코 시들지 않고 버티고 서 있는 푸른 소나무와 같은 그녀를 나는 사랑한다.[33]

---

33. 곽진선, 「문국진의 처 윤연옥」, 『문국진과함께하는모임』 제7호, 1994년 8월 1일.

심윤남 학생의 경우

:: 서울대 프락치사건으로 구속된 서울대학생 심윤남(서울대 철학과 2) 군이 영등 포구치소 안에서 정신이상 증세를 보이고 있다. 84년 12월 12일 면회한 가족들에 의하면 심 군은 자신이 "레이건 대통령과 이야기해서 병원으로 가기로 했다", "민한당 목요상 대변인을 내가 임명했다", "나에게 들어온 돈을 방위성금으로 내기로 대통령과 약속했다"는 등의 말을 횡설수설 늘어놓고 있다 한다. 심 군은 82년 10월 군에 있는 동안 보안사에 끌려가 거꾸로 매달려 코에 물을 먹이는 고문을 당한 후 '집회및시위에관한법률' 위반으로 구속된 사실이 있다. 그후 이때 당한 고문으로 손발의 상처와 정신적인 후유증으로 시달려왔는데, 이번에 재차 구속되자 충격을 받아 정신이상을 일으킨 것으로 보인다.[34]

심윤남 학생의 소식은 그 이후로 확인할 길이 없다. 한번 발병한 정신질환은 완치되기가 쉽지 않은데, 어느 이름 모를 곳에서 여전히 고통을 받고 있는지 알 수가 없다. 입대한 학생들에 대해 이른바 '녹화사업'이 진행되기도 했고, 혐의를 찾기 위해 불법연행해 고문을 한 일도 있었다. 그런데 심 군은 이른바 서울대 프락치사건에 관련되어 조사받고[35] 송치된 후 과거의 정신질환이 악화된 것으로 보인다.

권대현 씨의 경우 —— 시간 속에 갇혀버린 시대의 아픔

"시대의 아픔을 온몸으로 끌어안고 사는 사람은 영화 〈박하사탕〉에만 존재

---

34. 한국기독교교회협의회 인권위원회, 『인권소식』 제127호 ; 한국기독교교회협의회, 『악법 철폐, 하나님의 법 실현—1985 년 인권주간 자료집』, 1985년 12월, 103쪽.
35. 1984년 11월 13일에 심윤남 군이 관악경찰서에 구속되었다는 보도가 있다. "심 군은 그동안 수배를 받아오다가 가족을 통해 자수 의사를 밝혔는데 검거 형식으로 연행되었다"는 것이다. 한국기독교교회협의회 인권위원회, 『인권소식』 제123 호; 한국기독교교회협의회, 앞의 책, 103쪽.

하는 것은 아니었다. 그간 우리나라 역사가 얼마나 야만적으로 흘러왔던가를 증명하고 있는 사람 또한 임철우의『붉은 방』따위의 소설 속에만 박제되어 있는 것이 아니었다. 상처 가득한 우리 역사의 증인인 한 사람이 우리 주변에 엄연히 살아 있었다."[36]

:: 캠퍼스에서 한 번쯤 부딪쳤을지도 모를 우리들의 선배이자 후배이며 또한 제자로서, 그렇게 우리들 가까이에 있었던 것이다. 그리고 그의 아픔을 기꺼이 같이 나누고자 하는 사람들도 우리 주변에 존재하고 있었다. 군의 민주화를 외치다 구속되어 그때 받은 충격과 고통으로 10여 년의 세월을 정신분열증에 시달리고 있는 권대현 동문. 그리고 그를 돕기 위해 모인 '권대현을사랑하는사람들'의 이야기이다. 우리 대학 영문학과 88학번인 권대현 씨, 송창식과 김광석의 노래를 참 잘하던 착하고 착실한 학생이었다는 그는 소위 애국군인회사건으로 뒤틀린 삶을 살아가게 된다. 91년 우리 대학 재학생 5명과 일부 타 대학 학생들이 모여 군인의 정치 개입 근절, 사병들의 인간적인 대우 등을 요구하는 내용의『애국군인』지를 5호까지 발행해 사회단체나 일반 사병들에게 배포했다. 이것이 국가보안법 위반이라는 이유로 권 씨는 국군기무사에서 20여 일간 조사를 받고 군교도소에서 9개월간 복역하게 된다. 권 씨는 그 기간에 받은 정신적·육체적 고통을 이기지 못하고 끝내 정신분열 증세를 보이기 시작한 것이다. 부친 권영욱 씨는 권 씨가 군교도소에서부터 실없이 웃다가 웃통을 벗어버리는가 하면 벽에 머리를 박는 등 이상한 행동을 하기 시작했다고 한다.

권 씨는 출소한 이후에도 계속 정신분열 증상을 보였으며 9년이 지난 지금까지 정상적인 생활을 하지 못하고 있다. 최근까지 권 씨는 모교를 배회하거나 집회현장

36. 2000년 3월 6일자「동아대학보」기사.

을 따라다니는 것으로 하루하루를 보냈다고 한다. 또한 집에서도 영창에서 길들여진 기상시간과 취침시간을 엄수하고 자신의 모든 물건을 군대식으로 각을 잡아 정리했는데, 심지어 피우고 버린 담배꽁초 담뱃재까지 가지런하게 놓아두었다고 한다. 그의 친구 혹은 선후배들이 모두 취직을 하고 결혼을 하고 그렇게 삶을 꾸려나갔을 9년의 시간 동안 권 씨는 여전히 학생으로, 영창에 갇혀 있는 죄인으로의 삶을 살아왔던 것이다.

당시 『애국군인』지 발행을 주도했으며 권 씨와 같이 수감생활을 한 서재호 씨의 이야기를 통해 수감생활의 고통을 조금이나마 느낄 수 있다. "군기무사 지하 붉은 방에서 조사를 받았다. 사면에 붉은 칠이 되어 있고 붉은 카펫이 깔려 있는 가운데 책상과 의자만 까만색이었던 그 방은 낮에도 그렇게 무서울 수가 없었다"고 서 씨는 말한다. 또한 서 씨는 국방부 영창에서 CC카메라로 감시를 받으며 잠자는 시간을 제외하고 하루 14시간을 정좌한 상태로 있어야 했던 때가 가장 고통스러웠다고 토로하며, 그때 대현이가 바로 옆방에 수감되어 있었는데 후배가 점점 이상하게 변해가는 모습을 보며 맘이 아팠다고 기억하기 싫은 상처를 끄집어냈다.

이러한 지울 수 없는 상처들로 자신과 자신의 미래를 잃어버린 권 씨를 9년 동안 아무도 책임지는 사람은 없었다. 국가적 차원의 보상은 물론이고 제대로 된 병원치료도 받을 수가 없었다. 시장에서 노점상을 하는 아버지와 신발공장 공원인 어머니의 빠듯한 수입으로 병원비를 감당해낼 수가 없었기 때문이다. 이런 사정을 알게 된 서재호 씨를 비롯한 몇몇 동문들이 권 씨에게 손을 내밀기 시작했다. '권대현을사랑하는사람들'을 결성하고 권 씨가 몸담았던 동아리 한두레와 민주동문회가 주축이 되어 모금활동을 벌인 것이다. 또 지난해 10월 모 일간지에 권 씨의 이야기가 기사화되면서 권 씨에게는 희망이 싹트기 시작했다. 기사를 보고 도움을 자청한 한 정신과 의사로 인해 지금은 창녕 부곡국립정신병원에서 입원치료를 받을 수 있게 된 것이다.

"고통스러웠던 기억에서 벗어나고 싶었고 끝까지 책임질 수 있을까라는 부담감으로 섣불리 손길을 뻗지 못했다"는 서 씨의 말에서 모두의 도움이 너무 늦은 것이 아니기를 바라는 간절한 마음이 묻어난다. "『애국군인』지는 당시 마지막 성역으로 취급되던 군대의 부패와 모순에 대항한 사병들의 너무나 인간적인 요구였다. 지금 그것으로 인해 대현이가 아프고 세상으로부터 제값을 받지 못하고 있다 하더라도 지난날을 결코 후회하지 않는다"고 서 씨는 말한다. 역사의 모순 속에 빼앗겨버린 권 씨의 삶을 되찾아주는 것, 그것이 살아남은 우리들의 몫이 아닐까 생각해본다.[37]

심한 불면증과 악몽, 그리고 방화

:: 　정(30, 무직) 씨는 지난 (1995년 5월) 27일 오후 1시께 서울 영등포구 여의도동 한 교회 앞에서……교회 현관의 성금통에 불을 지른 혐의로 붙잡혔다.……정 씨는 한 명문대학 경영학과 3학년에 재학 중이던 지난 1986년 11월 불심검문에 걸려 서울시경 대공분실로 연행됐다.……그의 학교 동기인 정 아무개(30) 씨는 "정 씨가 일주일 동안 잠도 제대로 자지 못하고 구타 등 고문을 당한 끝에 동료의 이름을 털어놓아 3명을 붙잡히게 했다"며 "그 뒤 나타난 우울증은 고문후유증과 함께 동료를 배신했다는 자책감에서 비롯된 것으로 안다"고 말했다.[38]

고문을 당한 지 만 10년 만에 저지른 방화이다. 그동안 그를 괴롭혀온 심한 불면증과 악몽은 정신질환의 반증이다. 치유는커녕 더욱 기승을 부리며 그의 정신을 갉아먹고 있는 바로 그 '악령'이다. 그는 미처 다 파악하기 어려운 고문으로 인한 정신질환 피해자의 한 사람일 뿐이다.

37. 2000년 3월 6일자 『동아대학보』 기사.
38. 「고문 8년 뒤……ㅡ명문대 학생이 우울증·무직·방화 피의자로」, 1995년 3월 30일자 『한겨레신문』 기사.

3) 악령의 그림자 — 여전히 따라다니는 간첩, 전과자 딱지

::   저 풍선을 타고 도망칠 수 있다면 얼마나 좋을까 하고 찬이는 생각했다. 이쪽은 혼잔데, 저쪽은 다섯 명이었다. 다섯 명 가운데 한 아이만은 그를 동정하고 있었다. 저 아이는 내편이 되어주지 않을까.

"뭐라고 말 좀 해!"

3학년짜리가 찬이의 이마를 쿡 찔렀다.

"니네 아빠는 간첩이지, 그래서 잡혀간 거야. 그렇지?"

"아니야. 간첩이 아니야!"

찬이는 힘껏 항변했다. 아까부터 벌써 몇 번이나 똑같은 말을 되풀이하고 있었다.

"아니라고? 그럼 왜 감옥에 들어갔지?"

"우리 아빠는 옳은 말을 했어."

"뭐? 간첩이 옳다고? 얘들아, 이 자식은 역시 간첩의 자식이라서 말하는 게 달라."

"난 간첩 자식이 아니라니까."

찬이는 끈기 있게 대꾸했다. 다른 아이가 입술을 삐죽 내밀며 얼굴을 가까이 댔다.

"그럼 누구 자식이야? 너는 다리 밑에서 주워왔니?"

"아니야, 나는 아빠 엄마 자식이야."

"그것 봐. 역시 간첩 자식이잖아. 간첩은 이렇게 목을 졸라 죽인대."

그 아이는 느닷없이 숨겨 갖고 있던 노끈을 꺼내어 찬이의 목에 걸고 잡아당기려고 하였다.

"그만둬, 나 화낼 거야!"

찬이는 얼굴을 새빨갛게 붉히며 목에 감긴 노끈을 손으로 눌렀다. 그 모습을 걱정스럽게 바라보고 있던 찬이의 동급생 아이가 노끈을 쥐고 있는 아이를 말렸다.

"그만둬. 이런 짓은 싫다고 했잖아!"

"이제 와서 무슨 소리야. 빨갱이 자식은 십자가에 매달아야 돼. 너도 이리 와서 거들어!"[39]

:: 1975년 4월 9일 새벽, 소위 '인민혁명당' 사건의 주모자로 몰려 처형당한 여덟 사람 중의 한 사람, 그의 어린 아들들이 겪었던 일을 생각할 때마다 나는 어쩐지 처참한 느낌에 사로잡히곤 한다. 당시 초등학교에 다니기 전후의 어린아이에 불과했던 그의 아들을 동네 꼬마들이 끌어내어, 목에 새끼줄을 매어 나무에 묶어 놓고 빨갱이 자식이니 총살한다고 하면서 놀이를 했던 것이다.[40]

고문과 조작의 결과로 간첩이 되거나 용공분자가 되더라도 그 판결대로 복역한다고 해서 끝나는 것은 아니다. 자신은 물론이고 가족들에게까지 평생 '간첩', '전과자'라는 딱지가 붙는 것이다. 아무런 죄 없는 아이에게까지 천형이 되는 것이다. 또 다른 사례이다.

:: 저는 어린 딸 넷과 함께 먹고 살기 위해서 밤낮으로 이 일터, 저 일터를 옮겨다니며 생활을 유지해야 했습니다. 한편으로 아빠의 뒷바라지를 위해 조금씩이라도 저축도 해야 합니다. 그러나 간첩으로 낙인 찍힌 저희 아빠 때문에 저희 가족들은 늘상 동네에서 따돌림당했고, 인간 대우를 받지 못하며 지내는 것이 어린 딸들에게 너무나 큰 고통을 주었기에 밤마다 눈물을 삼키며 아빠의 석방을 기다려왔습

39. 이희성, 『금단의 땅』, 미래사, 1988 ; 전병용, 「인혁당 사형수 8인의 진실」, 천주교 인권위원회, 『사법살인―1975년 4월의 학살』, 학민사, 2001, 252~253쪽에서 재인용.
40. 전병용, 「인혁당 사형수 8인의 진실」, 앞의 책, 254쪽.

니다. …… 저는 어린 딸들에게 '간첩의 딸'이라는 말이 들려올 때마다 시퍼런 비수가 가슴에 꽂히고 세상에 어디에서 이들에게 아빠의 죄 없음을 이야기해줄 수 있겠는가라고 반문해보며 …….[41]

그뿐이 아니다. 보안관찰법이 있어 집에 들고 나는 것조차 신고를 해야 했다. 이른바 남매간첩단사건 김삼석 씨의 경우다.

∷　　수형 시절 초기에 저는 목, 허리와 꼬리뼈 통증에 시달려야 했습니다. 이렇게 4년 20일을 억울하게 0.75평 감옥 안에서 생활해야 했습니다. 고문후유증으로 출소한 지 1년이 지난 98년 10월경 수원 장안구 집에서 아이를 업다 나도 모르게 갑자기 쓰러져 가족을 놀라게 한 적이 있습니다. 허혈성 질환이었습니다. 수원 한국병원에서 진찰을 받은 바 있고, 그 뒤 약 3개월 정도 투약치료를 했습니다. 98년 12월경 보안관찰법상 출소사실 신고를 하지 않았다고 집 앞에서 중부경찰서에 한때 연행되었습니다. 출소 1년 5개월 만인 99년 2월 25일에 법무부가 자격정지 4년 잔형의 집행을 면제시켜 저는 복권되었습니다. 한편 99년 10월 7일 보안관찰처분취소청구 행정소송을 '나 홀로 소송'으로 서울고등법원의 취소 판결을 얻어내고 2000년 1월 28일 대법원에 확정된 바 있습니다. 그후 2003년 7월 저는 의문사진상규명위원회에서 활동하다 간첩 출신 조사관이라는 색깔론에 또 한 번 홍역을 치르기도 하였습니다.[42]

피해자의 강인한 체질에도 불구하고 고문의 육체적·정신적 후유증이 만만

41. 조봉수의 처 성영회 명의의 호소문. 민주화실천가족운동협의회 산하 장기수가족협의회 조작된간첩사건가족모임, 『간첩 조작은 이제 그만』, 1989, 63쪽.
42. 김삼석, 「17일간의 구타·성추행 그리고 자살기도」, 2004년 12월 18일자 『오마이뉴스』 기사.

치 않은 상황임을 엿볼 수 있다. 더구나 보안관찰까지 그 뒤를 따라붙고, 더 나아가 '간첩'이라는 딱지가 그의 사회생활을 지속적으로 힘겹게 한다. 결코 그의 사건은 석방으로 끝난 게 아니다. 고문조작에 의한 사건임이 밝혀져 무죄를 선고받은 일반 범죄에서도 수사과정과 재판과정에서의 언론보도로 말미암아 영원히 전과자라는 낙인이 따라붙는 경우가 많다.

> :: (부산 김근하 군 살해사건의 고문피해자) 김기철 씨가 최후를 마친 (부산) 범천2동 안창마을에서 나는 동네 사람들이 아직도 기철 씨를 전과자로 알고 있는 것을 보고는, 언론 재판에서 흉악범으로 일단 묘사된 사람은 법정의 무죄 판결에도 불구하고 이 사회에서 영원한 전과자로 살아가야 한다는 무서운 사례를 확인할 수 있었다.[43]

4) 분노와 함께 사는 사람들

고문은 그 자체로 끔찍한 고통을 주지만 고문이 끝난 다음에도 육체와 정신에 심각한 상처를 남긴다. 고문을 당한 사람은 평생 동안 그 상처와 기억을 지니고 악몽을 꾼다. 고문을 당해본 사람이라면 그 누구도 이런 아픈 상처와 기억으로부터도 자유롭지 않겠지만 여기서 몇 사람의 예만 들어보겠다.

하영옥 씨의 경우
> :: 나는 결국 그때의 고문으로 외상성폐기흉에 걸려 폐기흉수술을 받아야 했고, 실핏줄이 다 터져나간 허벅지로 인해 고통을 받아야 했다. 또 그때 다친 어깨의 쇄

---

43. 조갑제, 「기자 조갑제의 현대사 추적 2―고문과 조작의 기술자들」, 한길사, 1987, 186쪽.

골은 결국 부러진 뼈를 잘라내는 수술을 했다. 고문으로 인한 고통은 평생 지울 수 없도록 내 몸에 수술 자국으로 지금 남아 있다.[44]

이 고문으로 몸에 간직하게 된 '수술 자국'은 단지 몸에만 남아 있는 것일까. 그 상처는 가슴에도 남았을 것이다.

김형식·이순자 씨의 경우

∷ 내 처는 나중에도 혹시 내가 죄스러워할까봐, 그리고 수치스러워서 끝내 말을 안 했다. 내가 그 내용을 알게 된 건 내 동료들이 말해주어서이다. …… 얼마나 수치스러웠을지, 고통스러웠을지 생각하면 분노가 치민다. …… 내 동료들의 말에 따르면, 그 잔인한 놈들은 내 처의 국부(질)에 몽둥이를 쑤셔넣는 등의 성고문했다고 한다 …… 그 사람(부인)이 상당히 몸이 안 좋았다. 거의 반신불수로 살았다. 후유증으로 자궁암도 걸리고 치료되고 나서도 몸이 안 좋았다가 1년 전부터는 끝내 자리에 눕고 말았다. 현재는 자식들이 옆에서 대소변을 다 받아낸다. 의식은 사람이 들고 나는 정도만 알아볼 정도다.[45]

1972년 유신 당시 단지 신민당 울산지구당 야당 당직자라는 이유만으로 김형식 씨는 수배를 당했고, 그의 아내인 이순자 씨는 이렇게 엄청난 성고문을 당했다. 그 끔찍한 일을 입에 담지도 못하고 속앓이를 해오다가 마침내 병이 되어버린 것이다. 고문피해자 본인의 고통은 말할 것도 없고, 그것을 지켜보는 남편의 마음도 골병이 들었다.

---

44. 하영옥, 「고문의 추억 8—상처를 싸맨 붕대로 다시 손발을 묶고…」, 2004년 12월 29일자 『오마이뉴스』 기사.
45. 김지은·남소연, 「고문 사례 공개… '특별법' 제정 추진」, 2002년 11월 21일자 『오마이뉴스』 기사.

:: 　내 처의 죄는 정치활동하던 남편 뒷바라지한 것밖에는 없다. 그런데 말 못할 고문을 당하고 그리고 나서도 몇 년을 항상 정보과 감시를 당하고 살았으니, 돈벌이도 못하고 제대로 생계를 잘 꾸리지도 못했다. 아직도 이런 생각을 하면 밤잠을 제대로 못 잔다. 밥맛이 없어진다. 분통 터지고 너무 억울할 뿐이다. 어떻게 사람을 거꾸로 달아놓고 입에 물 넣고 그런 고문을 하나? 몸도 마음도 골병이 든 거다. 잊어버리려고 애를 많이 쓴다.[46]

김성학 씨의 경우

:: 　경기도경 대공분실에서 이근안 씨 등과 악연을 맺은 지 근 13년, 또 간첩 혐의로 기소되었다가 무죄로 풀려나온 뒤 이 씨에게 응분의 대가를 치르게 하겠다고 나선지 근 10년. 김성학 씨는 이처럼 기나긴 세월을 '남의 삶'을 살았다. 한 고문 경관의 엉뚱한 침입으로 인생 행로 자체가 달라진 것이다. 실제로 김 씨는 거의 10년째 '팔자에 없던' 사진작가 생활을 하고 있다. 거짓이 없고 조작이 없는 사진기에 마음이 끌린데다가 엉망이 된 몸을 치유하기 위해 시작한 등산이 계기가 되어 산을 돌아다니며 사진을 찍는 아마추어 풍경 사진가가 된 것이다. 비록 주어진 취미였지만 김 씨가 사진기를 통해 분노를 억누르고 마음을 가라앉힐 수가 있었다고 한다. "한때는 나를 고문했던 놈들은 물론이고 그 가족까지 아예 몰살하려고 마음먹었던 적도 있었다. 너도 죽고 나도 죽자는 자포자기 심정이었다. 특수부대에서 배운 폭탄제조법을 이용해 사제폭탄을 만들려고 시도한 적도 있었다. 그런 격한 계획은 단념한 지 오래지만, 아직도 나를 고문한 놈들만 생각하면 치밀어 오르는 분노를 억누를 수가 없다." 피어린 수난사를 들려주는 김 씨는 대화 도중 몇 번이나 울먹이며 말을 잇지 못했다.[47]

46. 김지은·남소연, 「고문 사례 공개 … '특별법' 제정 추진」, 2002년 11월 21일자 『오마이뉴스』 기사.
47. 『시사저널』, 1998년 7월 30일.

오죽하면 '사제폭탄'을 제작하려고 생각했을까? 그 원한과 분노의 깊이를 짐작하고도 남는다.

4. 고문피해자들에 대한 국제적 지원

유엔은 국제적 안전보장과 인권증진을 목적으로 태어난 기관이다. 인권에 관한 다양한 기구를 설립했으며, 그 활동은 국제적 인권보장에 큰 이정표를 만들어왔다. 한국 역시 인권 분야에서 적지 않은 지원을 받았는데, 특히 유엔인권위원회의 고문희생자원호기금에서 지원을 받은 사례가 있다. 고문피해자 문국진 씨 관련 프로젝트를 심의하여 기금 5,000달러를 재정 지원하기로 결정한 것이다.

또한 유엔인권위원회는 고문으로 사건을 조작당하고 장기수가 된 한국의 몇 몇 양심수들에 대해 지지의 손을 들어주었다. 1993년 4월 30일 유엔인권위원회 산하 '자의적 구금에 관한 실무위원회(UN Working Group on Arbitrary Detention)'는 김성만·장의균·황대권 사건에 대해 세계인권선언 제5조(고문 등 비인도적 구금으로부터의 자유)·제19조(표현 사상의 자유)·제20조(집회 및 결사의 자유), 그리고 '시민적 및 정치적 권리에 관한 국제협약(ICCPR)'의 제7조(고문의 금지)·제9조(신체의 자유)·제14조(공정한 재판을 받을 권리)·제19조(표현의 자유)·제21조(집회의 자유)를 위반했다고 통보했다.[48] 실제로 강제할 수는 없으나 엄연히 국제조약에 따른 법적 구속력을 갖는 결정이었다.

그러나 뭐니 뭐니 해도 앰네스티 인터내셔널처럼 장구한 세월에 걸쳐 변함

---

48. 국가보안법폐지국민연대, 「국가보안법, 고문·용공조작 피해자 증언대회 자료집」, 2004년 12월 16일, 1쪽.

없이 한국의 인권 상황과 고문 금지에 관해 국제 여론을 모으고 압력을 행사함으로써 든든한 지지자가 되어준 기관은 없었다. 양심수 한 명, 한 명을 지정해서 전 세계에 산재한 회원들의 지원활동을 이끌어냈을 뿐만 아니라, 고문 금지와 국가보안법 폐지 등 제도적 개혁을 요구하는 일에 이르기까지 실로 다양한 활동을 해왔다. 이제는 우리가 이 국제기구를 지원함으로써 보상할 때가 되었다.

5. 고문피해자들의 자구적 노력 —진정, 고발 그리고 소송

1) 고문피해자들이 자구적 노력을 할 수 없었던 배경

고문피해자들이 자신들의 피해에 대해 배상받고 가해자를 응징하는 데 성공한다면 그 피해는 비교적 쉽게 회복될 수 있다. 그리고 그런 신속한 피해 회복은 다시 고문범죄가 저질러지지 않도록 하는 데도 큰 효과를 발휘할 수 있을 것이다. 가해자가 형사 처벌을 받거나 민사적으로 배상해야 한다면 누가 계속 고문을 자행하겠는가.

천형과 같은 고문후유증을 겪고 있는 피해 당사자와 가족들은 정신질환에 대한 이해 부족과 고통스런 현실을 인정할 용기가 부족해 고문이 그렇게 지속적이고 오랜 세월 고통을 가져오리라고 제대로 예상하지 못한다. 그런데 더욱 안타까운 것은 오랜 세월 지속되는 정신질환 때문에 가족생활이 피폐해지고, 치료비용을 대다가 가산을 탕진하는 등의 곤란을 겪으면서 결국 자포자기하거나 방치하는 경우가 많다는 것이다. 그들은 감히 고문가해자를 상대로 고발하거나 그 책임을 물어 국가를 상대로 소송을 제기할 엄두를 내지 못한다.[49]

특히 군사정권이 이어졌던 전두환 정권 때나 그 연장선인 노태우 정권 때에는 사회적으로나 정서상으로 그런 문제제기 자체가 어려운 현실이었다. 문제제기를 한다고 해서 배상이나 가해자 처벌이 현실적으로 이루어질 가능성도 없었을 뿐만 아니라, 오히려 그것 때문에 보복을 받을 가능성도 있었다. 더 나아가 그런 법률적 문제제기가 행여 피해자의 정서에 어떤 영향을 미칠까 걱정하는 입장도 있었는데, 특히 정신질환을 앓고 있는 피해자의 가족들은 더욱 그랬다.

고문의 피해가 발생한 후 오랜 시간이 지나면 보복이나 불이익의 가능성은 없어지지만 공소시효나 소멸시효라는 벽에 부딪혀 더 이상 피해 회복이 불가능한 상황이 된다. 더구나 한국의 손해배상청구제도나 고소·고발제도는 그 신속성이나 효율성에서 국제적인 비판까지 받고 있는 실정이다.[50] 고문피해자들에게는 그 피해 회복이 한시가 급한 만큼 좀더 효율적이고 신속한 피해 회복 수단이 제공되어야 마땅하다. 그러나 무엇보다도 중요한 것은 고문피해의 회복을 담당하는 검찰이나 법원의 의지이다. 어쩌면 자신들의 과거 결정을 번복하는 일이 될 수도 있고, 관련 기관 종사자들을 처벌하거나 배상을 명하는 일이 될 수도 있다. 고문피해의 회복은 바로 이런 사사로운 관계를 넘어서는 문제이다. 그리고 더 나아가 자기 기관의 과거 잘못이라도 과감히 시정할 수 있는 용기를 가져야 한다.

49. "이 재판극에서 가해자 역할을 맡았던 사람들은 그 뒤에도 거의 잘되었고 피해자 역할을 떠맡았던 사람들은 지금까지도 주눅이 든 생활을 하고 있다. 그들 피해자들 중 어느 누구도 개인적인 복수를 시도하지 않았다는 것은 이 사건의 잔혹성과 조작성에 비추어 하나의 기적이며, 그것은 그들의 유순한 성품을 엿보게 하는 자료이기도 하다. 아마도 피해자들이 그런 모욕과 고통을 검사나 법이란 제도가 아니라 깡패나 친구로부터 직접 당했다면 거기엔 보복이 있었을 것이다. '무슨 유감이 있어서 그런 게 아니라 범인을 잡으려다 보니……'라는 이해심과 상대가 법이란 막강한 힘의 보호막 뒤에 있는 사람들이란 두려움이 그런 개인적 보복을 불가능하게 했을 것이다." 조갑제, 『기자 조갑제의 현대사 추적 2—고문과 조작의 기술자들』, 한길사, 1987, 237쪽.
50. Amnesty International, Republic of Korea: Summary of Concerns on torture and ill-treatment, AI Index: ASA 25/25/96, October 1996.

2) 고문피해자들의 호소·탄원운동

고문피해자들이 정부의 지원을 구하면서 청와대에 진정을 내거나 관계 기관에 호소하는 사례들도 있었다. 그러나 이것은 어디까지나 정부의 시혜적인 조치를 구하는 것이었지, 국가를 상대로 고문가해자의 처벌이나 피해자로서의 권리에 기초해 주장한 것이 아니었다.

고문피해자들의 인권에 기초해 종합적인 대책을 마련하도록 정부에 청원하고 나선 것은 1993년 12월 29일의 일이었다. 박정기, 인재근, 최의팔, 서준식, 최민화 외 각계 인사 1,214명이 서명한 이 청원서에는 다음과 같은 청원의 취지와 내용이 담겨 있다.

1. 청원의 취지

:: 　과거 군사정권하에서 수많은 고문사건들이 있었음은 주지의 사실입니다. 고문은 가장 잔악한 인권유린 범죄이며, 국제적으로도 고문이 발생하는 어느 국가도 문명국가로 대우받지 못한다는 사실에서 고문에 대한 전 인류의 공분을 확인할 수 있습니다. 현 정권에서 고문은 상당히 사라졌고, 앞으로도 개선되리라 생각하지만, 지난 시절에 고문으로 인해 육체적·정신적 질환을 얻고 더욱이 현재까지도 고문의 후유증으로 고통당하고 있는 고문피해자와 그 가족들이 받는 정신적·경제적 고통은 이루 말할 수 없습니다. 고문피해는 단지 한 개인의 문제가 아니라 국가적 차원에서 대책이 수립되고 그들이 건강한 사회인으로 살아나갈 수 있도록 모든 노력을 경주해야 합니다.

2. 청원의 내용

① 고문후유증에 대한 실질적인 조사를 해야 합니다.

② 고문피해자에 대한 적극적인 치료 대책을 세워야 합니다.

③ 고문피해자와 그 가족들에 대한 보상이 이뤄져야 합니다.

④ 고문의 근절과 고문피해자에 대한 치료와 보상을 위한 특별법이 제정되어야 합니다.

⑤ 유엔고문방지협약에 가급적 빨리 가입하고, 이를 유보 없이 비준하여 고문의 근절과 고문후유증 치료에 대한 국가적 차원의 의지를 천명하도록 해야 합니다.[51]

이 청원은 당시 국회의원 임채정 외 78명에 의해 소개되었으나, 국회 차원에서 아무것도 마련하지 못한 채 세월만 경과하고 말았다.

3) '악령의 세월을 보상하라' — 고문피해에 대한 소송의 물결

세월이 지나고 민주화가 진행되면서 과거 고문사건에 대한 법적 평가들이 올바르게 내려지기 시작했다. 박종철 군 고문치사사건에 대한 가족들의 신원권(伸寃權: 국가의 불법행위에 대한 진상을 규명하고 유족들의 원한을 풀 권리)이 인정되기도 하고, 김근태 사건에 관련된 고문경찰관들이 유죄 실형을 받고 법정구속이 되기도 했다. 이러한 변화와 발전에 힘입어 고문피해자들이 소송을 제기할 움직임을 보이기 시작했다. 그 선두에 서서 소송을 제기한 것이 문국진 씨였다.[52] 지속되는 고문후유증에 시달리던 문국진 씨의 부인과 친구, 주변 사람들이 '문국진피해대책

---

51. 참여연대 인권자료실(인권운동사랑방) 자료.(자료등록일 1995년 9월 1일, 분류기호 B11)
52. "문국진 씨의 고문피해(로 인한 소송) 문제가 어떻게 처리되는지를 보고 아직도 알려지지 않은 무수한 고문피해자와 가족들이 용기를 내어 법에 호소할 것인지 말 것인지를 결정할 것"이다. 신보연, 「고문수사 관행을 뿌리 뽑기 위한 작은 움직임—아직도 고문피해는 끝나지 않았다」, 『사회평론 길』 1993년 10월호. '문국진과함께하는모임' 발족자료집 중에서 재인용.

위원회'를 구성하고 배상청구소송을 제기한 것이다. 이때의 심경을 문국진 씨의 부인 윤연옥 씨는 이렇게 밝히고 있다.

:: 삶이 너무 고통스러워 잠자는 애를 껴안고 몰래 운 적도 많았다는 윤 씨는 "한 인간이 파괴되어가는 모습을 더 이상 주저앉아 지켜보지 못할 것 같아 소송을 냈다"고 말한다. 윤 씨는 또 "80년대 '운동권' 사람들에게 자행된 무자비한 투옥과 고문의 현장 속에서 한 인간이 이렇게 처절하게 파괴되었음을 세상에 알리고, 인간성을 파괴한 잔혹한 고문과 고문의 두려움으로 정신분열을 일으킨 사람을 미친 척한다며 방치한 살인적 행위에 대한 진상이 철저히 규명되어야 한다"고 말한다.[53]

이 사건은 결국 문국진 씨의 승소로 귀결되었다. 서울지법 민사합의13부(성문용 재판장)는 국가가 문 씨에게 1억 3,900만 원가량의 손해배상금을 지급할 것을 명했다.[54] 이 사건에서 쟁점이 된 것은 손해배상 채권의 시효소멸에 관한 것이었다. 당시 재판부의 시효소멸을 부정한 근거는 다음과 같다.

:: 피고(국가)는 1987년 2월 28일 국립서울정신병원의 원고에 대한 정신감정 결과가 나왔을 때는 불법행위(고문)로 인한 손해와 가해자를 알았다 할 것인데, 그로부터 3년이 경과한 후인 1993년 10월 14일에서야 이 사건 소를 제기했으므로 원고의 피고에 대한 손해배상청구권은 이미 시효로 인하여 소멸하였다고 항변한다. 살피건대 통상의 경우 불법행위의 피해자는 그로 인한 장애가 발생하였을 때 그 손해를 알았다고 할 것이나, 불법행위 당시에는 예상할 수 없던 손해가 발생하였

53. 이성남, 「'악령의 세월' 배상하라」, 『시사저널』, 1993년 10월 28일.
54. 서울지방법원 제13민사부 93가합 76915호 사건 손해배상 판결문 참조.

거나 예상 외로 손해가 확대된 경우에는 그러한 사유가 판명된 때에 비로소 새로이 발생 또는 확대된 손해를 알았다고 할 것인데, 원고가 위와 같이 기소유예 처분을 받고 석방된 후 출판사에서 취직을 하기도 하고 결혼을 하여 딸까지 낳는 등 거의 정상인과 다름없는 생활을 영위하다가, 1993년 6월에 이르러 갑자기 발작 증세를 보여 입원치료를 받게 된 사실은 앞서 본 바와 같은바, 그렇다면 약 6년여가 경과하여 다시 위와 같은 증세가 나타날 것을 예견할 수는 없었다고 볼 것이므로 원고의 위 발작 증세가 새로이 나타난 1993년 6월 비로소 위 새로이 발생한 증상에 따른 손해를 알게 되었다 할 것이고, 그로부터 3년의 시효 기간이 경과하기 전인 같은 해 10월 14일 이 사건 소를 제기하였음이 명백한 이상…… 피고의 위 항변은 이유 없다.[55]

이 소식이 알려지면서 김낙중 간첩단사건으로 안기부에 끌려갔다가 집단폭행을 당한 전희식 씨가 합류했고, 고 최동 씨 가족도 합류할 것을 논의했다.[56] 당시의 상황을 한 신문에서는 이렇게 전하고 있다.

∷　김근태 씨 고문경관 법정구속과 박종철 씨 가족 신원권 인정[57] 등 최근 고문피해에 대한 사법부의 전향적 판결이 나오면서 5·6공 군사정권 시절 수사관에 의해 고문을 당한 피해자와 가족들이 잇따라 국가를 상대로 한 피해배상소송을 준비

55. 서울지방법원 제13민사부 93가합 76915호 사건 손해배상 판결문 참조.
56. 신보연, 「고문수사 관행을 뿌리뽑기 위한 작은 움직임―아직도 고문피해는 끝나지 않았다」, 『사회평론 길』 1993년 10월호.
57. 서울고등법원이 박종철 군 고문치사사건과 관련해 유족들이 낸 손해배상청구소송에서 민사상 손해배상 책임을 물을 수 있는 가족권의 하나로 '신원권' 개념을 도입해 원고 승소 판결을 내렸다. 1993년 7월 14일 서울고법 민사2부 재판장(권성 부장판사)은 "강민창 당시 치안본부장 등이 박 군의 고문치사 사실을 은폐한 것은 가족이 억울한 죽음을 당했을 경우 그 원한을 풀어주어야 할 신원권을 침해한 것"이라고 판시했다. 재판부는 판결문에서 "혈연으로 맺어져 고락을 함께하는 가족공동체에서 가족 중 누가 뜻밖의 죽음을 당했을 경우 나머지 가족들은 그 진상을 밝혀내고 그 결과 억울한 일이 있었을 때는 법 절차에 호소해 그 원한을 풀어줄 의무가 있다"라고 밝혔다. 「'억울한 죽음' 가족이 원한 풀어줄 의무 있다」, 1993년 7월 15일자 『동아일보』 기사. 서울민사지방법원 88가합 13661호 사건 판결문 참조.

하고 있다. 또 인권단체에서는 수사기관의 인권유린 행위를 뿌리 뽑기 위해 시국사범뿐 아니라 일반사범까지 대상으로 하는 '고문피해자 고발센터'를 만들어 손해배상소송을 대행키로 하는 등 적극적인 움직임을 보이고 있어 주목된다.

고문후유증으로 정신질환을 앓고 있는 문국진(33, 연세대 79학번) 씨 부인 윤연옥(30) 씨는 다음 주 안에 국가를 상대로 고문피해에 따른 손해배상을 요구하는 민사소송을 내기로 했다. 윤 씨는 이미 의사 소견서와 증인진술 등 소송 제기에 필요한 서류를 모두 갖추고 변호를 맡을 백승헌 변호사와 법률 검토까지 끝낸 상태이다. …… 이와 함께 한국기독교교회협의회 인권위원회는 '고문피해자 고발센터'를 열어 시국사범과 일반사범 고문피해자들의 피해 사례를 접수하기로 했다. 인권위는 고발자들을 중심으로 '고문피해자 모임'을 구성하는 한편, 이들을 대신해 국가를 상대로 한 손해배상청구소송을 대행해주기로 했다.[58]

가장 유명한 고문피해자 김근태 씨는 국가를 상대로 한 손해배상소송에서 4,500만 원의 배상을 받았다. 그 고문의 가혹함에 비하면 여전히 적은 돈이다. 한편 이른바 '유럽 거점 간첩단사건'과 관련해 1973년 10월 중앙정보부에서 조사를 받다가 수사과정의 가혹행위로 사망한 고 최종길 교수의 유가족이 서울중앙지법에 국가를 상대로 67억여 원의 손해배상청구소송을 냈는데, 2006년에 이르러 재판부는 국가가 최 교수 유가족에게 손해배상금 18억 4,800만 원을 지급하라는 판결을 내렸다.

    ::   이 사건을 담당한 서울중앙지법 민사합의23부(재판장 이혁우)는 2004년 7월 7일 국가가 10억 원을 배상하는 화해권고 결정을 내렸다. 재판부는 "최 교수 사망

---

58. 「'고문피해' 잇단 소송 준비」, 1989년 9월 19일자 『한겨레신문』 기사.

후 30년 세월의 한을 풀고 뒤틀린 과거를 바로잡고자 소송을 제기한 원고들은 국
가배상금을 받으면 최 교수를 기념하는 공익단체를 설립해 사회에 기여하려 하고
있고, 피고 측도 과거 권위주의 정권 시절의 잘못을 반성하며 가능한 모든 방법으
로 피해를 보상하려 하고 있다"고 밝혔다. 재판부는 또한 "이 같은 사정에 이 사
건의 사회적 의미와 국가의 역사적·도덕적 책무, 원고들의 고통을 고려하면 국가
가 최 교수의 죽음에 대해 책임을 인정하고 10억 원의 위자료를 지급하고 화해하
는 것이 타당하다고 판단된다"고 말했다. 그러나 재판부는 최 교수가 중정에서 고
문을 당해 숨졌는지, 손해배상의 소멸시효가 지났는지 등 쟁점에 대해서는 법적
판단을 하지 않았다고 밝혔다. 양측 모두 화해권고 결정문 정본을 송달받고 2주
이내에 이의를 제기하지 않으면 이번 결정은 확정판결과 동일한 효력을 갖게 되며
같은 취지의 소송을 다시 제기할 수 없다.[59]

일반사건의 경우에도 경찰의 고문 사실을 인정해 손해배상 판결을 한 사례
들이 있다. 이런 소송들이 줄을 잇게 된 것은 모두 1990년대 이후의 일이다.

::   서울민사지방법원은 1993년 7월 5일, 지난 91년 서울 마포구 대흥동 자신의
      집에서 9세짜리 여동생을 흉기로 찌르고 집에 불을 질러 숨지게 한 범인으로 지목
      됐던 권 모(당시 10세) 군과 권 군의 가족들이 경찰이 짜맞추기 수사로 명예를 훼손
      당했다며 국가를 상대로 낸 소송에서 "국가는 권 군 가족에게 8,000만 원을 지급
      하라"고 원고 일부 승소 판결을 내렸다.[60]

::   1993년 9월 24일, 사기 등 혐의로 1989년 10월 연행되어 구타와 가혹행위로

59. 2004년 7월 7일자 『연합뉴스』 기사.
60. 「살인누명 국교생—국가서 배상판결」, 1993년 7월 6일자 『동아일보』 기사.

자백을 강요받아 직접 증거가 없어 무죄로 풀려나왔던 김학동 씨가 국가를 상대로 낸 손해배상청구소송에서 검찰에서의 가혹행위를 인정받아 승소했다.[61]

:: '1991년 12월 서울 관악구 봉천동 대로변 살인사건'의 범인으로 구속된 뒤 지난 2월 대법원에서 무죄 판결을 받은 구완희(30) 씨는 (1993년 11월) 8일 경찰 수사과정에서 가혹행위를 당했다며 국가를 상대로 4천6백만 원의 손해배상청구 소송을 서울민사지법에 냈다. 구 씨는 소장에서 "91년 12월 평소처럼 우유 배달을 하고 있는데, K경찰서 소속 경찰관들이 살인사건의 범인이라며 강제연행한 뒤 양손을 뒤로 묶고 각목을 넣어 비트는 등 가혹행위를 했다"며 "또한 검찰이 고문에 의한 허위자백만을 갖고 구속 기소하는 바람에 1심에서 징역 12년을 받고 작년 11월 항소심에서 무죄선고로 풀려날 때까지 310일 동안 억울한 옥살이를 했다"고 주장했다.[62]

:: 1994년 부산 만덕초등학교생 강주영(당시 8세) 양 유괴살해사건의 범인으로 몰려 구속 기소됐다가 대법원에서 무죄 판결을 받은 3명도 국가를 상대로 모두 6억 5,000만 원의 손해배상청구소송 및 배상금 지급신청을 냈다.[63]

:: 1997년 7월 5일 서울지법 민사합의17부는 지난 92년 토지사기단의 바람잡이 역할을 했다는 혐의로 구속된 후 무죄 확정판결을 받은 박 모 씨가 국가를 상대로 낸 손해배상청구소송에서 "검찰의 무리한 구속수사로 박 모 씨의 가정이 파탄되었다"며 "국가는 박 모 씨에게 1,800만 원을 배상하라"고 원고 일부 승소 판결

61. 「"검찰 고문 허위자백 국가배상해야"—서울민사지법 판결」, 1993년 9월 25일자 『한겨레신문』 기사.
62. 「검-경 고문 등 가혹행위 피해: 국가 상대 잇단 손배소」, 1993년 11월 9일자 『조선일보』 기사.
63. 「강주영양 사건, 무죄 판결 3명—국가 상대로 손배송」, 1996년 5월 1일자 『동아일보』 기사.

을 내렸다.[64]

  ::   지난 1991년 강간치상 혐의로 구속됐으나 2심에서 무죄 확정판결을 받은 전직 공무원 최 모 씨가 1994년 말 "검찰 수사과정에서 가혹행위를 당해 허위자백을 한 끝에 구속되었고, 직장까지 잃었다"며 국가를 상대로 손해배상청구소송을 냈고, 안양교도소에 수감 중인 신정호 씨도 1995년 1월 21일 "80년 삼청교육대에서 폭행당한 뒤 얻은 상처와 질병으로 정상적인 사회생활을 영위하지 못하고 있다"며 손해배상청구소송을 낸 데 이어, 강도상해 혐의로 실형을 선고받고 수감 도중 숨진 이 모 씨의 유족들이 2월 11일 "이 씨가 재소자로부터 폭행을 당해 타박상을 입은 뒤 치료를 호소했으나 교도소 측은 꾀병이라며 수갑을 채우고 약물치료만 해 결국 이 씨를 숨지게 했다"며 국가를 상대로 손해배상청구소송을 내는 등 교도소나 수사기관에서 숨지거나 폭행당한 피해자들의 국가상대 손해배상청구소송이 잇따랐다.[65]

그러나 여전히 소송을 제기한 사례는 매우 드물다. 더구나 시간이 흘러 소송을 할 정도의 시대 상황이 되었을 때는 이미 시효가 소멸되었을 가능성이 높다.

---

64. 「무리한 구속수사 국가배상 판결―가정 파탄 50대 일부 승소」, 1997년 7월 5일자 『한겨레신문』 기사.
65. 「가혹행위 국가손해배상소송 잇따라」, 1995년 2월 13일자 『한겨레신문』 기사.

03
절실한 고문피해자 대책

1. 국가가 나서야 한다

:: 　유엔은 1987년 이래 매년 6월 26일을 고문 종식을 위한 행동의 날로 정하고 다양한 사업을 벌이기로 했다. 1999년 6월 26일에는 고문에 관한 10가지 주제로 전시회를 열었다. 이 전시회는 국제고문희생자재활협의회와 고등인권판무관 뉴욕 사무소가 공동으로 준비했는데, 처음에는 2주로 기획되었다가 대중의 관심이 높아지면서 12주로 연장되었다. 세 권의 두꺼운 방명록은 많은 나라에서 온 수천 명의 서명으로 채워졌다. 제네바에 있는 유엔에서도 27개국의 고문피해자들이 그린 120점의 그림과 소묘들을 전시했다. 코피 아난 유엔 사무총장과 유엔 고등인권판무관 메리 로빈슨을 비롯한 관계자들이 고문에 관한 언론 홍보와 기자회견을 열었다. 많은 국내외 언론들이 이러한 미술전시회와 기자회견을 열었다. 로이터, AP, DPA, AFP, ABC, CNN 등 세계 유수 통신사와 방송사들이 이들의 사연을 보도했

다. 코피 아난 유엔 사무총장은 다음과 같이 말하였다.

"오늘은 상상하기조차 힘든 고통을 참아온 이들에게 존경을 표하는 날이다. 오늘은 세계가 말로는 표현할 수 없는 끔찍한 고문에 대항하여 목소리를 높여야 하는 날이다. 전 세계의 많은 고문희생자와 생존자들을 위로하고, 지원하는 일에 하루를 바치는 일이 너무 오랫동안 지연되어왔다."[1]

단 하루라고 하더라도 유엔 차원에서 이렇게 고문희생자를 격려하고 기억하는 일은 대단히 소중하다. 유엔이 제정한 이날을 기념해 전 세계 100개국 이상에서 300개 이상의 고문 관련 단체들이 기념행사를 치르고 있다.[2] 우리는 과연 이 땅에서 발생한 숱한 고문과 그로 인한 고문희생자들을 단 하루, 아니 단 한 시간이라도 생각하고 기억한 적이 있었던가.

고문희생자들을 위해 우리가 해야 할 일은 많다. '문국진과함께하는모임'은 1993년 12월 국회에 다음과 같은 대책을 세워줄 것을 청원했다. ① 고문후유증에 대한 실질적인 조사, ② 고문피해자에 대한 적극적인 치료 대책 수립, ③ 고문피해자와 그 가족에 대한 보상 실시, ④ 고문의 근절과 고문피해자에 대한 치료와 보상을 위한 특별법 제정, ⑤ 유엔고문방지협약에 가급적 빨리 가입하고, 이를 유보 없이 비준해 고문의 근절과 고문후유증 치료에 대한 국가적 차원의 의지를 천명할 것 등이었다.[3] 이 가운데 마지막의 유엔고문방지협약은 1999년 1월 우리 정부가 가입함으로써 성취되었다. 물론 유보조항이 있고 그 협약이 충분히 실현되지 못하고 있기는 하지만. 그러나 나머지 주장은 전혀 이루어지지 않고 있다. 1999년 광주 가톨릭회관에서는 광주·전남 지역 고문피해자모임이 기자회견

---

1. 앰네스티 인터내셔널 웹사이트(http://www.amnesty.org) 참조.
2. 고문등정치폭력피해자를돕는모임(KRCT), 『고문, 인권의 무덤』, 한겨레출판, 2004, 7쪽.
3. 『문국진과함께하는모임』 소식 제2호, 1993년 12월 10일.

을 열고 다음과 같은 요구 조건을 내걸었다. 이어 국가보안법폐지국민연대 역시 2004년 연말 국가보안법과 용공조작 피해자들에 대한 종합적인 대책을 요구했다.

① 국민의 정부는 과거 독재정권 치하에서 고문조작된 피해자들에 대해 진상규명과 명예회복을 위한 특별법을 즉각 제정하라.
② 국민의 정부는 이근안 등 고문가해자들의 배후 조종자를 색출하여 엄벌하라.
③ 국민의 정부는 대통령의 직속기관으로 고문조작사건의 진상규명위원회를 즉각 설치하라.[4]

:: 이들 피해자들에게 이제 우리 사회는 사과하고, 그들의 고통을 덜어주기 위한 법제를 만들고, 고문피해자들의 재활을 위한 서비스를 제공해야 한다. 아울러 국가는 그들에게 사죄하고, 책임자를 처벌하며, 그들의 명예를 회복할 수 있도록 노력해야 한다.[5]

여기서 우리가 강조해야 할 일은 이 모든 조치를 국가가 책임지고 시행해야 한다는 점이다. 무엇보다도 이 땅에서 벌어진 대부분의 고문사건은 우발적인 사고라기보다는 국가기관의 체계적이고 조직적인 범죄로 이루어진 사건들이다. 따라서 가해자 개인에 대한 책임을 묻거나, 더 나아가 피해자가 아무런 조치 없이 방치되는 사태를 그대로 용인할 수는 없는 것이다.

:: (최종길 교수 사건은) 정보부라는 국가기관이 불법연행, 고문, 조작, 사인 은

---

4. 1999년 11월 11일자 『민권신문』 기사.
5. 국가보안법폐지국민연대, 『국가보안법, 고문·용공조작 피해자 증언대회 자료집』, 2004년 12월 16일, 36쪽.

폐를 저질렀고 그에 대한 조사, 제재를 않음으로써 그 스스로 범행을 알면서 방조하였던 것이다. 고문한 자들이 최 교수 개인에 대한 원한을 가졌을 리 없으므로 이 범행은 개인적 범행이 아니다.…… 수사관은 스스로 고문자인 동시에 보다 상위에 있는 조직의 요구를 수행하는 도구였다. 따라서 그 고문 및 사망에 대해서는 고문자 개인의 범죄일 뿐만 아니라 그 조직의 범죄의 특색을 분명히 띠는 것이다.…… (김근태, 박종철을 고문한) 욕조의 존재를 공안기관, 경찰기관의 책임자들은 모두 인지하고 있었으며 고문 주장이 지속적으로 제기됨도 알고 있었다. 안기부, 보안사, 치안본부 분실에서 고문이 일상적으로 자행되었음은 수많은 경험자의 증언을 통해 쉽게 확인된다. 때문에 고문(치사)에 대해 실행자의 책임은 물론 그 감독자에 있는 자의 책임, 그리고 기관·국가의 책임도 인정되어야 한다. 개인적 고문이 아니라 제도화된 고문의 경우에는 그 기관, 국가에 궁극적인 책임이 지워져야 하는 것은 당연한 것이다.[6]

2. 고문피해 전문재활센터와 고문희생자를 위한 기금

앞에서 확인한 것처럼 상당수 고문피해자들이 심각한 정신질환을 앓고 있다. 만약 이들에게 조금이라도 전문적인 의료행위의 손길이 미쳤더라면 상황은 달라졌을 것이다. 그뿐만 아니라 그런 정도로 심각하지는 않다 할지라도 여전히 고문후유증을 극복하지 못한 사람들도 있다.

6. 한인섭, 「국가폭력에 의한 사망과 그 구제방법」, 『의문사 문제 해결을 위한 법적 모색—학술심포지엄 자료집』, 최종길교수고문치사진상규명및명예회복추진위원회, 1999년 4월 12일, 18쪽.

국가별 고문피해자재활센터 현황

국가명	재활센터 수	국가명	재활센터 수
알바니아	1	한국	0
알제리	1	중국	0
아르헨티나	3	일본	0
아르메니아	1	콜롬비아	1
오스트레일리아	9	크로아티아	3
오스트리아	4	덴마크	5
방글라데시	2	에콰도르	2
벨기에	1	이집트	1
볼리비아	1	에스토니아	1
보스니아	1	에티오피아	1
브라질	1	핀란드	1
불가리아	1	유고슬라비아	2
캄보디아	1	프랑스	2
캐나다	8	조르지아	2
칠레	3	독일	10
가나	1	과테말라	1
그리스	3	아이티	1
온두라스	1	헝가리	1
인도	3	인도네시아	1
이란	1	이탈리아	2
케냐	1	코소보	1
쿠웨이트	1	라트비아	1
레바논	1	멕시코	3
몰도바공화국	2	모로코	1
모잠비크	1	나미비아	1
네팔	1	네덜란드	5
뉴질랜드	2	나이지리아	2
노르웨이	1	파키스탄	2
팔레스타인	3	파라과이	1
페루	1	필리핀	1
폴란드	1	루마니아	3
러시아	2	르완다	1
남아프리카공화국	4	스위스	2
터키	5	우간다	1
우크라이나	1	영국	2
우루과이	1	미국	27
스리랑카	1	스웨덴	5

:: 민청련사건으로 85년 구속됐던 이 모 씨는 "무차별 구타와 물고문을 당한 뒤 한동안 정신이상 증세가 나타나 내가 지렁이나 뱀이 되고, 다른 사람이 닭과 돼지로 보이는 환각에 시달렸다"고 했다. 고문피해자들은 일상으로 돌아와서도 고문의 기억을 지우지 못해 고통받는다는 게 정신과 의사들 설명이다. 검은색 승용차로 연행됐던 사람들은 검은색 승용차만 보면 공포 증세를 보이고, 목욕탕 타일과 냄새가 고문받던 방을 연상시켜 목욕탕에 들어가지 못하는 사람도 있다.[7]

고문피해자들과 가족들이 고문으로 인한 육체적·정신적 상처와 후유증으로 엄청난 고통을 당하고 있음에 비해 아무런 재활치료기관도 없다는 것은 참으로 부끄러운 일이다. 참고로 옆의 표는 2004년까지 국가별로 고문피해자재활센터가 설치된 현황이다.[8]

미국이 27개, 독일이 10개, 오스트레일리아가 9개, 캐나다가 8개, 덴마크와 네덜란드가 각 5개의 재활센터가 있는 것이 인상적이다. 선진국이고 고문이 이루어질 가능성이 적은 나라들이다. 이들 나라에 들어오는 난민이나 망명자들을 위한 시설의 필요성 때문이거나, 덴마크같이 국제적 고문피해 재활연구와 재활시설을 운영하는 나라이기 때문이다. 또한 과거 군사정권이 지배한 터키에는 5개의 재활시설이 있다. 터키인권재단이 창설된 뒤 그 산하에 있는 앙카라재활센터가 주로 고문피해자를 위해 활동하고 있다. 특히 앙카라재활센터는 의료전문가 교육을 실시하고 국제회의에 참석하는 등 고문피해자를 위해 광범하고도 다양한 활동을 벌여왔다. 이스탄불과 이즈미르에도 지부를 두고 있다.[9]

한때 우리나라에서도 고문피해자들을 치료하기 위한 전문치료재활센터의

---

7. 「'이근안 고문'이 남긴 상처」, 1999년 10월 30일자 『조선일보』 기사.
8. 고문등정치폭력피해자를돕는모임(KRCT), 『고문, 인권의 무덤』, 한겨레출판, 2004, 168쪽.
9. 자세한 것은 "Human Rights of Turkey Treatment Centers", *1993 Report* 참조.

건립이 논의되었다. 5·18광주민중항쟁에 관한 연구를 진행해온 변주나 교수 등은 "정치적 피해자들의 재활과 치료를 통합관리할 수 있는 5·18기념인권병원 및 연구소 설립"을 제안하기도 했다.[10]

:: 우리 근대사의 정치폭력 피해자들을 위한 전문치료재활센터 건립이 추진되고 있다. 가칭 '한국정치폭력및고문피해자센터'(아래 '정치폭력피해센터'). 지난 (2000년) 7월 이후 세 차례 모임을 가졌던 정치폭력피해센터 추진준비위원회는 오는 25일 발기인대회를 갖고, 공식적인 추진 일정에 들어가기로 했다. 추진준비위는 "수십 년간 외세와 독재 아래 정치폭력 피해를 입고도 국가로부터 방치되어 정신적·육체적 고통을 겪고 있는 피해자들의 건강과 인권을 보호하고 재활치료를 통해 건강한 사회인으로의 복귀를 도모"하는 것이 건립취지라고 밝혔다. 일제 치하에 희생된 사람들, 제주 4·3 등 분단에 따른 사상적 갈등의 피해자들, 5·18 등 독재정권하의 민주화운동 희생자 등, 지난 한 세기 동안의 수많은 정치폭력 피해자와 그 가족들이 모두 대상이다. 이를 위해 △직접적인 치료와 재활을 담당하는 인권병원, △인권피해자 발굴 및 치료방법 연구 등을 위한 인권연구소, △종합적 복지서비스를 제공하는 인권복지관 등 세 단위로 정치폭력피해센터가 구성될 예정이다. 추진준비위원회는 특히 '센터' 건립에 앞서 정치폭력 피해자 실태 파악을 중요한 과제로 삼고 있다. 고문피해자의 경우, 후유증이 심각해 정신질환을 앓고 있는 사람들도 많지만, 그 현황조차 제대로 파악되지 않고 있기 때문이다.[11]

한국에 존재하는 역대 수많은 정권의 고문피해자들과 심지어 통일 과정에서

---

10. 변주나, 「5·18 인권병원 및 연구소 건립」, 『치유되지 않은 5월—20년 후 광주민중항쟁 피해자 실상 및 대책』, 2000, 379쪽 이하 참조.
11. 이창조, 「정치폭력 피해자 전문치료재활센터 추진」, 2000년 11월 16일자 『인권하루소식』 기사.

또는 통일 후 북한 정권에 의해 학대당한 고문피해자들, 더 나아가 과거 독재치하에서 이루어진 아시아 지역의 고문피해자들에 이르기까지, 모두 고문피해자 재활을 위한 인권병원의 수혜자가 될 수 있을 것이다. 이 일은 아주 많지 않은 비용으로 인권 선진국으로 도약하는 것이고, 사회와 역사의 어두운 그림자를 치유하는 중요한 계기가 될 것이다.

그뿐만 아니라 개별적 피해자들의 생활보조금 지원을 위한 기금도 필요하다. 참고로 유엔에서는 1981년에 고문희생자원호기금(UN Voluntary Fund for Torture Victims)이 설치되었다. 이 기금으로 1983년에서 1988년 중반까지 300여 개의 단체에 기금을 지원해주었고, 고문생존자들에게 직접적인 의료지원이나 정신적인 지원을 제공했다. 1998년에는 전 세계로부터 680만 달러에 해당하는 재정지원 신청을 받았으나 불충분한 기금으로 겨우 반 정도만 전달되었다고 한다.[12] 이 원호기금에 우리나라 정부도 큰돈은 아니지만 일부 출연한 적이 있었다.[13] 그렇다면 왜 이 나라에 넘쳐나는 고문희생자들을 위해 정부는 기금 하나 만들지 못하는가?

12. http://www.amnesty.org 참조.
13. 정부는 1988년부터 1990년까지 매년 5,000달러씩 도합 1만 5,000달러를 기여금으로 제공했다고 한다. 대한민국, 「시민적 및 정치적 권리에 관한 국제규약 제40조에 따른 최초 보고서」, 63쪽.

3. 진실 규명과 재심

1) 진실이라는 첫 계단 — 피해자들이 진실을 갈구하는 이유

∷ "간첩 출신이 국가기관인 의문사위(의문사진상규명위원회) 조사관으로 둔 갑해 군 장성을 조사하는 세상이 됐다"는 통탄과 함께 한나라당 박근혜 대표가 국 가정체성의 붕괴 위기를 문제제기한 바 있었다. 이에 한나라당은 별안간 대통령의 국가관에 의문을 표하고 일련의 '국가기본을 흔든 사태'에 대해 사과할 것을 요 구했다. 지난 7월 말부터 8월 초에 한국을 뒤흔든 이른바 '국가정체성 논쟁'이란 뼈대다. 대다수 국민들은 뉴스의 헤드라인엔 민감하지만 뉴스의 총체적인 맥락엔 둔감하다. "간첩이 군 장성을 조사했다"는 천인공노할 일이 벌어져선 안 된다는 생각에서 분노를 표시한다. 하지만 이것이 사태의 진실인가. 여전히 21세기 한국 사회엔 참으로 희한한 낙인찍기 시스템이 작동한다.

이 논란의 주인공 김삼석 전 의문사위 조사관은 1993년 국가안전기획부가 이름 붙인 '남매간첩단사건'의 당사자이다. 일본을 왕래하면서 한통련 등 북한 관련 관계자에게 공작금을 지원받았다는 혐의로 간첩죄가 적용돼 4년간 복역했다. 하 지만 1995년 당시 권영해 국가안전기획부장은 남매간첩단사건에 개입한 프락치 가 안기부의 공작이었음을 국회정보위에 출석해 증언한다. 즉 안기부가 관제 프락 치를 이용해 함정에 빠뜨려 간첩으로 조작한 사건이다.

안기부 조사과정에서 김삼석 씨는 구타·수면 금지·성적 고문 등을 당하면서 강제 허위자백을 당하고 강제에 의한 진술서에 도장을 찍고 만다. 이런 조작적 증거에 의거해 김 씨는 대법원 선고대로 4년간 복역한 것이다. 하지만 1999년 그는 소정 의 절차에 의해 복권된다. 즉 국가적 검증 절차에 의해 간첩이라는 억울한 누명을

벗은 것이다. 김 씨는 2기 의문사위 조사관으로 활동한다. 하지만 김삼석 씨는 "간첩혐의로 복역한 인물이 의문사위에 참여하고 있다"는 신문보도를 시발점으로 해서 다시 간첩으로 매도된다. 국가기관 안기부 관제 공작원에 의한 함정수사로 간첩혐의를 받고 고문에 의해 간첩으로 몰렸던 피해자가 국가기관 조사관이 되는 것이 나라의 정체성이 붕괴하는 일이 되는가. 이 웃지도 못할 사태가 바로 우리 곁에서 벌어졌다. 김 씨의 인권은 어디로 갔으며, 그에 대한 명예훼손은 어디서 해갈될 수 있을까.[14]

아무리 고문과 조작으로 억울한 누명을 쓰고 형사범이 되었더라도 그것이 공소장과 판결문으로 그대로 남아 있는 한 피해자의 주장은 근거를 잃고 만다. 공소장과 판결문이 아무리 군사정권에서 이루어진 부당한 것이라 할지라도 의연히 국가기관, 검찰과 법원의 공식적 권위를 가지고 사람들에게 효력을 발생한다.

좀더 구체적으로 보면, 과거 고문을 받고 조작된 사건의 피해자들은 여전히 국가기관이나 직장에 취직하거나 선거직에 출마하기 어렵다. 사면과 복권으로 법적 문제가 해결되었더라도 마찬가지이다. 왜냐하면 아직도 냉전의식이 뿌리 깊게 지배하고 있는 이 사회에서 과거 국가보안법 위반자라거나 간첩이라는 소리만으로도 기피 인물이 되기 십상인 것이다. 그러므로 진실이 드러나는 것만으로도 이들에게는 그 질곡과 편견을 걷어내는 중요한 계기가 될 수 있다.

또한 설령 재심이나 손해배상청구를 위한 진상조사가 아니더라도, 과거의 피해자들은 진상조사 그 자체로도 심리적으로 상당한 보상을 받는다. 그들의 억울한 사연이 햇빛을 받아 세상에 드러나는 것만으로 위안을 받는 것이다. 피해자들이 무엇보다도 당시의 진상조사를 요구하는 것은 바로 이 때문이다. 진실 그

---

14. 한국기자협회 특보에 실린 현직 중견기자의 글. 구영식, 「진실이 실종되면 맹목적 낙인찍기가 횡행해」, 2004년 8월 18 일자 『오마이뉴스』 기사.

자체는 피해자인 자신들이 가장 잘 아는 사실이다. 그것이 공적으로 조사되고 그것을 기초로 공개된다면 이들의 응어리는 많이 풀리게 된다. 진상조사를 요구하는 목소리는 지금도 들리고 있다.

:: (2004년 12월) 29일 오전 10시, 57년 전 친일 청산이 좌절된 곳에서 국가폭력의 진상규명을 요구하는 목소리가 높이 울려 퍼졌다. 남조선해방전략당사건과 민족일보사건 진상규명위, 삼청교육대인권운동연합, 진보당 조봉암 사건 유족 등 '해방 이후 국가폭력 피해자들'은 이날 과거 반민특위 사무실이 있었던 명동의 국민은행 앞에서 합동기자회견을 열고 "가해자들을 용서하기 전에 국가폭력의 진상부터 밝혀져야 한다"며 '진상규명 뒤 화해'를 주장했다.…… 이들은 이어 "우리의 요구와 주장이 가해자 처벌에 맞춰진 것은 아니다"라고 강조한 뒤 "그들을 처벌하기 위해 평생 한을 품고 살아온 우리들이지만 군사독재하에서 고문, 폭력을 자행했던 모든 가해자들을 용서할 준비가 되어 있다"며 "그러나 용서하기 전에 국가폭력의 진상은 밝혀져야 한다"고 주장했다.[15]

:: 이날 토론회에서는 인혁당사건 희생자 고 하재완 씨의 부인 이영교 씨가 유가족을 대표해 인혁당사건의 억울함을 호소하기도 했다.…… 이 씨는 인혁당사건을 "한 사람의 장기 집권 야욕 때문에 아이들 가슴에 지울 수 없는 그늘과 상처를 남겼다"면서 "이제 인혁당 희생자들의 아내들도 팔십을 내다보는 나이가 돼 마지막 진상규명만이 소망으로 남아 있다"고 말했다.[16]

이렇듯 진상조사는 과거 청산과 진정한 배상의 첫 단계이며, 그것 자체로서

15. 구영식, 「국가폭력 진상부터 밝혀져야 진정한 화해 가능」, 2004년 10월 29일자 『오마이뉴스』 기사.
16. 이승욱, 「인혁당사건은 국보법이 폐지돼야 할 이유」, 2004년 11월 5일자 『오마이뉴스』 기사.

도 중요한 배상방식인 셈이다.

:: 국가폭력과 의문사에 있어 가장 중요한 가치는 진상규명이다. 진실이 없이는 다른 어떤 위로나 격려도 의미가 없는 것이다. 용서하고 사면하자고 하지만, 무엇을 용서하고 누구를 사면해야 할지를 정확히 알지 않으면 안 된다. 진실을 확보하기 위해 타협할 수는 있되, 진실을 드러내지 않도록 하기 위한 어떤 타협도 가능하지 않다.[17]

2) 진실과 재심의 험난한 여정 ─ 재심청구의 몇 가지 사례

과거 수사기관의 가혹행위나 고문, 무리한 수사로 이루어진 판결이 재심을 통해 번복되어 당사자가 무죄를 선고받는 경우도 왕왕 생겨나고 있다. 지난 1980년 미스유니버스 행사장 폭파혐의로 10년형을 선고받았던 정구원 씨는 20년 만에 부산지법에서 재심을 통해 무죄를 선고받았다.[18] 그러나 이런 경우는 큰 행운이라고 할 수 있다.

일반적으로 고문피해자가 자신의 사건에 관해 재심을 통해 무죄를 주장하기에는 많은 장애물이 따를 수 있다. 무엇보다도 재심 재판을 승소로 이끌기 위해 필요한 증거를 자신의 힘으로 확보하기가 쉽지 않다. 고문이 일어나고 사건이 조작된 시기는 대체로 권위주의 정권 아래에서였고, 이런 고문사건의 재심을 피해자가 생각할 무렵은 이미 많은 시간이 지났을 때이다. 더러는 관련자들이 이미 사망했거나, 살아 있더라도 감히 피해자를 위해 증인으로 나서줄 가능성도 없다.

---

17. 한인섭, 「국가폭력에 의한 사망과 그 구제방법」, 『의문사 문제 해결을 위한 법적 모색 ─ 학술심포지엄 자료집』, 최종길 교수고문치사진상규명및명예회복추진위원회, 1999년 4월 12일, 19쪽.
18. 「'80년 미스유니버스 행사장 폭파 논의' 10년형 선고 정구원 씨」, 2000년 2월 17일자 『한겨레신문』 기사.

더구나 원래부터 이들이 기소되어 재판받은 것에 물적 증거가 없기 때문에 탄핵할 증거조차 없는 경우가 대부분이다. 그렇다고 고문가해자들의 협력을 기대하기도 어렵다.

아래에 열거하는 사례들은 재심의 길이 얼마나 어려운가를 보여준다.

재일동포 간첩단사건과 신귀영 씨의 재심청구

:: 　1994년 11월 "조총련 간부가 아니었기 때문에 지령을 내릴 만한 지위가 아니었다"는 신수영의 진술서를 확보해 부산지방법원에 재심을 청구했다. 또한 경찰의 불법감금과 고문에 의한 사건이 조작됐다는 이유도 덧붙였다. 1995년 7월 1·2심 재판부는 재심을 받아들였으나, 같은 해 11월 대법원은 이 사건을 고등법원으로 되돌려보냈다. 새로 제출된 신수영 씨 진술만으로는 무죄를 인정할 만한 명백한 증거라고 볼 수 없고, 관련 경찰관들의 고문·감금행위 주장도 별도의 확정판결이 없다는 등의 이유를 들었다. 그래서 목격자 박 모 씨가 고문으로 위증을 했다는 사실을 밝혀내고 다시금 재심을 청구했다. 2001년 8월 부산지방법원은 재심청구를 받아들였으나 부산고등법원은 재심결정을 다시 뒤집었다. 이어 대법원에 재항고했으나 지난 6월 대법원은 또다시 기각했다.[19]

한 번 고문당하고 조작당한 사건의 진실이 밝혀지고 재심을 통해 판결이 번복된다는 것이 얼마나 힘든지 보여주는 상징적인 예이다. 무법천지의 불법구금이 70일간이나 계속되는 상황에서 죽음을 넘나드는 고문을 당하고, 그 후유증으로 실제 옥사까지 한 사건에서조차 우리의 사법부는 여전히 '증거 타령'이다.

---

19. 신귀영 씨의 증언. 재일동포 간첩단사건은 신귀영 씨를 비롯해 그의 가족인 성칠·춘석 씨가 모두 1980년 2~3월 연행돼, 조총련 간부의 지령을 받고 간첩활동을 했다는 혐의로 같은 해 귀영·성칠 씨에게는 징역 15년이, 춘석 씨에게는 10년형이 확정된 사건이다. 김지은, 「"11년 전 160번 수사관 똑똑히 기억" —국보법 피해자 증언대회」, 2004년 12월 16일자 『오마이뉴스』 기사.

2차 인혁당사건의 재심청구

∷   재판에서도 검찰이 제시한 공소장이 그대로 판결문으로 되풀이됐다. 당시 철자법 틀린 것까지 공소장과 그대로더라. 검찰이 작성한 공소장 그대로 찍어서 내놓은 것이 판결문이었다. 이 억울한 사건은 지금 현재 사법부에 재심청구를 해놓은 지 2년이 됐다. 현재 사법부의 판사들은 이 사건에 대해 아무런 결정도 못 내리고 있는 상황이다.[20]

2차 인혁당사건은 '사법부의 암흑'이라고 불릴 정도로 고문과 조작의 상황이 널리 알려진 사건이다. 특히 대법원 판결이 확정된 다음 날 8명의 사형이 집행되어 박정희 시대 최악의 사법 판결로 불린다. 법원은 2005년 12월이 되어서야 이 사건의 재심 결정을 내렸다. 그만큼 재심을 담당한 판사들의 부담이 큰 것이다. 이것 또한 정치적 고려를 하고 있음이 분명하다.

이근안의 고문피해자 함주명 씨의 재심청구

고문기술자로 잘 알려진 이근안 씨의 고문피해자 함주명 씨는 지난 2000년 9월에 "고문수사로 인한 허위자백을 인정할 수 없다"라며 서울고법에 재심을 청구했고, 3년이 지난 뒤에야 재심개시 결정을 받았다. 강금실 등 민변 소속 변호사 13명이 이 씨가 자수한 직후인 1999년 11월에 불법감금독직폭행죄와 허위증언을 위한 위증죄 등의 혐의로 이 씨를 서울지검에 고발했지만 공소시효가 지났다는 이유로 불기소 처분을 받고 말았다. 그러나 검찰은 당시 이 씨에 대한 수사기록과 불기소 결정문 등에서 이 씨가 함 씨를 고문한 사실을 적시하였다.[21]

---

20. 전창일 씨의 증언. 2차 인혁당사건은 1차 인혁당사건이 일어난 지 10년 뒤인 1974년 당시 중앙정보부가 인혁당을 재건하려 했다는 이유로 전창일 씨를 비롯해 22명을 체포하여 국가보안법·긴급조치법·반공법 위반 혐의로 기소한 사건이다. 당시 기소된 22명 중 8명은 1975년 4월 8일 대법원에서 사형이 확정돼 다음 날 집행됐다. 김지은, 앞의 『오마이뉴스』 기사.

부림사건과 재심청구

제5공화국 최대 '용공조작사건'으로 불려온 '부림사건'에 대해 법원의 재심 결정이 이루어졌다. 전두환 정권 초기인 1981년 9월 부산지역 민주인사들이 이적 표현물을 학습했다는 등의 이유로 정부 전복집단으로 규정돼 22명이 구속된 '부산의 학림사건'을 '부림사건'이라 부른다. 부산지법 제1형사부는 2003년 9월 18일 부림사건에 연루되었던 정귀순(42)·설경혜(44) 피고인이 제기한 국가보안법 위반죄에 대한 재심청구소송에서, 부산지법이 1982년 11월 20일 재심 청구인들에게 선고한 국가보안법 위반 판결 중 유죄 부분에 대한 재심을 22년 만에 개시하기로 결정했다고 밝혔다.[22]

제주 이장형·강희철 씨의 재심소송

천주교 제주교구 신부와 수녀들로 구성된 '이장형·강희철과함께하는사람들'은 2001년 7월 30일 천주교 제주교구청에서 기자회견을 열어 "조작간첩사건 피해자인 이장형·강희철 씨에 대한 재심을 청구할 계획"이라고 밝혔다. 이들은 "인권단체들의 노력으로 당시 일본 관련자들의 진술이 위증이었다는 새로운 증거들을 확보했고, 고문으로 허위자백한 것이 명백해졌다"라고 주장했다. 이들에게서 소송 위임을 받은 최병모 변호사도 기자회견에 참석해 "고문기술자 이근안 전 경감, 제주경찰청의 전·현직 경찰관 8명과 당시 수사검사를 국가보안법(증거날조) 위반과 가혹행위 등의 혐의로 대검에 고소하고 국가를 상대로 손해배상도 청구할 예정"이라고 밝혔다.[23]

21. 김진수, 「오판 재판, 우리나라는 개판?」, 『한겨레 21』, 2003년 11월 26일.
22. 「'부림사건' 재심 결정」, 2003년 9월 19일자 『세계일보』 기사.
23. 「고문조작 간첩 혐의 재심 청구」, 2001년 7월 31일자 『한겨레신문』 기사.

3) 재심특별법과 과거고문피해조사본부의 설치

재심특별법의 제정

우리가 진실로 고문피해자들의 참상과 고통을 덜어줄 생각이 있다면 현재의 법적 절차와 과정을 그대로 적용하기보다는 더욱 간단하고 쉬운 새로운 절차를 만들어야 한다. 현재의 재심 절차는 지나치게 법적 안정성에 기반하고 있기 때문에 과거 고문사건의 진실을 드러내고 무죄를 받기에는 너무나 제한적이다. 까다로운 재심의 요건과 절차를 가볍게 함으로써 입증의 요건과 책임을 쉽게 만드는 것이 필요하다.

물론 판결과 법적 안정성은 중요한 가치이고 덕목이다. 그러나 인간의 존엄과 인권은 더욱 중요한 가치이고 덕목이다. 박정희 정권이나 5·6공화국, 심지어 그 이후까지 안기부나 보안사가 참혹한 고문을 자행하고 그것이 검찰이나 법원에서 무사통과함으로써 광범한 인권침해나 억울한 사건이 양산되었던 것은 이미 모두 다 아는 사실이다.[24] 우리가 지난 시대의 광범한 고문의 횡행과 그것을 견제하지 못했던 사법 절차의 잘못을 인정한다면 어떤 방법으로든 그 잘못을 시정할 필요가 있다.

현재 이런 법률 제정운동이 본격화되고 있지는 않으나 피해자들의 목소리는 갈수록 커지고 있다. 지난 2002년 11월 전국민주화운동상이자연합(의장 강용재)이 "국회와 각 정당은 특별법을 제정해 검찰이 즉각 수사에 임할 수 있도록 입법 활동을 다할 것"을 주장한 적이 있다.[25] 민가협이 1999년 11월 25일 주최한 서울 탑골공원 목요집회에서 김순자(1979년 삼척 간첩단사건) 씨 등 고문피해자 25명은

---

24. Amnesty International, Republic of Korea: Summary of Concerns on torture and ill-treatment, AI Index: ASA 25/25/96, October 1996.
25. 김지은·남소연, 「고문 사례 공개 ··· '특별법' 제정 추진」, 2002년 11월 21일자 『오마이뉴스』 기사.

'고문 등 반인도적 범죄사건에 대한 진상규명과 피해자의 명예회복, 재발방지를 위한 특별법' 제정을 강력히 촉구했다.[26] 그러나 스스로의 과거를 파헤쳐야 하는 검찰이 수사를 책임질 수는 없다. 최근 과거 청산에 대한 국민적 합의가 이루어지고 있으므로 어느 때보다 재심특별법과 과거고문피해조사본부의 설치를 고려해봄직하다.

전면적 진상조사가 필요하다 —— 과거고문피해조사본부의 설치

공소시효와 소멸시효에 대한 장애가 제거되거나 재심의 요건이 완화되더라도 고문피해자들에게 스스로 무죄를 입증하라면 위에서 살펴본 대로 어려움이 많다. 사실 그것은 고문피해자에게는 너무 가혹한 일이기도 하고 불가능한 일이기도 하다. 이들은 대체로 가난한 사람들이어서 훌륭한 변호사의 조력을 받기도 어렵다. 무엇보다 장기간 영향을 미치는 고문의 후유증으로 이들이 적극적으로 사건을 파헤쳐 유리한 증거를 모으기도 힘들다. 사건 당시의 서류와 증언에 접근하는 일에도 많은 장애물이 있다. 당사자가 요청해오면 국가가 직접 나서서 과거 사건을 조사하고 고문의 개입 여부와 사건의 진실을 재조사해 직접 판정하거나, 아니면 간단한 재심특별법에 따라 법원에 재심을 요청하도록 해야 한다.

이러한 진상조사를 하기 위해서는 독립 기관이 있어야 한다. 수많은 고문사건을 진정하고 고소, 고발해보아야 결국 경찰·검찰에서 수사하게 되므로 제대로 진실을 밝힐 수가 없다.[27] 검찰이 과거의 고문사건을 제대로 조사해 진실을 밝히면 과거 자신의 기소행위가 부당함을 스스로 인정하게 되므로 적극적이고 객관적인 조사를 하기가 어렵다고 보아야 한다.

---

26. 전북평화와인권연대, 「평화와 인권」 제174호, 1999년 11월 30일.
27. 앰네스티 인터내셔널에서도 과거와 현재의 고문사건을 비롯한 인권침해사건을 객관적으로 조사하기 위해서는 독립적 수사기관이 필요하다고 주장해왔다. Amnesty International, Republic of Korea: Update on National Security Law arrests and ill-treatment: The need for human rights reform, AI Index: ASA 25/09/96, March 1996.

이때 생각해볼 수 있는 것이 의문사진상규명위원회의 모델이다. 기존 경찰이나 검찰과는 독립된 위원회를 설치하고, 여기서 고문피해 당사자의 진정이나 신청을 받아 내부의 수사관이 조사권을 갖고 과거 기록과 새로운 물적·인적 증거를 수집해 사건의 실체를 파악하도록 하는 것이다. 물론 현재의 의문사진상규명위원회가 가진 문제점을 제거해 더욱 더 효율적으로 조사할 수 있도록 만드는 것이 중요하다. 특히 의문사진상규명위원회의 경우 조사권의 제약과 기존 수사기관의 비협조적인 태도로 제대로 수사하기가 어려웠다. 한신대생 박태순의 변사사건에 대해 관련 기관이 보인 태도를 들여다보자.

① 기무사의 '○○○사업'에 의한 박태순 내사활동 관련 실지조사 거부

∷ 기무사는 우리 위원회의 3차례(7개월간)에 걸친 '○○○사업'에 대한 자료제출 요구에 대해 관련 자료가 폐기되어 없다고 회신하였고, 명확한 폐기 근거를 제시하지도 않았다. 이에 2002년 4월, 8월 2회에 걸쳐 실지조사를 실행하였으나 정보기관의 자존심(1차), 대한민국이 거꾸러져서도 안 된다(2차)며 실지조사를 거부하였다.

② 박태순 사망인지 관련 기무사 요원의 조사 비협조

∷ 박태순 사건의 기초 내사활동, 집중 내사활동의 주 담당요원이었던 기무사 추○○은 조사과정에서 본 위원회가 기 확보한 객관적 증거 외에는 인정할 수 없다면서 참고인의 태도를 넘어서서 과도하고 의도적인 허위진술과 비협조로 일관하였다.……

③ 통화 내역, 금융거래 내역 조회 등 조사 권한 미비

∷ 피진정인 추○○의 행적을 추적하고자 '금융거래 내역'과 '사건 은폐 및 공

모 여부 확인을 위해 관련자들의 전화통화 내역'을 조회하려 했으나 위원회의 권한 미비로 조회할 수 없었다.

④ 관련 공안기관의 비협조

:: 경찰청(보안 업무 규정, 존안), 경기지방경찰청(공작색인부, 폐지), 법무부(공안사범 자료관리협회 관련 공안 조회) 등의 관련 자료를 입수하지 못하여 박태순 사건 관련 내사공작수사 및 배경조사를 충실히 하지 못하였다.

특히 공안사범자료 관리운영지침은 1981년 전두환 정권 시기 공안사범에 대해 안기부, 보안사, 경찰, 군, 검찰, 법무부 등이 총괄적인 공안자료를 통합 운영한 사항에 대한 것이었으나, 해당 기관인 법무부 검찰3과에서 대외비라는 이유로 공개를 거부하여 박태순 사건과 관련하여 동 자료에 접근하지 못하였다.[28]

또한 증거 확보 방법의 어려움을 해결하기 위한 현실적인 대안도 고민해볼 필요가 있다. 바로 남아프리카공화국의 '진실과화해위원회'가 그 모델이다. 남아프리카공화국의 이 위원회는 과거 인권침해 범죄에 대해 스스로 온전한 진실을 고백하면 처벌하지 않기로 약속했다. 그것은 "개인적 처벌보다 사회정의의 확보가 중요하며, 증거 확보가 어려운 상황에서 처벌과 불벌 사이의 중간 해결책을 만들어낸 것"이며 "가해자 집단을 응징하기 위해서가 아니라 진실의 확보 및 피해 사실의 인정, 피해로부터 원상회복의 가치를 추구함으로써 보다 건설적으로 문제를 접근하자는 것"이다.[29] 우리의 경우 가해자 본인이나 그 사실을 알고 있는 사람이 모든 진실을 알려올 때에는 경우 면책을 보장해주는 조항을 넣은 특별법

---

28. 의문사진상규명위원회, 박태순 의문사 사건에 대한 2002년 9월 5일자 보도자료.
29. 한인섭, 「국가폭력에 의한 사망과 그 구제방법」, 『의문사 문제 해결을 위한 법적 모색─학술심포지엄 자료집』, 최종길 교수고문치사진상규명및명예회복추진위원회, 1999년 4월 12일, 19쪽.

을 생각해볼 수 있다.

국정원 과거사진상규명위원회

:: 저도 예측을 못하겠는데 워낙 엄청난 사건들이 많아서……. 동백림사건, 유학생 간첩단사건, KAL기 폭파사건, 김대중 납치사건, 김형욱 씨 파리에서 사살된 것……. 이런 큰 문제가 너무 많은데 이 정도 인원수 가지고 2년 동안 이것을 다 다룰 수 있나 난감하다. 필요하다면 조사관을 더 확보해야 하지 않을까 생각한다. 지난번 의문사 사건을 보니까 자료 미비와 관련 기관에서 증언해야 할 사람들이 말도 안 해주고 자료도 안 주고 해서 결국 다루고 싶은 20여 건을 전혀 밝히지 못하고 대국민 발표하는 것을 봤다. 의문사는 한 가지 사건인데, 이것은 중앙정보부 창립 이래 근래까지를 전부 다루어야 하기 때문에 시간도 그렇고 인력도 너무 부족하지 않나 하는 느낌도 갖는다.[30]

오충일 위원장의 고백대로 국정원 과거사진상규명위원회의 활동은 많은 제약과 한계를 보여주고 있다. 진상을 규명해야 할 사건은 너무 많고 중대한데, 자료는 이미 많이 폐기되었고 인력은 너무 부족한 상황이다. 산천초목을 떨게 하던 국정원의 과거사를 조사하게 된 것만으로 위안을 삼아야 할 것이다.

---

30. 국정원 '과거사진상규명위원회' 오충일 위원장의 〈평화방송〉 인터뷰. 오동선, 「˝국정원 과거 사건, 고문과 연결되지 않은 것 거의 없다˝」, 2004년 12월 15일자 『오마이뉴스』 기사.

4. 보상과 배상

고문피해자들에게는 보상과 배상이 필요하다. 이들에게 가해진 고문은 분명 민사상 불법행위임에 틀림없다. 아무리 군사독재정권 아래에서 이루어진 일이고 그 당시 헌법과 법률에 따르더라도 그것이 정당화될 수는 없다. 그렇기에 그들에 대한 보상과 배상이 보장되지 않는다면 고문피해자들에게 온전한 원상 회복과 정의실현이 되었다고 보기는 어렵다.

과거 고문피해자들은 자신들이 입은 손해에 대해 국가에 배상을 청구한다는 생각을 감히 하지 못했다. 그것은 고문가해자들이 대체로 국가의 힘을 등에 업은 권력기관이어서, 그런 행위를 했다가 어떤 보복을 당할지 알 수 없었기 때문이다. 그러나 1987년 6월항쟁 이후 국민의 권리의식이 고양되고, 사회 민주화가 진척되면서, 점차 고문가해자와 국가에 대해 형사고소와 민사소송을 제기하는 경향이 늘어나기 시작했다. 심지어 국가에서 고문가해자 개인에게 그 배상금을 구상청구하는 사례도 늘어났다.

:: 30일 서울지검에 따르면 문 씨는 지난해 11월 서울민사지법에서 성고문사건과 관련해 국가가 제기한 구상권청구소송에서 패소, "국가에 2,529만 1,775원을 지급하라"는 확정판결을 받았다. 국가는 이에 앞서 지난 90년 1월 성고문 피해자인 권 양이 낸 손해배상청구소송에서 패소해 권 양에게 4,000만 원을 지급했다.…… 문 씨는 그러나 이 돈을 내지 않은 것은 물론 이 재판이 진행 중이던 지난해 7월 재판부가 자신의 아파트를 가압류하려 하자, 이 아파트에 처형 김 모 씨 앞으로 채권최고액 5,000만 원의 근저당을 설정했다. 검찰은 문 씨가 법원의 가압류하루 전날 갑자기 근저당을 설정한 것으로 미루어 아파트의 강제집행(가압류에

이은 경매처분)을 고의적으로 피하려 한 것으로 보고 문 씨와 처형 김 씨를 부천서에 고발했다.[31]

:: 경찰서 유치장에서 구속 피의자를 폭행, 한쪽 눈을 실명케 한 경찰관을 상대로 국가가 피해자에게 지급한 배상액 전액에 대한 구상권을 행사해 승소했다. 서울민사지법 합의19부(재판장 이령애 부장판사)는 4일 국가가 지난 91년 경기 여주경찰서 유치장에 수감된 지 모 씨를 폭행, 왼쪽 눈을 실명케 한 전직 경찰관 이남규 씨를 상대로 낸 구상금청구소송에서 "이 씨는 국가가 지 씨에게 배상한 5,900만 원을 모두 국가에 지급하라"고 판결했다.[32]

과거 검찰은 "공무원의 사기 저하 등을 이유로 구상권 행사를 자제해왔다." 심지어 박종철 군 고문치사사건에서 경찰은 "고문경관들에 대한 국가의 구상권을 포기해달라는 의견서를 검찰에 보냈으며", "당사자들이 이미 처벌받았을 뿐만 아니라 가족들까지 심한 육체적·정신적 고통을 받았다"는 것과 "다른 보안사건 수사에서 공을 세웠고, 그들에게 구상권을 청구하면 전체 보안수사관들의 사기를 떨어뜨릴 염려가 있다"는 것을 이유로 들었다.[33] 그러나 진정한 고문 척결의 지가 있다면 당연히 구상권을 행사해 고문가해 수사관 등에게 엄중히 책임을 물어야 한다. 고문경관에 대한 구상권은 바로 고문의 가능성을 떨어뜨린다. 그리고 그것은 검찰의 정당한 직무이자 의무이기도 하다. 우리가 가입한 유엔의 고문방지협약도 피해자에 대한 온전한 배상을 분명히 규정하고 있다.

---

31. 「'성고문사건' 주인공 문귀동 — 구상권에 휘말려 집 날릴 판」, 1994년 3월 31일자 『동아일보』 기사.
32. 「유치장 폭력 따른 피의자 실명 배상 — 국가, 경관에 구상권 승소」, 1994년 8월 5일자 『동아일보』 기사.
33. 「고문에는 마땅히 '벌금'이 따라야」, 1996년 7월 12일자 『한겨레신문』 사설.

:: 모든 당사국은 고문의 피해자가 되도록 온전한 원상회복이 가능한 수단을 포함하여, 공정하고 적절한 배상을 받을 실현가능한 권리를 그 나라 법률제도 안에서 보장해주어야 한다. 만약 고문행위의 결과 그 피해자가 사망한 경우에는 그의 가족들이 배상받을 권리가 있다.[34]

'온전한', '공정하고 적절한', '실현가능한' 배상이 주어져야 한다는 것이다. 그렇다면 우리의 경우에 고문피해자들이 그런 배상을 받는 데 장애가 되는 법적 걸림돌들이 우선 제거되어야 한다. 그것은 바로 고문방지협약의 당사국인 우리 정부와 사법기관의 법적 책임이기도 하다. 이런 장애물 중에는 증거 확보의 어려움, 소멸시효의 경과 등이 포함된다. 이 두 가지 점에 대해서는 뒤에 자세히 살펴보기로 한다.

다만 여기서는 삼청교육대사건의 피해배상과 관련해 우리의 사법부가 얼마나 보수적이고 반인권적인 판결을 내렸는지 보도록 한다. 1988년 11월 26일 당시 노태우 대통령과 국방부장관의 담화 형식으로 정부가 응분의 보상을 하기로 결정하고, 사망자와 부상자들을 상대로 기간을 정해 신고해줄 것을 요청했다. 그에 따라 피해자가 피해 신고까지 했는데, 이에 대해 국가는 소멸시효를 주장해 보상을 거부한 것이다. 피해자들이 소송을 내자 1심에서는 원고 패소, 2심에서는 원고 승소였다. 대법원에서는 패소였다. 대통령이 이미 보상을 선언했음에도 사법기관에서는 그것은 단지 '정치적 방침'일 뿐이라고 해석한 것이다.

다수의견: 대통령의 선언은 정치적인 방침일 뿐 사법적 효과를 가진 것이라고 보기 어렵고, 국가 측이 시효이익의 원용을 포기한 것으로 볼 수 없다.

---

34. 고문방지협약 제14조 제1항.

소수의견: 채무자인 국가의 소멸시효 항변은 신의성실의 원칙에 어긋나는 권리남용에 해당한다. 삼청교육 관련 피해는 국가 소속의 공무원이 개별적으로 저지르게 된 일반적인 불법행위가 아니고, 그 당시의 비상한 시기에 국가에 의해 대규모적으로 그리고 조직적으로 실시된 삼청교육 과정에서 국가 소속 공무원들이 대량으로 저지르게 된 특수한 불법행위의 경우이므로, 국가로서는 삼청교육 과정에서 피해를 입었다고 주장하는 국민들에 대해 정정당당하게 그러한 불법행위 자체가 있었는지 여부를 다투는 것은 몰라도, 구차하게 소멸시효가 완성되었다는 주장을 내세워 그 책임을 면하려는 것은 결코 용납할 수 없는 방어방식이라는 점에서도 국가의 소멸시효 항변은 허용될 수 없다.[35]

현행 법제도의 해석과 관행을 통해 배상과 보상이 가능하도록 하되 그것이 어렵거나 현재 제도의 활용이 어려우면 새로운 제도를 만들어서라도 고문피해자들에게 온전한 배상과 보상에 대한 접근이 가능해야 한다. 제도를 복잡하고[36] 제한적으로 만들어두고 배상 불능의 책임을 그 제도에 미룰 수는 없는 것이다. 현실적 결과가 배상 불가능이라면 이미 고문피해자들에 대한 온전한 권리 회복이 불가능함을 의미하는 것이다.

그러나 위의 문제들이 쉽게 해결되기를 기대할 수가 없고, 또한 해결된다고 하더라도 여전히 제외되는 사람들에게 어떻게 할지 문제가 된다. 이런 경우에는 제주4·3특별법에서 규정하고 있는 정도의 생활보조금을 지급하는 게 어떨까 싶다. 위에서 본 것처럼 고문피해자들은 대체로 우리 사회에서 발언권이 없는 빈곤

---

35. 대법원 1996년 12월 19일 선고 94도 22927호 사건 전원합의체 판결문.
36. 미국에서는 관할 국민들에 대해 헌법과 법률, 명령, 규칙 등 모든 법령이 정한 권리, 특권, 면책특권의 침해는 1871년의 시민권법(Civil Rights Act)에 의거해 손해배상권을 인정하고 있다. 그러나 인권과 기본권의 중대한 침해는 미국 헌법에 규정된 권리, 특권, 면책특권의 침해에 해당하기 때문에 헌법 규정을 근거로 곧바로 법원에 제소할 수 있다. 별도의 법률적 근거를 필요로 하지 않는 것이다. 고문에 관한 배상권을 인정한 사례로 Bivens v. Six Unknown Named Agents (403 U.S. 388(1971)), Davis v. Passman (442 U.S. 228(1979)) 등이 있다.

계층이 많다. 재일동포, 납북어부, 월북자 가족 등이 그런 예이다. 수사기관들은 주로 이런 사람들을 골라서 고문의 희생자로 만들었던 것이다. 국가의 최소한의 생활비 보조라도 이들에게는 큰 도움이 될 수 있을 터이다.

5. 진정한 고문방지책 — 도서관·기념물·역사교육

:: 　항일독립투사 수난의 현장에 조성된 서울 서대문 독립공원이 (1993년 8월) 15일로 개장 1주년을 맞은 가운데 차츰 도심 속의 역사교육장으로 자리잡고 있다. 서대문 독립공원은 항일 선열들이 옥고를 치르고 순국했던 옛 서대문형무소의 역사적 의미를 되살리기 위해 서울시가 지난 87년 서울구치소 이전을 계기로 부지를 매입, 3년간 공사를 벌인 끝에 지난해 문을 열었다. 이 공원에는 개장 이후 역사 현장을 견학하려는 학교, 단체 등을 중심으로 관람객이 몰려 평일 천5백 명, 주말이나 공휴일에는 3천여 명 이상이 찾고 있는데 지금까지 공원을 찾은 사람은 89만 명에 이른다고 추산. 이 공원은 구치소의 1백여 개 동 중 해방 후에 지어진 건물들은 대부분 헐고, 일제 때 독립투사들이 주로 수감됐던 9·10·11·12·13동의 붉은 벽돌 옥사와 사형장, 보안과 청사 및 나병환자수용소 등을 당시 모습대로 남겨두었다. 또 일제가 숨진 수감자들을 구치소 담 뒤 화장터로 몰래 빼낼 때 사용했던 지하통로 40여 미터도 원형대로 복원했으며, 유관순 열사가 고문 끝에 숨져간 옛 지하 여자옥사에는 대형유리를 씌워 안을 들여다볼 수 있게 했다.[37]

---

37. 「독립공원 개장 1년 — '항일 교육장' 정착」, 1993년 8월 15일자 「동아일보」 기사.

일제의 끔찍한 고문과 형벌, 그로 인한 독립투사들의 고난을 이렇게 보존함으로써 역사를 경계하듯이, 과거 민주화운동과 그로 인한 끔찍한 고문의 경험을 우리의 미래세대에게 널리 알리고 경계하는 일도 당연히 필요하다.

그러기 위해서는 과거 고문사건 관련 모든 자료와 물건을 모으고 관련 인사들의 증언을 채취하는 등의 기록작업과 이를 보관할 아카이브(archive)의 설립이 우선 필요하다. 그뿐만 아니라 일반인들에게 진실을 널리 알려줄 기념물과 조형물의 건립이 중요하다. 그리고 무엇보다 이런 아픈 역사의 기억을 교과서에 실어 정확한 역사를 배움으로써 앞으로 이런 일이 되풀이되지 않도록 해야 한다.

04
고문가해자들은 지금 어디에?

1. 가해자들에 대한 고소·고발과 처리

1) 고소·고발의 행렬

고문피해자들은 사실 고문자들을 고발할 엄두도 내기 어렵다. 또 다른 보복이 두렵기 때문이다. 엄청난 피해를 주고도 피해자들의 이런 심리적 위축과 두려움 때문에 고문자들은 사실상 안전할 수 있었다. 법률 지식과 사회에 대한 이해가 낮은 빈곤계층이나 평범한 시민계층이 피해자의 주류를 이루는 측면에서 보면, 대부분 '간첩' 등 공안사건이거나 '강도', '살인' 사건이기 때문에 그 이름만 들어도 벌벌 겁을 내거나, 주변 인식 때문에도 감히 문제제기를 할 엄두를 내지 못한다. 가족들끼리 쉬쉬 하며 지내거나 자포자기한다. 심지어 고문피해자나 가족들은 거대한 국가권력에 압도되어 자신과 가족이 정말로 무슨 죄를 짓지 않

았나 하는 생각까지 하게 된다.[1]

그러나 5공화국 후반에 수많은 시국사건과 고문사건이 드러나면서 주로 고문피해를 당한 학생과 재야인사들이 고문자들을 상대로 용감하게 고발하는 일들이 빈발하기 시작했다. 이미 민주화운동이 상당한 단계에 이르렀을 때여서 주로 개별적 대응보다는 집단적 대응으로 고소·고발을 진행했다. 심지어 안기부 앞에 가서 데모를 벌이고 가해자 처벌을 요구하는 일까지 벌어진다.[2] 엄청난 역사의 변화이고 발전이었다. 다음은 여러 기록에서 발견되는 고발 사례들이다.

① 김시훈 고문피해자를 대리한 대한변호사협회 인권위원회의 전주경찰서 소속 경찰관들에 대한 고발사건[3]

② 서울노동운동연합사건 고문피해자 가족의 보안사 수사관들에 대한 고소사건[4]

③ 서울노동운동연합사건의 고문을 자행한 보안사 수사관들에 대한 대한변협 인권위원장 류택형 변호사 명의의 고발사건[5]

---

1. 1980년 11월 이른바 '맹인간첩' 사건 정종희 씨의 가족에 따르면 "당시는 저들이 의도적으로 조성해놓은 공포 분위기 때문에 진상을 알려는 노력조차 하지 못했고, 또 어느 정도는 사실인 것으로 가족들도 받아들이려 했다"는 것이다. 1988년 11월 1일자 정종희의 처 윤정순 명의의 호소문. 민주화실천가족운동협의회 산하 장기수가족협의회 조작된간첩사건가족모임, 『간첩조작은 이제 그만』, 1989, 61쪽.

2. "'김형찬대책위원회'는 (1998년 3월) 25일 오후 1시 내곡동 안기부 청사 앞에서 '북풍조작 인권유린 안기부 규탄 및 김형찬 고문수사 안기부원 처벌 촉구대회'를 갖고 안기부 개혁과 김형찬 씨 고문수사관 처벌, 북풍조작사건의 철저한 조사 등을 주장했다." 「안기부 고문수사관 처벌 촉구」, 1998년 3월 26일자 『인권하루소식』 기사.

3. 이 사건은 대한변호사협회 인권위원회가 진상조사단을 꾸려 조사한 결과 파악된 사실을 기초로 하여 인권위원회가 직접 고발인이 되어 고발장을 제출했다.

4. 고소장의 일부는 다음과 같다. "고소인은 현재 서울구치소에 수감되어 조사를 받고 있는 최한배의 처 김종민입니다. ① 군 수사기관인 보안사가 1986년 5월 6일 밤 11시 잠실에서 피해자 최한배를 불법납치, 보안사까지 가는 차 속에서 무자비하게 구타. ② 보안사 지하 2층으로 끌고 가 서울노동연합 가입 여부와 5·3인천시위 때 참석 여부, 마석 박영진 추도식 참석 여부를 물으며 의자에 앉혀 고개를 뒤로 꺾은 뒤 고춧가루 탄 물을 계속 부었으며 두 번씩 물고문을 병행. ③ 출소한 지 한 달밖에 되지 않은 아무것도 모르는 피해자에게 자기들의 꾸며진 각본에 따라 시인할 것을 종용하며 야구방망이로 구타, 보안사에 있는 1주일 동안 계속 물고문과 모진 구타로 인하여, ④ 몸 전체에 멍투성이와 얼굴 왼쪽이 완전히 까맣게 멍들고 있었고 지금도 허리를 잘 펼 수도 없고, 온몸이 쑤시고 아프다고 합니다. ……" 대한변호사협회 인권위원회, 『고문근절대책공청회 자료집―고문 피해의 증언』, 1987, 23~25쪽에 고소장 전문이 수록되어 있다.

5. 류택형 대한변호사협회 인권위원장은 서울노동운동연합 김문수 등 15명에 대한 수사과정에서의 고문사건에 대해 1986년 6월 18일에 고발장을 제출했으나 상당 기간이 경과하도록 사건 처리에 관한 아무런 결과 통보가 없자, 1987년 1월 19일에 위 사건의 신속한 처리를 국방부장관에게 촉구하기도 했다. 대한변호사협회, 『대한변호사협회지』 1987년 3월호, 91쪽 참조.

④ 김병곤 등 교도소 수감자들에 대한 고문 사실에 관해 그 가족들이 춘천교도소 장 등을 상대로 낸 고발사건[6]

⑤ 납북어부 김성학 씨가 경기도 대공분실 소속 경찰관 16명을 독직폭행 등 고문 혐의로 고소한 사건[7]

⑥ 김근태 씨의 고문에 관해 대한변협 인권위원회 소속 변호사들이 고소한 사건[8]

⑦ 반제동맹당사건 관련자 12명이 경기도경 대공분실 소속 경찰관 12명을 독직폭 행 등의 혐의로 고발한 사건[9]

⑧ 1989년 7월 국가안전기획부가 연성만(성남민주노동자투쟁연합 의장)에 대한 변호 인 접견을 거부한 것에 대해 박세직 안기부장, 안응모 제1차장, 담당수사관과 중부경찰서장 등 4명을 상대로 주명수·조준희 변호사 등이 낸 직권남용과 직무 유기 고발사건[10]

⑨ 1990년 5월 전세금 분쟁에 개입하여 민간인 김진기 씨를 고문한 치안본부 특 수수사대 박 경위 등 3명에 대한 고소사건[11]

---

6. 고발인 박문숙은 피해자 김병곤의 처, 고발인 김기순은 피해자 강명은의 모, 고발인 송은화는 피해자 임병수의 모이다. 이들은 춘천교도소에서 각종 고문과 가혹행위를 당했다고 주장하면서 1986년 12월 30일 춘천교도소장과 교도관, 경비 교도대원들을 고발했다.
7. 검찰의 무혐의 처리에 따라 서울고법에 재정신청을 냈던 사건이다.
8. 김근태 고문사건에 관해 당시 대한변호사협회 인권위원회 소속 변호사들은 그의 고문피해 주장이 진실이라고 판단해 1985년 12월 30일 류택형, 강신옥, 변정수, 강철선, 조승형, 홍성우, 조영래 변호사 등의 명의로 고발장을 서울지방검찰 청에 제출했다. 그러나 서울지방검찰청 검사 배제욱은 1986년 12월 30일 피의자들에게 무혐의 결정을 내리고 말았다. 이에 대해 대한변협 인권위원으로서 고발했던 변호사들은 1987년 1월 20일 재정신청을 다시 내면서 다음과 같은 이유 를 제시했다. "피의자(고문경찰관)들에 대한 각 피의 사실은 피해 당사자인 김근태 본인의 시종일관된 피해 사실 진술 내용과 고문 직후에 김근태의 피해 상황을 직접 목도했던 동인의 처 인재근 등 제반 관계자들의 증언 및 기타 제반 정 황에 의해 넉넉히 인정된다. 그런데도 검사가 피의자들을 피해자와 대질신문하는 등 가장 기초적인 조사마저도 하지 아 니한 채 막연히 피의자들의 부인 진술만을 믿어 고문의 증거가 없다는 이유로 무혐의 불기소 결정한 것은 법질서를 스 스로 유린하는 부당한 조치이므로 원결정은 마땅히 취소되어야 한다." 대한변호사협회, 『대한변호사협회지』 1987년 3월 호, 88~89쪽.
9. 이 사건도 오랜 시일이 지나도록 고발인 조사조차 진행하지 않아 수사할 의지와 성의가 없다고 비판받았다. 1989년 2 월 15일자 『한겨레신문』 기사.
10. 이 사건에 대해서도 서울지검 형사5부 이광수 부장검사는 1989년 12월 29일 혐의가 없다며 불기소 처분했다. 1989년 12월 31일자 『한겨레신문』 기사.
11. 이 사건 역시 민사분쟁의 결과로 서울고법에서 치안본부 특수수사대의 고문행위가 판결문에 자세히 설명된 후에야 담당 인 서울지검 형사1부 검사가 당사자를 불러 조사를 시작했다. 「가혹행위 경관 기소 여부 관심 쏠려」, 1990년 7월 25일 자 『한겨레신문』 기사 참조.

⑩ 1993년 11월 27일 고문피해자 방양균이 자신을 수사했던 안기부의 수사관 김군성과 안종택 검사를 독직폭행 혐의로 전주지검에 고소한 사건.

⑪ 1980년에 진도 간첩단사건으로 무기징역을 선고받고 복역 중인 석달윤 씨가 고문을 자행한 당시 중앙정보부 수사관들을 상대로 1993년 고소한 사건[12]

⑫ 1993년 9월 20일 남매간첩단사건의 김삼석 씨가 당한 고문에 대해 그의 부인 윤미향 씨가 안기부 수사관들을 상대로 서울지검에 고발한 사건[13]

⑬ 1994년 7월 7일, 지난 75년 이후 6공화국까지 각종 시국사건으로 연행돼 가혹행위를 당한 고문피해자 66명이 당시 수사기관의 수사관들을 가혹행위·폭행 등의 혐의로 서울지검에 집단 고소한 사건[14]

⑭ 1996년 12월 경희대생으로 안기부 수사관들에 의해 강제연행되어 조사 중 분신자살을 기도한 김형찬 군을 대리하여 인권단체의 장들이 서울지검에 고발한 사건

⑮ 1998년 12월 조직폭력배로 조작하기 위해 고문했다며 피해자 양일동의 부모가 전주북경찰서 경찰관들을 상대로 전주지검에 고발한 사건

⑯ 2000년 5월 20일 이적표현물 반포죄로 구속되어 국정원에서 고문당한 지태환 씨가 국정원 수사관 2명을 고발한 사건[15]

⑰ 2004년 4월 1일 민족해방노동자당사건의 심진구 씨가 한나라당 국회의원 정형근 외 13명을 고문혐의로 서울지검에 고소한 사건[16]

---

12. 이 사건을 접수한 검찰은 1994년 7월 그 사건의 공소시효가 1987년 10월에 이미 완료돼 공소권이 없다고 불기소 결정을 내렸다.

13. 이 사건은 혐의 없음으로 불기소 처리되고 말았다.

14. 이날 고소장을 제출한 사람들은 함주명 씨 등 장기수 20명, 송갑석 씨 등 전대협 관련자 8명, 백태웅 씨 등 사노맹 관련자 16명, 손병선 씨 등 남한조선노동당사건 관련자 20명 등이다. 「고문피해자 66명 수사관 집단고소─백태웅 씨 등 48명은 복역 중」, 1994년 7월 8일자 「동아일보」 기사.

15. 이 사건에서 고소인 지태환 씨는 한 명을 대질하여 지목했는데도 검찰은 2004년이 되어서야 '혐의 없음' 결정을 내려 재정신청과 국가인권위원회 제소를 준비 중이라고 한다. 지태환, 「2000년 DJ정부 때도 고문은 계속됐다」, 2004년 12월 18일자 「오마이뉴스」 기사.

16. 이 사건은 공소권 없음으로 처리되었고, 심진구 씨가 이에 불복해 서울고등검찰청에 항고했으나 또 기각돼 대검에 재항고했다. 대검은 1994년 10월 14일에 공소시효 5년이 지났다며 또다시 기각했다.

인권침해로 국가안전기획부를 고소·고발한 사건

순번	피의자	고소·고발인	고소 사실 요지	처리결과	비고(담당 변호인)
1	고영준 외 2	김학범 외	독직폭행	혐의 없음	
2	이상연 외 1	장기표	불법감금	상동	
3	상동	최영도 외 5	상동	상동	
4	상동	상동	직권남용	상동	
5	상동	전희식 외 2	가혹행위	상동	
6	성명불상 수사관 7	양홍관	상동	기소중지	박찬운
7	성명불상 수사관 19	윤미향	불법체포·가혹행위	혐의 없음	
8	김군성 외 1	방양균	가혹행위	상동	
9	한기선 외 7	장창호	불법체포·감금	상동	박연철
10	성명불상 수사관 5	조일준	불법체포·감금·가혹행위	상동	
11	이상연 외 3	박동운	불법감금·폭행	상동	
12	유영원 외 1	차익종	불법체포·피의사실 공표	상동	
13	정형근 외 11	손민영	불법체포·감금	상동	
14	성명불상 수사관 8	양홍관	불법체포·감금·가혹행위	상동	
15	성명불상 수사관 12	정명섭	상동	상동	유선호
16	성명불상 수사관 20	은수미	상동	기소중지	유선호
17	성명불상 수사관 9	박홍순	불법체포·감금·폭행	상동	박찬운
18	성명불상 수사관 10	권종길	상동	상동	
19	정형근 외 10	한경임	불법체포·감금·가혹행위	혐의 없음	유선영
20	정형근 외 4	송혜숙	상동	상동	이종걸
21	정형근 외 8	이승미	상동	상동	심규철
22	성명불상 수사관 10	양동화	불법체포·감금·폭행	공소권 없음	
23	정형근 외 10	이경섭	상동	혐의 없음	임재연
24	상동	차정원	불법체포·감금·가혹행위	상동	
25	성명불상 수사관 2	양동화	불법체포·감금	공소원 없음	
26	정형근 외 7	조덕원	불법체포·감금·가혹행위	혐의 없음	최은순
27	정형근 외 8	임종호	상동	상동	안영도
28	성명불상 수사관 6	현정덕	상동	상동	
29	정형근 외 14	신동욱	상동	상동	김창국·김재완
30	성명불상 수사관	손성표	상동	상동	안상운
31	성명불상 수사관 8	강용주	불법체포·감금·폭행	공소권 없음	
32	성명불상 수사관 45	박기평	불법체포·감금	혐의 없음	
33	성명불상 수사관	황대권	상동	공소권 없음	
34	정형근 외 1	임명규	상동	혐의 없음	김재완
35	박영선 외 3	이은경	상동	공소권 없음	박연철

36	정형근 외 1	은재형	상동	상동	한정화
37	성명불상 수사관	김진주	상동	상동	
38	정형근 외 1	심상득	상동	상동	김한주
39	성명불상 수사관	김태룡	상동	공소권 없음	
40	이종기 외 3	김성만	상동	상동	
41	성명불상 수사관 8	고대연	불법체포·감금·폭행	혐의 없음	
42	성명불상 수사관 10	장민성	상동	기소중지	
43	김성수 외 2	정영	상동	공소권 없음	
44	성명불상 수사관 8	석달윤	상동	상동	
45	정형근 외 13	손병선	상동	혐의 없음	
46	이일환 외 1	김기수	상동	상동	박연철
47	이근안 외 5	함주명	상동	공소권 없음	김선수
48	성명불상 수사관 7	강제윤	상동	혐의 없음	조용환
49	정형근 외 6	함정희	불법체포·감금·가혹행위	상동	박성호
50	정형근 외 12	우진성	상동	상동	
51	정형근 외 12	변의숙	상동	상동	
52	이상연 외 4	박경준	불법체포·감금·폭행	공소권 없음	
53	성명불상 수사관 9	이원혜	상동	기소중지	
54	정형근 외 3	임인출	불법체포·감금·가혹행위	혐의 없음	
55	성명불상 수사관 5	박근홍	불법체포·감금·폭행	공소권 없음	
56	정형근 외 10	신선아	상동	혐의 없음	박주현
57	정형근 외 6	최진섭	불법체포·감금·독직폭행		박성호
58	정형근 외 14	박미옥	불법체포·감금·가혹행위	상동	윤종현
59	성명불상 수사관 7	남진현	상동	상동	
60	이상연 외 10	전희식 외 2	불법감금·폭행	상동	

⑱ 서울중앙지검 홍 검사의 고문치사사건에 대해 국가인권위원회가 홍 검사를 포함한 수사관들을 상대로 불법체포 및 직권남용 혐의로 고발한 사건[17]

　옆의 표는 1990년 1월 1일부터 1996년 8월 31일까지 국가안전기획부가 가혹행위 등 인권침해 사항 및 변호인의 접견 불허행위와 관련해 고소·고발된 사건과 검찰의 처리 결과를 정리한 것이다. 이 기간 중 인권침해로 안기부 직원들을 고소·고발한 사건은 총 66건인데, 이 표에서는 그중 불기소 결정된 60건을 정리했다. 비고란의 이름은 접견을 거부당한 담당 변호인이다.

이 가운데 총 19건이 정형근 의원을 상대로 한 것인데 전부 무혐의 처리되었다. 그 전과 후에도 고문에 관해 고소·고발한 사건이 적지 않으므로 전체 사건은 훨씬 늘어난다. 사실상 안기부는 불처벌의 상태에 있는 법치주의의 성역이다.

2) 제대로 수사하지 않는 검찰

검찰은 이 수많은 사건들에 대해 제대로 성의 있는 수사를 하지 않았다.[18] 피고발인의 신원이 분명하고, 고발인의 진술이나 참고인 진술 등으로 피의 사실을 어느 정도 특정할 수 있었음에도 시간을 끌며 본격적인 수사를 벌이지 않았다. 심지어 고발인 조사조차도 하지 않은 채 미루기도 했다. 심지어 공소시효 기간 안에 고발한 사건을 검찰이 미적대다가 공소시효 기간을 넘겨 결국 손해배상청구를 당하기도 했다.[19] 아래의 신문기사에서처럼 언론의 따끔한 질책을 받기도 했다.

::   검찰이 고문사건 수사를 외면하고 있다. 검찰은 고문기술자 이근안 경감이

---

17. 서울중앙지검은 인권위의 고발에 대해서도 "피해자들의 상황은 긴급체포 요건을 구비했고, 구체적인 권리행사를 방해하지 않았으며, 홍 검사를 비롯한 피의자들이 이미 특가법상 가혹행위로 기소됐기 때문에 별도의 직권남용죄가 성립하지 않는다고 통고, 혐의 없음으로 불기소 처분"했고, 인권위원회는 서울고검에 다시 항고했다. 「서울지검 피의자 사망사건 관련 검사 불기소 처분」, 2003년 7월 15일자 『동아일보』 기사.
18. 어느 통계 자료에 따르면 지난 1987년부터 89년 8월까지 수사기관들의 불법구금, 폭행, 고문 등 불법행위로 검찰에 고소·고발된 사건은 모두 594건에 이르며, 이 가운데 7건만 혐의가 인정돼 기소된 것으로 밝혀졌다. 1989년 9월 21일 법무부의 국회 제출 자료에 따르면, 이와 같은 공권력에 의한 인권침해사건 가운데 442건이 무혐의 처리됐으며, 기소유예 54건, 기소중지 14건, 공소권이 없는 경우 26건 등 92%에 해당하는 545건이 불기소 처분됐다. 「수사기관 불법행위 7건만 기소」, 1989년 9월 22일자 『한겨레신문』 기사.
19. 반제동맹당사건의 박충렬 씨가 그런 경우이다. 박 씨는 반제동맹당사건에서 자신을 고문한 이근안 등 대공수사관들을 고문 혐의로 고소한 것을 검찰이 처리하지 않고 있는 동안 공소시효가 지났다며 불기소 처분한 것에 대해 국가를 상대로 3천만 원의 손해배상청구를 냈다. 「고문수사관 무더기 고소―양심수 등 66명 … 이근안 씨 시효 지나 손배소송 내기로」, 1994년 7월 8일자 『한겨레신문』 기사.

잠적한 지 53일이 되는 14일 현재까지도 실마리 하나 잡지 못한 채 이 경감이 제 발로 걸어오기만을 기다리는 듯한 자세를 보이고 있다. 검찰은 지난 1월 11일 반제동맹당사건 관련자 12명이 이 경감 등 사건 당시 경기도경 대공분실 소속 12명을 독직·폭행 혐의로 고소했는데도 한 달이 지난 현재까지 고소인 조사조차 하지 않고 있다. 검찰 간부들은 한결같이 "이 경감은 김근태 씨 고문과 관련, 재판에 회부된 백남은 경정 등 경찰관 4명의 재판이 시작된 뒤에나 나타날 것"이라며 "숨어 있는 사람을 어떻게 찾아내느냐"고 말하고 있다. …… 피고소인 중엔 이 경감 외에도 한종철, 이강원 등 이름을 구체적으로 적은 경찰관들이 있어 검찰의 주장은 단지 수사를 기피·지연하려는 의도만 드러내는 것이라는 지적을 받고 있다.[20]

시간을 끌어도 최종결과라도 고문자에 대한 기소 쪽으로 나왔다면 모를 일이다. 그러나 고문이나 가혹행위에 가담한 수사관을 기소하는 경우는 참으로 드물다. 이근안 전 경감이 주도한 것으로 드러난 김근태 고문사건과 납북어부 김성학 사건도 모두 검찰이 불기소 처분한 것을 당사자가 재정신청을 통해 밝혀낸 것들이다. 고문사건을 제대로 수사해서 가해 고문수사관을 처벌한다는 것은 사실 검찰로서는 자신의 잘못과 치부를 드러내는 일이나 다름없다. 검찰은 수사과정에서 중앙정보부·안기부·보안사·치안본부 대공수사단 등의 불법수사의 연장선상에 있고, 그 고문수사를 은폐·방조하는 역할을 사건마다 담당한 셈이다. 다음 사건의 사례를 보면 검찰의 인권의식이 어느 정도인지를 짐작하고도 남는다.

  ::   경찰에 임의동행 형식으로 연행돼 82시간 동안이나 수사를 받은 피의자가 고소한 경찰관들을 검찰이 무혐의 불기소 처분하고 법원마저 이를 정당하다고 판

---

20. 「각종 고문사건 수사 실종—검찰 숨은 이근안 씨 어떻게 찾나 뒷짐만」, 1989년 2월 15일자 『한겨레신문』 기사.

결했다가 대법원에 가서야 그것이 파기된 것은 검사와 판사의 인권의식을 엿보게 하는 좋은 본보기다. …… 대법원의 원심파기는 신체의 자유를 물리적·유형적 방법뿐 아니라 심리적·무형적 방법으로 제한한 경우도 감금행위에 해당한다는 판단을 근거로 한 것인데, 이는 법률전문가가 아니더라도 내릴 수 있는 지극히 상식적이고 당연한 판단이다. 그런데 이해하기 어렵게도 검찰과 원심 판사의 판단은 달랐던 것이다. 대법원은 이어 피의자가 "스스로의 의사에 의해 경찰에 머물렀을 뿐 강압에 의한 것이 아니라는 원심 판단은 경험 법칙에 비추어 수긍할 수 없는 것"이라고 지적하였다. 이 역시 너무도 타당한 것이다. 아니 어느 누가 경찰서 문 밖에도 나가보지 못하고 무려 82시간 동안이나 갇혀 있으려 할 것인가. 자유의사가 아니었던 것은 그 뒤 피의자가 수사경찰관을 불법감금했다고 고소한 점만 보아도 짐작하고도 남음이 있는 일이다.[21]

검찰은 심지어 법원의 신체감정 결과 고문의 흔적이 발견되었음에도 아무런 조치를 취하지 않고 더 나아가 냉소적인 반응까지 보였다.

:: 검찰은 국가보안법상 간첩혐의로 구속 기소된 민족미술운동전국연합 건설준비위 공동의장 홍성담 씨에 대한 서울대병원의 신체감정 결과 홍 씨의 무릎 등에 생긴 상처가 홍 씨 주장대로 안기부에서의 구타 등 고문에 의한 것으로 확인됐는데도 냉소적인 반응으로 일관했다. 서울지검 공안2부의 한 관계자는 22일 "홍 씨는 검찰에 송치돼 조사받는 동안 고문 사실에 대해 한마디도 말하지 않았었다"며 "간첩죄 피의자들이 흔히 그러하듯 홍 씨도 변호사와 만나자 고문 운운하는 이야기를 늘어놓기 시작했다"고 말했다. 이 관계자는 "그럼 홍 씨의 몸에 남은 상처는

21. 강석복, 「고문은 근절돼야」, 『인권과 정의』 1992년 4월호, 대한변호사협회, 102쪽.

고문사건 고소·고발 처리결과(단위: 명)

연도	1990년	1991년	1992년	1993년	1994년	1995년 1~6월
고소·고발	118	117	153	184	156	72
기소	2(0)	2(2)	17(6)	8(2)	5(0)	1(0)
기소유예	19	19	25	15	18	9
무혐의 등	88	82	100	130	123	36
기소 비율	1.69%	1.70%	11%	4.34%	3.20%	1.38%

무엇인가"라는 기자들의 질문에 "그 상처가 고문에 의한 것이라는 증거가 있느냐. 간첩들의 상투적인 수법에 현혹될 필요가 없다"는 등 글자 그대로 '공안당국의 상투적 발언' 만 되풀이했다.[22]

1990년대에 들어서 위에서 본 바와 같이 수사기관들에 대한 고소·고발이 늘었고, 그에 따라 징계를 받는 수사관들이 생기기 시작했다. 그러나 위의 표에서처럼 처벌된 사례는 매우 적은 편이다.[23]

일선 경찰서에서 벌어지는 다양한 형태의 폭행, 구타, 가혹행위 등에 대해서도 검찰이나 법원에서 일벌백계의 엄중한 처벌이 이루어지지 않는다. 그뿐만 아니라 자체 징계조차도 경미해 피의자 인권에 대한 경각심을 가질 수 없게 만든다.

1989년에서 1990년, 자유의 숨통이 조금 틔기 시작한 한 해 동안 고소·고발사건에 대한 처리를 한번 보자. 1989년 9월 말부터 1990년 10월까지 약 1년에

---

22. 「검찰, 고문보도에 냉소적」, 1989년 9월 23일자 『한겨레신문』 기사. 심지어 이 사건에서 화가인 고문피해자 홍성담 씨가 안기부의 고문수사관들의 얼굴을 몽타주로 그려 고소장에 첨부했는데, 수사 의지만 있다면 금방 찾아낼 수 있을 정도였다. 「직접 그린 고문수사관 몽타주 공개」, 1989년 11월 9일자 『한겨레신문』 기사.
23. 국정감사자료. 인도주의실천의사협의회·한국인권단체협의회, 『고문 기타 잔혹한, 비인도적 또는 굴욕적 처우나 형벌금지협약 제9조에 따른 대한민국 정부의 보고서에 대한 대한민국 인권단체들의 반박보고서』, 1996년 10월, 97항 참조.

걸쳐 수사과정에서의 고문과 가혹행위로 고소·고발을 당한 경찰관 및 검찰 공무원은 모두 115명으로 53건에 이른다. 그러나 이 중에서 처벌받은 사람은 단지 2명뿐이다. 법무부가 1990년 11월 30일 국회에 낸 자료에 따르면, 공무원 독직폭행과 관련해 고소·고발된 사건 53건 가운데 29건이 무혐의 처리되고, 14건은 기소유예 또는 기소중지, 타부서 이송 1건, 공소권 없음 1건, 수사 중 9건으로 나타났으며, 구속 기소와 약식명령 2건으로 대부분 처벌되지 않았다. 처벌된 사례를 보면, 지난 1990년 5월에 술에 취해 길거리에서 시비를 건 양 모 씨를 때려 숨지게 한 수원경찰서 방범대원 김 모 씨가 수원지검에 의해 구속 기소되었다. 또 지난 1990년 2월 술집에서 싸우다 서울 청량리경찰서에 연행되어 소란을 피우다가 경찰관들에게 구타를 당하고 공무방해 혐의로 구속된 박 모 씨 등 2명이 이 경찰서 천 모 의경 등 3명을 고발했으나 천 의경만 벌금 20만 원에 약식기소됐다. 그야말로 '피라미'들만 처벌하고, 그것도 일선 파출소 방범대원이나 의경을 약식기소 따위로 의례적으로 처벌한 셈이다. 그것도 언론에 보도되거나 사회적으로 말썽이 난 경우에 마지못해 처벌하는 정도였다.

그 대신 1990년 3월 '3당합당 분쇄시위'와 관련해 인천 남부경찰서에 연행돼 수사관들의 집단폭행으로 상처를 입었다며 당시 경찰서장 등 3명을 상대로 고소한 사건은 인천지검에서 무혐의 처리되었다. 동시에 1990년 9월 김 모 씨가 수배 중인 시위 학생이 영장 없이 보안사에 연행돼 고문당했다고 주장하며 보안사 김 모 씨 등 5명을 서울지검에 고소했으나 검찰은 이 사건을 국방부에 송치하고 말았다.[24] '힘깨나 쓰는' 기관이나 중요 책임자는 무혐의 처분을 받은 것이다. 더구나 보안사 사건을 국방부에 이송하고 나면 이제 그 결과는 안 봐도 알 수 있는 것이 아닌가.

24. 「'가혹행위 경관' 처벌하는 둥 마는 둥―작년 9월~올 10월」, 1990년 11월 30일자 『동아일보』 기사.

이런 현상은 문민정부에 들어서도 마찬가지였다. 다음은 문민정부에서 고문 혐의가 인정된 사례들을 어떻게 처리했는지 한번 살펴본다.

① 1993년 6월 28일 서울 서부경찰서 형사계 경장 장병두는 특수강간사건을 조사하면서 피의자를 폭행하였으나 기소유예 및 계고 처분을 받는 데 그쳤다.

② 1993년 11월 4일 서울 송파경찰서 형사계 경장 고동석은 피의자 김현승을 조사하면서 발로 머리를 2~3회 걸어찼으나 형사 처벌은 이루어지지 않았고, 견책 처분만이 내려졌으나 그나마 견책 처분도 소청심사위원회에서 취소되었다.

③ 1994년 경북 포항시 북부경찰서 순경 하병태는 절도 피의자를 조사하면서 폭행하여 4주 상해를 입혔으나 견책 처벌을 받는 데 그쳤다.

④ 1994년 12월 24일 새벽 서울경찰청 형사과 소속 순경 강한철, 유삼화는 마약 밀매 혐의자 이관홍 씨는 경찰서 아닌 여관으로 끌고 가 청테이프로 눈을 가린 후 수갑을 채우고 2시간 동안 머리와 얼굴을 구타하였다. 그후 이들은 고문혐의로 구속 기소되었으나 곧바로 보석으로 석방되었다.

⑤ 1995년 8월 9일 서울지방법원 형사22부(재판장 이광렬)는 1986년 3월 불심검문에 불응하는 김상원 씨를 연행·조사 중 폭행하여 뇌막염으로 혼수상태에 빠뜨렸다가 이를 은폐하기 위하여 김 씨를 행려병환자로 위장시켜 시립병원에 입원시켰으나 결국 사망에 이르게 하여 폭행치사 혐의로 기소된 영등포경찰서 경장 이병호에게, "이 재판은 이 씨의 유무죄를 가리고자 하는 것이지 벌을 주고자 하는 것이 아니다"라며 이 씨가 그동안 이로 인하여 직위해제되는 등의 정신적 고통을 당한 것을 참작한다고 하여 집행유예의 형을 선고하였다.

⑥ 1996년 서울 관악경찰서 소속 경위 이상효는 절도 혐의자가 범행을 부인한다고 구타하였으나 벌금 15만 원을 선고받고, 견책처분만 받아 현재 서울방배경찰서에 근무하고 있다.[25]

3) 검찰이 제대로 수사했다면

5공화국 정권이 물러가고 다시 6공화국도 물러갔다. 김대중 정권이 들어서고 세상이 바뀌었다. 고문피해자 김근태 씨가 집권 여당의 의장이 되고, 이근안과 함께 고문에 가담했던 고문경찰관들이 실형을 선고받고 법정구속되었다. 그리고 마침내 1999년 10월 이근안이 자수했다. 검찰이 수사에 착수했고 금방 성과가 나왔다.

:: 이근안 씨에 대한 검찰의 수사가 진행되면서 또 다른 '고문기술자'들이 잇따라 드러나고 있다.…… 임양운 서울지검 3차장은 "함주명 씨와 박충렬 씨를 16, 17일 각각 이 씨와 대질시킨 결과, 이 씨는 함 씨와 박 씨의 수사 때 고문이 있었다는 사실을 시인했다"…… 고 말했다. 박(충렬) 씨는 이날 "검찰에서 이뤄진 이 씨와의 대질신문 과정에서 이 씨가 자신 말고도 '한종철'이라는 또 다른 경찰관이 있었다고 시인했다"고 밝혔다.
박 씨는 "86년 반제동맹당사건으로 당시 경기도 대공분실에서 물고문과 관절꺾기 등 고문을 받았으며, 주로 고문을 한 이는 이 씨가 아닌 한 씨였다"고 말했다. 박씨는 "그는 당시 30대 중반이었고, 키는 180cm가량에 손이 이 씨처럼 솥뚜껑만하고 눈이 항상 충혈돼 있었다"며, "그는 이근안의 수제자라고 불렸고 별명은 '백곰'이었다"고 술회했다. 함 씨도 대질신문에서 "이 씨가 83년 간첩혐의로 치안본부 대공분실에서 나를 고문한 인물로 부하직원인 이봉구(59세가량)와 이동구(66세가량)라는 이름의 경찰이 고문에 가담했다는 사실을 시인했다"고 말했다.[26]

---

25. 인도주의실천의사협의회·한국인권단체협의회, 『고문 기타 잔혹한, 비인도적 또는 굴욕적 처우나 형벌금지협약 제19조에 따른 대한민국 정부의 보고서에 대한 대한민국 인권단체들의 반박보고서』, 1996년 10월, 99항 참조.
26. 「제2, 제3의 이근안 정체 속속 드러난다」, 1999년 11월 19일자 『한겨레신문』 기사.

이근안뿐만 아니라 다른 고문경찰관들이 있었다는 것이 이렇게 쉽게 드러났다. 그러나 이 모든 사건은 이미 공소시효가 지났고 더 이상 처벌이 불가능했다. 만약 검찰이 고문피해자들이 그토록 고소·고발하고 처벌해달라고 아우성칠 때 진작 성실하게 조사에 나섰더라면 사정은 크게 달라졌을 일이다. 사실 그동안 고문피해자의 고발이나 호소가 터져나올 때마다 고문가해자들은 한 번도 스스로 그런 사실을 자인한 적이 없었다. 심지어 검찰의 수사결과 기소된 사건에서조차 피고인석에 선 고문자들은 끝까지 고문 사실을 부인했다. 그러나 피해자들이 제기한 고문 의혹의 경우 한 번도 거짓이 없었음을 우리는 경험으로 알고 있다. 고문피해자가 고소·고발한 사건 가운데 허무한 주장을 하여 무고했다는 사실이 밝혀진 사건이 한 건이라도 있었던가. 없었다. 다시 말해 검찰이 제대로만 수사했다면 모든 고문 의혹 사건의 가해자를 밝혀냈을 것이다.

2. 정치권력의 보호막과 사회의 무관심

∷ 　김대중 납치사건이 실패로 돌아간 직후인 1973년 10월에 발생한 서울법대 최종길 교수 피살사건은 중앙정보부로 하여금 돌이킬 수 없는 강을 건너게 했다. 최종길 교수가 고문으로 숨졌을 때, 박정희 정권은 이미 발생한 불행한 사건이 더 큰 국가범죄로 변하는 것을 막는 대신, 최종길 교수 고문치사 관련자들을 보호하고, 사건의 진상을 철저히 조작했다. 당시 최종길 교수의 동생은 중앙정보부 감찰실 직원이었는데, 감찰실은 중앙정보부 직원의 비리나 독직사건에 대한 수사권을 가진 곳이었다. 그러나 중앙정보부 감찰실은, 아니 중앙정보부는, 아니 중앙정보부를 거느린 대한민국이란 국가는 간첩 최종길이 자기 혐의가 드러나자 남은 조직

을 보호하기 위해 투신자살한 것으로 만들어버렸다. 그 결과, 박정희 정권은 중앙정보부 부원들의 절대적인 충성을 유지할 수 있었다. 모든 국가권력이 마찬가지지만, 정통성이 없는 독재권력일수록 국가기구, 특히 폭력을 다루는 기구 구성원들의 절대적인 충성을 요구하게 된다. 만약 박정희 정권이 최종길 교수 사망사건이 일어났을 때 이 고문치사 관련자들을 보호해주지 않는다면, 중앙정보부 등 공안기관의 어느 누구도 법적으로 금지되어 있는 고문을 하지 않을 것이다. 고문이 비록 법적으로 금지되어 있으나, 중앙정보부는 법 위에 군림하는 특수기관이고, 설혹 빨갱이를 고문하다가 조금 사고가 났다 하더라도 회사(중앙정보부)에서 알아서 처리할 것이니, 내게 별일은 없을 것이라는 확신을 직원들에게 심어주지 않는 한, 불법과 탈법을 지속적으로 강요할 수는 없다. 최종길 교수 사건이 그렇게 처리된 것은 의욕을 갖고 열심히 일하다가 피의자의 신상에 '조그만 사고'가 발생하는 것은 회사에서 알아서 처리해줄 것이라는 충분한 신호가 되었다.[27]

결국 한국현대사에서 고문이 그렇게 극성을 부린 것은 바로 국가권력이 이들을 엄호하고 보호해주었기 때문이다. 독재권력은 고문과 공포를 통해서 반대파를 억압하고 권력을 유지할 수 있었다. 그러므로 일선 정보기구와 수사기관에서 직접 고문을 가하고 공포를 유발하는 담당자들을 보호하지 않고서는 그 체제를 하루도 유지할 수 없었던 것이다. 결국 고문 금지라는 법적 규범에 아랑곳하지 않고 고문을 자행할 수 있었던 것은 이와 같은 독재 논리와 독재자 비호 때문이었다. 부당하고 불의한 독재 정치권력이 고문을 양산하고 그 바탕 위에서 독재 정치권력이 번성할 수 있었다.[28]

---

27. 한홍구, 「'국가 위의 국가'를 벗긴다」, 『한겨레 21』, 2004년 12월 23일.
28. 이런 의미에서 "피해자의 발바닥을 때리는 이들의 손은 가해자 개인의 손이 아니라 독재정부의 권력을 상징하며, 체포·감금·심문을 당하는 고문 대상자는 개인이 아니라 정치적 반대세력을 상징한다"는 주장은 탁견이 아닐 수 없다. 고문등정치폭력피해자를돕는모임(KRCT), 『고문, 인권의 무덤』, 한겨레출판, 2004, 23쪽.

한국현대사에서 비일비재하게 벌어졌던 고문, 그 가운데서도 사회문제가 되어 여론의 주목을 받았던 사건조차 제대로 진실이 드러나고 가해자가 처벌된 적은 별로 없었다. 국가기관에서 자발적으로 고문사건을 조사해 진실을 밝히거나 처벌한 사례가 없음은 물론, 심지어 피해자나 가족, 사회단체들이 고소·고발한 사건조차도 진실을 밝히는 데 미적대거나 시간을 끌다가 나중에는 결국 혐의 없음으로 끝나는 경우가 대다수였다. 온 세상의 이목이 집중되고 고문 사실이 어느 정도 밝혀져 가해수사관이 기소되고 유죄 판결을 받고 피해자에게 배상이 주어진 것은 정권이 바뀌고 오랜 세월이 경과한 뒤였다. 김근태 고문사건, 부천경찰서 성고문사건, 박종철 군 고문치사사건 등이 대표적인 사례이다. 이것은 국가권력과 고문자의 상관관계를 명징하게 말해주고 있다.

오랜 세월이 경과하고 관련자의 기억도 흐려져 고문가해자와 고문의 행태와 과정 등의 진실은 제대로 드러나기 어렵게 된다. 세월은 모든 것을 기억 저편으로 집어삼키고 마는 법이다. 고문가해자는 이미 사망했거나 도주·잠적해버리기도 하고, 피해자 역시 과거의 기억을 제대로 간직하는 경우가 그만큼 드물다. 가해자를 추적하고 이들을 심판할 수 있는 제도적·법적 장치도 이때쯤이면 제대로 남아 있지 않는다. 공소시효는 만료되고 배상청구 기간도 이때쯤이면 경과된다. 또한 언론과 여론도 새로운 시대의 과제에 매달려 과거의 사건에 눈을 돌릴 여유가 없다. 언론은 많지만 제대로 된 정론을 펴고 인권의 시각을 갖춘 언론인은 적은 이 나라에서 오래전에 벌어졌던 사건에 대한 집착을 기대하기는 어렵다.

:: "민주화가 되면 너희들이 나를 고문해라." 이(근안) 씨는 이렇게 (고문희생자들에게 고문 당시) 말했다지만 지금 고문을 겁낼 필요는 없다. 민주주의는 그런 잔혹 행위를 허용하지 않는다. 우리의 민주주의는 아직 반쪽짜리에 불과하다. 통혁당·인혁당·남민전 등 '고전적 좌익사건'에서는 물론이요, 5·18 당시 구속된 수천 명

의 대학생과 재야인사들을 비롯해 반제동맹당사건과 서노련 등 80년대 모든 굵직굵직한 시국사건 관련자들이 고문을 당했다는 것은 공지의 사실이다. 신체적·정신적 불구가 된 사람도 많다. 고문범죄자를 고문하지 않는다고 민주사회인 건 아니다. 고문조작의 진상과 책임자를 규명하고 피해자에게 합당한 배상을 해야 제대로 된 민주사회이다. 고문 사실과 범죄자는 있으되 진상규명과 피해자에 대한 배상은 없는 민주주의! 이것은 세 번째 아이러니다.[29]

우리는 이러한 아이러니 속에서 아직도 살고 있다.

3. 고문기술자, 이근안 경감

1) '성명불상'의 고문기술자 — 그는 누구인가?

:: 남영동에서 20여 일간 고문을 당하는 동안 그는 항상 핏발선 눈빛이었고, 90kg이 넘어 보이는 거구로 칠성판 위에 묶고는 깔고 앉아 목을 조르고 물고문, 전기고문, 발바닥 구타 등을 쉼 없이 했다.[30]

:: 시멘트 바닥에 3시간가량 무릎을 꿇려놓았다가 자신의 무릎으로 허벅지를 찍어 그 자리에서 정신을 잃은 일도 있었다. 그는 항상 눈에 핏발이 서 있었으며 칠성판을 자신이 발명했다고 자랑하기도 했었다.[31]

29. 「유시민의 세상읽기 — 이근안의 아이러니」, 1999년 11월 9일자 『동아일보』 기사.
30. 전노련사건의 고문피해자 박문식 씨의 증언, 1988년 12월 21일자 『한겨레신문』 기사.

:: 　지난 15일 서울고법 형사3부(재판장 조열래 부장판사)가 받아들인 김근태 씨 고문에 대한 재정신청 결정문에 따르면, 백남은·김수현·김영두·최상남 씨 등 치안본부 대공수사단 소속 경찰관 4명은 '성명불상자와 공동으로' 6차례에 걸쳐 전기고문을 자행한 것으로 돼 있다.[32]

'그', '성명불상자', '반달곰', '고문기술자'—이런 숱한 이름으로 불리던 얼굴 없는 고문자. 수많은 고문희생자들에게 원한의 표적이 되었던 고문수사관. 그가 마침내 얼굴을 드러냈다. 바로 이근안 경감이다.

:: 　김근태 씨를 고문한 '성명불상'의 '전기고문 기술자'는 경기도경 공안분실장 이근안(50) 경감이라는 사실이 이 씨로부터 고문을 받은 김 씨는 물론 이재오(43, 서울민중연합 의장), 이선근(36, 전노련사건 관련), 박문식(30) 씨 등에 의해 확인됐다. 김 씨는 지난 6월 30일 특별가석방으로 풀려난 뒤 85년 9월 남영동 소재 치안본부 대공분실에서 6차례에 걸쳐 자신을 전기고문한 '이름 모를 전기고문 기술자'를 추적한 끝에 6개월여 만인 지난 20일 사진을 통해 그가 바로 이 경감임을 밝혀냈다. 김 씨는 이 사실을 이재오 씨 등 3명에게 확인한 결과 한결같이 대공분실에서 조사받을 당시 이 경감으로부터 전기고문은 물론 물고문, 구타 등 갖가지 고문을 당했다는 대답을 들었다. ……[33]

김근태 씨의 추적으로 그 전기고문 기술자의 이름이 바로 이근안이라는 사실이 드러나면서 이 경감에게 고문을 받았던 많은 사람들이 동시에 나타났다.

31. 전 기자협회장 김태홍 씨의 증언, 1988년 12월 22일자 『동아일보』 기사.
32. 1988년 12월 21일자 『한겨레신문』 기사.
33. 1998년 12월 21일자 『한겨레신문』 기사.

① 1979년 남민전사건(이재오·이수일 등)

② 1980년 기자협회사건(김태홍 등)

③ 1980년 미스유니버스대회 방해음모사건(황인오·권운상 등)

④ 1981년 전노련사건(이선근·박문식 등)

⑤ 1985년 12월 납북어부 간첩조작사건(김성학)

⑥ 1986년 반제동맹당사건(박충렬 등)

이근안은 공군헌병 출신으로 지난 1970년 순경으로 경찰에 입문했다. 1972년부터 대공 분야에서 근무하게 된 그는 매번 특진으로 승진을 거듭해 1984년 경감이 됐다. 고문혐의를 받고 잠적할 때까지 거의 대부분 대공 분야에만 몸담은 공안통이었다. 그는 경찰 재직 기간 중 모두 16차례 표창을 받았다고 한다. 이 중에는 간첩 검거 유공이 4회나 포함되어 있고, 1979년 청룡봉사상, 1981년 내무부장관 표창, 1982년 '국가안보 기여'로 9사단장 표창, 1986년 대통령으로부터 옥조근정훈장을 받기도 했다.[34] 그 표창들 사이에 얼마나 많은 고문피해자들의 피울음이 서려 있는지 모른다. 문제는 그가 잡은 '간첩'이라는 게 결국 고문으로 허무한 사람을 간첩으로 '조작'해낸 것이다. 진짜 간첩을 잡았다면 상을 받을 만하다. 그러나 있지도 않은 간첩을 고문으로 만들어냈는데 국가가 상을 준다면 참으로 우스운 일이 된다. 도대체 이 나라에서 '공안', '대공'이란 무엇인가.

2) 11년의 도피생활

이근안 경감은 세상에 얼굴이 알려지자마자 곧바로 잠적하고 말았다. 검찰

---

34. 「이근안 씨 누구인가 — 공군헌병 출신 … '대공수사 베테랑'」, 1999년 10월 29일자 『조선일보』 기사.

총장의 수사 지시가 떨어지자마자 자신의 사무실에서 사라져버린 것이다. 당시 검찰과 경찰은 엉거주춤한 상태로 이근안 경감을 잡지 못하고 있었다.

- 「'고문기술자' 수사 외면, 경찰·검찰 서로 미뤄 증거조작 우려 — 이근안 경감 보도 뒤 사라져」[35]
- 「이근안 경감 "안 잡나", "못 잡나" — 검찰·경찰 수사 14일째 소재 파악도 못 해, '의도적 지연' 사건 축소 의혹」[36]
- 「이근안 경감 오리무중 15일 — 경찰선 신병 확보에 전수사력 동원 지시, 경찰 은 협조 요청 외면 의도적 회피 인상」[37]
- 「공권력 도덕성 먹칠한 시간 끌기, 고문기술자 이근안 오리무중 6개월」[38]
- 「고문경관 이근안 잠적 15개월 — 도피방조 의혹 많다」[39]
- 「고문기술자 잠적 19개월 — 도피자금 누가 주는 듯, 가족들 전혀 걱정 안 해」[40]
- 「도피 1,500일 고문기술자 이근안 저승에 숨었나」[41]
- 「이근안 씨 잠복 6년, 그는 어디에 — 검찰 '발'이 뛰어야 잡지 경찰 원망, 경찰 '수사원들 움직이지 않는다'」[42]
- 「세기의 도주범 신창원, 이근안, 박노항 그들은 어디로? 군·경 봐주기 의혹마 저 제기」[43]
- 「또 다른 도망자들 어디에 …… 고문기술자 이근안 씨, 공소시효 2013년까지」[44]

35. 1988년 12월 24일자 『한겨레신문』 기사.
36. 1989년 1월 6일자 『한겨레신문』 기사.
37. 1989년 1월 7일자 『동아일보』 기사.
38. 1989년 6월 24일자 『한겨레신문』 기사.
39. 1990년 3월 24일자 『동아일보』 기사.
40. 1990년 8월 3일자 『동아일보』 기사.
41. 『뉴스메이커』, 1993년 5월, 45쪽.
42. 1995년 1월 10일자 『동아일보』 기사.
43. 1999년 6월 24일자 『문화일보』 기사.
44. 1999년 7월 19일자 『한겨레신문』 기사.

이렇게 10년이 지나가는 사이에 납북어부 김성학 씨 고문사건에 관련된 경기도경 대공분실 경찰관들이 유죄선고를 받았다. 수원지법 성남지원(구만회 부장판사)은 1999년 10월 21일 윤여경·이우세·경무현 등 세 명의 피고인에게 징역 1년, 자격정지 2년을 선고하고 법정구속을 했으며, 나머지 황원복·김재곤·최재복 등 세 명의 피고인에게는 징역 1년, 자격정지 1년 6월과 집행유예 2년을 선고했다.[45] 이들이 이근안과 함께 전기고문과 물고문 등 고문을 했다는 사실을 모두 인정하면서 내려진 형치고는 지나치게 가벼운 것이었다. 이것이 결국 미끼가 되었다. 바로 1주일 뒤인 1999년 10월 28일, 마침내 이근안이 11년 도피생활을 마치고 스스로 검찰에 걸어 들어와 자수한 것이다.

:: 이근안 전 경감은 28일 오후 8시 30분경 수원지검 성남지청으로 찾아왔다. 쑥색 점퍼, 감색 신사복 바지 차림의 이 씨는 검찰 당직실로 불쑥 들어가 당직 계장인 김명진(35)에게 주민등록증을 내밀며 "내가 이근안입니다. 자수하러 왔습니다"라고 짤막하게 말했다. 88년 12월 잠적한 지 꼭 11년 만이었다. 놀란 김 계장은 수배자 사진에서 본 이 씨임을 확인하고 3층에서 당직 중이던 형사2부 이재헌 검사에게 전화를 걸어 "이근안이 자수하러 왔다"고 보고했다.…… 이 전 경감은 자술서를 통해 "최근 수원지법 성남지원에서 재판을 받은 동료들의 형량이 비교적 가벼웠고 오랜 도피생활에 지쳤다"며 "재판을 보고 마음이 안정됐고 심경의 변화를 느꼈다"고 자수 이유를 밝혔다.[46]

그러나 그토록 악명을 떨치던 고문자 이근안을 잡기 위해 실질적으로 검찰과 경찰이 노력을 기울이지는 않았다.

45. 「전·현직 고문경관 3명 법정구속」, 1999년 10월 22일자 『한겨레신문』 기사.
46. 「이근안 씨 자수 안팎」, 1999년 10월 29일자 『조선일보』 기사.

:: 11년 동안 국민에게 공개된 이 씨의 사진은 딱 하나뿐이었다. 수배전단 사진
은 어느 민완기자가 동사무소 주민등록표에서 도둑질한 특종사진이었다. 최초 수
배전단을 만들고 현상금을 내건 것도 경찰이 아니라 '민가협'이었다. 시늉에 그
친 경찰 수사는 '가재는 게편'임을 새삼스레 증명했을 뿐이다. 반인륜적 범죄자
를 응징하기 위해 선량한 시민들이 도둑질이라는 범죄와 현상수배라는 '월권행
위'를 하지 않을 수 없는 사회, 인권을 보호해야 할 국가기관이 국민의 인권을 유
린한 자기네 식구를 감싸고도는 자유민주주의 사회! 이것이 이근안 씨가 깨우쳐
주는 두 번째 아이러니다.[47]

3) 고문자는 외롭지 않다

경찰은 실제로 검거 노력을 기울이기는커녕 오히려 은신에 도움을 주었음이
밝혀졌다. 치안본부 5차장이었던 박처원 전 치안감[48]과 동료 경찰관들의 조직적
인 비호를 받았던 것이다. 박처원은 도피 중인 이근안에게 1,500만 원을 생활비
조로 지급하기도 했고, 수배 중에 본인이 직접 신청하지 않고서는 받을 수 없는
퇴직금까지 받아갔으며,[49] 1992년 가을에는 김수현 전 치안본부 대공수사단 반장
이 서울 용두동 이근안의 집으로 찾아가 숨어 있던 이 씨를 만난 사실도 확인되
었다. 그뿐만 아니라 박처원이 이근안에게 준 돈은 김우현 전 치안본부장이 카지

---

47. 「유시민의 세상읽기―이근안의 아이러니」, 1999년 11월 9일자 『동아일보』 기사.
48. 김근태 고문사건에서 박처원이 "경기도경 대공분실 소속이던 이근안을 (치안본부 남영동 대공분실) 수사팀에 합류하도
록 직접 지시해서 이뤄진 것"으로 밝혀졌다. 「박처원 씨 10억 "치안본부장이 줬다" … 7억 입금 통장 발견」, 1999년 11
월 16일자 『동아일보』 기사. 또한 박처원이 고문 지시뿐만 아니라 직접 고문에 나서기도 했다는 증언도 있다. 1981년 전
국민주학생연맹사건으로 치안본부 남영동 대공분실에서 조사를 받은 이태복 씨는 "조사 당시 그곳에서 '사장'으로 불
렸던 박처원 씨가 돌려차기로 내 얼굴을 걷어차고 주먹으로 가슴 등을 수백 대나 때렸다"라며 "이 때문에 급성폐렴에
걸려 약물치료를 받아야 했다"라고 밝혔다. 이 씨는 또한 "박 씨가 내 앞에서 이근안 등 부하직원들에게 '공산주의자임
을 자백하지 않을 땐 죽여도 좋다'라며 직접 고문 지시를 내렸다"라고 말했다. 「"박처원 씨도 고문 가담"」, 1999년 11
월 20일자 『한겨레신문』 기사.
49. 「이근안 씨 퇴직금 받아갔다」, 1999년 11월 4일자 『한겨레신문』 기사.

노업계의 '대부'라고 하는 전략원에게서 받아 전달해준 10억 중의 일부라는 사실이 밝혀졌다. 이것을 둘러싸고 박처원 '윗선'의 배후에 대한 논의가 무성했으나 검찰수사는 그 이상 밝혀내지 못한 채 종료되고 말았다.

사실 어느 면에서 이근안은 상부의 간부들을 대신해 모든 책임을 진 희생양의 측면이 전혀 없지는 않다. 예컨대, 박종철 군이 숨지기 바로 전날 남영동 대공분실을 방문한 김종호 내무장관이 "87년은 혼란과 발전의 분수령이다. 용공좌경분자를 발본색원하고 시국사건 수배자도 하루빨리 검거하여 사회기강을 확립하도록 하라"라고 말했다는 것이다.[50] 그 말을 듣고 격려·고무된 경찰관들이 바로 다음 날 박 군에게 온갖 고문을 가하다가 죽이고 만 것이다. 어찌 김종호가 박 군의 죽음으로부터 자유로울 수 있겠는가.

악랄한 고문행위와 다수의 고문피해자, 그리고 '고문기술자'로서의 명성에 비하면 이근안은 비교적 적은 형을 선고받았다. 그가 받은 7년형은 그가 저지른 끔찍한 고문에 비하면 사실 가벼운 형량이다.[51] 더구나 이 형량을 다 살지는 알수 없는 노릇이다. 박종철 군 고문치사사건처럼 그렇게 사회 여론이 들끓었던 사건에서도 관련 피고인들은 슬그머니 가석방 혜택을 받아 세상으로 돌아오곤 했다.

:: 　박종철 군 고문치사사건과 관련, 구속 기소돼 대법원 확정판결을 받아 경주
　　교도소에서 복역 중이던 전 치안본부 대공수사관 황정웅(당시 경위) 씨가 법무부가

---

50. 「안 검사의 일기 2―남영동 수사관 "여기선 혐의 없어도 고문"」, 1994년 11월 16일자 『동아일보』 기사.
51. 미국의 다음 사례를 보라. "미국 법정이 인권을 침해한 경찰의 가혹행위에 대해 30년 징역형이라는 철퇴를 내렸다. 뉴욕 브루클린 연방지방법원은 (1999년 12월) 13일, 지난 97년 아이티 이민자 출신인 에브너 루이마에게 충격적인 방법으로 고문을 가했던 전 뉴욕경찰관 저스틴 볼페(27)에게 30년형을 선고했다. …… 지난 97년 8월 순찰임무 중이던 볼페는 브루클린의 한 나이트클럽 난투극 현장에서 루이마를 체포, 경찰서 화장실로 끌고 가 빗자루대를 항문과 입에 번갈아 집어넣고 구타를 하는 등 야만적인 폭력을 행사한 혐의로 재판을 받아왔다. …… 유진 니커슨 판사는 선고공판에서 볼페의 행위가 '고의적인 살인에는 미치지 못하지만 상상할 수 없을 정도의 야만적인 것으로, 루이마는 물론 경찰과 사회 전체에 형언할 수 없는 해를 끼쳤다'면서 선고 이유를 밝혔다." 「미 고문경관 30년형 선고」, 1999년 12월 15일자 『국민일보』 기사.

264 　아무도 기록하지 않는 역사

24일자로 단행한 가석방 대상자에 포함돼 석방된 사실이 밝혀졌다.[52]

:: 법무부의 한 관계자는 "황 씨의 경우 평소 수형 자세가 모범적인 모범수이며 확정 형량의 70% 이상을 복역했으므로 가석방 대상자에 포함시켰다"고 말했다.[53]

4. 정형근 의원의 책임과 진실

한국현대사에서 '고문' 하면 연상되는 인물이 몇 사람 있다. 해방공간에서는 노덕술이고, 5공화국에서는 이근안이다. 그런데 6공화국 이후 정형근 의원이 그에 못지않게 인구에 회자되고 있다. 많은 사람들이 그에게 고문을 받았다고 주장하고 있는 반면, 자신은 강하게 부인한다. 그의 부인에도 불구하고 정치적 위치와 비중 때문에 끊임없이 그의 이름이 오르내린다.

1) 정형근 의원에게 직접 고문을 받았다고 주장하는 사례

:: 1986년 12월 크리스마스 이브 전인 22일경, 정형근 당시 대공수사단장이 고문을 받고 있던 내 앞에 나타났다. 6명의 부하들이 심문대 책상을 둘러싸고 심문조서에 손도장을 찍어라, 찍어라 하며 내 머리를 몽둥이로 때리고 있을 때였다. 남

---

52. 황정웅 씨 외에도 반금곤 치안본부 대공수사단 전 경장도 1991년 12월 24일자 법무부의 특별가석방으로 석방되었다. 「박종철 군 고문치사 경관─슬그머니 성탄 가석방」, 1991년 12월 25일자 「동아일보」 기사.
53. 이런 조치는 "6공 들어서도 수사기관에서의 고문 시비가 계속되고 있다는 점에서 사려 깊지 못한 조치"이며 "이번 가석방에서 살인·강도·강간·마약사범 등 흉악범은 가석방 대상에서 제외했다"라고 하는데, 그 범죄보다 일반 예방 효과를 더 강조해야 할 고문범죄에 대한 가석방은 아무래도 부당한 일이었다. 최영훈, 「거꾸로 도는 인권시계」, 1990년 12월 25일자 「동아일보」 칼럼.

색 줄무늬 양복을 입고 마도로스 담뱃대를 입에 문 정형근 단장이 나타난 것이다. 부하들이 순식간에 양쪽으로 3명씩 일렬로 서 차렷 자세로 허리를 굽히자 정형근은 이들을 향해 "뭣들 하고 있는 거야! 15일이 다 돼가는데, 아직도 간첩이라고 불지를 않아?" 하며 소리를 쳤다.

정형근은 담배연기를 한 모금 내뿜더니 "심진구, 이제는 간첩이라고 불 때가 됐는데. 여기 잡혀오면 15일 이내에 다 불지 않는 사람은 없어. 여기가 어딘 줄 알아? 국회위원도 잡아다 줘 패는 곳이야. 간첩이라고 한마디 하면 돼. 그러지 않으면 여기서 살아나가지 못해. 죽어. 네가 뭔데 박영진(1986년 임금투쟁 중 "근로기준법을 지키라"며 분신함) 싸움으로 재야, 학생, 노동자 놈들과 연합전선을 펴? 고등학교밖에 안 나온 놈이 아는 게 너무 많아. 너 어릴 때부터 포섭됐지. 너 북에 갔다 왔지?" 하면서 "간첩 소리 나올 때까지 더 족쳐!"라고 말했다. 그러자 실장과 대머리에 눈이 치켜올라간 부하가 몽둥이로 내 가슴을 후려쳤다. ……[54]

:: 내가 조사과정에서 정형근을 만난 것은 안기부 지하실에서 약 일주일 정도 있었던 12월 하순 어느 날(크리스마스 즈음)이었다. 혹독한 고통을 겪고 있던 나에게 대학 선배라는 두 사람이 며칠 간격을 두고 각각 내가 있던 방으로 내려왔는데, 둘 다 안기부 고위직에 있는 사람들이었다. 나이가 50은 넘은 듯한 한 사람은 인상이 나빴는데 부하직원들도 그를 별로 좋아하지 않았다.(그가 누구인지는 지금도 알지 못한다) 그 사람이 다녀간 이틀 뒤인가 양복을 세련되게 뽑아 입은 40대 초반의 남자가 자신만만한 모습으로 취조실에 들어왔다. 내 담당수사관들이 모두 일어나 부동자세를 취하는 가운데 들어선 그는 방을 한번 둘러보고 "하영옥이 잘하고 있습니까. 계속 수고들 하십시오" 하고는 나에게는 말을 건네지 않은 채 그냥 나갔다.

54. 심진구, 「"간첩소리 나올 때까지 더 족쳐!"」, 2004년 12월 20일자 『오마이뉴스』 기사.

내 담당수사관 중 말단이면서 자기가 ROTC 출신임을 자랑하던 자가 있었는데, 그 수사관이 "아까 그 사람도 너 대학 선배다. 젊은 나이에 벌써 단장이야"라고 했다. 그 담당수사관은 단장이 치안본부에라도 한 번 뜨면 치안본부 간부들이 건물 밖에 도열해서 맞이한다는 등 자기 상관이 실세 중의 실세라고 하면서 자랑 아닌 자랑을 하였다. …… 그가 정형근임을 알게 된 것은 그가 92년에 행한 '중부지역당사건' 수사 발표를 보면서였다.[55]

:: 학생운동 동료였던 이철우 열린우리당 의원을 민족해방애국전선(이하 민해전)에 참여시킨 것으로 알려진 양홍관(46, 팔당생명살림연대 사무국장) 씨는 (2004년 12월) 14일 기자간담회를 통해 정형근 의원에게 성기고문을 당했다고 거듭 주장했다. 양 씨는 이날 오후 2시 서울 종로구 안국동 느티나무에서 열린 기자간담회에서 …… "귀두치기(성기고문)를 한 사람이 누구냐"고 묻자 수사관들이 엄지손가락을 내밀며 "사장이다. 그 정도만 알고 있으라고 했다"며 그래서 "안기부에서는 최고책임자를 사장이라고 하는구나, 안기부장 정도 되나 하고 생각했다"고 거듭 설명했다.
양 씨는 "정형근 의원인 줄 어떻게 알았느냐"는 기자들의 질문에 "정형근 의원은 청회색 양복바지를 입었고 상의는 하얀 와이셔츠에 넥타이 그리고 갈색의 잠바 차림이었다"며 "키는 저보다(172cm) 조금 작았던 것 같았고, 특히 정 의원 특유의 비웃는 듯한 모습과 경상도 사투리를 기억하고 있다"고 강조했다. 양 씨는 또한 "정 의원이 고문을 하기 위해 들어온 게 아니라 모멸감을 주어 기를 꺾기 위한 고도의 심리전을 위한 의도인 것 같았다"며 "정 의원(의 성기고문)에 무너진 게 사실이다"고 정 의원이 확실하다고 거듭 주장했다.[56]

---

55. 하영옥, 「고문의 추억 8 — 상처를 싸맨 붕대로 다시 손발을 묶고 …」, 2004년 12월 29일자 『오마이뉴스』 기사.

:: 92년 대선 전 소위 이선실 사건 때 9월 11일부터 13일까지 사흘 동안 안기부 지하실 117호에서 황인오 씨를 비롯한 부인, 아들(4), 어머니에게 저지른 고문 만행을 우리는 똑똑히 알고 있다. 정형근이가 사흘 뒤 나타나 황인오 씨 어머니 전재순(66) 씨에게 "너 이년, 아들 둘과 가족들 다 잡아들여 너 앞에서 총살시키겠다"고 했고, 115호로 옮겨 '간첩의 어머니'라고 윽박지르면서 며느리 송혜숙 씨가 허위진술한 것을 보고 쓰라고 강요했다. 손자(황두하, 4) 앞에서 며느리가 얼마나 두들겨 맞았는지 아기가 자면서 엄마 때리지 말라고 잠꼬대까지 했을 정도였다는 사실에 대해 할 말이 있는가.[57]

:: (황인오 씨의 어머니 전재순 씨는) 그 뒤 다시 안기부 조사에 들어가 총 20일 동안 조사를 받는 동안 협심증 때문에 정신을 잃고 쓰러진 적이 한두 번이 아니었다. 당시 안기부 수사차장보였던 한나라당 정형근 의원과 대면한 기억도 있다. 어느 날 몇 사람을 대동한 간부인 듯한 사람이 들이닥쳐서 "영감, 큰아들, 둘째 아들 셋을 눈앞에서 총살시키면 불겠냐"고 협박했단다.[58]

심진구 씨와 하영옥 씨 두 사람은 같은 사건으로 위와 같이 고문을 당했고, 두 사람 모두 정형근 의원을 고문장에서 보았다. 다만 심진구 씨는 직접 고문을 당하고 고문 지시하는 것을 보았고, 하영옥 씨는 직접 고문을 당하지는 않았지만 고문하는 장소에 정형근 의원이 와서 수사관들을 격려하고 갔다는 것이다. 아무튼 이 두 사람은 정형근 의원을 고소했고, 수사를 담당한 서울지검은 공소시효 5

56. 조호진, 「"정 의원 특유의 비웃음과 사투리 기억" — '민해전 사건' 양홍관 씨 "정형근에게 성기고문당했다" 거듭 주장」, 2004년 12월 14일자 『오마이뉴스』 기사.
57. 1999년 11월 13일 '제2의 이근안, 정형근을 심판하는 제사회단체연석회의(준)'의 공개질의서.
58. 김대홍, 「"다짜고짜 옷 벗기고 군복 입히데요" — 인터뷰, 고문피해 황인오 씨 어머니 전재순 씨」, 2004년 12월 20일자 『오마이뉴스』 기사.

년을 지났다며 불기소 처분했다. 이들은 계속 항고, 재항고를 했고 기각되자 다시 헌법재판소에 헌법소원을 냈다. 정형근 씨를 상대로 고소·고발한 사람은 1990년 1월 1일부터 1996년 8월까지 19명이나 된다. 물론 모두 불기소되었다. 하영옥 씨는 고문 사실을 부인하는 정형근 의원에게 이렇게 말하고 있다.

::　　그 시절의 안기부가 조직적·체계적으로 고문수사하였다는 것은 모두가 다 알고 있는 사실이다. 그런데도 본인이 완강하게 고문행위를 부정하는 까닭에 고문을 정형근이 시켰다는 증거는 아직 없지 않느냐고 말하는 사람도 있다. 그가 직접 나서서 고문한 증언들도 여럿 나오고 있다. 그러나 직접 고문했느냐 아니냐는 어찌 보면 중요한 것이 아니다. 그들의 고문수사는 자기들 나름대로 치밀한 계획과 의도를 가지고 진행된 것이었다. 각 취조실에서 올라오는 보고를 종합하고, 또 내부 회로로 연결된 CCTV를 통해 각 방의 구체적 취조 고문 상황을 지켜본 뒤에 누구에게는 어떤 사항을 중점적으로 캐되 어떤 방식을 쓰고, 또 누구에게는 어떻게 하라는 등 구체적 방침을 세운 것에 맞추어 취조가 진행된다. 또 사건을 어떻게 몰아갈 것인지, 어떤 방식의 심리전을 쓸 것인지 등등을 끊임없이 연구 검토하고 회의를 거친 후에 고문의 강도와 방법이 결정되며 그렇게 진행된 것이 당시의 안기부 수사였다. 실정이 이런데도 정형근이 고문을 지시하지는 않았으며, 몰랐을 수도 있지 않느냐는 것은 정말 가당치도 않은 이야기인 것이다.[59]

안기부에 잡혀가면 고문당한다는 것은 삼척동자도 다 아는 사실이다. 그런데 정형근 의원은 수많은 사람들이 잡혀가 고문을 당하던 그 시절에 안기부 대공수사단장과 차장을 지냈다. 그가 자신의 휘하에서 일하던 수사관들이 고문하는

---

59. 하영옥, 「고문의 추억 8 — 상처를 싸맨 붕대로 다시 손발을 묶고 …」, 2004년 12월 29일자 『오마이뉴스』 기사.

것을 몰랐다는 것은 잘 이해가 되지 않는다. 실제로 정형근 의원이 직접 고문에 관련되었다는 것을 인정하는 여러 보도와 검찰의 발표가 있었다. 다음의 신문기사를 보면, 당시 정형근의 부하직원으로 있던 안기부 직원이 그런 사실을 뒷받침하는 진술을 했는데 이를 검찰이 확보했다는 것이다.

:: 서경원 전 의원 밀입북사건 관련 명예훼손사건을 수사하고 있는 서울지검 공안1부(부장 정병욱, 주임검사 임성덕)는 한나라당 정형근 의원이 안기부 대공수사국장 시절 서 전 의원을 직접 고문했다는 당시 안기부 관계자의 진술을 확보한 것으로 19일 알려졌다. 지난 13일 소환된 당시 안기부 관계자들은 검찰에서 "서 전 의원을 검찰에 송치하기 3~4일 전께 정형근 당시 대공수사국장이 서 전 의원의 수사 상황을 폐쇄회로 텔레비전을 통해 지켜보다 직접 조사실로 와 수사관들을 내보낸 뒤 문을 잠근 채 혼자 서 전 의원을 조사했다"고 진술했다. 이들은 또 "그 뒤 정 국장이 고성을 지르는 소리가 새나왔으며 조사를 마친 뒤 들어가보니 서 전 의원의 얼굴이 피투성이가 돼 있었다"며 "정 국장의 지시로 피멍을 빼기 위해 중구 인현동 시장에서 쇠고기를 사와 서 전 의원의 얼굴에 붙였다"고 진술했다.[60]

:: 정병욱 부장은 두 직원이 "(정 의원의 고문폭행 때문에 생겨난 얼굴 상처를 없애기 위해) 며칠간의 쇠고기 찜질에도 불구하고 멍이 없어지지 않자 송치 장면을 언론에 공개하지 않기 위해 제헌절인 7월 17일 밤 9시쯤 서 전 의원을 구치소로 곧바로 이감했고, 수사검사도 곧바로 검찰청으로 서 전 의원을 소환하지 않고 며칠간 구치소에서 출장조사를 벌였다"고 진술했다고 말했다. 당시의 구치소 의무과장도 "휴일 밤 서 전 의원이 이감돼 신체 상태를 진찰하지 못했다"고 진술했

---

60. 「'정형근 의원 서경원 씨 고문했다'」, 1999년 11월 20일자 『한겨레신문』 기사.

다고 검찰은 밝혔다.[61]

이 정도의 진술이라면 정형근 씨가 서경원 전 의원 사건과 관련해 당시 직접 수사실로 내려와서 단 둘이 있었다는 점이 확인된다. 더구나 서경원 전 의원의 고문피해 사실이 알려질까 두려워 직접 검찰에 송치하지 않고 검사가 구치소로 와서 출장조사했다는 것도 당시 주장에 들어맞는 일이다. 검찰은 이런 사실을 종합해 정형근 씨가 서경원 전 의원을 고문한 사실을 인정했다.

::   검찰은 서경원 전 의원을 밀입북사건과 관련, 당시 야당 총재였던 김대중 대통령이 서 씨로부터 북한 공작금 1만 달러를 받은 사실이 없다고 (2001년 1월) 30일 결론을 내렸다. 또 당시 안기부 대공수사국장이었던 한나라당 정형근 의원이 1989년 이 사건을 수사하면서 서 전 의원을 고문한 사실도 인정함으로써 적지 않은 파장이 예상된다.…… 검찰은 30일 '서경원 밀입북사건'에 대한 재조사과정에서 2천 달러 환전영수증 등 새로운 물증이 발견됐다고 밝혔다.…… 검찰은 이같은 사실을 토대로 김대중 야당 총재가 북한 공작금 1만 달러를 받았다는 과거 검찰수사 결과가 조작됐음을 시인했다. 검찰은 또 당시 서 씨의 진술이 수사당국의 고문 등 강압에 의한 허위자백으로 드러났다고 설명했다.[62]

그러나 이런 검찰의 수사는 정치적 배경에서 시작되고 진행되었기 때문에 결과 역시 정치적 상황에 따라 흐지부지되고 말았다. 정형근 의원은 한때 다음과 같은 견해를 피력했다.

61. 「정 의원이 서경원 씨 고문」, 1999년 11월 20일자 『조선일보』 기사.
62. 「검찰 정형근 의원 기소 의미─수사결과 뒤집어 DJ에 '면죄부'」, 2001년 1월 31일자 『경향신문』 기사.

:: (그는) "간첩 용의자에게 변호인 접견과 구속적부심을 허용하는 것 자체가 수사 진행과 보안유지상 큰 문제로 이를 바로잡아야겠다는 게 개인적 생각"이라고 밝혔다. 그는 또 심지어 "김낙중 씨 같은 간첩들을 '민주사회를위한변호사모임(민변)' 소속 변호사들이 접견할 수 있도록 하는 것은 어린이에게 칼을 쥐어주는 격이라면서 "김 씨를 접견하려는 민변 소속 변호사들은 진정한 변호인들이 아니라 '딴 일'을 하는 사람들"이라고 매도하기까지 했다.[63]

그는 1992년 안기부 차장보로서 김낙중 간첩단사건 수사결과를 발표하는 자리에서 위와 같이 민변을 매도해 당시 민변 대표간사였던 홍성우 변호사가 정형근 차장보를 상대로 명예훼손 및 모욕혐의로 서울지검에 고소하는 사태까지 벌어졌다. '간첩용의자'에게는 변호인접견권과 구속적부심을 허용할 필요가 없다는 생각은 자유민주주의 체제의 근간을 부정하는 사고방식이다. 또한 그는 자신에 대한 고문 주장을 하지 말아달라고 부탁하고 다니기도 했다.

:: 지난 2000년 서경원 전 의원이 고문·용공조작 폭로 기자회견을 연 다음 날, 정형근 의원이 박 모 보좌관을 나에게 보냈고 프레스센터에 있는 커피숍에서 만났다. 그 보좌관은 가족들에 대한 고문을 증언하지 않았으면 좋겠다고 부탁했다. 다음 날 정 의원이 직접 전화를 걸어와 "증언하지 않아 고맙다. 정치할 생각이 있으면 도와주겠다. 내가 공직에 있는 한 황 선생이 하고 싶은 일이 있으면 능력껏 도와주겠다"고 말했다.[64]

63. 김정현, 「정형근의 정치 야심」, 『월간 말』 1992년 12월호, 144쪽.
64. 조호진, 「"네 살배기 아들까지 감금한 이유 뭔가"—인터뷰, 중부지역당 총책으로 알려진 황인오 씨」, 2004년 12월 17일자 『오마이뉴스』 기사.

더구나 그는 박종철 군 고문치사사건의 고문 사실 은폐에도 관여되어 있었다. 여기서 J단장은 정형근 단장을 말하고, 안 검사는 안상수 검사이다. 다음은 안상수 검사의 회고이다.

J단장 : 황적준 박사도 고문은 없었다고 하던데······.

안 검사 : 그럴 리가? 정말 그렇다면 황 박사를 불러주게.

J단장 : 이 사실이 공개되면 큰일 날 텐데······. 묻어질 수가 있다고 보나?

안 검사 : 피멍이 있었다는 보도도 나왔지 않은가. 시중에 의혹도 크고, 덮으려다간 더 큰 일이 벌어질 수도 있어.

J단장 : 그거야 직접 사인이 아니라고 하면 되잖아?

안 검사 : 그렇지 않아. 이미 너무 많은 사람이 시신을 보지 않았는가. 사실 그대로 공개하는 게 최선일 거야. 진실을 영원히 묻을 수는 없는 거 아니겠나?[65]

안 검사의 회고는 최종적으로 당시 J단장이 고문치사였다는 보고서를 쓰게 되었다고 말하고 있으나, 그 과정에서 분명히 안 검사에게 사인의 조작을 설득·회유하고 있음을 알 수 있다.[66]

65. 박성원, 「정형근을 고발한다」, 『신동아』 1999년 1월호에서 「안 검사의 일기」를 재인용.
66. 더 나아가 그는 박 군 고문에 관계된 경찰관의 은폐과정에도 책임이 있다. "그로부터 일주일 뒤 검찰청사 복도에서 안기부 J단장을 만났다. 사건을 빨리 공개하도록 장세동 안기부장을 설득해달라고 부탁했다. 그러나 그는 '피고인들이 완전히 설득되었으므로 사건을 묻는 데 아무 지장이 없고 사건을 깰 경우 걷잡을 수 없는 시국혼란이 우려된다'며 '절대불가'란 기본 입장을 알려주었다"라고 당시 주임검사였던 안상수 검사는 회고하고 있다. 더군다나 그 J단장은 "첫째, (고문경찰관에 대한) 구형은 7년, 1심 선고는 5년 정도만 되게 해달라. 그 정도면 설득이 될 것이다. 둘째, 고문경관의 변호인인 김무상 변호사를 설득해 사임하게 해달라. 셋째, 신창언 부장이 조한경을 만나 의중을 탐색하면서 그의 마음을 흔들어놓는 일을 말아달라는 것이다." 구형량까지 안기부의 주문을 전한 뒤 J단장은 한숨을 돌리고 나서 이렇게 말했다. "신 부장이 지난번 피고인들을 면담하면서 조의 마음을 흔들어놓아서 경찰이 관리하느라 애를 먹었다고 한다. 최악의 경우 깨져도 할 수 없지만 지금은 안 된다는 것이 안기부의 입장이다. 상부에서는 1심만 무사히 지나면 영원히 묻힐 수 있다고 보고 있다. 과거를 봐라. 다 묻혔지 않느냐." 「안 검사의 일기 6—김승훈 신부 '조작' 폭로···상황 급전」, 1994년 11월 18일자 『동아일보』 기사. 그는 사건 조작이 역사상 언제나 묻혔다고 생각했다.

2) 정형근 의원의 책임과 진실 회피

　　일부 고문 사실의 논란에도 불구하고, 정형근 의원은 그때마다 정치적 상황에 힘입어 위기를 모면했고 현재까지도 국회의원직을 유지하고 있다. 지난 1999년 당시 그에게 첫 번째 위기가 찾아왔다. 서경원 전 의원 방북사건과 DJ에게 전달됐다는 1만 달러의 향방을 놓고 당시 안기부와 검찰의 고문조작이 문제가 됐던 것이다. 서경원 전 의원에 대한 고문 사실, 1만 달러의 조작 부분이 어느 정도 밝혀졌음에도, 검찰의 머뭇거림[67]과 야당인 한나라당의 강력한 반발로 수사가 교착 상태에 빠지고 말았다.

　　::　검찰이 서경원 전 의원 밀입북사건에 대한 재조사에 착수키로 하자 여·야 간에 일촉즉발의 전운이 감돌고 있다. 조사 대상은 김대중 대통령이 받았던 '불고지 및 북한 공작금 1만 달러 수수혐의.' 이 같은 검찰 조치에 대해 여당은 '역사 바로 잡기'라고 환영한 반면, 야당은 '정형근 죽이기'라고 반발하고 있다.…… 여권은 지난 10월 25일 국회에서 '언론 장악' 문건을 폭로하며 정부·여당에 공세를 가하기 이전부터 정 의원을 '눈엣가시'처럼 인식해왔다. 지난 92년 대선 당시 안기부 대공수사국장 재직 중 '이선실 간첩사건'과 관련해 DJ를 직접 조사한 '악연'으로 인해 'DJ 저격수'라는 별명을 얻었던 정 의원은 현 여권에게 '손 볼 대상 1호'로 꼽혔었다.…… 한나라당도 여권의 이 같은 전략을 눈치채고 검찰의 재

---

67. 검찰 내부에서는 전면적 재수사에 대해 "만만찮은 반발 기류가 흐르고 있다. 실제 검사들 가운데 일부는 대통령이 억울해 한다는 이유로 10년 전 일을 끄집어내 검찰 스스로 치부를 드러내는 것이 옳으냐는 감정적인 반발을 보이기도 하고, 고위간부들 가운데는 1만 달러 부분만 어느 정도 정리하는 선에서 수사를 마무리하는 것이 검찰의 상처를 최소화하는 길이라는 의견을 내놓는 사람도 있다. 이 때문인지 검찰은 지난 22일 당시 수사검사 2명을 조사한 이후 별다른 움직임을 보이지 않고 있다. 검찰은 당시 수사검사들에 대한 더 이상의 조사는 '검토하고 있지 않다'고 못 박고 당시 공안부장과 검찰총장으로 지휘선상에 있던 안강민 변호사와 김기춘 한나라당 의원 등에 대한 조사 여부에 대해서는 '계속 검토 중'이라는 말만 되풀이해 방침 결정에 진통을 겪고 있음을 내비치고 있다." 「'서경원 전 의원, DJ 1만 달러' 검찰수사」, 1999년 11월 25일자 『한겨레신문』 기사.

수사 결정을 '정형근 죽이기'의 일환으로 규정하면서 당 차원의 총력 대응 방침을 천명하고 나섰다. 이사철 대변인은 "정권이 총출동돼 '정형근 죽이기'에 광분하고 있다"고 주장하면서 "집권만 하면 진실도 뒤엎고 역사도 다시 쓸 수 있다는 현 정권의 발상이 한심하다"고 비판했다.[68]

고문의 실재 여부와 고문에 대한 관여 여부의 문제가 여야 간의 정치 쟁점으로 전환되고 희석된 것이었다. 여야 간의 정치적 타협[69]이 이루어지는 것에 대해 고문피해자들과 일부 언론은 정치적 처리와 흥정을 해서는 안 된다고 강력히 주장했다.

:: 정(형근) 의원 문제는 여야가 정치적으로 흥정할 사안이 아니다. …… 그는 안기부 재직 시절 민주인사들을 고문하고 정치공작을 주도한 혐의로 10건 가까이 피소된 장본인이다. 면책특권으로 무장한 정 의원을 국회에서 끌어내 진실을 규명할 수 있는 기회를 정치권이 정치적인 이유로 막아서야 되겠는가. …… 야당이 끈질기게 정 의원 문제를 붙잡고 늘어진다고 해서 여당이 양보한다면, 법질서는 한낱 정치의 부속물이 될 것이다. 한나라당도 정 의원 비호에 매달려서는 안 된다는 국민의 소리에 귀를 기울여야 한다.[70]

정형근 의원은 무려 23차례에 걸친 검찰의 소환 통보에 모두 불응했고, 검찰은 정 의원에 대한 긴급체포에 나섰다. 그러나 한나라당원들의 강력한 비호로

68. 「정형근 죽이기? 역사 바로잡기?」, 『주간 조선』, 1999년 11월 25일.
69. "여야가 정형근 의원 문제를 놓고 정치적 절충 움직임을 보이고 있어 논란이 일고 있다. 이부영 한나라당 총무는 전날 총무회담에서 선거법과 예산안에 대한 합의가 이뤄진다 해도 정형근 의원 체포동의안이 국회에 제출되면 모든 것이 파국이 될 수 있다는 데 3당 총무가 의견을 일치했다고 밝혔다." 「여야, 정형근 의원 처리 물밀 협상」, 1999년 11월 3일자 『한겨레신문』 기사.
70. 「정형근 씨 처리 흥정 말라」, 1999년 11월 13일자 『한겨레신문』 사설.

결국 실패하고 말았다. 결국 더 이상 수사의 진전을 보지 못한 채 마무리되고 말았다. 정치적 사건의 정치적 타협이었던 셈이다. 그래서 정형근 의원의 고문 의혹 사건은 제대로 진실을 밝혀내지 못한 채 온데간데없이 되고 말았다. 그리고도 그는 몇 차례의 고비를 더 넘기면서 자신의 정치생명을 끈질기게 이어가고 있다.

::　안기부 수사국장 출신의 정형근 한나라당 의원에 대한 고문 시비가 끊이지 않는 가운데 같은 당의 이재오 의원이 정 의원을 겨냥 "고문한 적이 있다 고백하고 국민에게 용서를 구해야 한다"고 주장해 논란이 예상된다.…… 이 의원은…… "군사정권하에서는 안기부, 대공분실에서 정치가 이뤄졌다 해도 과언이 아니다"고 성토했다.[71]

3) 이어지는 비판과 분노의 목소리

::　정형근은 자신의 부정적 이미지의 대부분이 안기부 근무 경력 때문일 거라고 짐작한다. 검사 출신인 그는 83년 안기부 법률담당관을 시작으로 대공수사국장, 기획판단국장, 수사차장보, 제1국장, 제1차장 등의 핵심 요직을 두루 거쳤다.…… 그러나 정형근이 보낸 절정의 40대는 두고두고 그의 발목을 잡는 원죄의 기간이 되어버린다. 바로 이 시기의 활동에 대해서 끊임없는 고문 의혹 시비가 일어나고 있기 때문이다. '고문국회의원정형근을심판하는모임'을 비롯한 수많은 시민단체와 내로라하는 논객들이 그의 고문 전력을 문제 삼았지만 정형근은 명예훼손소송도 불사하겠다며 펄쩍 뛴다. 그래서 이 문제에 대해서는 아직도 '의혹'이나 '시비'라는 단어를 쓸 수밖에 없다.

---

71. 안홍기, 「이재오, "고문한 사람 고백하고 국민에게 사과해야"」, 2004년 12월 24일자 「오마이뉴스」 기사.

당시 현역 의원이었던 서경원은 정형근에게 고문을 당해 피를 세 그릇이나 받아냈다고 증언하고, 고문의 현장에서 그와 몸서리쳐지는 대면을 했다는 증언자들이 무수히 많지만 정형근은 당당하게 자신의 무고함을 주장한다. …… 그의 억울한 사연(?)은 계속된다. "안기부 조사실에는 비디오카메라가 다 설치돼 있습니다. 다 찍히는데 어떻게 고문을 합니까?" 슬쩍 한 발 양보하는 여유까지 보여준다. "수사를 하다 보면 손으로 푸싱을 하거나 뺨을 한 대 때리거나 한 적은 혹시 있을지 몰라도 고문을 했다면 내가 살아 있을 수 있습니까?"

도대체 정형근이 생각하는 고문의 수준은 어떤 것일까. 37일 동안 하루도 빠지지 않고 잠자는 시간 외에는 수사관들로부터 돌아가면서 계속 맞아 피오줌을 흘리고, 잘 때는 팬티가 붙어 야전침대에 누울 수조차 없는 정도가 되어야 고문이라고 할 수 있는 것인가. 한 사내가 늘 뒷짐을 지고 파이프 담배를 문 채 고문 현장에 나타났는데 그때마다 수사관들은 일동 기립하여 그의 지시에 귀 기울였다고 한다. 그 사내가 "이제 불 때가 되지 않았어?"라며 고문을 '예고'하고 돌아간 다음에는 어김없이 더 강도 높은 고문이 가해졌다. 그래서 고문 현장에서 파이프 담배의 사내를 마주쳤던 사람들은 그가 다녀가고 나면 늘 공포에 떨곤 했단다. 그런 의혹을 받고 있는 사내는 도대체 누구인가. 그들은 모두 심신이 정상적이지 않은 상태라서 헛것을 보았거나 다른 사람과 착각했던 것일까.

92년 이선실 간첩단사건으로 구속된 적이 있는 장기표 전 신문명문화원장은 정형근과 서울법대 동문이다. 그는 올해 1월 한 잡지를 통해 정형근에게 공개적으로 편지를 보낸다. "잠시나마 교정에서 학창시절을 함께 보낸 적이 있는 나도 당신으로부터 어처구니없는 일을 당할 정도였으니 당신이 국가안전기획부에서 근무하는 동안 저지른 반인간적인 일은 세인의 지탄을 받기에 충분하오." 만일 고문 의혹이 사실이 아니라면 정형근 자신도 얼마나 억울하겠는가. 강준만 교수의 말처럼, 모두가 억울하다니 하루빨리 '고문조작의혹규명에관한특별법'을 만들어 모든 진상

을 규명해 이 나라를 영원히 고문이 없는 나라로 만들어야 옳다.[72]

위의 글은 한 정신과 의사가 본 정형근 의원의 진실이다. 그런데 누구보다도 정형근 의원을 잘 기억하는 사람들은 바로 그가 담당했던 사건의 관련자들이다. 이들은 아직도 삭히지 못한 분노의 목소리를 그대로 간직하고 있다.

∷   80년대를 열심히 살았던 수많은 젊은이들이 모두 당신을 생생히 기억하고 있습니다. 뿐만 아니라 우리들의 부모, 형제, 아내와 자녀들은 당신을 치 떨리는 공안검사로 그리고 지금껏 추호의 반성도 없이 민주주의와 개혁을 감히 말하는 인면수심의 가증스러운 사람으로 똑똑히 기억하고 있습니다. 귀하는 정말 탁월한 독재정권의 충복이었습니다. 귀하가 맡은 사건마다 늘 이변이 일어났습니다. 집행유예로 풀려나 불구속 재판을 받고 있던 조성우 씨의 전격 구속, 우원식·배정환·김상규 씨는 1년의 1심 형량을 3년으로 올리고, 장신환 씨의 경우 소위 빨갱이로 몰아 무기징역이라는 극형을 구형했으며, 서경원 전 의원·방양균·심진구 씨 등에게는 고문까지 서슴지 않았다고 들었습니다. "저런 새끼들 다 쓸어버려야 하는데 참 법이 좋다"(우원식), "다음에 또 들어오면 감호소 보낼 거야"(유종성), "장기표가 빨갱이 짓하고 다니는데, 너도 마찬가지야."(조성우) 귀하가 우리에게 했던 수많은 폭언들! 20년이 지난 아직도 우리 가슴속에 생생하게 남아 있습니다. 우리뿐 아니라 귀하가 한 시대의 악명 높은 공안검사라는 사실은 동시대에 탄압받은 누구라도 증언할 수 있습니다.[73]

---

72. 정혜신, 「정형근의 피해의식과 마광수의 불안의식」, 『신동아』 2001년 1월호, 324쪽 이하.
73. 1999년 11월 3일자 '고문국회의원정형근을심판하는시민모임', '공안검사정형근에게짓밟힌민주화운동가들의모임'에서 낸 '정형근 씨! 우리는 귀하의 더러운 이름을 기억하고 싶지 않습니다'라는 제목의 성명서.

고문을 직접 받았다는 서경원 전 의원을 포함해 이돈명 변호사, 김승훈 신부 등을 중심으로 '고문국회의원정형근을심판하는시민모임' 까지 만들어졌다.[74] 민주노총은 2004년 12월 16일에 '국가보안법 철폐와 고문배후 진상규명을 위한 투쟁계획'을 발표하면서 "안기부 고문수사의 배후 조종자로 지목되고 있는 정형근을 제명시켜야 한다"라고 요구한 뒤 "민주노총 부산본부를 중심으로 정 의원 구속수사 촉구운동을 전개하겠다"라고 선언했다. 또한 '국가보안법폐지국민연대'는 "이미 드러난 정형근 의원의 고문 가해행위가 부족하다면 정 의원이 구체적으로 행한 고문 가해 사례를 다시 폭로할 것"이라며 "그가 피해자들에게 무릎 꿇고 사죄하고, 용서를 구하는 그날까지 그의 과거 고문행위를 폭로하는 행위를 멈추지 않겠다"라고 밝혔다.[75]

언론 역시 정형근 의원이 관여한 여러 사건에서 "불법의 문턱을 쉽게 드나든 것"에 대한 문제제기와 더불어 "진솔하고 당당하게 입장을 밝힐 필요가 있다"는 주장을 하고 있다.[76] 그런데 수많은 고문 의혹에 휩싸인 그가 1999년에 제네바 유엔인권위원회에 참여했다는 소식이 소란을 빚었다.[77] 2005년 1월 31일에는 정형근 의원의 선거구인 부산시 북구 만덕2동 그린코아아파트 앞에서 국가보안법폐지부산국민연대가 '정형근에 의한 고문피해자 증언대회'를 개최했다.

74. 1999년 3월 10일 '고문국회의원정형근을심판하는시민모임준비위원회'가 결성되고 기자회견을 가졌다. 고문단에는 이돈명 변호사, 박용길 장로, 배은심 유가협 회장, 임기란 민가협 회장 등이, 이사로는 김승훈 신부, 양요순 수녀, 진관 스님, 민족정기구현회 권중희 회장 등이 참여했다.
75. 신미희, "'정형근 의원 변명 말고 사퇴부터 하라'」, 2004년 12월 22일자 「오마이뉴스」 기사.
76. "정형근 의원은 자신이 간여했던 과거의 주요한 사건들에 대해 역사를 대하는 마음으로 진솔하고 당당하게 입장을 밝힐 필요가 있을 것이다. 특히 현 정권의 고문 의혹이나 정치공작 의혹을 제기하는 핵심 역할을 맡고 있는 이상 앞으로 자신에 대해 제기될 수 있는 과거사 문제에 대해 한 번은 공개적인 검증과정을 거쳐야 하지 않겠느냐는 게 당시 사건을 지켜본 관계자들의 얘기다. …… 박 군 사건이나 92년 흑색선전물 살포사건, 서경원 방북사건과 관련해 공통점은 모두 정 의원이 '국가적 소명'에 대한 확신에 찬 나머지 불법의 문턱을 쉽게 드나든 것 아니냐는 지적이었다." 박성원, 「정형근을 고발한다」, 「신동아」 1999년 1월호.
77. 당시 인권단체들은 긴급호소문을 발표했다. 제목이 '악명 높은 전 고문자가 유엔 제55차 인권위원회에 참석하고 있습니다'라는 것이었다.(KOHRNET, Urgent Appeal: A Notorious Ex-torturer is Attending the 55th UN Commission) 그 당시 정형근 씨의 유엔인권위 참석 논란에 대해 「정형근 의원 인권위 참석 논란」, 1999년 4월 16일자 「동아일보」 사설도 "정 의원 스스로 자신의 과거 행적을 돌아보고 신중한 처신을 할 필요가 있다는 생각"이라고 밝히고 있다.

:: 이날 증언대회는 '국가보안법폐지국민연대'와 공동으로 열렸으며, 추운 날씨 속에서도 50여 명의 시민들이 참석한 가운데 1시간가량 진행됐다. …… 주최측은 '반통일 정치인', '간첩 제조기', '고문기술자', '북구 국회의원 부끄럽다', '고문한 사람이 가야 할 곳은 국회가 아니라 감옥입니다'라고 적힌 펼침막과 피켓, 종이 스티커를 갖고 거리를 나섰다. 또 증언대회 참석자들은 '국가공인 고문기술자 낙인증'이라는 피켓을 들고 나왔다. 거기에는 "당신을 수많은 고문수사의 총책으로 낙인찍겠습니다"라 되어 있었으며 '주특기'로 '잠 안 재우기', '자로 성기고문', '멀쩡한 사람 간첩 만들기' 등을 써놓았다. 이날 증언대회와 관련 서상권 부산범시민연대 상임대표는 "정형근이 양심이 있다면 사죄하고 국회의원에서 물러나야 한다"면서 "지금이라도 그때는 시대가 그랬다고 사실을 인정하고 용서를 구해야 한다"고 말했다.[78]

지금까지 그는 용케 그 모든 비판과 고소·고발을 잘 피해왔다. 그러나 정형근 의원에 대한 이러한 비판과 의문은 쉽게 사그러들 것 같지 않다.

5. 처벌 또는 불처벌

1) 불처벌의 세계적 보편성

고문자에 대한 불처벌 상황은 이미 전 세계적으로 보편화되었다. 조사는 벌

78. 윤성효·권우성, 「"이제와 우짜겠노" ─ "국회의원 인정 못해"」, 2005년 1월 31일자 『오마이뉴스』 기사.

이지만 수사기관의 무능, 의지 없음, 비효율, 그리고 복잡성 때문에 시간만 지연될 뿐 실질적 소득이 별로 없었다. 고문자가 고문에 대해 책임지는 일은 거의 없었다. 이것은 바로 고문이 지속되는 악순환을 가져온다. 불처벌은 형사적 사법정의의 체계와 법치주의를 훼손한다. 고문자를 처벌하는 것은 그 고문자가 다시 똑같은 범죄를 저지르지 않도록 예방하는 효과와 고문이 결코 사회적으로 용납되지 않는다는 교훈과 메시지를 퍼뜨린다.

2) 불처벌의 반동 — 칠레 피노체트 사건

그동안 고문자들이 사법적 책임을 피하기 위해 해외로 도피해서 안전한 피난처를 찾는 것은 그리 어려운 일이 아니었다. 그러나 최근에는 해외의 고문자들을 용인하는 나라가 점점 줄어들고 있다. 1998년 10월 16일, 영국에서 칠레의 악명 높은 독재자 아우구스토 피노체트(Augusto Pinochet)[79]를 체포한 것이 그 상징적인 사례이다.

피노체트에 대해서는 이미 스페인의 발타사르 가르손(Baltasar Garzon) 판사에 의해 34가지 고문에 관한 죄목으로 영장이 발부되어 있었다.[80] 17년간 칠레 군사 독재정권을 이끌었던 피노체트가 당시 스페인 국적의 시민들에게 가한 고문혐의에 대해 스페인 법정에서 재판할 필요가 있다는 것이었다.[81] 이런 주장이 영국 법정에서 받아들여져 척추수술을 하기 위해 런던병원에 있던 그는 곧바로 가택연

---

79. 그가 집권한 17년 동안 약 3,000명이 죽거나 실종된 것으로 알려졌다. 또한 그 기간 동안 공포정치가 두려워 수만 명의 칠레 시민들이 칠레를 탈출하기도 했다.
80. 가르손 판사는 1999년 11월 2일, 피노체트뿐만 아니라 1976년부터 83년까지 아르헨티나 군사정권의 수반을 차례로 역임한 호르헤 비델라, 에두아르도 비엘라, 레오폴드 갈티에리 등 3명의 전직 대통령과 당시 군사평의회 위원 12명 등 모두 98명에 대해 이 기간 중 아르헨티나에서 발생한 스페인인 600명의 실종·납치사건에 대한 책임을 물어 체포영장을 발부했다. 가르손 판사가 영장을 발부한 명단 안에는 에밀리오 마세라 전 해군사령관, 도밍고 바시 전 투쿠만 주지사, 기예르모 수아레스 마손 전 육군 제1군단장 등이 포함되어 있다. 「스페인 가르손 판사—반인류 행위 단죄 나선 겁없는 판사」, 1999년 11월 4일자 「한겨레신문」 기사.
81. 1999년 9월 27일자 CNN 뉴스.

금상태에 들어갔다. 국가원수로서의 면책을 주장하는 피노체트의 변호인에 대해 영국 대법원의 버켄헤드 도널드 J. 니콜스 경(Lord Nicholls of Birkenhead)은 이렇게 선언했다.

:: 국제법은 고문이나 인질 억류 등을 포함하여 일정한 범주의 범죄를 어느 누구의 편에서도 용인될 수 없는 것으로 만들어왔다. 이 원리는 국가원수, 아니 그 이상 누구에게도 적용된다. 반대의 결론은 국제법의 웃음거리가 될 것이다.[82]

칠레의 인권침해는 악명 높은 것이었다. 이미 유엔에서 1976년에 특별조사위원회가 꾸려져 그 실상이 공개되었고, 그 위원회는 군사정부가 저지른 고문사건들을 국제사회에서 기소하지 않으면 안 된다고 권고안을 내기도 했다. 칠레 국내에서도 그 시대의 끔찍한 고문에 관한 보고서가 나오고 국민적 경각심이 높아지고 있었다.

:: 지난 17년간 칠레를 통치했던 아우구스토 피노체트 군사정권이 자행한 인권 탄압의 실상이 공개됐다. 칠레 정부는 지난 (1991년 3월) 4일 피노체트 정권 당시 고문, 납치, 처형, 암살 등으로 모두 2,115명의 반정부인사 및 학생들이 희생됐음을 밝히는 인권보고서를 발표했다. 모두 1,700여 쪽에 달하는 이 보고서는 지난해 피노체트의 뒤를 이어 취임한 파트리시오 아일윈 대통령의 지시에 따라 9명으로 구성된 '진실과화해위원회'가 작성했다. 이 보고서는 지난 73년 유혈군사 쿠데타로 살바도르 아옌데 정권을 전복시키고 집권한 피노체트 정권 아래서 모두 1,068명이 군 비밀경찰에 의해 살해됐으며, 657명은 납치된 뒤 고문에 의해 숨진 것으

---

82. James Welsh, "Truth and reconciliation and justice", *The Lancet*, Dec. 5, 1998.

로 보이나 아직까지 그 시체를 찾을 수 없다고 밝혔다.

이 보고서는 이어 비밀경찰이 자행한 끔찍한 고문, 강간, 살해, 시체유기 수법을 상세히 설명하고 있다. 비밀경찰은 물고문, 전기고문, 가족 앞에서의 강간, 동물을 이용한 고문 등 상상을 초월하는 갖가지 방법을 사용했으며, 그 과정에서 피고문자가 숨지면 다시 떠오르지 않도록 배를 갈라 바다에 수장했던 것으로 이 보고서는 밝히고 있다.…… 이날 TV와 라디오를 통해 시종 울먹이는 목소리로 이 보고서 내용을 전한 아일윈 대통령은 "이 같은 비극은 그 시대를 방관했던 정치인, 법관, 언론인 등 우리 모두의 책임"이라며 희생자 유가족과 국민들에게 사죄했다.[83]

그러나 피노체트 정부는 사임 직전에 이 끔찍한 범죄에 대해 이른바 자기사면법을 만들어 스스로를 사면해버려 처벌이 불가능하게 되었다. 국내에서 처벌하지 못하니 해외에서 처벌하는 일이 벌어진 것이다. 아무튼 피노체트 체포사건은 제2차 세계대전 이후 고문범죄에 관해 '보편적 관할권(universal criminal jurisdiction)'이 적용된 몇 안 되는 사례 가운데 하나이다. 이 사건은 앞으로 잠재적 고문가해자들을 국내에서 처벌하지 않는 경우 국제적으로 처벌하는 선례를 만들었다는 데 큰 의미가 있다.[84] 이제 어떤 독재자든, 어떤 고문자든, 그가 해외에 피신처를 찾았다 할지라도 편안한 잠을 자기는 어렵게 되었다.

---

83. 「피노체트 치하 인권탄압―학생 등 2천백여 명 희생」, 1991년 3월 7일자 「동아일보」 기사.
84. 피노체트 체포사건은 당장 일파만파의 파장을 일으켰다. 마이애미 대학의 교수인 펠리페 아구에로(Felipe Aguero)는 칠레 산티아고 가톨릭대학의 교수인 에밀리오 메네세스(Emilio Meneses)를 상대로 문제를 제기했다. 메네세스가 피노체트의 군사 쿠데타 후 좌파운동에 관여했다는 혐의로 자신을 내셔널스타디움에서 발가벗기고 구타했으며, 한참 후 어느 국제학술회의에서 메네세스를 발견하고 그가 바로 당시 고문자였음을 알 수 있었다는 것이다. 메네세스는 그곳에 있었던 것은 사실이지만 고문한 사실은 부정했다. 많은 미국의 학자들은 메네세스가 참석하는 국제회의를 보이콧할 것을 약속하는 등 아구에로 교수를 지지하고 나섰다. "Torture Charge Pits Professor Vs. Professor", *The New York Times*, October 8, 2001.

3) 피해자들은 정의와 화해를 원한다

사실 가해자에 대한 처벌과 응징은 고문피해자들에 대한 배상의 한 중요한 요소가 된다. 가해자들이 법정에 서거나 단죄되는 모습을 통해 고문피해자들의 분노와 고통도 경감될 수 있는 것이다. 실제 많은 사람들이 가해자의 처벌을 원하고 있다. 오랜 세월이 지났는데도 분노는 좀처럼 삭혀지지 않는 것이다. 이미 앞에서 본 수많은 고소·고발의 행렬이 그것을 증명한다. '중대한 인권침해와 그로 인한 배상'에 관한 유엔인권위원회 특별보고관의 보고서에 이 내용이 포함된 것은 당연한 일이다.

우리나라의 인권 상황, 특히 과거의 인권침해 범죄가 그대로 처벌되지 않고 있는 상황이 도마에 오르기도 했다. "지난 1999년 10월 유엔인권위원회의 한국정부 보고서의 심의 중에 의장이 제시한 문제 목록은 '1980년대 말까지 권좌에 있었던 군사통치 기간 동안 중대한 인권침해 행위를 수사하고 책임자를 처벌하기 위한 어떠한 조치가 취해졌는지'라는 질문을 담고 있었다." 또한 "비루스젭스키(Wierustewski) 위원은 '특히 (고문 및 가혹행위) 주장이 보안법하에 구금된 사람들뿐만 아니라 일반 범죄자들에게서도 나온다는 것을 유념하면 불처벌의 분위기 (a climate of impunity)가 여전히 법집행 공무원들 사이에 존재하는 것 같다'는 의견을 표명하였다."[85] 앰네스티 인터내셔널 역시 과거 박창희 교수, 백태웅 씨, 홍성담 씨의 고소사건 등이 제대로 처리되지 않았음을 근거로 들면서 한국정부의 불처벌정책을 비판했다.[86]

우리의 정부기관은 그동안 고문자에 대해서는 그것이 국가의 범죄라는 입장

---

85. 조시현, 「중대한 인권침해에 대한 시효문제」, '반인도적 범죄와 공소시효문제' 세미나 발제문, 국회 일본군 위안부문제 연구모임 주최, 1999년 11월 24일; 민주사회를위한변호사모임, 『민주사회를 위한 변론』 1999년 12월호, 96쪽.

86. Amnesty International, Republic of Korea: Summary of Concerns on torture and ill-treatment, AI Index: ASA 25/25/96, October 1996.

에서 사실을 용인할 수도, 고문자를 처벌할 수도 없는 입장이었다. 그러나 피해자가 원하는 것은 반드시 가해자의 처벌만을 바라는 것은 아니다. 진정으로 이들이 사죄하고 반성한다면 그 바탕 위에 용서가 가능한 것이다.

:: "막상 만나니 고문할 때 '이 새끼 저 새끼' 하던 옛날의 그가 아니었습니다. 대질신문 자리에서 이근안은 저를 보자마자 수갑 찬 손으로 제 손을 꽉 잡고는 '함주명 씨 죄송했습니다'라고 말하더군요." 지난 16일 검찰에서 이 씨를 만난 함주명 씨는 18일 "이 씨가 자신은 물론 부하들의 고문 사실도 털어놓는 것을 보고 이 씨를 용서하기로 마음을 고쳐먹고 나올 때는 '건강하라'고 이 씨의 등까지 두드려줬다"고 밝혔다. …… 86년 고문을 당했던 박충렬 씨도 "17일 검찰에서 이근안 씨를 만나는 순간 처음에는 울화와 분노가 치밀어 올랐지만, 그의 왜소하고 초라한 모습에 마음이 착잡했다"고 밝혔다.[87]

:: 진상규명을 우선적으로 생각해야 한다는 관점에서 고문 등의 실질적인 인권유린행위를 저지른 자들이라 할지라도 자신의 잘못을 뉘우치고 사과하는 사람에게는 관용을 베풀 수 있다고는 생각하지만, 그들을 지휘한 전두환과 보안사령관 박준병 및 그 후임자들, 그리고 여타 지휘 계통에 있는 장교들에게는 엄벌을 가하여야 마땅하다고 생각합니다.[88]

---

87. 「피해자 함주명, 박충렬 씨 심경」, 1999년 11월 19일자 『한겨레신문』 기사.
88. 김병진 수기, 「"고국에 공부하러 왔다가 간첩이 되었다"」, 2004년 11월 1일자 『오마이뉴스』 기사.

6. 고문 보조자 — 고문에 가담한 의사들

1) 고문범죄에 가담한 의사들

:: 　브라질 의사협회는 1964년부터 1985년까지 군사독재 시기에 정치적 수인들을 상대로 한 고문에 참여한 의사들의 면허를 취소하는 청문회를 시작하였다. 그당시 군사감옥에서 일했던 26명의 의사에 대한 청문회였다. 브라질 인권단체인 'Torture Never Again'은 13년 동안 고문의 희생자들을 위해 정의를 추구해왔다. 그러나 20년 전에 제정된 사면법이 고문의 생존자들과 유족들로 하여금 고문자들을 상대로 한 형사적 고발을 하는 데 방해물이 되었다. 그 단체의 상파울로 지부장인 에딜라 피레스(Edila Pires)는 이 의사들을 처벌하도록 하는 과정의 모든 단계에 저항이 있었다고 말한다. 고문자와 그들의 동료들이 고문의 증거를 없애고, 관여 사실을 은폐하는 데 온갖 노력을 다했다고 한다. …… 쿠틴호(Coutinho, 58) 의사는 1969년 11명의 정치적 수인들의 고문을 감독한 책임으로 기소되었고, 또 다른 의사들은 정치적 수인들의 사망 원인을 허위로 기재한 진단서에 서명한 혐의를 받고 있다. 'Human Rights Watch World Report'에 따르면 1998년 2월 리카르도(Ricardo) 박사는 군사독재 기간 동안 정치적 희생자들의 고문을 감독한 사람이었는데, 브라질 육군의 보건책임자로 승진 임명되었다고 밝혀졌다.[89]

　의사가 직접 또는 간접으로 고문에 관계된 경우는 많다. "칠레의 의사회는 군사정권의 불법행위에 대해 '고문에 대한 우리의 입장'이라는 성명서를 통해

---

89. *British Medical Journal,* March 20, 1999.

'의사는 누구든 고문에 협조하지 말 것'을 촉구하고 '만약 부득이 고문에 협조했다면 이를 의사회에 보고할 것'이라는 내용을 실었다.…… 마르코스 정권 말기의 필리핀의 의사회도 고문을 반대하는 비슷한 내용의 성명을 발표"했다.[90] 독일 나치 시기의 강제수용소에서 의사들이 고문이나 인체실험에 직접 가담했다가 나중에 재판에 회부되기도 했다. 아우슈비츠 수용소에서 악독한 인체실험을 벌이다가 독일의 패망으로 남미로 도망가 그곳에서 죽은 '죽음의 천사' 요제프 멩겔레가 가장 악명을 떨쳤다.

2) 우리나라에는 고문범죄에 가담한 의사가 없을까?

우리나라에서도 안기부·보안사·치안본부 등의 수사기관에서 고문자들이 고문을 하다가 사고가 나거나, 고문으로 난 상처를 송치 전에 빨리 치유하기 위해 의사의 도움을 받은 경우가 여러 차례 주장·보고되었고, 때로는 의사 진단서에 허위 사실을 기재함으로써 결과적으로 고문 은폐에 도움을 준 사례도 있다. 다음의 진술들을 보면 보안사와 안기부에는 상주하는 의사가 있었던 것으로 보인다.

보안사

:: …… 못 견디어 기절하자 다시 송파보안사로 데리고 와서 침대에 눕히고 마사지를 하여 다음 날 아침에야 깨어났다. 피구속자가 깨어나자 의사가 와서 진찰을 하고 맥박을 잰 다음 어디인지는 모르나 굉장히 큰 군병원에 데리고 가서 엑스레이를 찍고 약을 주었다.(식후에 먹으라고 하면서) 그리고 또다시 보안사에 데리고 가서 매일 목욕과 마사지를 시키고 상처에 안티프라민을 발라주었다고 함. 피구속

---

90. 김형규, 「무엇이 '의협'을 진정으로 강하게 하는가」, 『주간 청년의사』 제17호, 2000년 5월 3일.

자는 위와 같은 고문으로 4일간이나 소변을 못 보고 대변도 못 보았으며, 현재 머리가 아프고 온몸이 쑤시고 가렵고 힘이 없고, 뒤틀리는지 걷지도 잘 못한다고 하며, 현재 남아 있는 고문 상처라고 하면서 보여주어 확인한바, 왼쪽다리·허벅지에 손바닥 크기의 시퍼런 멍이 들어 있고 배에도 작은 점들이 많이 있었음.[91]

:: 체격이 건장한 남자로부터(아마 그가 고문전담자였던 것 같다) 눈과 얼굴을 얻어 맞아 눈의 실핏줄이 모두 터져 온몸이 새빨갛고 얼굴이 퉁퉁 부었을 때 의사가 왔었다. 그는 피로 물든 내 눈을 보자 "특별한 약은 필요 없고 시간이 가면 낫는다"고 말했다. 그렇게 말하는 의사를 보고 고문자들에게보다 더 소름이 끼쳤다. 약을 날라다주던 한 직원마저 "마치 6·25 영화에 나오는 한 장면 같았다"고 말한 일이 있을 정도였다.[92]

보안사에서 조사를 받았던 서혜경의 진술은 특별히 인상적이다. 당시 서울노동운동연합사건의 피의자들이 동시에 고문받으면서 그곳은 마치 야전병원이거나 전쟁터 같아 "6·25 영화에 나오는 한 장면 같았다"라는 표현도 그렇고, 고문자가 낸 상처를 치유하면서 별것 아니라고 말하는 의사를 보고 더 소름이 끼쳤다는 표현도 있다.

안기부·국정원

:: 또 옷을 벗기고 각목을 양쪽 무릎 안쪽으로 끼우게 하고 꿇어앉게 한 후에 발로 각목 위에 올라서 내리밟으니 양쪽 다리의 고통은 이루 말할 수 없으며, 이렇게

---

91. 대한변호사협회 인권위원회, 「서울노동운동연합 김문수 씨 등의 경우」, 『고문근절대책공청회 자료집—고문 피해의 증언』, 1987, 21~22쪽.
92. 서울노동운동연합사건 서혜경 피고인의 진술. 서울노동운동연합, 『단결·조직·투쟁의 정신으로 승리를 향해 전진하자!—서울노동운동연합사건 1심법정 투쟁기록』, 1987, 96쪽.

계속되니 양다리가 퉁퉁 붓고, 부어오른 상태에서 계속 반복되니 걸음도 못 걷고 고통은 이루 말할 수 없으며, 의사의 치료를 매일 받아가면서도 계속 고문을 가했습니다.[93]

:: 벽과 책상에 자해하지 못하도록 고무로 씌우고 옷을 벗기고 군복으로 갈아입힌 후 야전침대 각목으로 어깨 좌우측 신경부터 다리·대퇴부·손등을 2인 1조로 교대해가면서 전문수사관이 1시간 정도 구타, 혼절하였다가 일어나 보니 찬물을 끼얹고 의자에 항거불능, 포박상태에서 다시 야전침대 각목으로 구타, 정신이 들어보니 온 전신이 피투성이였고, 의사가 주사를 놓고 있는 상태에 정신이 들었을 때 눈앞이 깜깜했고 심한 어지럼증이 있었으며, 공포와 불안 속에서 무참히 수십 차례 혹독한 구타와 잠 안 재우기(13일), 철야조사, 화장실 못 가기, 심지어 물도 못 마시게 하고 양치질은 물론 식사 후 즉시 조사하기 등 원인 모를 약물을 강제로 복용시키며……[94]

:: 아무리 애를 써도 호흡이 돌아오지 않았다. 이대로 죽는 건가 하는 생각이 들었다. 놈들도 당황했던지 더 이상의 매질은 가해지지 않았고 나를 야전침대에 뉘어주었다. 곧 내부 의료진이 왔고 몇 가지 응급약을 주었다.[95]

:: 몇 차례나 온몸을 발가벗기고 구타를 당했으며 혈압이 높아질 때마다 의사가 조사를 중단시키기도 했다고 한다.[96]

---

93. 대법원 84도 748(749) 국가보안법 위반사건의 피고인 김성규의 상고이유서. 민주화실천가족운동협의회 산하 장기수가족협의회 조작된간첩사건가족모임, 『간첩조작은 이제 그만』, 1989, 14쪽.
94. 서경원 의원 비서관 방양균의 처 정혜순 명의의 고발장, 1993년 10월 8일자.
95. 하영옥, 「고문의 추억 8—상처를 싸맨 붕대로 다시 손발을 묶고…」, 2004년 12월 29일자 『오마이뉴스』 기사.
96. 문익환 목사 방북사건의 공동피고인 유원호 씨의 진술.

:: 　이러한 고문으로 인해 전희식 씨는 하루 동안 피가래를 토했으며, 1992년 9월 5일 오전에는 안기부 자체 의료진으로 보이는 의사 2명으로부터 진찰을 받고 목이 심하게 다쳤다는 진단과 함께 3일분의 약을 지급받아 복용한 바 있다. 전희식 씨는 전치 3주의 진단을 요하는 상처를 입었다.[97]

:: 　의사와 간호사가 와서 신체검사를 하는 거예요. "팬티만 입고 다 벗어라"는 거예요. 다 벗었지. 그랬더니 의사가 "아픈 데 없느냐"면서 여기저기 쿡쿡 눌러봐요. 간호사 아가씨에게 저쪽으로 가라고 한 뒤에 내 낭심도 보고. 나중에 보니까 그게 아주 무서운 거더라고요. 의사가 "운동을 하느냐"고 물어서 "고등학교 때 유도 조금 했다"고 했더니, 옆에 있는 수사관한테 "제법 단단한데 좀 다뤄도 괜찮겠다"고 그러는 거예요. 좀 패도 괜찮다는 말이었지.[98]

:: 　꼬리뼈가 틀어진 채 안기부로 돌아왔기에 안기부 출입 의사가 항문에 손가락을 넣어 바로잡았습니다. 참기 힘들었습니다. 하지만 목에 깁스를 하고 꼬리뼈를 다친 상태에서도 소파를 두텁게 하는 조치만 취한 채 수사는 계속되었습니다.[99]

:: 　계속 진료를 요구하자, 국정원 내 근무하는 의사가 왔다 갔지만 형식적인 진료에 그쳤다. 이렇게 형식적인 진료에 그치자 정말이지 국정원 내 근무하는 의사의 진료는 믿을 수가 없었다.[100]

97. 1992년 9월 안기부에서 조사받았던 전희식 씨의 진술.
98. 이른바 '총풍사건'의 관련자 장석중 씨의 진술. 송문홍, 「총풍 주역 장석중 직격 발언」, 『신동아』 1999년 4월호, 164쪽.
99. 김삼석, 「17일간의 구타·성추행 그리고 자살기도」, 2004년 12월 18일자 『오마이뉴스』 기사.
100. 2000년 5월 국정원에서 조사받으면서 고문을 당했던 지태환 씨의 진술. 국정원에서 검찰 송치 후 곧바로 구치소에서 검진한 결과 지태환 씨는 좌늑골 9, 10번이 골절된 사실이 밝혀졌고, 음경좌상 전치 2주의 판정을 받았다. 지태환, 「2000년 DJ정부 때도 고문은 계속됐다」, 2004년 12월 18일자 『오마이뉴스』 기사. 그렇다면 안기부 내부의 의사는 도대체 뭐하는 존재란 말인가.

:: 매일 오전 10시경이면 의사에게 혈압 체크를 받았다. 의사가 나가면 "혈압이 정상이다"라며 다시 물고문, 구타 등의 고문이 시작되었다.[101]

여러 수사기관, 특히 안기부에서 조사받았던 사람들은 고문 도중에 의사가 건강 이상 징후를 체크하거나 고문으로 인한 상처를 치유하는 등의 행위를 했다고 주장한다. 특히 전희식 씨의 경우 "안기부 자체 의료진으로 보이는 의사 2명"이라고 특정하고 있다. 이런 진술과 증언들을 모아보면 분명히 안기부 내에는 전속 의사와 간호사들이 있었던 것이 분명하다. 그러나 이들의 정체에 대해서는 아직 아무것도 알려진 것이 없다. 도대체 이들은 어떻게 '히포크라테스 선서'를 하고 의사 자격을 얻은 후 어떤 양심으로 고문의 보조자로 일할 수 있었던 것일까. 안기부 내부의 의사뿐만 아니라 외부의 의사들도 마찬가지다. 다음과 같은 사례도 있다.

:: 전남도경 이제방 경사 외 4, 5명 등은 몽둥이로 전신을 구타하고 발로 차는 등 반죽음에 이르도록 고문행위를 자행하였고, 조사과정에서 본의 아닌 엉뚱한 반국가 행위로 조작하자 이를 부인하면 다시 발길과 주먹으로 가슴과 복부를 구타하여 졸도하게 되자 1982년 3월 29일 시내 대인동 소재 안정남외과 병원에 입원 조치를 하였으며, 그곳에서 저의 남편 상처 부위를 확인한 결과 가슴 부위는 붕대로 감겨 있었고, 가슴·팔·다리·허리·어깨 등은 온통 푸른 상처로 응어리져 있었고, 특히 가슴 부위는 몽둥이로 찔러 숨을 쉬지 못할 정도라고 하였습니다.…… 그 병원 의사 안정남은 상처 부위는 일체 언급이 없었고, 위궤양증으로 4주간의 치료를 받아야 한다는 진찰을 하였습니다.[102]

<hr/>

101. 진도간첩단사건 석달윤 씨의 경우. 국가보안법폐지국민연대, 『국가보안법, 고문·용공조작 피해자 증언대회 자료집』, 2004년 12월 16일, 29쪽.

고문의 상처가 온몸을 덮고 있는데도 의사는 위궤양증의 진단을 할 수 있는지 상상이 안 간다. 다음은 일반 의사가 고문을 외면한 또 다른 사연이다.

:: 나(하영옥)는 야전침대에 누운 뒤에도 몇 분 간격으로 호흡이 끊어져서 그때마다 다시금 호흡을 잇기 위해 필사적인 노력을 해야만 했다. 그들은 의논이 끝난 모양인지 나를 차에 태워 남산 안기부 밑에 있는 중앙대부속병원(필동병원)으로 데려갔다. 곧바로 어떤 방으로 인도됐고 거기에는 간호사도 없이 30대 중후반 되어 보이는 의사 한 사람만 와서 나를 진찰하였다. 침상에 누워 있던 나는 엑스레이를 찍고 진찰을 하는 의사에게 안기부 수사관이 들리지 않을 정도의 나지막한 소리로 집 전화번호를 불러주며 집에 연락 좀 해달라고 요청하였다. 처음부터 잔뜩 긴장한 표정이었던 그 의사는 안기부 수사관에게 들킬까봐 겁을 내며 조용히 외면하고 말았다. 그 의사는 진찰을 마치고는 새카맣게 된 내 허벅지에 붕대를 감아주었다. 다시 차에 실려 안기부 지하실로 끌려갔다. 그날 밤은 더 이상 고문은 없었다.[103]

이제는 우리나라에도 '인도주의실천의사협의회'가 생겨나 "시위 도중 사망한 학생 등 시국사건과 관련된 부검에 참여해 사인을 규명하고, 고문피해자에 대한 진료와 고문퇴치 운동을 함께하고, …… 성폭력 희생자를 지원하는" 역할을 수행하고 있다.[104] 또한 황적준 박사는 박종철 군 고문치사사건과 관련해 자신의 일기장을 공개하고 사직서를 냄으로써 그 은폐 사실이 드러나는 데 일조했으며 마침내 강민창 당시 치안본부장이 구속되었다.[105] 그러나 우리나라 의사회는

102. 1982년 6월 고(故) 기종도의 처 박유덕 명의의 호소문. 한국기독교교회협의회 인권위원회, 『복음과 인권─1982년도 인권문제전국협의회 자료집』, 1982, 157쪽.
103. 하영옥, 「고문의 추억 8─상처를 싸맨 붕대로 다시 손발을 묶고 …」, 2004년 12월 29일자 『오마이뉴스』 기사.
104. 양길승, 「의사가 필요한 곳에서」(www.cbck.or.kr 참조).
105. 당시 공개된 1987년 1월 15일에서 17일까지 3일간의 상황에서는 "진실을 알리고 정의의 편에 서려는 양심적인 의사와 사건을 조작·은폐하려는 경찰간부들과의 갈등"이 잘 나타나 있다. 민주언론운동협의회, 『월간 말』 1988년 1월호, 35쪽.

칠레나 필리핀의 의사회처럼 성명서 하나 낸 적이 없을 뿐만 아니라, 과거 정권에서 고문에 협조한 의사들에 대해 어떠한 조치도 취하려 하지 않았다. 하지만 과거 고문에 관여한 의사들의 역할에 대해서는 철저한 조사와 반성이 필요하다.

후진국의 의사들은 일반적으로 고문에 대한 경각심이 부족하다고 한다. 인도 의사협회가 조사한 바에 따르면, 인도 의사의 80%는 고문의 문제점을 인식하고 있지만 70%는 여전히 고문이 필요하고 이해할 만하다는 대답을 했다. 단지 20%만이 고문에 반대한다고 한 것이다.[106] 이런 점과 비교할 때 우리나라 의사들의 수준은 어떠할까?

7. 고문자는 지금 어디에?

고문피해자들은 유죄 판결을 받고 옥살이를 하건 무죄를 선고받고 나오건 간에 모두가 고문후유증 때문에 고통을 겪는 반면 고문가해자들은 승진과 포상의 기쁨을 맛본다.

:: 나는 지금도 똑똑히 기억한다. 방금 한 차례의 고문 끝에 나에게서 허위자백을 이끌어낸 수사관이 상부에 보고를 올리면서 주고받았던 전화 내용을. "축하하네!", "감사합니다!" 무엇을 축하하고 무엇에 대해 감사하다는 것인가? 이것은 마치 각고의 노력 끝에(저들은 고문수사 60일 동안 피의자와 동고동락하였다) 신제품을 개발하여 출시를 기다리고 있는 국영기업체 간부의 설레는 표정 그대로였다.(실제

---

106. Sanjay Kumar, "Doctors still involved in cases of torture around the world", *The Lancet*, Oct. 2, 1999.

로 그들은 우리 앞에서 자기들끼리 부를 때 상무·이사 등 일반 회사의 호칭을 썼다.)[107]

축하한다는 것은 곧 이 수사관의 실적이 올라가고 나중에 포상으로 응답받는다는 것이다. 특히 국가보안법은 '보상과 원호(援護)' 조항을 특별히 마련해 국가보안법 범죄자를 체포한 수사관에게 상금을 주고 보로금(報勞金)을 지급하고 있다.

> **제21조**(상금) ① 이 법의 죄를 범한 자를 수사기관 또는 정보기관에 통보하거나 체포한 자에게는 대통령령이 정하는 바에 따라 상금을 지급한다.
>
> ② 이 법의 죄를 범한 자를 인지하여 체포한 수사기관 또는 정보기관에 종사하는 자에 대하여도 제1항과 같다.
>
> ③ 이 법의 죄를 범한 자를 체포할 때 반항 또는 교전상태하에서 부득이한 사유로 살해하거나 자살하게 한 경우에는 제1항에 준하여 상금을 지급할 수 있다.
>
> **제22조**(보로금) ① 제21조의 경우에 압수물이 있는 때에는 상금을 지급하는 경우에 한하여 그 압수물 가액의 2분의 1에 상당하는 범위 안에서 보로금을 지급할 수 있다.
>
> ② 반국가단체나 그 구성원 또는 그 지령을 받은 자로부터 금품을 취득하여 수사기관 또는 정보기관에 제공한 자에게는 그 가액의 2분의 1에 상당하는 범위 안에서 보로금을 지급할 수 있다. 반국가단체의 구성원 또는 그 지령을 받은 자가 제공한 때에도 또한 같다.
>
> ③ 보로금의 청구 및 지급에 관하여 필요한 사항은 대통령령으로 정한다.
>
> **제23조**(보상) 이 법의 죄를 범한 자를 신고 또는 체포하거나 이에 관련하여 상이를

---

107. 「"얌마, 간첩이 무슨 증거가 있어!"—'국보법 폐지' 릴레이 기고 3, 『야생초 편지』 저자 황대권」, 2004년 9월 15일자 『오마이뉴스』 기사.

입은 자와 사망한 자의 유족은 대통령령이 정하는 바에 따라 '국가유공자등예우
및지원에관한법률'에 의한 공상군경 또는 순직군경의 유족으로 보아 보상할 수
있다.

국가보안법 사건을 담당하는 수사관들에게 끔찍한 대우를 하고 있음을 알
수 있다. 이것이 바로 국가보안법 사건을 무리하게 조작하고 고문하는 하나의 원
인이 되었다. 그뿐만 아니라 고문 사실이 밝혀지고 유죄를 받더라도 고문가해자
에 대해서는 관대했던 것이 우리 수사기관이나 사법부의 현실이었다. 고문수사
또는 그것을 간과한 판결에 대해 둔감한 것이 우리 사회의 현주소이다.

::　　김 씨는 1심에서 무죄를 선고받았으나 2심에서는 자백이 인정돼 징역 15년
을 선고받았다. 김 씨는 이어 상고심이 대법원에 계류 중이던 81년 9월 17일 진범
이 잡히는 바람에 풀려났다. 풀려나긴 했지만 김 씨는 이미 모든 것을 잃은 뒤였
다. 몸은 피폐했고 정신도 혼미했다. 고교 시절 육상선수를 할 만큼 건장했던 몸이
이제는 영락없는 70대 노인이었다. 머리털도 다 빠져버렸다. 물론 남자 구실도 할
수 없었다. 김 씨는 술을 마시기 시작했다. 그렇게 6년이 흘렀다. 그러는 사이 김
씨를 고문했던 형사들은 감봉과 견책 등의 가벼운 처분만을 받고 징계에서 풀려났
다. 김 씨에게 징역 15년을 선고했던 부장판사는 4년 뒤 변호사로 개업해 성업 중
이었다. 배석판사들도 부장판사로 승진했다.[108]

::　　(김근하 군 살해사건의 김기철 씨 등을 고문하여 수사했던) 김태현 검사는
그 실수 뒤에도 승진을 거듭 1973년에 대전지검 차장, 1974년에 서울지검 차장,

---

108. 「김시훈 씨—10년 전 살인 누명 고문후유증 '폐인'」, 1994년 1월 10일자 『문화일보』 기사.

1975년에 대검 검사 겸 검찰 사무부장, 1978년에 대검 공안부장, 1979년에 대검 송무부장, 1980년에 부산지검장 등 검찰 요직을 두루 거치고 퇴직, 서울에서 변호사를 개업했다. 그는 홍조근정훈장도 받았다. 이원형 검사는 지금 신정당 국회의원 이원형 씨로 변신해 있고, 정경식 검사는 서울지검 차장을 거쳐 법무부 고위직에 근무 중이다.[109]

:: 김(근태) 씨의 부인과 대한변협 인권위원회는 지난 86년 1월 고문경관들과 경찰에서 고문을 당했다는 김 씨의 진술을 묵살한 당시 서울지검 공안부 수사검사를 고문과 직무유기 혐의로 각각 서울지검에 고발했었다. 그러나 이 사건을 배당받은 서울지검 특수부는 수사를 1년여 동안 끌다가 지난 87년 1월 "고문한 증거가 없다"며 피고발자 전원에게 무혐의 처분을 내렸다. 당시 이들에게 무혐의 결정을 내린 검사는 지금 청와대 비서관으로 근무하고 있고, 경찰의 고문행위를 수사해달라는 김 씨의 요청을 묵살했던 검사는 서울지검 간부로 재직 중이다.[110]

피해자들이 삶과 죽음을 오가는 고통과 고난의 삶을 사는 대신 고문의 가해자들은 이에 아랑곳하지 않고 출세가도를 달려가는 상황이다. 불의한 정권과 운명을 함께하면서 고문을 가하고, 고문자들을 비호하면서 공포정치의 주역 또는 보조자가 되었던 이들은 처벌받기는커녕 모두 승승장구하면서 보상을 받았다. 특히 6공화국은 '검찰공화국'이라는 별명이 붙을 정도로 검찰은 물론이고 청와대와 안기부를 검찰의 고위인사들이 모두 장악했다.

:: 먼저 청와대를 보면 법무장관을 지낸 정해창 비서실장과 광주고검장을 지낸

109. 조갑제, 『기자 조갑제의 현대사 추적 2—고문과 조작의 기술자들』, 한길사, 1987, 180쪽.
110. 「'고문 증거 묵살' 그때 그 검사들」, 1993년 8월 27일자 『동아일보』 기사.

김유후 사정수석비사관이 지금도 대통령을 측근에서 보좌하고 있다. 6공 들어 '청와대의 칼'로 불리는 사정수석비서관에 한영석, 정구영, 김영일, 김유후 씨 등 검찰 출신 인사들이 임명된 것도 특기할 만한 대목이다. 안기부의 경우도 6공 출범 직후인 88년 5월 법무장관을 지낸 배명인 씨가 부장으로 발탁됐고, 잠시 군 출신인 박세직 씨를 거쳐 89년 7월 검찰총장을 지낸 서동권 씨가 다시 부장 자리를 이어받는 등 '검찰시대'가 계속됐다. 특히 서 씨는 지난 3월······ 물러날 때까지 2년 8개월 동안 6공 최장수 안기부장으로 재직했다. 서 씨는 지난 6월 다시 청와대 정치담당 특보로 임명돼 대통령의 핵심 측근으로 복귀했다.[111]

검찰 출신이 청와대 비서실장, 사정수석비서관, 안기부장, 정치담당 특보를 다 맡았다는 것이 이례적이다. 더구나 서동권 씨는 검찰총장 시절에 박종철 군 고문치사사건이 터졌고, 안기부장 시절에 흑색선전물 살포사건이 터졌음에도 계속 영전에 영전을 거듭했다. 그밖에도 정구영 당시 서울지검장도 나중에 검찰총장까지 지냈다. 박종철 군 고문치사사건에 가담했던 경찰관들과 고문수사를 지휘했던 경찰간부들의 생활과 상황도 크게 다르지 않았다.

:: CBS에서는 6월항쟁 11주년을 맞아 6월항쟁의 도화선이 되었던 고 박종철 군의 고문치사에 가담했던 경찰관들의 현재 생활 상태와 심경들을 추적, 조사했습니다. 취재결과 지난 87년 고 박종철 군 고문치사에 가담했던 경관들이 불법으로 경찰 유관단체에서 근무해온 것으로 드러나 경찰이 조직적으로 비호해왔다는 의혹을 사고 있습니다. 지난 87년 고 박종철 군을 고문해 숨지게 한 5명의 고문경관들, 이들 가운데 3명이 경찰 유관단체에서 버젓이 근무하고 있는 것으로 밝혀졌

---

111. 「대검 출신 '요직'에 고루 포진」, 1992년 8월 12일자 『동아일보』 기사.

습니다. 특히 이들은 가석방 기간 중에 불법적으로 채용된 것으로 드러났습니다. 당시 고문을 주도한 혐의로 10년형을 선고받은 조한경 경위는 형 만기일을 3년 앞둔 지난 94년 6월에 가석방된 뒤 1년도 못 되어 경찰청 경무과의 추천으로 총포안전기술협회에 채용됐습니다. 이정호 경장과 강진규 경사 역시 각각 징역 3년형과 8년형을 선고받았지만 형량의 반도 채우지 않고 가석방돼 곧바로 서부면허시험장과 경찰공제회에 채용된 것으로 드러났습니다. 그러나 경찰공제회 등 경찰 유관단체 내규에는 형기가 끝나지도 않은 사람이나 형집행이 정지된 지 5년이 지나지 않은 사람은 채용하지 못하도록 규정되어 있습니다.

특히 고문사건의 은폐조작을 지시했던 당시 경찰간부들은 고문경관과는 달리 호화생활을 하고 있는 것으로 드러났습니다. 87년 박종철 군 고문치사사건을 은폐 조작하려 한 혐의로 형이 확정된 전직 경찰간부들은 모두 4명. 그 당시 치안본부장 강민창, 제5차장 박처원, 대공3부 유정방, 대공3부 5과 1계장 박원택 씨입니다. 강 전 치안본부장은 현재 서울 서대문구 북아현동의 시가 5억 6천여만 원의 주택에 살고 있으며 외제 승용차를 소유하고 있습니다. 지난해 강 씨 이름으로 부과된 종합토지세가 7백여만 원에 이를 정도로 인천과 성남 일대에 많은 땅을 소유하고 있는 것으로 알려졌습니다. 박처원 씨는 서울 성동구 옥수동에서 딸의 명의로 된 44평짜리 아파트에서 부인과 함께 거주하고 있습니다. 박 씨 또한 외제 승용차인 96년식 볼보 승용차를 소유하고 있는 것으로 확인됐습니다. 유정방 씨는 서울 서초구 서초동에서 시가 4억 5천만 원짜리 59평 빌라에 역시 부인과 함께 살고 있으며, 고급 승용차인 머큐리세이블을 소유하고 있습니다. 유 씨는 현재 여의도 63빌딩 근처에 다른 지인 4명과 함께 골프연습장을 운영하고 있습니다. 박원택 씨는 서울 종로구 홍파동에 있는 시가 3억 원짜리 주택에 살고 있으며, 현재 강남에서 모 화재보험 영업소장으로 일하고 있습니다. 이들이 살아가는 현재의 모습은 풍족하고 여유 있게만 비칩니다.[112]

그리고 이른바 '대공전문가'로서 영전을 하는 경우도 있었으나 과거의 고문 경력이 문제되어 시비의 대상이 되기도 했다.

:: 남규선 민주화실천가족운동협의회 총무는 (1997년 2월) 20일 이한영 씨 피격사건 수사와 관련해 대공전문가로 알려진 홍승상 전남 화순경찰서장이 19일 경기 분당경찰서장으로 기용된 데 대해 "홍 신임 서장은 5·6공 시절 치안본부 대공분실에서 고문수사를 지휘한 실질적 책임자였다"며 적절치 않은 인사라고 주장했다. 또한 민가협 회원인 임기란(67) 씨는 "86년 서울대 경제학과에 재학 중이던 아들 박 아무개 씨가 시국사건으로 치안본부 대공분실로 연행돼, 홍 씨의 지휘를 받은 수사관들에 의해 욕조에 머리가 처박히는 '박종철식' 물고문을 몇십 차례 당했다"며 "당시 시국사건 관련자 중 홍 씨를 모르는 사람이 없을 만큼 악명이 높았다"고 말했다.[113]

그러나 고문가해자들이 그렇게 잘 지내는 것만은 아니었다. 고문수사를 지휘한 고위 직책에 있던 사람들은 그렇다 치더라도, 고문의 실행을 담당한 수사관들의 말로는 결코 좋은 것만은 아니었다. 지난 1980년대 말 악명을 날렸던 치안본부 남영동 대공분실의 수사관들의 말로를 살펴보자.

:: 고문을 하거나 지시한 대공 경찰 상당수가 지병으로 숨지거나 병치레로 비참한 말년을 보내고 있는 것으로 알려져 눈길을 끌고 있다. (1999년 11월) 24일 80년대 대공수사관을 지낸 전직 경찰관에 따르면 당시 치안본부 대공3과장(총경)이었던 김주홍 씨가 폐암으로 지난 97년 숨졌으며, 김 씨의 전임자였던 윤재호 씨도

112. 1998년 CBS 보도내용.
113. 「"새 분당경찰서장 고문 전력"―민가협 주장」, 1997년 2월 21일자 『한겨레신문』 기사.

폐암에 걸려 지난 91년 세상을 떴다. 숨질 당시 김 씨와 윤 씨는 64세와 62세로 모두 비교적 젊은 나이였다. 김 씨 등과 함께 서울 남영동 대공분실에서 수사관 생활을 했던 이 아무개 씨(68)는 "김 씨는 경무관 승진을 위해 실적을 올리라고 부하들을 몹시 닦달했으나, 끝내 승진을 하지 못한 인물로 기억한다"고 말했다. 윤 씨는 지난 83년 당시 고문피해자 함주명 씨 수사를 지휘했으며, 85년 김근태 씨 고문 때는 이근안 전 경감의 직속상관이기도 했다.

김근태 고문사건으로 지난 93년 유죄선고를 받은 김영두(63) 전 경위도 퇴직 뒤 투병생활을 하고 있다. 그는 93년 퇴직했으나, 지난해 11월 심근경색중 등으로 영동세브란스병원에 입원치료를 받으며 고통받고 있는 것으로 전해졌다. 고문기술자 이근안 씨는 자수 당시 도주 기간 내내 당뇨병 등으로 고통받았다. 실제 이 씨는 검찰조사 도중에도 약을 찾을 정도였다. 이와 함께 그에게 고문 및 도피를 지시했던 대공경찰의 대부 박처원 전 치안감도 지난해 뇌졸증으로 쓰러져, 지금도 고혈압과 당뇨병 등 합병증으로 휠체어에 의지해야 하는 처지다. 10억 원이라는 거금을 박 전 치안감에게 건넸던 김우현 전 치안본부장 또한 현재 식물인간 상태다. 김 전 본부장은 96년 췌장염 수술이 잘못돼 의식을 회복하지 못하고 3년째 병원 중환자실에 누워 있다. 한 전직 대공경찰관은 "잦은 밤샘 근무, 고문 등 강도 높은 신문과정에서 받는 스트레스 그리고 의리를 강조하는 조직문화 때문에 술자리도 잦아 대공경찰관들의 몸이 빨리 망가지는 것 같다"고 설명했다.[114]

---

114. 「고문 연루 경찰간부들의 말년—박처원 씨 뇌졸중, 김우현 씨 '식물인간'」, 1999년 11월 25일자 「한겨레신문」 기사.

05
수사기구 개혁의 현주소

::　　서울대 사회정의연구실천모임(운영위원장 권태준 환경대학원 교수) 소속 교수 129명은 26일 보안사의 민간인 사찰과 관련 '인권억압 관련 기구의 개혁과 민주화를 위한 우리의 견해'라는 성명을 발표하고, 보안사 등 정보수사기구들의 인권 경시·억압구조를 근본적으로 개선하는 체제 개혁에 박차를 가할 것을 촉구하였다. 교수들은 이날 성명에서 "당국의 범죄와의 전쟁을 선언하면서 보안사·안기부의 불법적 행동을 전혀 문제시 않는 등 정보수사기관들의 권력남용을 개선하려는 의지가 미흡하다"며 "보안사·안기부 등은 여전히 정치를 규정하는 정치권 밖의 권력기구로 인식되고 있다"고 주장했다. 교수들은 이어 "인권억압에 관련된 국가기구의 개혁이 현 단계 민주화의 핵심적 과제"라고 전제하고……[1]

1990년에 발표된 이 성명은 인권억압 기구인 보안사·안기부 등의 개혁을

---

1. 「'인권억압 기구' 근본 개혁 촉구」, 1990년 10월 27일자 『한겨레신문』 기사.

강력히 촉구하고 있다. 지금은 그때보다는 크게 개선되고 변화되었다. 민주주의의 진전과 발전이 수사기구의 개혁을 동반했던 것이다. 그러나 아직도 개선될 여지는 적지 않다.

1. 아직 먼 국정원의 개혁

1) 안기부·국정원의 개혁과정

고문과 공포의 대상이던 중앙정보부와 안기부에 대한 폐지와 개혁의 요구는 당연한 일이었다. 재야인사와 학생 등은 수없이 안기부의 철폐와 개혁을 주장해왔다.

:: (1998년 2월) 14일 오후 12시 30분 전국연합(상임의장 이창복) 소속 회원 및 학생 등 3백여 명은 탑골공원에서 '양심수 전원 석방, 안기부 해체 촉구대회'를 가졌다. …… "안기부·보안사 등 공안폭압기구는 국가보안법을 비롯한 반민주악법을 동원하여 민주인사를 간첩으로 조작하고 잔인한 고문으로 국민의 인권을 철저히 유린해왔다"고 밝히고 안기부·보안사의 해체를 요구했다.[2]

:: 새 정부 출범 후 안기부 개혁에 관심이 쏠리고 있는 가운데 96년 말 안기부 고문수사에 항의해 분신을 시도했던 김형찬 씨 등 인권피해자들이 인권유린 진상

---

2. 1998년 2월 17일자 「인권하루소식」 기사.

규명을 요구하고 나섰다. (1998년 3월) 11일 오전 10시 '김형찬고문수사안기부원처벌과안기부법날치기무효화를위한대책위(상임대표 홍근수 목사)'는 기독교회관에서 기자회견을 갖고 안기부에 의한 인권유린 진상규명과 책임자 처벌을 요구했다. 이날 대책위는 기자회견에서 "안기부가 그동안 수사권 남용으로 인권유린 및 불법적 정치공작을 일삼아왔다"며 △ 수사권 폐지 △ 국내 정보수집 활동 금지 등 안기부의 대대적인 개혁을 촉구했다. 이를 위해 대책위는 "안기부의 예·결산 공개와 감사가 실질적으로 이루어질 수 있도록 국민적인 감시장치 마련이 요구된다"고 밝혔다.[3]

안기부 스스로도 변화된 정치 상황과 국민의 요구 속에서 자기개혁의 노력을 전혀 하지 않았던 것은 아니다. 안기부의 안하무인적 권력남용과 인권침해를 고양된 국민의식이 더 이상 용납하지 않는다는 것을 느꼈기 때문이다.

:: 국가안전기획부는 (1990년 1월) 4일 앞으로 간첩사건이나 시국공안사건 등을 수사할 때 수사요원들이 반드시 적법 절차를 지키도록 유도, 안기부 수사를 둘러싼 시비를 적극 줄여나가기로 했다. 안기부는 이 같은 방침에 따라 우선 이달 중순경 수사국 내에 부장검사를 실장으로 한 '수사지도관실'을 새로 구성, 적법 절차에 따른 수사방법 등을 연구 및 지도하는 역할을 맡도록 했다. 안기부가 이처럼 공안사건 수사에 있어 적법 절차에 스스로 관심을 갖게 된 것은 국민들이 이제는 불법수사를 용납하지 않으려는 움직임을 적극적으로 나타내는 등 시대적 상황이 크게 변한 데다 사법부에서도 최근 안기부의 수사결과를 인정하지 않으려는 판결이 적지 않게 나오고 있는 추세에 따른 것으로 알려졌다. 지난 한 해 동안만 해도 공

---

3. 「김형찬대책위 기자회견 안기부 인권유린도 규명해야」, 1998년 3월 12일자 『인권하루소식』 기사.

안정국과 관련해 고문 시비를 비롯, 48시간 이상 장기구금 수사, 변호인 접견 불허 등이 잇따라 논란의 대상이 되어왔으며, 그동안 안기부가 '인권 사각지대'로 불려온 것에 비추어볼 때 이 같은 움직임은 매우 획기적인 일로 받아들여진다.[4]

그러나 이런 '획기적'인 조치는 아직 명목상에 지나지 않았다. 왜냐하면 그 후에도 여전히 똑같은 불법연행, 고문수사, 변호인 접견 불허 등이 계속되었기 때문이다. 공포 정치를 통해 한국 사회를 오랫동안 지배해온 권부가 하루아침에 변화되리라고 기대하는 것 자체가 어려운 일인지 모른다.

2) '고삐 풀린 말'에 고삐를 달아야 — 견제 기능이 필요하다

:: 1993년 말 '안기부법' 개정에 따라 범죄수사에 관한 적법 절차를 준수하도록 하고 이를 어겼을 경우에는 직권남용죄로 처벌하는 규정이 신설되었지만, 여전히 변호인의 접견 거부, 영장 없는 불법체포·구금, 수사과정에서의 고문·협박 등 강압수사 등이 끊이지 않았다. 그러나 국정원 직원들의 이러한 불법행위에 대한 고소·고발에도 불구하고 직권남용죄로 처벌받은 국정원 직원은 지금까지 한 명도 없다.[5]

사실 문민정부, 국민의 정부가 들어섰다고, 안기부에서 국정원으로 바뀌었다고 고문이나 가혹행위가 완전히 사라진 것은 아니다. 오히려 고문의 방식이 좀 더 교묘해졌다는 것뿐이다.

---

4. 「안기부 '수사지도관실' 운영 — 부장검사 실장으로」, 1990년 1월 4일자 「동아일보」 기사.
5. 국가인권위원회, 「2004 인권백서」 제1집, 2004, 142쪽.

∷   "둘둘 말린 종이뭉치로 머리를 1천 대쯤 맞았다." 최근 국정원에서 조사를
받은 한 공안사건 관련자는 "김대중 정부에 들어와서도 고문은 사라지지 않았다"
며 조심스럽게 입을 열었다. 한두 대 맞을 때는 '장난' 같았으나 횟수가 거듭될수
록 머리가 점점 멍해지더니 고문이 끝나갈 즈음에는 '이러다 미치는 게 아닐까'
하는 걱정이 들었다는 것이다. 결국 그는 묵비권을 포기해야 했다.

인권운동 관계자들과 공안사건 관련자들은 (11월) 2일 '고문기술자' 이근안 전
경감의 존재가 88년 12월 세상에 드러난 뒤로도 이 땅에서 고문은 끈질기게 이어
지고 있다며 그 실례와 교묘해지는 고문수법을 폭로했다.…… 이때부터는 플라스
틱 물병에 물을 채워 온몸을 때리거나 종이뭉치 따위로 머리를 때려 흔적을 남기
지 않는 신종 기법들이 등장했다는 게 인권운동 관계자들의 말이다.[6]

3) 수사권의 폐지 — 온전한 정보기관으로

모든 수사과정의 불법행위와 잡음을 완전히 종식시키는 길은 현재 국정원이
가지고 있는 권한을 대폭 조정하는 것이다. 정보 업무와 국가기밀에 관한 보안
업무를 제외하고, 보안범죄에 대한 수사권과 국정원 직원에 대한 수사권(국가정보
원법 제3조 제3호, 제4호), 정보 및 보안 업무의 기획조정권한(국정원법 제3조 제1항 제5
호)을 폐지함으로써 국정원을 순수한 정보기관으로 탈바꿈시키는 것이다.[7]

∷   참여연대가 주최한 '참여정부 국정원, 이렇게 바꾸자' 토론회에 토론자로
참석한 한상희 건국대 법대 교수는 지난 (2003년 5월) 9일 국정원이 발표한 자체
개혁안의 의미를 평가절하했다. 국정원의 자체 개혁안 중에서 한 교수가 주목한

---

6. 「'이근안' 이후 고문 교묘해져」, 1999년 11월 3일자 『한겨레신문』 기사.
7. 민주사회를위한변호사모임, 「국가정보원법」, 『한국 사회의 개혁과 입법과제』, 2003, 498쪽 이하.

부분은 "국정원의 수사권 중에서 북한 또는 해외와 연관성이 없는 국내 보안범죄에 대한 수사는 검·경으로 이관하여 대폭 축소하고, 북한 또는 해외 연관 보안범죄에 대해서만 수사하겠다"는 부분이다. 국정원의 자체 개혁안은 그동안 인권침해 논란을 빚어왔던 대공정책실의 폐지안으로 발표됐다.

그러나 한 교수는 "국정원 수사권의 기초는 형법상 내란·외환죄와 국가보안법 관련 보안범죄인데, 국가보안법 관련된 일체의 수사권을 폐지하지 않는다면 반국가단체 구성, 반국가단체 수행목적 등의 혐의가 이적단체구성죄나 회합통신죄로 연결될 수밖에 없어 결국 수사권의 확대적용과 이로 인한 인권침해를 막을 방법이 없다"고 주장했다. 지금까지 국내 보안범죄 관련 사법부의 판결과 정보기관의 개입 관행에 비춰 '북한 또는 해외와 직접적인 연관이 없는' 범죄라도 국가보안법을 매개로 충분히 연결될 수밖에 없다는 지적이다.

또 국정원이 사찰정보 수집과 기관 출입 금지에 대해서도 "역대 가장 취약한 소수 정권으로서 정국돌파를 위한 수단으로 정보기관을 이용하고 싶은 유혹에 빠질 수밖에 없다"면서 국정원의 국내정보 수집권 유보에 대한 비판의 끈을 놓지 않았다. …… 이날 토론회에서는 대체로 수사권 폐지가 대세를 형성했다. 정형근 의원 역시 "수사권을 갖는 별도의 국내 보안담당 기구를 신설할지는 아직 검토 단계지만 해외정보처는 외국의 정보기관처럼 수사권을 갖지 않는다"고 밝혀 최소한 정보기관의 수사권이 과거와 같은 범위와 강도로 적용될 여지는 줄어든 것으로 볼 수 있다.[8]

이 토론회 참석자의 일치된 견해처럼 국정원은 수사권을 온전히 포기하고 정보 업무에만 전념함으로써, 과거 수사권 남용으로 인한 고문과 조작의 역사를

---

8. 장홍배, 「수사권 폐지, 밀고 갈까 거둬들일까─신념과 정치역학 사이에서 고민하는 정형근 의원」, 2003년 5월 29일자 인터넷 『참여연대』 기사.

마감하고 훨씬 새롭고 전문적인 정보기관으로 탄생할 수 있을 것이다.

4) 국정원의 과거 청산

국정원만큼 과거 현대사의 어두운 비극의 현장을 고스란히 간직하고 있는 기관은 없을 것이다. 민주화가 한참 진척된 이 시점에서 이제 과거의 과오와 범죄를 공개하고 진실을 드러내 희생자들에게 사과해야 한다. 이런 점에서 참여정부 이후 설치된 국정원 '과거사건진실규명을통한발전위원회'(과거사위원회)는 큰 의미가 있다. 다만 '과거사위원회'는 법률 근거가 없으므로 조사의 범위와 방법에 한계가 있을 수 있다.

∷ 국가정보원 '과거사건진실규명을통한발전위원회'(이하 진실위) 오충일 위원장은 21일 "과거사 7대 의혹사건 외에 진실위가 파악하고 있는 의혹사건이 100여 건에 달한다"고 말했다. 오 위원장은 21일 〈연합뉴스〉 인터뷰에서 "7대 의혹사건 가운데 먼저 조사가 끝나는 사건이 있으면 위원회가 결정한 우선 순위에 따라 나머지 의혹사건에 대한 조사에 착수할 계획"이라고 밝혔다. 나머지 의혹사건 중 대표적인 사건으로 오 위원장은 동아투위 등 언론인 해직사건과 유학생 간첩단사건 등을 들었다.

그러나 오 위원장은 "조사인력 20명, 민간위원 15명 정도인 현재 조직으로는 조사해야 할 사건의 절반도 다루기 어려울 것 같다"고 말하고, "일단은 부족한 대로 해봐야 하지 않겠나"라고 말했다. 조사 이후 조치에 대해서는 "조사를 마무리한 뒤 대국민 기자회견 등을 통해 실체적 진실을 국민에게 공개하는 것까지가 우리의 임무"라면서 "명예회복이나 보상 등에 대해 조언은 할 수 있겠지만 간여할 성질은 아니다"고 선을 그었다. 오 위원장은 "워낙 관련 사건의 기록이 방대해 어디에 무슨 내용이 있는지 찾아내기도 쉬운 작업이 아니어서 시간이 많이 걸리겠지만 7대 의혹의 경우 해를 넘기지는 않을 것"이라고 내다봤다.[9]

'과거사위원회'는 7대 의혹사건(부일장학회 헌납 및 경향신문 매각사건, 동백림사건, 인혁당사건, 김대중 납치사건, 중부지역당 사건, KAL기 폭파사건, 김형욱 실종사건)만이 아니라 과거 중앙정보부와 안기부 지하실에서 숨겨갔거나 고문으로 고통당한 모든 사건과 사람들의 한을 풀어주지 않으면 안 된다. 그러나 국정원의 과거가 '과거사위원회'에서 모두 다루어지고 해결되리라고 기대하기는 힘들다.

그런데 참여정부의 국정원은 테러방지법을 새롭게 주장하고 나섰다. 인권 남용의 가능성을 많이 담고 있는 이 법안은 시민사회단체들의 필사적인 반대로 무산되었으나 변용된 형태로의 제정을 시도하고 있다.

:: 시민사회의 강력한 반발로 무산됐던 테러방지법이 대통령 훈령으로 부활의 기반을 만들었다. 여야가 경쟁적으로 테러방지 관련 법안 국회 통과를 시도하고 있는 상황도 입법화 가능성을 높이고 있다. 국정원은 지난달(2005년 3월) 31일 대통령 훈령 개정에 의해 국정원 내 범정부 차원의 테러정보통합센터를 발족, 운영에 들어간다고 발표했다. 테러정보통합센터는 군과 경찰 등과 함께 국내외 모든 테러 관련 정보를 통합·분석하게 된다. 국정원은 "센터의 발족으로 전 테러 관련 기관의 정보 역량을 결집해 테러 관련 정보관리체계를 확립할 수 있을 것"이라고 밝혔다. 앞서 참여연대·민변·인권운동사랑방·천주교 인권위원회 등의 시민사회단체가 참여하는 '테러방지법 제정반대 공동행동'은 훈령 개정 소식이 전해진 직후인 지난달 23일 "테러방지법 제정 시도가 시민사회의 반대에 부딪히자 편법을

---

9. 2005년 4월 21일자 「연합뉴스」 기사.

동원해 관철시키려 한다"며, 국정원 권한 강화 여부와 2001년부터 4차례 걸쳐 발의되었다 불발에 그친 테러방지법과의 연관관계를 묻는 질의서를 발송한 바 있다.[10]

2. 반성 없는 기무사

::   "간첩으로 조작된 것도 억울한데 고문 등 비인간적 행위를 직접 보고 들은 것은 더없는 고통이었다. 일본으로 도망가면서 보안사를 고발해야겠다고 다짐했다. 그로 인해 15년 동안 기소중지자가 되어 행정제재를 받아 여권도 발급받지 못하고 귀국도 못했다. …… 보안사는 지금 기무사로 이름만 바꾸고 과거에 자행한 행위에 대해서는 한 치도 반성하지 않고 있다. 수없이 많은 재일동포들이 간첩으로 조작됐는데, 이들에 대한 조국의 관심이 여전히 미지근해 분통함을 느낀다. 조국에 대해 자긍심을 가질 수 있도록 해달라."[11]

대학원 재학 중 간첩혐의로 끌려가 2년간(1984~1986) 보안사에서 강제 근무한 뒤 일본으로 탈출한 재일교포 김병진 씨는 『보안사』라는 책을 통해 보안사의 공안사범 고문조작에 대해 폭로했다. 기무사(보안사)는 군인과 군속만 수사할 수 있는 원래의 한계를 넘어 민간인들을 불법연행하고 고문해왔다. 이제 과거의 권력과 권한이 많이 사라졌다고 하지만 기무사의 개혁이 온전히 시행된 것은 아니다.

---

10. 이재환, 「테러방지법 입법화 조짐―대통령 훈령 '편법' 재추진 … 시민단체 반발」, 2005년 4월 인터넷 『시민의 신문』기사.
11. 『보안사』의 저자 김병진의 기자회견. 구영식, 「"국가폭력 진상부터 밝혀져야 진정한 화해 가능"―'해방 이후 국가폭력 피해자들' 합동 기자회견」, 2004년 10월 29일자 『오마이뉴스』 기사.

:: 　국군기무사령부(사령관 송영근 소장, 육사 27기)는 최근 국방부장관을 거쳐 노무현 대통령에게 기무사 개혁방안을 보고했다. 기무사 개혁은 새 정부 출범 후 지역 편중 인사 타파와 더불어 군 개혁의 핵심으로 꼽힐 만큼 군 안팎의 관심을 끌었던 사항. 기무사는 정보기관이지만 수사권을 갖고 있다. 민간으로 치면 국정원인 셈이다. 정보기관인 국정원이 국가보안법 위반 관련자 등에 대해 제한적으로 수사권을 갖듯 기무사도 군사기밀보호법(군기법), 국가보안법 관련 사안에 대해선 헌병·군 검찰을 제치고 독자적으로 수사한다. 정보 수집과 수사 기능, 거기에 지휘관들의 동향을 감시하는 감찰권까지 갖고 있다.

기무사에 '무소불위'라는 별칭이 따라다니는 것은 그런 사정 때문이다. 기무사 개혁 논의는 어제오늘 일이 아니다. 정권이 바뀔 때마다 기무사 개혁은 군 개혁방안의 단골 메뉴였다. 이는 기무사의 위력이 전신(前身)인 군사정부 시절의 보안사에는 미치지 못하지만 여전히 군 최대 파워기관으로 권력남용, 인사 개입, 인권침해, 이권 개입 등으로 논란을 빚어온 탓이다. 하지만 기무사 개혁은 늘 용두사미로 끝났다. 이유는 간단하다. 시늉에 그쳤기 때문이다. 또한 자율을 표방한 타율 개혁이었기 때문이다. 그러다 보니 기무사 개혁 논의는 빈 수레가 요란한 꼴이었다. 기무사가 스스로 기득권을 내놓지 않는 한 기무사 개혁은 거의 불가능하다는 것이 군 관계자들의 공통된 지적이다.[12]

---

12. 조성식, 「기무사, 휴대전화 도청한다」, 『신동아』 2003년 7월호, 90쪽 이하.

3. '고문경찰'에서 '인권경찰'로

정치적 고문은 민주화의 진전에 따라 점차 사라지고 있는 추세지만 일반인 들에 대한 고문은 수그러들 줄 몰랐다. 국민의 여론과 비판에 직면한 경찰은 지 속적으로 고문을 방지하기 위한 조치를 내놓았으나 백약이 무효였다. 1994년 12 월 3일 경찰서 유치장에 수용된 모든 형사피의자들에 대해 검찰에 송치되기 직전 에 경찰서장과 만나 억울하거나 불편했던 사항들을 호소하는 시간을 갖도록 했 다. 이러한 '유치인 면담제'는 구속 피의자들의 편파 및 부당수사, 진술 강요나 가혹행위, 유치장 내 폭력행위 등을 예방하는 데 효과가 있을 것으로 기대되는 조치였다.[13]

2005년 1월, 경찰청장으로 취임한 허준영 경찰청장의 '인권경찰' 표방은 새로운 '인권의 시대'를 예감하면서도 아직 갈 길이 먼 것임을 알려주는 상징적 인 표현이었다.

:: 허준영 경찰청장 취임 이후 '인권경찰'을 표방한 경찰이 이번에는 '인권보 호종합추진계획'을 발표해 "인권수호의 선도자가 되겠다"고 나섰다. (2005년 4 월) 4일 경찰청은 피의자 인권보호를 위해 △ 심야조사는 원칙적으로 자정까지로 제한하고 △ 여성, 노약자 등 사회적 약자를 위해 특성에 맞는 조사 환경을 조성하 고 △ 사인조사관, 범죄분석팀 등 전문요원을 확보해 증거 중심의 과학수사 역량 을 강화하겠다고 밝혔다. 또 경찰청은 유치인 보호체계를 인권친화적으로 개선한 다면서 △ 신축 경찰서부터 부채꼴 구조인 통제·감시 위주의 유치장 구조 대신

---

13. 「경찰 '유치인 면담제'—형사피의자 검찰 송치 전 서장과 상담」, 1994년 12월 4일자 『동아일보』 기사.

'친인권적 구조'로 설계하고 △ 현 시설은 먼저 여성·외국인 전용 유치실을 시범 운영하고, 유치실 내 화장실의 차폐시설을 보완하면서 단계적으로 개선하며 △ 무죄추정원칙에 부합하도록 유치실 내 준수 사항과 계구 사용의 한계 등을 명확히 하도록 했다.

이밖에도 경찰은 △ 조사 과정에서 신고자나 피해자의 신분이 노출되는 것을 막기 위해 화상대질 조사실을 만들어 피해자가 가해자와 직접 대면하지 않도록 하고 △ 신변보호의 기준과 단계별 세부 절차를 규정한 신변보호 프로그램을 마련하며 △ 범죄 피해자의 '심적 외상 후 스트레스장애(PTSD)' 예방을 위해 범죄 현장에서부터 임상심리사 등 전문가가 포함된 위기개입팀을 단계적으로 운영하고 △ 범죄정보관리시스템(CIMS)과 연계해 사건의 접수·배당·진행·이송·수사결과 등을 피해자에게 문자메시지(SMS)로 보내도록 했다. 또 피해자의 경찰서 출석으로 인한 2차 피해를 예방하기 위해 현장에서 한 번에 피해자 조사를 끝내는 '원-스톱(One-Stop) 조사제'를 단계적으로 실시하겠다고 밝혔다.

또 외부로부터의 감시와 참여를 위해 △ 국가인권위·인권단체 등과 협력체계를 유지하고 △ 15명 내외의 순수 민간 인권활동가로 '인권수호위원회'를 구성해 경찰청의 인권시책에 대한 자문과 권고 기능을 수행하며 △ 인터넷 공모와 시민단체 추천으로 10명 내외의 '시민인권보호단'을 지방청별로 구성해 경찰활동 전반에 걸친 인권침해를 감시하고 △ 인권수사 매뉴얼과 지속적인 인권교육을 통해 일선 경찰관들의 인권 감수성을 향상시키겠다고 밝혔다.

이번 발표에 대해 인권활동가들은 전반적으로 환영하면서도 '수사권 독립을 위한 이벤트성 기획'일 가능성을 경계했다. …… 심야조사는 원칙적으로 자정까지로 제한하면서도 "체포 기간 내 구속 여부 판단을 위해 신속한 조사가 필요할 때"는 예외로 해 경찰의 판단만으로도 심야조사를 계속할 수 있도록 뒷문을 열어놨다. 현행 형사소송법 제200조의 2 제5항은 "체포한 피의자를 구속하고자 할 때에는 체포한 때부터 48시간 이내에 …… 구속영장을 청구하여야 하고, 그 기간 내에 구속영장을 청구하지 아니하는 때에는 피의자를 즉시 석방하여야 한다"고 규정하고 있어, 48시간 안에 구속영장을 청구할 수 있을 만한 증거를 확보하지 못할 수 있다는 경찰의 판단만으로도 심야조사는 계속될 수 있게 됐다. 박 상임활동가는 "체포 전에 과학수사를 통해 증거를 확보해야지 일단 체포부터 한 후 피의자를 다그쳐 자백을 받아내는 수사 관행을 바꾸지 않는다면 심야조사는 계속될 것"이라고 지적했다.[14]

4. 검찰 개혁, 아직 멀었다

과거에는 '공안검찰'이라는 말이 일상화될 만큼 검찰의 공안 기능이 중시되었다. 그러나 남북관계의 진전과 사회의 의식 변화, 노동관계의 변화·발전 등과 관련해 검찰의 공안 기능도 큰 변화를 가져올 수밖에 없었다. 아래의 표는 고문과 가혹행위가 크게 문제시된 국가보안법 위반 사범의 연도별 변화와 전체 사건 중의 비율이다.[15]

국가보안법 위반 사범의 연도별 변화

연도	2000년	2001년	2002년	2003년
국가보안법 위반 사범	286명(2.8%)	247명(3.3%)	231명(1.6%)	150명(2.1%)

14. 강성준, 「멀고 먼 '인권경찰'의 길―경찰청, '인권보호 종합추진계획' 발표」, 2005년 4월 5일자 『인권하루소식』 기사.
15. 법무부, 『인권존중의 법질서』, 2004, 75쪽.

지속적으로 국가보안법 위반자의 숫자는 줄어들고 있다. 아마도 이런 현상은 더욱 분명해질 것이다. 검찰의 공안 기능은 완전히 새롭게 해석되고 조정되지 않으면 안 될 상황이다. 검찰의 공안 기능 축소는 이제 시대의 대세로 보인다.

::　검찰의 공안부서가 대폭 축소될 움직임을 보이고 있다. 법무부는 전국 지방 검찰청에 설치된 17개 공안과 가운데 16개과의 폐지를 검토하는 것으로 알려졌다. 이에 시민사회단체는 일제히 환영하는 기색이다. 특히 이들 단체는 검찰 공안부와 함께 경찰의 보안수사 인력도 대폭 축소되거나 폐지되어야 한다고 한 목소리를 냈다. "검찰 공안부서에는 약간의 유효 인력만 있다. 나머지 (공안 담당검사들을) 다른 데로 파견해 다른 일을 하는 경우가 있는데, 이를 조절하는 것이 바람직하지 않나. 인력이 불필요한 곳에 있는 것보다 재배치하는 것은 충분히 있을 수 있는 변화다. 단지 '공안'이라는 이름을 달고 있어 검찰 조직의 큰 변화가 있는 것처럼 (언론이나 사회에서) 보는 것 같은데, 충분히 (공안부가) 줄어드는 것이 맞는 것이고 재조정되는 것이 맞다."

…… 전국적으로 공안부는 서울중앙지검에 2개과와 서울 동·서·남·북부, 부산, 대구 등 전국 지검 및 지청에 설치돼 운영되고 있다. 법무부는 대검과 지검, 지청 등 공안부 관계자 등의 의견을 수렴해 이르면 내달 중에 결론을 내릴 것으로 전망되며, 개편안이 만들어져 국무회의를 통과할 경우 바로 시행될 예정으로 알려지고 있다.[16]

그런데 검찰은 과거 고문과 가혹행위 수사관들을 제대로 수사하고 처벌하지 않던 관행에는 큰 변화가 없었다.

16. 유창재·김지은, 「공안부서 축소·폐지 바람 부나—법무부, 17개 공안과 중 16개 폐지 검토 … 시민단체 '환영'」, 2004년 6월 7일자 『오마이뉴스』 기사.

:: 29일 법무부 국정감사 자료에 따르면 98년 9월부터 올해(1999년) 8월까지 검찰이 처리한 120건의 고문과 가혹행위 등 인권침해사건 가운데 가해자가 기소돼 재판을 받은 것은 단 6건에 불과했다. 이 중 75건은 무혐의로 처리되었고, 15건은 기소유예, 19건이 각하되었고, 나머지 5건은 기소중지 등으로 처리됐다. 또 97년 9월부터 98년 8월까지도 373건의 사건이 처리되었지만 기소된 사건은 16건에 불과했고, 무혐의 220건, 기소유예 27건, 공소권 없음 9건 등이었으며, 82건이 각하, 19건이 기소중지 등으로 처리됐다.[17]

국정감사에 나타난 위의 자료를 보면 여전히 검찰은 고문·가혹행위사건에 관해 충분한 관심과 노력을 기울이지 않고 있다. 위의 사건들은 대체로 당사자가 진정·고발·고소한 사건들이다. 아직도 우리의 국민 정서는 고문한 수사관들에 대해 고소·고발할 용기를 내지 못하고 있는 것이다. 그럼에도 이들이 진정·고소·고발했다는 것은 자신이 당한 일을 몹시 억울하게 생각하고, 진실된 사실에 기초해서 제기했을 가능성이 높다. 그런데도 오직 소수의 사건만이 기소되고 있는 것을 보면, 검찰이 제 역할을 충분히 하고 있지 않음이 증명된다.

더구나 그 가운데 상당수의 사건이 '기소유예'로 처리된 점에 주목할 필요가 있다. 혐의는 인정되지만 여러 가지 정상을 참작해서 용서해준다는 것이다. "팔이 안으로 굽는다"는 말이 있다. 이것은 인지상정이지만 분명 제도적으로는 고쳐야 한다. 수사기관의 고문범죄를 제대로 엄단하기 위해서는 완전히 독립된 기구를 하나 만들든지,[18] 국가인권위원회처럼 독립된 기관에 수사와 기소의 권한을 주는 방법도 생각해볼 수 있다. 그것이 힘들다면 수사관들의 가혹행위나 고문

---

17. 「'고문범죄' 처벌 솜방망이 … 불기소-기소유예-징역 1, 2년」, 1999년 10월 30일자 『동아일보』 기사.
18. 이런 제안들이 적지 않았다. 일례로 이계창, 「이 땅에서 영원히 추방해야 할 고문」, 『공동선』 1994년 5~6월호, 148쪽 참조.

에 대해서는 별도의 감찰위원회를 두고, 여기에 변호사 등의 재야 법조인과 인권단체 인권운동가 등 외부 인사를 과반수 이상 선출하는 방법도 있다.

2000년 당시 김정길 법무부장관은 김대중 대통령에게 업무계획을 보고하면서 "일선 검찰청에 각종 인권유린 사건을 집중 처리하고 무리한 강제수사가 없도록 점검하는 인권 전담 부서를 지정해 운영하겠다"라고 밝혔다.[19] '인권대통령'을 내세우는 '국민의 정부'에서 당연히 취해야 할 조치의 하나였다.

그런데 그런 인권 개선 조치를 비웃는 일이 일어났다. 지난 2002년 10월 서울지검 홍경령 검사의 피의자 고문치사사건을 보면 검찰이 과연 고문 척결의 의지와 제도를 스스로 갖추고 있는지 의구심이 들지 않을 수 없다. 결코 다른 수사기관을 탓할 일이 아닌 것이다. 검찰은 다른 수사기관에 비해 법률 지식이나 인권옹호 의식에서 우월하다는 우리의 사회적 인식이 과연 정당한가를 의심하게 된 것이다.

당시 서울지검은 "'피의자 구타사망' 사건이 발생한 서울지검 청사 11층 특별조사실을 없애거나 피의자를 조사할 때마다 CCTV(폐쇄회로) 녹화를 의무화하는 방안을 검토 중이라고 5일 말했다. 검찰은 또 자해 방지를 위해 조사실 벽에 완충벽을 설치하는 방안도 검토 중"이라고 밝혔다.[20] 서울지검의 특별조사실은 마치 과거 안기부의 지하수사실이나 밀실수사를 연상케 한다. 당연히 없애야 할 밀실조사실 같은 것을 검찰이 버젓이 갖고 있다는 것은 검찰의 수준과 의식을 증명해주고도 남는다. 당시 홍 검사의 고문수사와 사상 초유의 수사검사 구속이라는 사태에 대해 검찰이 보인 태도를 보면 아직도 검찰이 가야 할 개혁의 길은 멀고도 멀다.

19. 「'범국민 준법운동 전개'… 법무부 업무 보고」, 2000년 4월 21일자 『동아일보』 기사.
20. 「서울지검 특조실 폐지 검토—CCTV 녹화 의무화… 자해 방지 위한 완충벽도」, 2002년 11월 6일자 『조선일보』 기사.

:: 　기자들이 "잠을 안 재우고 수사하는 것은 가혹하지 않느냐"고 묻자 검찰 관계자는 "살인 피의자라면 그럴 수 있는 것 아니냐"고 대수롭지 않게 응답했다. 몇 달 전 대검 중수부의 김대중 대통령 차남 홍업 씨 수사 때나 신승남 전 검찰총장, 김대웅 고검장 수사 때도 밤샘조사를 했던 만큼 살인 피의자 조 씨를 '특별대우' 해주기 어렵다는 것도 이해되지 않는 바 아니다. 그러나 최근 '병풍수사'에서 증거 수집 절차의 적법성을 강조했던 검찰로서도 '일종의 고문'인 밤샘조사가 관행을 이유로 정당화될 수 없음을 잘 알고 있을 것이다.[21]

　　'밤샘조사'라는 수사방식을 그만두느냐, 아니냐 하는 그 자체의 문제보다 중한 범죄에서는 고문도 용납될 수 있다는 인식이 문제이다. 이런 사고방식을 뜯어고치는 검찰 고위층의 결단, 집요한 교육, 엄정한 처벌 등이 고문으로부터 자유로운 검찰을 만들 수 있을 것이다.

---

21. 「기자 24시―도마 위에 오른 밤샘수사」, 2002년 10월 28일자 『매일경제』 기사.

06
고문 기록과 현장의 보존

2003년 8월 25일 옛 남산 안기부 터에서 특별한 모임이 있었다. 많은 시민단체들이 '남산 옛 안기부터를 인권기념공원으로 보존해야 합니다'라는 제목의 기자회견을 열고 있었다.

:: 　우리는 군사독재에 항거하여 민주주의를 쟁취한 역사를 지니고 있습니다. 그 과정에서 많은 사람들이 감시와 폭력·고문을 당했고, 심지어는 목숨을 잃은 경우도 있었지만, 우리에게는 아직도 이 민주화운동을 기념할 만한 공간을 갖지 못하였습니다. '기억의 상실'이 당연시되어가고 있으며, 민주와 인권을 향한 항쟁의 현장은 훼손되고 사라져가고 있습니다.

1972년 남산에 중앙정보부가 들어선 이래 1995년 국가정보원이 내곡동으로 청사를 옮길 때까지 이곳 안기부는 독재권력의 본산이었습니다. 독재에 항거하던 많은 운동권 인사들, 정치인, 언론인, 문화예술인, 기업인, 교수 등이 이곳에서 고초를 겪어야 했습니다. 1973년 최종길 교수가 이곳에서 사망했고, 1974년 인혁당 재건위와 민청학련 관련자들이 이곳에서 생사를 넘나드는 '지옥의 고문'을 당했습니다. 1980년 계엄합수부에 의해 끌려왔던 민주인사들, 조작간첩 사건에 연루되었던 사람들, 1980년대와 90년대의 공안사건의 피해자들이 이곳에 끌려왔습니다. 눈을 가린 채 끌려와 음습한 습기로 가득한 지하실에서 물고문, 전기고문 등의 고문을 당하였습니다. 그 안에서 이뤄진 것은 공포 그 자체였습니다.

군사독재정권의 공포에 의한 통치는 바로 이곳에서 시작되었고, 이곳으로 귀결되었습니다. 그래서 무소불위의 권력을 지탱해갔습니다. 그렇기 때문에 남산 안기부는 독재권력의 상징이기도 하며, 그렇게도 모진 고문을 당하고도 끝내 민주항쟁을 성공시킨 역사와 결합된 소중한 역사의 현장이기도 합니다. 과거의 고통스러운 역사일수록 철저하게 기억해야 한다는 것은 어느 나라의 역사를 보나 진리입니다. 그렇기 때문에 독일 민족은 유태인 학살의 현장과 강제노동의 현장을 고스란히 보존하고, 후세들에게 역사의 교육장으로 보존하고 있습니다. 폴란드의 아우슈비츠 기념관, 중국의 남경대학살 기념관, 일본 히로시마의 평화기념관, 영국의 고문박물관, 베트남의 타이거 감옥, 캄보디아의 뚜얼슬랭 박물관 등은 모두 고통스러운 과거를 기억하기 위해 현장을 보존하고 그곳을 역사교육의 장으로 만들어놓은 세계적인 관광명소이기도 합니다.

국정원이 내곡동으로 옮겨간 뒤 서울시가 이곳의 건물 27동 중 23동을 해체하였습니다. 다행히 본관 건물과 별관 건물은 남아 있으나, 예전 고문실로 사용되던 지하 벙커는 소방방재시설이 들어서면서 그 흔적이 없어졌습니다. 거기에 더해서 서울시는 본관 건물마저 유스호스텔과 청소년정보문화공간으로 활용할 계획을 세우고 있으며, 8월 말에 사업자 선정공고를 내겠다고 합니다. 또한 녹지대이기 때문에 다른 용도로 사용하는 것은 어렵다는 것이 서울시의 입장입니다.

우리는 그동안 이곳을 역사의 현장으로 보존하려는 노력을 전혀 기울이지 못하였습니다. 그동안 남산의 제 모습을 찾기 위해 애써온 시민들의 노력으로 그나마 현재만큼 보존될 수 있었던 것은 다행스러운 일입니다. 우리는 서울시에 요구합니다. 남산 옛 안기부터를 민주주의와 인권을 기념하는 기념공원으로 보존합시다. 역사적인 기념공간은 상징성이 높은 현장에서 이뤄져야 합니다. 우리도 민주주의와 인권의 역사를 기억할 공간을 꾸미고, 학생들이 찾아와 공부하고, 시민들이 찾아와 토론하고, 해외 관광객들이 찾아와 우리의 역사를 배우고 갈 수 있는 기념공원으로 만드는 것은 우리 사회에 명소를 만드는 일이기도 합니다.

역사의 현장을 한번 없애버리면 이후에 복원하려 할 때 그만큼 더 많은 비용을 지불해야 한다는 것은 청계천 복원사업을 통해서도 확인이 되고 있지 않습니까? 다시 한번 우리 인권사회단체들은 서울시에 정중히 요구합니다. 안기부 건물을 유스호스텔로 사용한다는 방침을 유보하고, 이곳 안기부터를 보다 나은 공간으로 만들기 위한 대화와 토론에 나서줄 것을 요구합니다.

우리 인권사회단체들은 남산 옛 안기부터를 역사 보존하기 위해 뜻을 같이하는 시민사회단체들과 함께 공동대책위원회를 구성하여 적극적으로 대응해나갈 것입니다. 우리는 구체적인 기념공원안을 마련하여 서울시를 비롯한 정부·국회에 우리의 뜻을 알려나가고, 시민들에게도 우리의 계획을 적극적으로 알려나갈 것입니다. "역사에 눈감은 자 미래를 볼 수 없다"는 말이 있습니다. 우리는 과거 군사독재권력의 탄압의 역사를, 그리고 끝내 그 탄압을 이겨내고 민주주의를 쟁취한 역사의 현장을 보존하고, 인권기념공원으로 만들기 위한 장정을 시작합니다.[1]

서울시는 이곳을 유스호스텔로 만들 계획을 하고 있었다. 동독 지역의 비밀경찰로 유명한 슈타지(Stasi)는 지금 고스란히 박물관 또는 전시관으로 남아 과거의 고문과 학정의 모습을 그대로 보여주고 있다. 유스호스텔은 다른 곳에 지을

---

1. 기자회견문 「남산 옛 안기부터를 인권기념공원으로 보존해야 합니다」, 한국기독교교회협의회 웹사이트(http://www.kncc.or.kr) 참조.

수 있지만 안기부의 흔적을 되살리는 기념공원이나 박물관은 다른 곳에 지을 수 없다. 참으로 역사에 무지한 소치가 아닐 수 없다.

　이곳만이 아니다. 과거 보안사 고문의 현장인 서빙고 분실터도 비밀리에 이전·해체되고 말았다. 장소의 문제만은 아니다. 과거의 기록도 사라졌거나 베일에 싸여 있다. 과거를 되풀이하지 않기 위해서는 미래세대가 경계할 자료와 장소와 기념이 필요하다. 도서관과 자료보관소, 박물관을 만들고 그 속에 과거 우리가 저지른 잘못을 담은 모든 기록을 함께 남겨주어야 한다.

제4장

고문에 관한 법제와 현실

01
고문 관련 법률의 현황
—헌법, 형법, 형사소송법 그리고 국가보안법

1. 헌법에 명시된 고문 금지 조항

헌법 제12조 제2항은 "모든 국민은 고문을 받지 아니하며, 형사상 자기에게 불리한 진술을 강요당하지 아니한다"라고 규정하고 있다. 더 나아가 헌법 제11조 제6항은 "피고인의 자백이 고문, 폭행, 협박, 구속의 부당한 장기화 또는 기망 기타의 방법에 의하여 자의로 진술된 것이 아니라고 인정될 때 …… 이를 유죄의 증거로 삼거나 이를 이유로 처벌할 수 없다"라고 더욱 명확히 고문의 결과로 취득된 진술을 증거로 써서는 안 된다고 선언하고 있다. 이런 직접적 고문 금지 규정 외에도 영장제시 요구권, 변호인의 도움을 받을 권리, 체포·구속시 이유와 권리를 고지받을 권리, 구속적부심사청구권, 정당한 재판을 받을 권리, 형사보상청구권 등이 '인신보호를 위한 사법절차적인 기본권'으로 보장되고 있다.[1]

고문은 인류가 발전시켜온 인간의 가장 중요하고도 본질적인 가치라고 할 수 있는 인간의 존엄성을 침해하는 일이다. 헌법 제9조에서도 "모든 국민은 인간으로서의 존엄과 가치를 가지며 행복을 추구할 권리를 가진다"라고 규정해 인간의 존엄성이 헌법의 최고 가치임을 선언하고 있다.

인류는 고대와 중세를 거쳐 노예제·인신매매·마녀재판 등의 어리석은 체제와 억압에 대한 경험을 했고, 지난 20세기만 하더라도 엄청난 규모의 학살과 전체주의와 군국주의 체제에서의 고문·강제노동·인체실험 등 잔인하고 비인도적인 만행을 경험했다. 인간의 존엄성을 근저에서부터 유린하는 이런 악행과 만행으로 말미암아 모든 근대 국가는 인간의 존엄성에 대한 보장을 헌법의 최상위 규범으로 올려놓게 되었다.

특히 고문은 인간의 인격을 부인하고 인간을 단순히 동물적 객체로 취급함으로써 인간의 존엄성을 유린한다. 인간의 존엄성이란 인간의 본질로 간주되는 인격을 존중한다는 의미이므로, 인간의 인격을 부정하는 고문은 인간의 존엄성을 침해하는 것이 된다. 따라서 고문 금지가 헌법의 중요한 내용을 이루게 된 것은 너무도 당연한 일이다.

그뿐만 아니라 고문은 국가적 법익 가운데 가장 중요하고 본질적인 법가치인 국가의 도덕성을 침해하는 것이다. 헌법 제9조는 "국가는 개인이 가지는 불가침의 기본적 인권을 확인하고 이를 보장할 의무를 진다"라고 규정해, 국가가 인간의 존엄성을 존중하고 보호할 의무를 지고 있음을 분명히 하고 있다. 이는 현대 법치국가의 실질적인 본질에 관련되는 것으로 국가권력의 도덕성에 대한 기초를 이룬다.[2] 고문이 국가의 도덕성을 해치는 행위라는 것은 의문의 여지가 없다. 그러나 문제는 이런 고상한 헌법이 지난 시대에는 완전히 장식물에 지나지

1. 허영, 『한국헌법론』, 박영사, 2002, 350쪽.
2. 전해철, 「고문의 근절과 고문후유증 해결을 위한 법제도의 현황」, 『고문후유증 사례 보고 및 토론회』, 민주사회를위한변호사모임·인도주의실천의사협의회·문국진과함께하는모임, 1994년 4월 11일, 3쪽.

않았다는 사실이다.

:: 우리나라에서 그동안 헌법이라고 하는 것은 국민의 의식구조 속에서 하나의
종잇조각에 불과했습니다. …… 대단히 외람스런 말씀입니다만 여기 앉아 계신 재
조·재야 법조인의 법의식 속에도 헌법이 차지하는 자리는 대단히 좁았다고 생각
합니다.[3]

'좁았다'는 표현은 대단히 의례적인 말이다. 실제로 법조인, 특히 고문사건
을 다루었던 판·검사들에게 헌법이 차지하는 자리는 '없었다'고 하는 것이 적당
하다. 고문 금지의 헌법정신이 조금이라도 그분들의 머릿속에 차지하고 있었다
면 그 결과는 달랐을 것이다.

2. 형법과 형사소송법의 고문 관련 규정

1) 형법의 고문 처벌 규정

우리 형법은 헌법의 규정을 이어받아 그 실효성을 보장하는 규정을 두고 있
다. 형법 제125조는 "재판, 검찰, 경찰, 기타 인신 구속에 관한 직무를 행하는 자
또는 이를 보조하는 자가 그 직무를 행함에 당하여 형사피의자 또는 기타 사람에
대해 폭행 또는 가혹한 행위를 가한 때에는 5년 이하의 징역과 10년 이하의 자격

---

3. 허영, 「제2회 법의 지배를 위한 변호사대회 심포지엄 발언」, 『인권과 정의』 1989년 8월호, 대한변호사협회, 36쪽.

정지에 처한다"라고 규정하고 있다.[4]

여기서 '재판에 관한 직무를 행하는 자' 란 형사사건의 재판을 담당하는 자만이 아니라 민사사건의 담당 재판관, 형사사건의 법원 서기관과 사무관, 또는 법원 주사와 주사보를 포함한다. 또한 '인신 구속에 관한 직무를 행하는 자' 라 함은 교도소장, 구치소장, 소년원장, 소년감별소장, 감호시설의 장을 포함한다. 그러나 이 조항만으로 고문에 관한 일반적인 조항이 된다고 보기는 어렵다. '폭행 또는 가혹한 행위' 라는 애매한 규정 대신에 우리 정부가 가입한 유엔의 고문방지협약(고문과 기타 잔혹한, 비인도적 또는 굴욕적 처우나 형벌의 방지에 관한 협약) 제1조에서 규정하는 부분을 명시적으로 표기할 필요가 있다.[5] 그럼으로써 법집행자들이 어떠한 행위가 고문행위로서 금지되어 있는지를 명확히 이해할 수 있을 것이다.

'특정범죄가중처벌등에관한법률' 은 이런 형법의 규정을 가중처벌하고 있다. 즉 동법 제4조의 2는 고문치상죄에 대한 법정형을 1년 이하의 유기징역으로, 고문치사죄에 대한 법정형을 무기 또는 3년 이상의 징역으로 규정하고 있다. 그러나 이미 유엔인권위원회와 고문방지위원회(Committee against Torture, CAT)로부터 지적받은 것처럼 고문방지협약 제1조에 해당하는 개념 규정이 우리 법에는 없다. 수사기관이 "피의자 또는 기타 사람에 대해 폭행 또는 가혹한 행위를 가한 때"라고만 규정되어 있어 '고문' 이라는 표현이 정식 법률용어로 사용되지 않고 있을 뿐만 아니라, 고문방지협약 제1조가 규정하는 자세한 내용의 범죄 구성 요건이 없는 셈이다.

---

4. 이런 형사 처벌과 더불어 공무원이 그 직무를 행하기 위해 고문을 행했을 때에는 불법행위가 성립되므로 피해자는 국가를 상대로 손해배상을 청구할 수 있다. 헌법 제29조 참조. 김철수 외, 『주석헌법 시리즈 I—코멘탈 헌법』, 법원사, 1988, 127쪽.
5. 고문방지협약에 따라 설치된 고문방지위원회 역시 같은 의견을 권고사항으로 내놓고 있다. 차지훈, 「제17차 유엔고문방지위원회 참가보고」, 『이달의 민변』 1996년 12월호, 민주사회를위한변호사모임, 158쪽

2) 형사소송법상의 고문 관련 규정

헌법 제11조 제6항의 규정을 이어받아 형사소송법 제309조에는 헌법의 취지를 더욱 확대해 고문 등에 의한 자백의 증거능력을 부인하고 있다. 그뿐만 아니라 고문 관련 범죄에 대해서는 준기소 절차를 인정하고 있다. 준기소 절차는 고소나 고발이 있음에도 불구하고 검사가 불기소 처분을 했을 때, 고등법원이 고소인 또는 고발인의 재정신청에 의해 사건을 관할 지방법원의 심판에 부하는 결정을 하면, 그 사건에 대해 공소의 제기가 있는 것으로 보는 절차를 말한다.(형사소송법 제265조 참조)

그러나 위와 같은 규정에도 불구하고 증거능력에 관한 형사소송법의 규정들은 전면적으로 재정리되어야 한다. 수사 단계에서 고문이 있었다고 확인된 경우에는 검사 작성의 조서도 완전히 증거능력을 부정해야 한다. 검사 작성의 조서를 경찰 작성의 조서와 달리 특별 대우하는 것은 다음과 같은 이유일 것이다.

:: 그러면 어째서 검사에게 그 같은 우대를 해주느냐 하면 검사는 사법고시에 합격한 법률지식이 심오한 사람이고, 또 인격이 고매하여 피의자가 진술한 내용을 다르게 표현할 사람이 결코 아니라고 하는 신뢰성, 또는 권력이나 금력에 좌우되어 붓대를 함부로 돌릴 그런 가능성이 없는 사람이라 하는 그런 가능성 때문에 검사의 조서를 고급하게 인정해주는 것이라 생각합니다. …… 그런데 그와 같이 우대할 만한 조건이 흔들렸을 때, 즉 검사의 고급성이 저급화되어버리고 검사가 사법경찰관화해버렸을 때, 이것은 진정 성립에 있어서 조금도 우대해줄 필요가 없다 하는 점입니다.[6]

---

6. 김광일, 「성립의 진정과 검사 작성의 조서」, 『선서와 거짓말대회』, 도서출판 들샘, 1988, 190~191쪽.

좀 투박한 표현이지만 진실을 말하고 있다. 사실 고문이 일상화된 공안사건에서 검사가 사법경찰관보다 더 우월한 여러 조건들을 상실하고 있다. 그야말로 '우대할 조건이 송두리째 흔들렸을 때'에 해당하는 것이다. 그런데도 검사 작성의 조서에 대해서만 우대한다는 것은 현실적으로 사법정의를 왜곡할 가능성이 지극히 높아진다.

3) 대법원 판례의 빛과 그늘

그동안 민주화의 진전에 따라 사법부의 판례도 긍정적으로 변화해왔다. 고문 금지라는 헌법과 형법, 형사소송법의 원칙이 반영되는 방향으로 진전해온 것이다. "밤샘조사로 잠을 재우지 않고 받아낸 자백은 증거능력이 없다",[7] "수사기관이 피의자를 심문하면서 진술거부권을 미리 고지하지 아니한 경우에는 그 자백의 임의성이 인정되는 경우에도 그 자백의 증거능력을 인정할 수 없다",[8] "경찰관이 수사과정에서 피의자에게 가혹행위가 아닌 폭언을 한 경우라도 국가에 배상책임이 있다"[9]는 판결들이 그 예이다. 이런 전향적인 판결 중에는 당시 엄혹한 현실에서 용기가 없었으면 하기 어려운 판결들도 있다.

그러나 과거 고문이 성행하고 수사기관의 고문이 공지의 사실이 되었던 시대의 대법원의 판례는 그 사실을 알면서도 애써 고문 호소를 배척했다. 아니면 형식 논리적이거나 인간심리에 대한 통찰력이 부족하거나 고문 상황에 대한 경험과 이해 부족에서 나온 비현실적인 것들이었다. 과거 대법원의 판례 중에는 수사기관, 특히 검사 작성의 피의자 신문조서에 고문당한 피의자의 인권을 충분히

---

7. 1997년 6월 27일 선고 95도 1964호 사건 대법원 판결문 참조.
8. 1992년 6월 23일 선고 92도 682호 사건 대법원 판결문 참조.
9. 서울고법 민사18부(재판장 홍일표 부장판사)의 판결. 「"경찰관 수사 때 폭언도 국가에 배상책임" 판결」, 1999년 9월 6일자 「동아일보」 기사.

보장하지 않은 것들이 많았다. 어찌 보면 이런 판결들 때문에 고문이 번성하고 온존했는지도 모른다. 예를 들어보면 다음과 같다.

> ① "경찰 수사 단계에서의 고문으로 인한 비임의적 심리상태가 검사의 조사 단계에까지 계속되었다고 인정되는 경우에는 검찰 조서의 임의성을 부정하여야 한다." [10]

이 판례는 과거 검사 앞에서의 자백 당시 고문이 가해지지 않았다는 이유로 검찰 자백의 임의성과 증거능력을 인정한 것에 비하면, 비록 검사 앞에서는 고문이 없었더라도 경찰 단계의 고문으로 인한 비임의성이 연장되는 경우에는 검찰 조서의 임의성을 부정한다는 것이므로, 과거보다는 인권보장의 측면에서 진전한 것임에 틀림없다.[11]

그러나 경찰 수사 단계에서 이미 엄청난 고문이 벌어진 상태에서는 검찰에서의 임의성 여부를 따질 것 없이 검찰조서의 증거능력을 부정해야 한다. 왜냐하면 경찰, 특히 안기부·보안사·대공분실 등에서의 고문은 너무나 끔찍해 검찰에서 임의성이 있을 리가 만무한 것이다. 그뿐만 아니라 검찰이나 경찰은 교묘하게 피의자 또는 피고인을 위협하고 고문해, 마치 검찰조서 작성 단계에서 임의성이 있는 것처럼 위장하게 마련이다. 더 나아가 검찰은 유감스럽게도 경찰과 현저히 차이가 나거나 독립된 수사기관이라기보다는 경찰과의 연속성과 동질성이 훨씬 높은 수사기관인데, 경찰과 다른 위상의 증거능력을 부여한다는 것이 현실과 맞지 않다. 더구나 국가권력의 도덕성이라는 차원에서 보면, 한 번 피의자에게 가

---

10. 대법원 1981년 10월 13일 선고 81도 2160호 사건, 1982년 2월 23일 선고 81도 3324호 사건, 1983년 9월 27일 선고 83도 1953호 사건, 1984년 5월 15일 선고 84도 472호 사건 등의 판결문 참조.
11. 백형구, 「경찰 고문과 검찰 자백의 증거능력」, 『대한변호사협회지』 1985년 3월호, 대한변호사협회, 61쪽.

혹한 고문이 가해졌다면 그 이후 아무리 점잖고 공정한 수사가 이루어졌더라도 앞서의 고문만으로 그 이후의 증거능력은 부정해야 공정한 것이 아니겠는가.

② "(피고인이 국가보안법 위반 등의 혐의로 영장 없이 수사기관에 연행되어 약 40일간 조사를 받다가 비로소 구속영장에 의해 구속되고 검찰에 사건이 송치된 후 1개월간에 걸쳐 검사에게 4회 신문을 받으면서 범죄 사실을 자백한 사안에 관하여) 피고인이 원심 및 제1심 법정에서 검사로부터 폭행·협박 등 부당한 대우를 받음이 없이 자유스러운 분위기에서 심문을 받았다고 진술하고 있고, 검찰에 송치된 후 4회의 심문을 받으면서 범행의 동기와 경위에 관하여 소상하게 진술하고 있고, 일부 심문에 대하여는 부인하고 변명한 부분도 있고 그 자백 내용이 원심에서 인용한 다른 증거에 나타난 객관적 사실을 인정하고 있으므로, 피고인의 연령·학력·경력 등 제반 사정에 비추어 피고인의 검사 앞에서의 자백은 특히 신빙할 수 있는 상태하에서 행하여진 임의의 진술이라고 보기에 넉넉하다." [12]

이 판례도 수긍할 수 없다. 수사기관에서 이미 40일간이나 영장 없이 구금되어 있었다면 그 사람은 이미 고문으로 만신창이가 될 수밖에 없다. 앞서 무수한 사례를 통해 살펴본 것처럼 수사기관이 불법구금을 한 동안에 어디 호텔에서 호의호식하고 있겠는가. 40일간 가해진 온갖 고문이 인간에게 어떤 효과를 가져오는지에 대한 통찰력이 부족하다. 그 심리적 상태는 검찰을 넘어서서 1심 재판 기간에도 여전히 영향을 미친다. 필자의 변론 경험으로는 안기부 등에서 고문·가혹행위를 당한 피고인의 경우, 1심 재판이 시작된 이후에도 한참 동안 정신이

---

12. 대법원 1984년 10월 23일 선고 84도 1846호 사건 판결문. 「법원공보」 제742호, 1874~1875쪽.

오락가락하는 상황을 여러 차례 목격했다. 더구나 검찰조서에 일부 부인 진술이 있다거나 구체적인 범행 경위를 소상하게 진술하고 있다는 따위의 부분은 검사가 얼마든지 조작할 수 있다. 이때 피고인의 상황은 제정신이 아닌 경우가 많고, 조서에 일일이 답변하고 거기에 이의를 제기할 수 있는 상황이 아니다.

③ "수사기관의 피의자에 대한 고문, 협박과 피의자의 자백 사이에 인과관계의 존재를 요하느냐에 대해 대법원 판례는 적극설을 취하고 있다." [13]

이 판례는 인과관계가 있어야 그 피의자의 자백 증거능력을 부정할 수 있다는 취지이다. 그러나 이것도 사리에 맞지 않다. 수사기관이 왜 고문을 하는가. 당연히 자백을 얻기 위함이 아닌가. 오직 자백을 얻기 위해 처음부터 끝까지 다양하고 체계적인 고문을 디자인하고 실행한다. 자백은 고문의 열매이다. 거기에 어떤 인과관계를 입증하라는 것인가. 인과관계를 특별히 입증하는 것이 어렵기 때문에 인과관계의 존재를 필요로 하지 않는다는 입장도 있다.[14] 아무튼 고문 사실만 입증되면 무조건 그 조서의 증거능력을 부정해야 인권보장과 진실에 맞는 결론을 이끌어낼 수 있다.

④ "자백의 임의성은 추정되며 자백의 임의성을 의심할 만한 구체적 사유가 있을 때에 한하여 검사에게 입증 책임이 있다." [15]

자백의 임의성은 추정될 수 없다. 왜냐하면 인간은 누구나 자신에게 불리한

---

13. 대법원 1984년 11월 27일 선고 84도 2252호 사건, 1985년 2월 8일 선고 84도 2630호 사건 등의 판결문 참조.
14. 백형구, 「조사상 자백의 증거능력」, 『법조춘추』, 서울지방변호사회, 1986, 75쪽.
15. 대법원 1983년 3월 8일 선고 82도 3248호 사건, 1984년 8월 14일 선고 84도 1109호 사건 등의 판결문 참조.

진술을 한다는 것이 이례적이다. 자백을 했다면 뭔가 고문이나 자백의 강요가 있었을 가능성이 있다고 의심해야 한다. 따라서 자백의 임의성을 추정한다는 전제가 우선 틀렸다. 더구나 자백은 유죄의 증거가 되며, 공소 사실의 존재에 대한 입증 책임 자체가 검사에게 있기 때문에 이런 대법원 판례에는 동의하기 어렵다.[16]

⑤ "구속 중인 피의자와 그 변호인과의 접견교통권(형사소송법 제34조)을 불법으로 제한하고, 그 기간 중에 피의자 신문을 하여 얻은 자백은 그 자체만으로 임의성이 없다고 보기는 어렵다."[17]

피의자와의 변호인 접견교통권은 헌법상의 권리이며, 피의자가 자신을 방어하는 데 핵심적인 권리이자 보장이다. 헌법에서도 변호인과의 접견권과 참여권은 절대 무제한의 권리로 인정하고 있다. 더구나 당연히 보장된 이 권리를 수사기관이 불법으로 방해하고 거부할 때에는 뭔가 수사 절차에 중대한 하자를 은익하거나 고문 사실을 은폐하려는 의도가 있음이 분명하다. 불법과 위법의 정도는 너무 중대하고 피고인의 본질적인 권리를 침해한 것이므로, 당연히 이 기간 중에 작성된 피의자 신문조서는 자동적으로 그 증거능력이 부정되어야 한다.

⑥ "검사가 작성한 조서의 경우에 서명, 날인, 간인 등의 진정이 인정되면 그 조서의 기재 내용과 피의자의 진술이 일치된다는 사실은 추정된다."[18]

이른바 형식적 성립이 인정되면 내용의 성립도 추정된다는 뜻이다. 물론 고

---

16. 백형구, 「조사상 자백의 증거능력」, 『법조춘추』, 서울지방변호사회, 1986, 75쪽.
17. 대법원 1984년 7월 10일 선고 84도 846호 사건 판결문 참조.
18. 대법원 1984년 6월 26일 선고 84도 748호 사건 판결문 참조.

문이나 가혹행위가 없다면 그럴 수도 있다. 그러나 고문이나 가혹행위가 있을 때에는 전혀 추정되어서는 안 된다. 왜냐하면 어느 검사라도 남의 손가락을 빌려서 서명, 간인하지는 않는다. 100% 피의자의 손으로 서명 또는 간인한다. 그렇다고 그 조서의 기재 사항이 본인의 진술과 일치되는 것은 아니다. 오히려 일치하지 않는 경우가 대부분이다. 검사는 피의자가 요구하는 대로 타이핑해주지 않는다. 대부분의 피의자는 거의 심리적으로 억압되어 있거나 혼란 상태이다. 검사는 그것을 이용해 제대로 질문 내용을 알려주거나, 피의자의 답변이 제대로 기재되었는지 확인해주지 않는다. 자신에게 그토록 불리한 내용을 술술 자인한다는 게 상식적이겠는가. 전적으로 부인한 내용이라면 모르지만 자백한 내용을 추정된다고 할 수는 없다.

⑦ "공범자들이 모두 자백한 경우에 그중 1인의 자백이 타인의 자백에 대한 보강 증거가 될 수 있다고 보아 다른 증거가 없는 경우도 모두를 유죄로 인정했다."[19]

고문은 주범으로 지목된 한 사람과 공범인 다른 사람에게도 가해졌다. 이른바 간첩단사건이나 조직사건에서는 관련자들이 몽땅 잡혀와 함께 같은 수사기관에서 고문을 당했다. 한 사람의 자백이 고문에 의해 임의성이 없다면 다른 사람의 것도 없다고 보아야 한다. 그런데 1인의 자백이 다른 공범에게 보강증거가 된다면 결과적으로 자백만이 유일한 증거일 경우 보강증거가 필요하다는 형사소송법상의 대원칙은 무너지고 만다. 대법원이 스스로 이런 원칙을 무너뜨린 것이다.

---

19. 국가보안법폐지국민연대, 「국가보안법, 고문·용공조작 피해자 증언대회 자료집」, 2004년 12월 16일, 5쪽.

3. 국가보안법과 고문은 공생관계

1) 고문을 자행하는 법적 토대 — 국가보안법

국가보안법은 고문을 유혹하고 부추긴다. 국가의 안전보장을 명목으로 고문을 정당화하는 근거가 되고 있다. 국가보안법은 그 단일법 안에 40여 개의 사형선고가 가능한 법정형을 간직한 잔혹한 형벌법이다. 더구나 국가보안법의 위반사실을 알면서도 수사기관에 신고하지 않으면 처벌하는 이른바 불고지죄까지 둠으로써 그 처벌의 외연을 크게 넓혀놓고 있다. 처벌의 강도와 범주가 지나치게 확대되어 있는 것이다. 남북이 분단되어 있는 상황에서 그 위반자에 대해서는 고문을 가해서라도 처벌하는 것이 무방하다는 인식을 초래할 가능성이 높다.[20] 실제 지난 수십 년간의 국가보안법 적용 경험을 보더라도 수사기관에 종사하는 사람들 가운데 이런 인식을 가진 사람이 광범하게 존재한다. 국가보안법이 존재하는 한 이런 인식을 잠재우기는 어려울 것이다.

2) 지나치게 확대된 국가기밀이 고문의 주범

더구나 국가보안법상의 국가기밀이 지나치게 확대 해석되어왔다. 국가보안법에는 간첩죄라든지 국가기밀의 범위에 관한 구체적인 구성 요건이 예정되어 있지 않다. 이것이 간첩죄를 쉽게 조작할 수 있게 하고 고문을 확산시킨 배경이 되었다. 국가기밀을 고도의 기밀성과 중요성을 갖는 군사기밀로 한정한다면 그

---

20. 인도주의실천의사협의회·한국인권단체협의회, 「고문 기타 잔혹한, 비인도적 또는 굴욕적 처우나 형벌금지협약 제19조에 따른 대한민국 정부의 보고서에 대한 대한민국 인권단체들의 반박보고서」, 1996년 10월, 17항 참조.

만큼 접근이 어렵고 취득이 어려운 만큼 아무리 고문을 가하고 자백을 얻더라도 간첩죄의 양산은 힘들었을 것이다.

:: 국가보안법 제4조 제1항 제2호 중 "······ 국가기밀을 탐지·수집·누설·전달·중개하거나······" 운운의 규정에서 국가기밀의 개념은 판례에 의하여 참으로 엄청나게 확대 해석되어왔다. 대법원의 판례는 "국내에서는 신문·라디오 등에 보도되어 공지의 사실이라고 하여도 북한을 위하여는 유리한 자료가 될 경우에는 국가보안법상의 국가기밀이 된다"고 하였고, 또한 "군사상의 기밀뿐 아니라 정치·경제·문화·사회 등 각 방면에서 긍하여 적에게 알려서는 우리나라에 불이익을 초래하는" 모든 사실이 국가기밀이 된다고 판시함으로써 하급심이 간첩죄의 유죄 판결을 양산하는 데 결정적인 기여를 하여왔다. 그 결과 우리나라의 대통령 선거가 어떻게 실시되어 누가 몇 표로 당선되고, 개각이 단행되어 몇몇 장관이 경질되었다는 세계 공지의 뉴스를 수집하는 것도 국가기밀 탐지로 처단되고, 하다못해 우리나라 농촌에 텔레비전·냉장고가 널리 보급되었다는 사실을 인지하게 된 행위까지 국가기밀 탐지의 간첩행위로 처단되는 웃지 못할 난센스까지도 나타났던 것이다.[21]

4. 고문방지협약

:: 정부는 공무원이나 공무수행자에 의한 피의자 고문 및 가혹행위 방지를 주요

---

21. 홍성우, 「국가보안법상의 운용 실태와 기본적 인권의 침해」, 『간첩조작은 이제 그만』, 민주화실천가족운동협의회 산하 장기수가족협의회 조작된간첩사건가족모임, 1989, 93쪽.

골자로 하는 유엔고문방지협약에 이번 주 중 정식 가입한다고 (1994년 12월) 25일 외무부 당국자가 밝혔다. 정부가 지난 정기국회에서 가입 동의를 받은 비준서를 유엔 사무총장에게 제출하면 비준서 기탁 후 30일째 되는 날부터 우리나라에 대한 협약의 효력이 정식 발효된다. 고문방지협약에 가입하면 고문 및 잔혹하고 비인도적인 대우나 처벌을 방지하고, 개인의 권리 및 기본적 자유를 존중하며 이를 위해 국가가 고문 방지 의무를 지게 된다. 특히 유보조항인 고문방지위원회의 조사 기능을 인정하는 협약 제20조를 수락함으로써 국내에서 발생한 고문행위에 대해 유엔고문방지위원회가 직접 조사할 수 있게 된다. 정부는 그러나 선택 조항인 국가간 문제제기권과 개인의 청원권은 이번에 수락하지 않았다.[22]

이로써 우리나라도 고문방지협약의 당사국이 되었다. 이 협약에 규정된 정부의 의무는 단지 선언상에 있는 것이 아니라 법률적 구속의 효과가 있다. 따라서 만약 그 협약의 내용을 제대로 이행하지 않으면 대한민국 정부는 조약 위반이 되는 것이다.

우리 헌법은 정부의 비준과 국회의 동의를 얻어 선포한 조약과 일반적으로 승인된 국제법규는 국내법과 같은 효력을 가진다고 명시한다. 대다수의 헌법학자들은 조약이 헌법보다는 하위이지만 일반 법률보다는 상위라고 해석하고 있다. 이로써 조약은 국내법 질서의 하나가 되고, 정부기관만이 아니라 법집행기관과 사법부조차도 이에 구속된다. 직접 적용이 되느냐에 관해서는 논쟁이 있지만 우리의 법질서가 된 이상 고문방지협약의 내용은 사법부에 의해서 그대로 적용되고, 사법적 판단의 근거가 되어야 한다.

---

22. 「유엔고문방지협약―주내 정식 가입」, 1994년 12월 26일자 『동아일보』 기사.

02
현행 법률과 관행의 개혁 방향
—고문 없는 나라를 위한 종합적 비전을 만들자

　　헌법과 형법, 형사소송법의 규정만 보면 고문은 더 이상 용납될 수 없다는 의지가 보인다. 그러나 이 명확한 고문 금지 규정을 허물어뜨리거나 비켜나가는 다양한 문제들이 제기되어왔다. 고문의 유혹은 영원한 것이고, 그것을 근절하기 위해서는 더욱 다양한 시각에서 다양한 방식의 접근이 필요하다. 여기서는 그동안 논쟁이 되어온 문제들을 살펴보고 개혁해야 할 방향을 정리해본다.

　　고문 없는 나라를 만드는 일에 반대할 사람은 없다. 그러나 그런 사회는 저절로 오지는 않는다. 무엇보다 어떻게 하면 고문이 발붙일 수 없는 사회가 될 수 있는지 그 자세한 비전을 정리하고 제시하는 일이 필요하다.[1] 사실 끔찍한 고문의 아픔을 경험한 우리가 그런 대안 하나 만들지 못한다면 역사에서 아무것도 배우지 못하는 민족이 된다. 고문 없는 나라, 얼마나 멋있고 아름다운가!

---

1. 앰네스티 인터내셔널에서 고문 근절을 위한 종합적 대안을 만들도록 권유하고 있다. 여기에는 법률적·제도적 개혁과 더불어 법집행기관 종사자들에 대한 교육 등이 포함되어야 한다. 자세한 것은 Amnesty International, Final Report: The International Conference on Torture, AI Index: ACT 40/05/97, June 1997, p. 24 참조.

1. 고문의 법적 성격 규정과 선언이 있어야 한다

우리 법률은 고문에 대해 어떻게 생각하고, 어떻게 대우하고 있는가. 법률의 구체적인 내용에 들어가기 전에 고문에 관한 정의 규정이 필요하고 고문 금지에 대한 엄숙한 선언이 필요하다. 특히 지난 세기 여러 정권에 걸쳐 엄혹한 고문의 피해와 확산이 있었고, 그로 인한 국민적 공감대가 있는 만큼 이런 규정과 선언은 반드시 필요하다. 헌법 규정에 있는 "고문을 금지한다"라는 추상적인 표현 하나만으로는 부족하다. 현재 형법이나 특가법을 보더라도 고문이란 표현은 없으며, 어디까지 고문의 범위를 인정해야 할 것인지 그에 대한 규정도 없다. 유엔고문방지위원회가 권고했던 것처럼 도대체 고문이 뭔지에 대한 정의 규정 하나도 없는 상황이다. 고문방지협약이 규정하는 제1조의 개념에 대응하는 고문에 관한 모(母)규정이 있어야 한다. 이런 규정의 부재는 헌법의 정신과 규정을 실현하는 하위 입법의 태만이기도 하다.

더 나아가 비인도적 범죄 전체를 우리의 법질서로 받아들이는 것도 고민해보아야 한다.[2] 고문은 기본적으로 비인도적 범죄의 하나이다. 흔히 비인도적 범죄(crime against humanity)는 "학살, 사법 절차에 의하지 않은 처형(extrajudicial execution), 납치, 고문, 노예, 강제 이주, 자의적 구금 및 정치적·인종적 이유로 인한 박해"라고 정의한다.[3] 국제적으로 널리 인정되는 이런 반인륜적이고 비인도적인 범죄를 우리 국내법으로 온전히 처벌하는 것은 인권 선진국으로 가기 위해 거쳐야 할 대단히 중요한 일이다. 참고로 국내 형법에 비인도적 범죄를 규정하고

---

2. 물론 반인도적 범죄는 대체로 국제관습법화되어 있기 때문에 우리가 체결·비준한 국제조약과 일반적으로 승인된 국제법규(국제관습법을 의미함)도 우리 헌법에 따라 당연히 우리의 법질서가 된다는 입장에서 보면 별도의 입법이 필요 없다.
3. Amnesty International, The Quest for International Justice: Time for a Permanent International Criminal Court, AI Index: IOR 40/04/95 July 1995.

있는 캐나다의 경우는 우리가 본받을 만한 사례이다.

::　　반인도적 범죄란 민간인이나 특정 그룹의 사람들에 대하여 자행된 살인·말
살·노예화·추방·박해 기타 비인도적 행위로서, 범행 당시 그 지역의 법률에 위반
하는지를 불문하고 국제조약·국제관습법 혹은 국제사회에서 인정되는 법의 일반
원칙에 위반되는 행위이다.[4]

위에서 규정하는 내용의 '반인도적 범죄'를 국내법으로 처벌하는 것은 필요
한 일이지만, 반인도적 범죄는 일반적으로 특정 집단에 대해 광범위하게 가해지
는 살인·말살·노예화·추방·박해 등의 행위이기 때문에, 이 개념을 우리나라 고
문범죄에 바로 적용하기는 어렵다. 따라서 "국가기관이 그 직무를 행함에 있어서
정당한 사유 없이 시민을 살해 또는 고문하는 등 헌법과 법률을 위반해 시민의
인권을 중대하고 명백하게 침해하거나 이 침해행위를 조직적으로 은폐·조작한
행위"를 '반인도적 범죄'로 규정하자는 견해도 있다.[5] 그러므로 우리 법체제를
인권 선진국의 반열에 올려놓기 위해 국제법에서 논의되는 '반인도적 범죄'를 처
벌하는 조항을 신설함과 동시에, '반인권적 국가범죄'를 유형화해 새로운 범죄
를 구성 요건화하는 것이 필요하지 않을까 싶다.

---

4. Canada Criminal Code, 3.76. 박찬운, 「반인도적 범죄의 한국에서의 수용: 그 내용과 방법」, 「공소시효 배제입법 토론
회」, 국가인권위원회, 2002년 8월 26일, 21쪽의 각주 제9항 참조.
5. 조국, 「'반인권적 국가범죄'의 공소시효 정지·배제와 소급효금지의 원칙」, 국가인권위원회, 앞의 책, 42쪽.

2. 고문방지협약의 온전한 이행을 위해

1) 유보조항의 신속한 비준

우리나라는 시민사회단체와 인권단체들의 오랜 요구와 압력에도 불구하고 1995년이 되어서야 고문방지협약에 가입했다. 1995년 1월 9일 정식으로 정부가 유엔 사무총장에게 가입서를 제출하여, 그해 2월 8일부터 협약의 효력이 발효되었다. 87번째 가입국이 된 것이다.

그러나 고문방지협약에 가입할 때 선택 조항인 국가간 문제제기권과 개인의 청원권은 수락하지 않았기 때문에 적용이 배제되었다. 다른 나라가 우리나라 고문문제에 개입하는 것과,[6] 국민 중 고문피해를 입은 사람이 유엔의 고문방지위원회에 개별적으로 이의를 제기할 수 있는 권리를 주는 것이 두렵지 않다면 왜 이 조항을 유보했겠는가. 아직도 자신이 없는 것이다. 빠른 시간 안에 이 선택 조항도 유보 없이 비준해야 할 것이다.[7]

2) 국내법으로의 온전한 반영

우리는 고문방지협약에 가입함으로써 우리의 모든 법제를 그 협약에 맞춰 개정해야 할 법적 의무를 갖게 되었다. 그런데 아직 우리나라는 고문방지협약의

---

6. 정부는 "남북 분단의 현 상황 아래서 북한이 우리나라의 고문 사실을 조작해 청원하는 등 말썽의 소지를 남겨둘 수 없다"는 설명을 하고 있다. 「고문은 이제 국제법 위반」, 1995년 1월 10일자 『동아일보』 사설. 그러나 우리가 고문이 없는 인권보장의 사회를 만든다면 북한이 무슨 근거로 그런 억지를 쓰겠는가.
7. 1995년 1월 6일 국제사면위원회 한국지부도 고문방지협약 가입과 관련해 성명을 내고 개인청원권(제22조)과 국가간 문제제기권(제21조) 조항 유보를 철회하라고 촉구했고, 민변 등 한국인권단체협의회 소속 9개 단체도 1월 7일 성명을 내고 유보조항의 철회를 촉구하고, 고문 종식을 위해 형사소송법 등 국내법 개정에도 적극 나서야 한다고 주장했다. 대한변호사협회, 『1995년도 인권보고서』, 1996, 67쪽.

모든 규정과 취지에 맞도록 형사법제를 정비하는 작업을 충분히 벌이지 않았다. 이는 우리가 비준하고 공포한 조약은 국내법과 같은 효력을 가진다고 선언한 헌법 규정에도 위반되는 것이다. 이 협약에 따라 설치된 유엔고문방지위원회에서도 1996년 11월 13일에 열린 회의에서 한국 정부가 낸 보고서와 민간단체들이 낸 반박보고서를 충분히 검토한 뒤, "(한국의) 국내법이 고문방지협약 및 기타 인권 관련 협약과 일치하는지 여부를 검토하도록" 권고했다.[8] 당시 지적된 우려사항과 권고사항은 다음과 같다.

1. 우려사항

① 협약 제1조와 일치하는 고문 규정이 없다.

② 민간단체 보고서에 의하면 정치적 이유로 고문당하는 사례가 많고, 잠 안 재우기와 같은 가혹행위가 관행화되어 있음에 깊은 우려를 표명한다.

③ 구금 기간이 너무 길다.

④ 신속, 공정한 조사가 보장되지 않고 있다.

⑤ 국가보안법은 모호한 규정이 많아 자의적 적용의 위험성이 매우 크다.

⑥ 정부 보고서는 고문피해에 대한 구제 사례를 1건만 언급하고 있고, 보상제도가 매우 비효율적이다.

⑦ 수사기관의 1차 10일 구금 기간 동안 법원이 구금의 적법 여부에 관여할 수 있는 절차가 없음은 문제이다.[9]

---

8. 차지훈, 「제17차 유엔고문방지위원회 참가보고」, 『이달의 민변』 1996년 12월호, 민주사회를위한변호사모임, 158쪽.
9. 국가보안법의 경우에는 1차 구금 기간이 20일이다. 이 기간 동안에 검사의 유치장 감찰의무가 있기는 하나 의례적이고 구금된 피의자가 주장할 수 없는 권리이다. 따라서 고문방지위원회의 권고대로 피의자가 법원에 자신이 유치되어 있는 곳으로 직접 판사가 나와서 수사의 적법 여부를 확인해달라고 요청할 수 있는 권리나 절차가 마련된다면 고문 방지에 효율적인 제도가 될 것이다.

2. 권고사항

① 협약 제1조와 일치하는 고문에 관한 정의 규정을 두어야 한다.

② 국내법이 고문금지조약이나 기타 인권 관련 협약과 일치하는지 여부를 검토하여야 한다.

③ 수사기관 종사자, 의료인에 대한 고문 방지 교육이 효과적으로 실시되어야 한다.

④ 구금시설의 검사에 대한 독립적인 기구가 설치되어야 한다.

⑤ 민간단체 보고서에 언급된 고문피해 사례에 대하여 조사하고, 위원회에 서면 보고하여야 한다.

⑥ 형사소송법 및 국가보안법에 규정된 구금 기간을 축소하여야 한다.

⑦ 혐의자에 대한 심문시 변호인의 참여권을 보장하여야 한다.

⑧ 협약 제21·22조에 대한 유보를 철회하여야 한다.

현재 고문방지협약의 내용 중에서 국내법에 충분히 반영되지 않은 것은 다음과 같다.

① 다른 국제조약에 따라 범죄 인도를 하는 경우, 피인도자가 인도되면 고문을 받을 가능성이 있는 경우에는 인도가 금지된다.(조약 제3조)

② 고문가해자가 어느 국가에 있을지라도 처벌된다.(소위 보편적 관할의 설정, 조약 제5조 2항)

③ 고문가해자에 대해서는 어떠한 경우라도 처벌 희망국에 인도해주어야 한다.(조약 제8조)

④ 고문 방지를 위해 구금시설과 피구금자의 처우에 대해 개선하고, 수사시의 조사방법에 관한 각종 규정을 점검해야 한다.(조약 제11조)

⑤ 국가는 고문피해자에 대한 적절한 구제 절차와 피해배상이 되도록 해야 한

다.(조약 제14조 1항)

⑥ 고문에 의해 만들어진 진술은 어떠한 절차에서도 증거로 사용될 수 없다.(조약 제15조)[10]

3. 변호인의 피의자 접견권

고문은 밀실에서 이루어진다. 만약 수사 공간을 공개하고, 피의자가 언제든지 변호인을 만날 수 있게 되면 고문은 그만큼 제약된다. 형사소송법상 변호인은 피의자 또는 피고인과 접견할 수 있는 접견교통권을 갖고 있다. 특히 고문이 이루어지는 수사 초기 단계에 변호인이 피의자를 만날 수 있다면, 고문은 크게 줄어들 것이다.

그러나 실질적으로 변호인 접견권을 무시하는 경우가 많았다. 그동안 국정원(안기부·중앙정보부), 보안사, 경찰청(옛 치안본부 대공분실) 등에서는 국가보안법 사건의 경우 변호인 접견을 거의 거부해왔다. 변호인 접견의 허락은 장기간에 걸친 고문의 중단을 의미하거나 고문으로 인한 상처를 드러내는 것이기 때문에 거절해왔던 것이다. 지난 김영삼 정권 때에도 다양한 수사기관들에서 변호인 접견을 거부했는데, 그 사례를 보면 다음과 같다.

① 1995년 12월 6일과 12월 7일 변호사 임종인, 이덕우, 윤기원, 김명환, 김진국, 이원재가 국가보안법 위반사건 피의자 박충렬에 대해 낸 각 변호인 접견 신청

---

10. 박찬운, 「반인도적 범죄의 한국에서의 수용: 그 내용과 방법」, 『공소시효 배제입법 토론회』, 국가인권위원회, 2002년 8월 26일, 19쪽의 각주 제6항 참조.

에 대해 검사 이기범은 수사 중이라는 이유로 모두 거부하였다. 위 변호사들은 검사의 변호인 접견 불허 처분에 대한 준항고를 내어 1995년 12월 16일 법원으로부터 위 검사의 처분이 불법이라는 취소결정을 받았다.

② 1996년 2월 3일 조광희, 이형근 변호사는 국가보안법 위반 혐의로 서울경찰청 장안동 분실에서 조사를 받고 있던 김순미 등 8명에 대한 접견을 신청하고 수사기관 앞에서 4시간을 기다렸으나 거부당하였다.

③ 1996년 8월 박원순 변호사는 국가보안법 위반 혐의로 안기부에서 조사를 받고 있던 깐슈(정수일) 교수에 대한 접견을 신청하였으나, 간첩 혐의자에 대한 접견은 제한되어야 한다는 이유로 접견이 거부되었다.[11]

④ 1996년 8월 23일 조광희 변호사는 국가보안법 등 위반 혐의로 도봉경찰서에 구금 중인 조현재에 대한 접견을 신청하였으나, 조현재의 신문기관인 서울경찰청 장안동 분실의 지시를 받지 못했다는 이유로 거부당하였다.

⑤ 1996년 9월 5일 김인회 변호사는 국가보안법 위반 혐의로 서울지검 검사실에서 조사를 받던 소설가 김하기에 대한 접견을 신청하였으나, 수사 중이라는 이유로 거부당하였다.

⑥ 1994년 8월 2일 유선영 변호사는 김일성주의청년동맹사건으로 서대문경찰서에 구금 중인 이상철 씨에 대한 접견을 신청하였으나, 서대문경찰서는 변호인 선임계가 첨부되어 있지 않다는 이유[12]로 두 차례나 접견을 거부하였다.[13]

1990년대 중반 이후 변호인 접견을 허용하는 사례가 늘기 시작했다. 그러나

---

11. 우리나라 어느 법전에도 간첩 혐의자라고 해서 변호인 접견권이 허용되지 않는다고 규정한 조항은 없다.
12. 형사소송법 제34조에 따르면, 변호인뿐만 아니라 변호인이 되고자 하는 자에 대해서도 접견권을 보장하고 있기 때문에 거부 이유가 사리에 맞지 않는다. 피의자 본인을 만나서 변호인 선임을 받을 수 있지 않겠는가.
13. 인도주의실천의사협의회·한국인권단체협의회, 「고문 기타 잔혹한, 비인도적 또는 굴욕적 처우나 형벌금지협약 제19조에 따른 대한민국 정부의 보고서에 대한 대한민국 인권단체들의 반박보고서」, 1996년 10월, 34항 참조.

그때에도 수사관서가 접견의 시기와 방법 등을 제한함으로써 사실상 접견의 효과를 반감시키는 경우가 많았다. 대법원은 접견신청일이 경과하도록 접견이 이루어지지 아니한 것은 실질적으로 접견 불허가 처분이 있는 것과 동일하다고 판시(대법원 1991. 3. 28 결정 91모24)함으로써 이런 관행에 제동을 걸었으나, 수사기관의 조치는 대동소이하다는 게 인권변호사들의 분석이다.[14] 과거에는 변호인의 접견이 이루어지지 않은 상태에서 고문이 자행되었다. 특히 강제연행 초기 몇 시간, 또는 초기 며칠이 고문이 이루어지는 절박한 시점이다. 그러므로 피의자에게 연행 즉시, 그리고 가족과 변호인이 원할 때마다 접견이 허용된다면 고문할 여지는 그만큼 사라진다.[15]

더 나아가 앰네스티 인터내셔널이 권고하는 대로 의사의 접근권도 보장된다면 고문의 우려는 더욱 완벽하게 사라질 것이다. 경찰이나 국정원에 연행된 피의자를 가족이 선임한 의사가 곧바로 만나고, 또 수시로 신체 건강과 고문의 흔적을 확인할 수 있다면 어떻게 고문을 할 수 있겠는가.

4. 신문과정의 변호인 참여권

피의자의 변호인이 참석한 상태에서는 수사기관이 피의자에게 고문을 할 수 없을 뿐만 아니라 고문에 관한 정황이 드러날 가능성이 많다. 피의자가 변호인에

---

14. 전해철, 「고문의 근절과 고문후유증 해결을 위한 법제도의 현황」, 『고문후유증 사례 보고 및 토론회』, 민주사회를위한변호사모임·인도주의실천의사협의회·문국진과함께하는모임, 1994년 4월 11일, 9쪽.
15. 앰네스티 인터내셔널은 구속 피의자의 변호인과 의사 면담이 지체 없이 그리고 주기적으로(without delay and regularly thereafter) 보장되어야 한다고 주장한다. Amnesty International, *Take a Step to Stamp Out Torture*, October 2000, p. 32.

게 고문 사실을 있는 그대로 폭로하거나 말할 수 있기 때문이다. 사실 변호인이 수사기관에서 행하는 모든 형태의 피의자 조사에 참여해 피의자의 진술에 관해 조언하고 수사관들의 질문과 행동에 이의제기할 수 있는 권리를 가진다면, 아마도 거의 모든 형태의 고문과 가혹행위를 비롯해 피의자에게 불리한 상황이 종식될 수 있을 것이다. 고문의 궁극적인 목적은 피의자 신문조서를 수사기관의 목적대로 작성하는 것이기 때문에, 변호인의 피의자 신문조서 작성과정 참여권을 보장하는 것만으로도 사실상 고문을 방지하는 효과를 갖게 된다.

　　현행법에는 변호인 참여권에 대한 명문 규정이 없다. 명문 규정이 없기 때문에 참여권은 보장되지 않는다는 학설과 변호인의 조력을 받을 권리나 변호인의 접견교통권을 근거로 해 참여권 인정이 가능하다는 학설이 대립되어 있다. 그러나 현실에서 인정되지 않았기 때문에 입법적으로라도 명문 규정을 두어 해결하는 것이 바람직하다. 경찰은 현재 수사과정에서 변호인의 참여를 보장하고 있다. 그러나 단지 입회만 할 수 있을 뿐 비밀리에 상의를 한다거나, 신문과정의 위법 시정을 요구할 수 있는 권리 등이 보장되어 있지는 않다. 국가정보원과 검찰은 그나마 아직 변호인의 참여를 보장하고 있지 않다. 그런데 이미 법원은 이에 대해 몇 차례 전향적인 판결을 내놓았다.

① …… 이러한 신체 구속을 당한 사람과 변호인과의 접견교통권은 그 인권보장과 방어 준비를 위해 필수불가결한 권리이므로 법령에 의한 제한이 없는 한 어떠한 명분으로도 제한될 수 있는 성질의 것이 아님은 물론, 수사기관의 처분이나 법원의 결정으로도 이를 제한할 수 없는 것이다.(대법원 1991. 3. 28. 91모24 결정 및 위 헌법재판소 1992. 1. 28. 선고 91헌마111 결정 등)

② …… 구속된 피의자에 대한 검사의 피의자 신문시에 피의자의 요구에도 불구하고 변호인의 참여를 거부한 검사의 처분은 위법하다.(국가보안법 위반 혐의로 구

속된 송두율 교수의 변호인단이 제기한 준항고에 대한 대법원의 결정)

③ 변호인이 진술거부권을 행사하도록 조언했다고 하더라도 이는 피의자의 정당한 권리를 행사하도록 한 것이어서 신문을 방해한 것으로 볼 수 없다.(불법 대선자금 수수 혐의로 구속된 서정우 변호사의 변호인들이 제기한 준항고에 대한 서울지법 형사 32단독 전우진 판사의 결정)[16]

참고로 한미행정협정 합의의정서 제9항 '마'는 "변호인의 조력을 받을 권리는 체포 또는 구금한 때로부터 존재하며, 피의자 또는 피고인이 참여하는 모든 예비조사, 조사 재판 전의 심리, 재판 자체 및 재판 후의 절차에 변호인을 참여하게 하는 권리와 이러한 변호인과 비밀리에 상의할 권리를 가진다"라고 규정하고 있다.

만약 변호인 참여권이 명문으로 규정된다면 그 범위는 수사를 실시하는 장소통지 요구권, 심문시 답변 내용의 공개적 및 비밀리의 상의권, 신문과정의 위법시정 요구권, 조서 기재의 정확성 확인권 등이 될 것이다.

5. 자백의 증거능력 부정

고문에 의한 자백 강요는 그 자백을 유죄의 증거로 사용할 목적에서 행하는 것이기 때문에, 자백을 유죄의 증거로 사용하지 못하게 한다면 고문을 할 필요가 그만큼 줄어든다. 헌법과 형사소송법이 고문에 의한 자백의 증거능력을 부정하

---

16. 국가인권위원회, 『2004 인권백서』 제1집, 2004, 164~165쪽. 그러나 이런 대법원의 결정에도 불구하고 송두율 교수의 경우, 변호인이 피의자에게서 2~3m 떨어진 뒤쪽에서 피의자 신문과정을 관찰하는 것만 허용됐다.

는 취지가 바로 여기에 있다. 그러나 현실에서 그 취지가 관철되지 못하고 있다.

특히 검사가 피의자 신문조서를 작성할 때에는 자백 강요의 사실이 없더라도, 수사경찰관의 피의자 신문 때 고문에 의한 자백이 있었고, 피고인이 법정에서 그 내용을 부인하는 경우에는 자백의 증거능력을 부정해야 한다. 최근의 대법원 판례[17]는 과거[18]와 달리 이런 취지와 동일한 판결을 했다.

:: 최근 대법원은 "검사가 피의자나 피의자 아닌 자의 진술을 기재한 조서는 공판 준비 또는 공판 기일에서 원진술자의 진술에 의해 형식적 진정성립뿐만 아니라 실질적 진정성립까지 인정된 때에 한해 비로소 그 성립의 진정함이 인정되어 증거

---

17. 대법원 2004년 12월 16일 선고 2002도 537호 사건 전원합의체 판결문 제3329호.
18. 대법원은 종래 "검사가 작성한 피의자 신문조서는 그 피의자였던 피고인이 공판정에서 서명·날인의 진정을 인정한 경우에는 검찰에서의 진술이 특히 임의로 되지 아니하여 신빙할 수 없는 상태에서 작성된 것이라고 의심할 만한 사유가 없으면 증거능력이 있다"(대법원 1983년 6월 14일 선고 83도 647호 사건 판결문, 대법원 1984년 9월 11일 선고 84도 1379호 사건 판결문, 대법원 1986년 9월 9일 선고 86도 1177호 사건 판결문, 대법원 1987년 9월 8일 선고 87도 1507호 사건 판결문 등)거나, "원진술자인 피고인이 그 조서에 간인과 서명·무인한 사실이 있음을 인정하는 검사 작성의 피의자 신문조서는 그 간인과 서명·무인이 형사소송법 제244조 제2항, 제3항 소정의 절차를 거친 바 없이 된 것이라고 볼 사정이 없는 한 원진술자의 진술 내용대로 기재된 것이라고 추정된다 할 것이고, 따라서 원진술자인 피고인이 공판정에서 검사 작성의 피의자 신문조서에 기재된 진술 내용이 자기의 진술 내용과 다르게 기재되었다고 다투더라도 그 조서의 간인·서명·무인한 사실이 있음을 시인하여 조서의 형식적인 진정성립을 인정하고, 한편 그 간인과 서명·무인이 위 형사소송법 절차를 거친 바 없이 이루어진 것이라고 볼 만한 사정이 발견되지 않는 경우라면 그 피의자 신문조서는 원진술자의 공판기일에서의 진술에 의하여 성립의 진정함이 인정된 것으로 볼 수 있다 할 것이다"(대법원 1984년 6월 26일 선고 84도 748호 사건 판결문, 대법원 1986년 3월 25일 선고 86도 218호 사건 판결문, 대법원 1992년 6월 23일 선고 92도 769호 사건 판결문, 대법원 1994년 1월 25일 선고 93도 1747호 사건 판결문, 대법원 1995년 5월 12일 선고 95도 484호 사건 판결문, 대법원 2000년 7월 28일 선고 2000도 2617호 사건 판결문 등)라고 하여 형식적 진정이 있으면 실질적 진정을 추정하고 있으며, "검사 작성의 피고인에 대한 피의자 신문조서는 피고인이 공판정에서 진정성립을 인정하면 그 조서에 기재된 피고인의 진술이 특히 임의로 되지 아니한 것이라고 의심할 만한 사유가 없는 한 증거능력이 있다"(대법원 1992년 2월 28일 선고 91도 2337호 사건 판결문, 대법원 1995년 11월 10일 선고 95도 2088호 사건 판결문, 대법원 1996년 6월 14일 선고 96도 865호 사건 판결문 등)라고 보면서, "진술의 임의성이라는 것은 고문·폭행·협박·신체 구속의 부당한 장기화 또는 기망 기타 진술의 임의성을 잃게 하는 사정이 없다는 것 즉 증거의 수집과정에 위법성이 없다는 것인데, 진술의 임의성을 잃게 하는 그와 같은 사정은 헌법이나 형사소송법의 규정에 비추어 볼 때 이례에 속한다고 할 것이므로 진술의 임의성은 추정된다고 볼 것이다. …… 진술의 임의성에 관하여는 당해 조서의 형식, 내용(진술거부권을 고지하고 진술을 녹취하고 작성 완료 후 그 내용을 읽어주어 진술자가 오기나 증감·변경할 것이 없다는 확인을 한 다음 서명 날인하는 등), 진술자의 신분, 사회적 지위, 학력, 지능 정도, 진술자가 피고인이 아닌 경우에는 그 관계 기타 여러 가지 사정을 참작하여 법원이 자유롭게 판정하면 되고, 피고인 또는 검사에게 진술의 임의성에 관한 주장, 입증 책임이 분배되는 것은 아니라고 할 것이고, 이는 진술이 특히 신빙할 수 있는 상태하에서 행하여진 때 즉 특신상태에 관하여서도 동일하다"(대법원 1983년 3월 8일 선고 82도 3248호 사건 판결문)라고 판시하고 있는데, 이는 "조서의 형식적 진정성립이 인정되면 실질적 진정성립이 추정되고, 실질적 진정성립이 추정되면 자백의 '임의성'이 추정되어 결국 특신상태까지도 인정된다는 입장을 취하고 있었던 것"이다. 정웅석, 「피고인이 된 피의자 신문조서의 증거능력」, 2005년 1월 10일자 『법률신문』 기사.

로 사용할 수 있다고 봐야 한다. 이같이 해석하는 것이 우리 형사소송법이 취하고 있는 직접심리주의 및 구두변론주의를 내용으로 하는 공판중심주의의 이념에 부합하는 것이다. 이와 달리 원진술자인 피고인이 공판정에서 간인과 서명, 무인한 사실을 인정해 형식적 진정성립이 인정되면, 거기에 기재된 내용이 자기의 진술내용과 다르게 기재되었다고 하여 그 실질적 진정성립을 다투더라도, 그 간인과 서명, 무인이 형사소송법 제244조 2항과 3항의 절차를 거치지 않고 된 것이라고 볼 사정이 발견되지 않는 한, 그 실질적 진정성립이 추정되는 것으로 본 84도 748 판결 등 종전 대법원 견해는 변경한다"라고 판시하면서, "(병원원장) 최 모 씨와 (보험회사 직원) 오 모 씨가 법정에서 검사가 작성한 조서들의 형식적 진정성립은 인정하면서도 피고인들에 대한 공소 사실에 부합하는 부분의 기재들은 자신들의 진술과 달리 기재됐다고 진술했고, 피고인 주 씨 역시 공소 사실을 부인하면서 이들에 대한 검사의 조서들은 실질적 진정성립이 인정되지 않아 증거능력이 없다고 일관되게 주장하고 있는데도 불구하고, 원심이 이들 조서들에 관해 형식적 진정성립이 인정된다는 이유로 실질적 진정성립이 추정됨을 전제로 증거능력을 인정해 모두 유죄로 인정한 조치는 증거능력에 관한 법리를 오해한 잘못이 있다"(대판 전합 2004. 12. 16, 2002도 537)고 하여 후자의 입장을 따르고 있다.[19]

서양에는 이른바 독수독과(毒樹毒果)의 원칙(Fruit of poisonous tree doctrine)[20]이라는 것이 있다. 고문에 의한 자백으로 수집된 증거는 그 증거의 진실성 여부를 불문하고 증거능력을 부정해야 한다는 것이다. 이렇게 되면 검찰의 조사과정에서 고문이 없었더라도, 고문에 의해 이루어진 경찰 신문조서를 바탕으로 작성된 검찰 작성 피의자 신문조서도 무효를 면치 못하게 된다. 인권이 보장되고 고문이

---

19. 정웅석, 앞의 기사.
20. 불법적인 수사(위법한 증거 수집방법)를 통해 얻어진 결과물, 즉 증거는 채택될 수 없다는 원칙을 말한다.

사라지기 위해서는 이런 원칙이 채택되어야 한다.

6. 조사기관과 구금기관의 분리

수사기관에 의한 피구금자의 인권침해를 방지하기 위해서는 조사기관과 구금기관이 분리되어야 한다. 그러나 국가안전기획부나 경찰청 보안수사대에 연행된 국가보안법 위반 피의자들은 서류상으로는 경찰서 유치장에 합법적으로 유치되어 있으나 실제로는 수사기관의 수사가 끝날 때까지 그 기관에 계속 머무르는 것이 보통이다. 말하자면 수사기관이 스스로 신병을 데리고 있으면서 잠도 재우지 않고, 온갖 고문을 자행할 수 있는 것이다. 더구나 이들 수사기관의 수사 장소는 검사의 유치장 감찰에서도 빠져 있다.

구치소나 교도소 시설이 부족한 지역에서는 경찰서 유치장이 사실상 미결구금의 장소로 사용된다. 이른바 '대용감방'이라고 불리는 것이 그곳이다. 이 경우에도 경찰이 직접 수사를 담당하면서 동시에 신병을 유치하는 셈이기 때문에 여러 가지 고문과 가혹행위를 할 가능성이 많다. 더구나 고문이나 가혹행위가 있더라도 같은 경찰조직이기 때문에 그것이 은폐될 가능성이 많다.

그러므로 안기부나 경찰의 대공분실 등에서 신병을 직접 유치하거나 조사실에서 재울 수 없도록 해야 하고, 대신 경찰서 유치장이나 구치소에 피의자를 구금해야 한다. 조사할 때에만 소환해서 조사하고, 나머지 취침과 휴식·식사를 위해서는 구금시설에 돌려보내야 하는 것이다. 구치소 시설을 대폭 확대하고 근대화해 경찰서 유치장이 대용감방으로 쓰이는 일이 없도록 해야 한다.

7. 구속 기간의 단축—불구속 수사의 대원칙을 세우자

형사소송법 제202조, 제203조, 제205조 제1항에 따르면 사법경찰관은 10일, 검사는 최고 20일, 합쳐서 30일 동안 피의자를 구속할 수 있다. 수사기관이 이렇게 장기간 피의자를 유치해놓은 채 수사할 경우 그만큼 고문의 가능성이 높아진다. 더구나 국가보안법의 경우에는 이보다 더욱 길어진다. 국가보안법 사건은 사법경찰관이 최고 20일, 검사가 최고 30일까지 구속 기간을 부여함으로써 총 50일 동안 합법적으로 구속수사할 수 있도록 하고 있다.(국가보안법 제19조) 실제 과거의 경험으로 보면 수사기관들은 이 기간도 모자라 불법구금 기간을 더 연장하기도 했다.[21]

이렇게 긴 구속 기간을 보장하다 보니 경찰이나 과거의 안기부, 그리고 검찰 등에서 충분한 증거도 확보하지 않은 채 일단 강제연행한 다음 자백을 받아내어 그 자백을 기초로 증거를 수집하는 수사 관행이 마치 원칙인 것처럼 인정되어왔다. 이 과정에서 고문이나 가혹행위가 이루어졌던 것이다. 앰네스티 인터내셔널이나 유엔고문방지위원회도 이 점을 지속적으로 지적해왔다.

따라서 구속 기간을 최소한으로 하거나 불구속 수사를 원칙으로 하고,[22] 충분한 증거를 확보한 다음 소환·구속하는 방향으로 수사의 원칙이 대전환을 이루어야 한다. 이렇게 되면 고문이나 가혹행위가 원천적으로 사라지게 되고, 과학적

---

21. 유엔고문방지위원회에서도 "형사소송법 및 국가보안법에 규정된 구금 기간을 축소하여야 한다"라고 권고했다. 차지훈, 「제17차 유엔고문방지위원회 참가보고」, 『이달의 민변』 1996년 12월호, 민주사회를위한변호사모임, 158쪽.
22. 법무부도 지속적으로 불구속 수사를 확대하기 위한 노력을 경주하고 있는 것은 사실이다. 아직도 많이 부족하지만 불구속 수사 비율이 높아지고 있다. 1998년에서 2002년 사이 구속사건의 비율 추이를 보면 다음과 같다. 법무부, 『인권존중의 법질서』, 2004, 126쪽.

1998년	1999년	2000년	2001년	2002년
5.8%	4.5%	4.4%	4.2%	4.0%

인 수사와 합리적인 추궁의 조사방식이 정착할 것이다.

8. 고소의 실효성과 고문자의 엄정한 처벌
—제3의 고문수사기관을 설립하자

　　수사기관에서 고문을 당한 피해자는 형법 등의 규정에 의해 가해자 처벌을 수사기관에 요구할 수도 있고, 적법한 고소가 있으면 수사기관은 사건을 수사해야 하며, 검사는 고소가 수리된 날로부터 3개월 이내에 수사를 완료해 공소제기 여부를 결정해야 한다. 그러나 위 규정은 훈시규정으로 해석되기 때문에 검사가 고문 사실에 대한 수사를 지연시키는 경우 이를 시정할 수 있는 방법이 거의 없다. 피고인의 유무죄를 결정하는 중요한 요소로서 피고인의 고문 여부가 재판의 쟁점이 되는 경우에도, 피고인 측에서는 이를 효과적으로 입증할 방법이 없어 수사기관에 그 조사를 의뢰하지만, 수사기관이 계속 시간을 지연시켜 재판이 종료되어버리는 경우가 많다.[23]

　　그뿐만 아니라 그렇게 시간을 끌다가 검찰이 그 사건을 무혐의로 종결하는 경우가 대부분이다. 경찰과 검찰 조직에는 '상명하복' 및 '검사 동일체 원칙'이 적용되고 있기 때문에 내부의 고문사건을 처벌하기가 쉽지 않다. 이른바 '한통속 문화'가 자리잡고 있기 때문이다. 더구나 고문의 인정은 단순히 한 수사기관의

---

23. 홍성담·차일환 씨의 고문피해사건이 그 전형적인 예이다. 이들은 "안기부에 연행돼 발가벗겨진 상태에서 각목으로 수십 차례 얻어맞는 등 고문을 당했다"라고 주장하며, 1989년 11월 8일 안기부 수사관 8명을 독직폭행 혐의로 서울지검에 고소했다. 그러나 검찰은 이 사건을 고소한 지 1년이 지나도록 처리하지 않아 법원에 재정신청을 할 기회마저 박탈했다. 화가인 홍성담·차일환 씨가 고소장에 고문수사관의 몽타주까지 직접 그려 첨부했으나 검찰은 관련자로 지목된 몇 명을 소환조사했을 뿐 "가혹행위가 있었는지 여부가 확정되지 않은 상태에서 대공수사관의 신분을 노출시킬 수 없다"는 이유로 대질신문조차 하지 않았다. 「'김근태 고문' 재판 왜 미적대나」, 1990년 10월 29일자 『동아일보』 기사.

명예에 관한 문제가 아니라, 그 정권 자체의 명예와 권위가 실추되는 문제이므로 개별 검사가 이를 제대로 수사하고 기소할 수 있는 문제가 아니다. 과거 군사독재정권일수록 이런 문제에 예민했다. 일개 경찰서 형사가 벌인 잘못을 은폐하려다 결국 정권 전체의 도덕성으로 연결되는 우를 범했던 부천경찰서 성고문사건 등이 이런 경향을 증명해준다.

특히 과거 정치사건에 연루된 양심수와 관련해 수사기관 스스로 고문범죄를 인정하거나 자체 조사를 통해 밝혀낸 경우는 없었다. 사회 문제로 비화되어 법정에 섰을 때에도 스스로 고문 사실을 자인한 경우는 없었다.[24] 오히려 은폐를 시도하다가 고문 사실이 드러나기도 했다. 뒤에서 보게 되는 것처럼 수사기관이 스스로의 목을 맬 증거를 확보하려는 노력을 할 리도 만무하고,[25] 그렇다고 피해자 개인이나 가족들이 증거를 확보하기도 어려운 상황에서, 백 번 고소하더라도 기소되거나 유죄 판결을 얻는 것은 난망한 일이 아닐 수 없다.

그러므로 수사기관의 고문과 가혹행위에 대해서는 이를 수사할 독립적인 제3의 고문수사기관이 필요하다. 새로운 제3의 감찰기관이 창설될 수도 있을 것이고, 아니면 현재의 국가인권위원회에 수사권과 공소제기·유지권까지 부여하는 방안도 생각해볼 수 있다. 만약 이렇게 된다면 일반 수사기관에서 고문과 가혹행위를 더 이상 은폐하기 어렵게 되고 기댈 수 있는 등이 사라지게 됨으로써 고문근절의 가시적인 효과가 당장 나타날 것이다.

---

24. 김근태 고문사건에서 재정신청이 받아들여져 법정에 서게 된 전 치안본부 대공수사단 백남은 경정, 김수현 경감, 최상남 경위, 김영두 경위 등은 모두 뻔뻔스럽게 고문 사실을 부인했다. 이들은 집에서 쉬고 있었기 때문에 조사를 하지 않았다거나 "상식적으로 전기고문을 하면 감전돼 죽는다는 사실을 알고 있을 뿐 물고문은 물론 전기고문이 어떤 것인지조차 알지 못한다"라고 답변해 방청객들로부터 야유를 받기도 했다. 1989년 6월 29일자 「한겨레신문」 기사.

25. 김근태 고문사건에서도 검찰이 초동 단계에서 전혀 수사를 제대로 하지 않아 재정신청이 받아들여진 이후 공판과정에서도 어려움을 겪었다. 즉 "당초 고소사건(김근태 씨의 고문경관에 대한)에 대한 검찰의 수사기록이 워낙 미진해 사실 관계를 파악하기조차 어려워 재판부가 심증 형성을 위해서 직접 관련 경찰관을 조사할 수밖에 없었다"는 것이다. 도대체 제대로 수사할 의지가 없었던 것이다. 「'김근태 고문' 재판 왜 미적대나」, 1990년 10월 29일자 「동아일보」 기사.

9. 고문 증거의 확보

　기본적으로 고문은 밀행적인 성격을 띠기 때문에 증거를 확보하기 어렵다. 피해자는 고문가해자의 얼굴이나 이름·직책 따위를 알 수가 없고, 심지어 수갑을 채우고 눈을 가리고 연행해가기 때문에 장소조차 알 수 없는 경우가 많다. 구타와 폭행의 경우 상처를 남기기도 하지만, 국가보안법 사건만 해도 수사기관에서 20일의 구금 기간을 갖기 때문에 대부분의 외적 상처는 치유되게 마련이다. 더구나 많은 국가보안법 사건의 경우 구속영장이 발부되기 이전에 이미 상당 기간 불법구금을 하기 때문에 상처의 흔적이 남을 가능성이 적다. 형사소송법에 규정된 증거 보전이나 기소 이후 신체감정 신청의 방법이 있으나 법원이 이를 받아들인 사례는 거의 없다. 변호인 접견 때 고문으로 인한 외상을 확인한 후 의료전문가의 검진을 받고자 하는 경우에도 받아들여지지 않았다. 6공화국에 들어와서야 재판부가 몇 건 받아들인 사례가 생기기 시작했다.

　그러나 더 중요한 것은 수사기관, 특히 검찰의 고문사건 근절 의지라고 할 수 있다. 만약 검찰이 수사하고자 한다면 아무리 고문이 밀실범죄라고 하더라도 고문 직후라면 얼마든지 밝혀낼 근거가 있다. 실제로 김근태·권인숙 고문피해사건에서 고문자들의 유죄가 밝혀지지 않았던가. 문제는 수사기관이 스스로 행한 고문을 밝히기 위해 협조할 리가 만무하다는 점이다.

　이런 증거 수집과 확보의 어려움은 이미 국제적으로도 널리 공유되어 이에 대한 공동대책이 마련되기도 했다. 전 세계 15개국 40개 기관을 대표한 75명의 임상의학자, 의사, 변호사, 심리학자, 인권운동가 등이 3년간의 연구와 조사 끝에 「고문과 기타 잔혹한, 비인도적 또는 굴욕적 처우나 형벌에 관한 효과적인 조사와 문서화에 관한 매뉴얼(Manual on Effective Investigation and Documentation of

Torture and Other Cruel, Inhuman or Degrading Treatment or Punishment)」을 작성해 발표했다.[26] 이른바 이스탄불 의정서(Istanbul Protocol)라고 부르는 이 매뉴얼은 유엔에도 공식 제안되어 조만간 유엔 결의로 채택될 가능성도 높다. 이 매뉴얼은 증거 수집과 정리, 체계적인 조사를 위한 다양한 영역과 방법에 관해 가이드라인을 제시하고 있어 고문피해자와 이들을 위한 단체, 성의를 가진 국가기관들에 도움이 되고 있다.

10. 시효의 문제 — 고문에는 시효가 없다

1) 시효를 배제해야 하는 이유

우리나라 형사소송법 제249조에 따르면 공소시효는 7년이다. 고문은 앞에서 본 것처럼 당시 지배권력의 도덕성과 연결되는 문제이기에 은폐할 가능성이 높다. 고문범죄에 다른 범죄와 똑같은 공소시효를 적용하면 결과적으로 처벌하기 어려워진다. 고문범죄를 저지른 정권이 새로운 민주적 권력으로 바뀌는 데는 시간이 걸리기 때문이다.

이승만 정권이 12년, 박정희 정권이 18년, 전두환 정권이 7년을 지속했고, 심지어 이 정권과 뒤이은 정권들이 연속선상에 있고, 수사기관의 책임자나 실무자들이 계속 근무하고 있어, 결국 고문문제를 스스로 조사·처벌하거나 진정·고소·고발을 받아 처리하는 데도 한계가 있었다. 사실 고문범죄는 국가 자체의 범

---

26. Vincent Lacopino, "The Istanbul Protocol: International Standards for the Effective Investigatioin and Documentation of Torture and ill-Treatment", *The Lancet*, Sep. 25, 1999.

죄이기 때문에 이 기간에도 공소시효가 진행됐다고 보는 것은 부당한 일이다.

:: 조직적으로 자행된 국가폭력의 경우 그를 지지하는 독재정권하에서 처벌은 가능하지 않았다. 국가 자신이 폭력의 '범죄자'로서 국가 구성원의 범죄행위에 대해 수사와 기소행위를 전혀 수행하지 않은 '부작위'에 의해 행위 이후 15년이 라는 기간이 경과했다면, 그것은 범죄자가 자기 범죄에 대해 불벌을 선언한 셈이 다. 그동안 의문사 사건에서 사건 당사자로 의혹을 받은 기관에 대해 조사도 진행 된 바 없었음을 감안할 때 이러한 국가 부작위로써 국가기관(및 국가기관에서 활동한 개인)의 공소시효의 만료를 자동적으로 주장하는 것은 논리적으로 타당하지 않 다.[27]

더구나 고문의 결과로 피해자가 정신질환 등을 드러낼 때 당사자와 가족들 이 고소·고발을 하는 데는 적지 않은 시간이 필요하다. 지난 5·6공 시대에 일어 난 고문범죄에서, 피해자들과 그들의 정신적 고통이 드러나고 사회적으로 인식 되는 데 오랜 시간이 걸렸다는 사실이 증명되고 있다. 1980년에 이른바 '진도 간 첩단사건'에 관련되어 47일간 온갖 종류의 혹독한 고문을 받았던 석달윤 씨의 아들 석권호 씨가 '국가보안법, 고문·용공조작 피해자 증언대회'에서 한 다음과 같은 말은 공소시효가 우리 사회에서 어떤 의미를 갖는지 웅변해주고 있다.

:: 지난 93년 수사과정에서 고문을 자행한 수사관들을 고소했으나 (1994년 7 월) 검찰은 87년 10월로 공소시효가 이미 완료돼 조사를 못한다고 기각했다. 고문 하고, 간첩으로 조작한 사람들에게는 공소시효가 끝났을지 모르지만, 아버지와 같

27. 한인섭, 「국가폭력에 의한 사망과 그 구제 방법」, 『의문사 문제 해결을 위한 법적 모색―학술심포지엄 자료집』, 최종길 교수고문치사진상규명및명예회복추진위원회, 1999년 4월 12일, 20쪽.

이 간첩으로 몰려 피해를 받은 우리들에게 시효는 끝나지 않았다.[28]

실제로 우리나라 국민들은 인권유린과 관련된 범죄자 처벌에는 시효가 없다는 인상을 심어줄 필요가 있다고 답했다. 1999년 11월 1일에 『동아일보』가 한솔 PCS 가입자 487명을 상대로 반인도적 범죄의 공소시효 연장에 대한 전화여론을 실시한 결과, 찬성의견이 57.7%, 신중의견이 34.9%, 나머지 7.4%는 모르겠다고 답한 것이다.[29] 말하자면 고문범죄의 공소시효 배제나 연장은 국민의 법감정에도 맞는 것이다.[30]

2) 공소시효배제운동

고 최종길 서울대 법대 교수의 타살 의혹과 수지 김 피살사건, 그후 이 사건을 둘러싼 국가 권력기관의 조직적 은폐조작사건의 진상이 드러나면서, 국가공권력이 저지른 살인과 고문 등 중대한 인권침해 범죄 및 이런 범죄에 대한 처벌을 의도적·조직적으로 방해하는 국가공권력의 범죄에 대해 공소시효를 정지하거나 배제해야 한다는 주장이 그동안 국내외 인권단체와 학계에서 꾸준히 제기되었다.[31] 인권운동사랑방, 천주교 인권위원회, 참여연대 등 13개 단체가 모인

---

28. 1980년 이른바 진도 간첩단사건으로 47일 동안 엄청난 고문을 당했던 석달윤 씨의 아들 석권호 씨가 한 말. 김지은 「"11년 전 160번 수사관 똑똑히 기억" — 국보법 피해자 증언대회」, 2004년 12월 16일자 『오마이뉴스』 기사.
29. 「"반인륜범 공소시효 연장해야" 57.7%」, 1999년 11월 2일자 『동아일보』 기사.
30. 서울대 조국 교수는 "민주화 이후 '반인권적 국가범죄'의 실상이 밝혀졌음에도 공소시효가 만료되어 범죄인들이 처벌되지 않는 현상 앞에서 법에 대한 국민의 불신은 깊어질 수밖에 없다. 모든 법이론적 논의를 떠나서 공소시효제도가 '반인권적 국가범죄'를 범한 자들을 보호하는 기능을 하는 현실하에서는 진정한 '과거 청산'은 불가능하며, 법에 대한 시민의 신뢰도 무너질 수밖에 없다. 형법상 소급효금지의 원칙은 국가의 부당한 형벌권 행사로부터 시민을 보호하기 위한 근대 민주주의 형벌의 대원칙이지만, 이 원칙은 헌법의 기본이념과 시민의 기본권이 다름 아닌 국가권력에 의해 침해되고 조직적으로 은폐·조작되는 특단의 사정이 있는 경우는 자신의 예외를 승인할 수밖에 없다." 조국, 「'반인권적 국가범죄'의 공소시효 정지·배제와 소급효금지의 원칙」, 『공소시효 배제입법 토론회』, 국가인권위원회, 2002년 8월 26일, 49쪽.
31. 국가인권위원회, 『2004 인권백서』 제1집, 2004, 149쪽.

'반인도적 국가범죄 공소시효배제운동 사회단체협의체'는 2002년 5월 21일, 국회에 '반인도적범죄등의시효등에관한특례법'을 입법 청원했다. 아래는 그 특례법안의 내용이다.

제1조(목적) 이 법은 국제법상의 반인도범죄, 국가기관에 의하여 범해진 살인죄 등 반인권범죄 및 그 조작·은폐행위 관련 범죄에 대하여 공소시효를 배제 또는 정지함으로써 사회정의와 법적 평화를 회복하는 것을 목적으로 한다.

제2조(공소시효의 배제) ① 1968년 유엔총회에서 채택된 '전쟁범죄와 반인도적 범죄에 대한 시효부적용에 관한 협약'에서 정의된 반인도범죄는 공소시효의 적용을 배제한다.

② 국가기관이 직무수행 중 정당한 사유 없이 형법 제24장의 살인의 죄를 범한 경우, 형법 제125조(폭행·가혹행위)의 죄, 군형법 제62조(가혹행위)의 죄를 범하거나 이를 통해 사람을 살상한 경우는 공소시효의 적용을 배제한다.

제3조(공소시효의 정지) 국가기관이 제2조에 규정된 범죄의 실체를 조작·은폐하기 위하여 형법 제122조(직무유기), 제123조(직권남용), 제124조(불법체포·감금), 제151조(범인은닉), 제152조(위증과 모해위증), 제155조(증거인멸), 특정범죄가중처벌등에관한법률 제15조(특수직무유기)의 죄 등을 범한 경우, 그 증거 조작·사실 발견 은폐 행위가 있은 때부터 그 조작·은폐한 사실이 드러난 때까지 각 범죄에 대한 공소시효는 정지된다.

제4조(손해배상청구권의 소멸시효) ① 제2조에 의한 범죄로 인하여 생명, 신체, 재산상의 손해 또는 정신적인 손해를 입은 피해자의 민법 및 국가배상법에 의한 손해배상청구권에 관하여는 소멸시효의 적용을 배제한다.

② 제3조에 의한 범죄로 인하여 생명, 신체, 재산상의 손해 또는 정신적 손해를 입은 피해자의 민법 또는 국가배상법에 의한 손해배상청구권에 관하여는 그 증거조

작·사실 발견 은폐행위가 있은 때부터 그 조작·은폐한 사실이 드러난 때까지 소멸시효는 진행되지 아니한다.

결국 이 법안의 요지는 국제법상 반인도적 범죄, 국가공권력에 의한 살인, 고문 등의 인권침해 범죄에 대해 공소시효를 원천적으로 배제하는 것과, 국가공권력의 증거 조작 및 사실 발견의 은폐행위에 대해 수사기관의 수사가 불가능하거나 곤란한 상태가 지속되었던 기간에는 관련 범죄의 공소시효가 정지되도록 하는 것 등이다.[32]

한편 2002년 1월 22일, 민주당 소속의 함승희 의원은 반사회·반인륜 범죄에 대해 기존 공소시효 적용을 배제해, 사건의 은폐조작 사실을 안 날로부터 공소시효를 적용해 처벌할 수 있게 하는 '반사회·반인륜범죄에대한공소시효배제특별조치법'의 제정을 추진하겠다고 밝혀 주목을 받기도 했다. 이외에도 이미 공소시효 부적용에 관한 선례들[33]이 몇 차례 있었다. 특히 헌법재판소에서 공소시효의 적용을 배제한 '5·18민주화운동등에관한특별법'과 '헌정질서파괴범죄의공소시효등에관한특례법'에 대해 다음과 같이 합헌으로 결정했기 때문에, 이를 입법화하는 것은 아무 문제가 없는 것으로 보인다.

∷ 왜곡된 한국 반세기 헌정사의 흐름을 바로잡아야 하는 시대적 당위성과 아울러 집권과정에서의 헌정질서 파괴범죄를 범한 자들을 응징하여 정의를 회복하여

---

32. 그러나 이 입법안에 따르더라도 이미 공소시효가 완성된 고문범죄에 대해서까지 소급해서 처벌하기는 어려울 것이다. 그것은 또 하나의 형사법의 대원칙인 '형벌 불소급의 원칙'에 위반되기 때문이다. 그렇다고 보면 과거 이미 오래전에 가해진 박정희 또는 전두환 시대의 고문범죄에 대해 실질적으로 이 법이 도입되더라도 처벌하기 어려운 결과가 된다. 오히려 국제관습법 이론에 따라 고문 처벌과 공소시효 부적용은 하나의 국제관습법으로서 우리 법질서의 일부로 편입되었다고 보는 것이 공소시효를 온전히 부정할 수 있는 법해석이 아닐가 싶다.
33. 1995년 12월 21일 법률 제5028호로 제정된 '헌정질서파괴범죄의공소시효등에관한특례법' 및 같은 날 법률 제5029호로 제정된 '5·18민주화운동등에관한특별법'이 바로 그것이다. 이 법에 따라서 전두환, 노태우 등 두 전직 대통령과 12·12쿠데타 관련 인물들이 처벌받을 수 있었다.

야 한다는 중대한 '공익'이 개인이 '공소시효에 의하여 보호될 수 있는 신뢰보호
이익'에 우선하여 헌법에 위반되지 않는다.

고문범죄를 처벌하는 것이 헌정사를 바로잡는 일과 헌정질서 파괴범죄를 응
징하는 것보다 과연 경미한 일인가. 고문범죄에 시효를 제거하는 일이야말로 진
정으로 헌정을 올바르게 바로잡고 정의를 회복하는 일이 아니겠는가.

한편 1999년에 '고문기술자' 이근안 전 경감이 자수한 후 고문피해자들의
고소·고발이 잇따르자, 검찰에서 처벌과 관계없이 전면수사하기로 입장을 정하
고 수사에 나선 경우가 있었다. 검찰은 '민주사회를위한변호사모임'이 고발한
함주명 씨 사건과 이근안에게 고문을 당했다고 주장하는 이태복(1981년 전국민주학
생연맹사건) 등 8명에 대해서도 고소·고발이 없더라도 진상조사 차원에서 수사할
방침이었다. 검찰은 그 전까지 공소시효가 지난 사건에 대해서는 '공소권 없음'
을 이유로 수사는 물론 아예 고소·고발장 자체를 접수조차 하지 않았었다.[34]

그런데 1995년 1월 9일 함주명 씨 등 장기수 6명은 "고문 등 비인도적 행위
에 대한 공소시효를 적용하는 것은 위헌"이라며, 검찰의 고문범죄 불기소로 인한
기본권 침해를 이유로 헌법소원을 제기했다. 우리 헌법과 인권 관련 국제협약과
국제관습법과의 관계에서 드러나는 공소시효제도의 위헌성을 헌법소원의 청구
이유로 들었다.

:: 검찰이 함주명 씨 등의 고문수사관 고소건에 대해 불기소 처분(공소권 없음)을
   내린 것은 형사소송법 제249조 제3항(공소제기 기간)에 의하여 '특정범죄가중처
   벌등에관한법률' 제4조의 2항(체포·감금)의 범죄에 해당하는 경우 이미 7년이 지

---

34. 「공소시효 지난 '이근안 고문'—검찰, 전면 수사 착수」, 1999년 11월 17일자 『한겨레신문』 기사.

나 불법체포·감금에 대한 공소시효가 완성되었다는 법해석에 근거한 것으로 보여집니다. 그러나 우리 헌법은 국민의 신체의 자유와 권리를 천부적·불가침적·무제한의 권리로 인정하여 다음과 같이 규정하고 있습니다.

헌법 제12조 제1항 모든 국민은 신체의 자유를 가진다. 누구든지 법률에 의하지 아니하고는 체포·구속·압수·수색 또는 심문을 받지 아니한다.

헌법 제12조 제2항 모든 국민은 고문을 받지 아니하며, 형사상 자기에게 불리한 진술을 강요당하지 아니한다.

헌법 제12조 제3항 체포·구금·압수 또는 수색을 당할 때에는 적법한 절차에 의한 법관이 발부한 영장을 제시하여야 한다.

또한 우리 헌법은 범죄사건의 가해자 처벌과 소추권 행사를 다음과 같이 보장하고 있습니다.

헌법 제11조 제1항 모든 국민은 법 앞에 평등하다.

헌법 제27조 제5항 형사 피해자는 법률이 정하는 바에 의하여 당해 사건의 재판 절차에서 진술할 권리를 가진다.

헌법 제30조 타인의 범죄행위로 인하여 생명·신체에 대한 피해를 받은 국민은 국가로부터 구조를 받을 권리를 지닌다.

따라서 신체의 자유권, 고문을 받지 않을 권리, 인신구속에 있어서 영장에 의한다는 헌법상의 보장과 원칙은 어떠한 경우에도 해제될 수 없으며, 고문범죄자에 대한 공소시효의 적용은 곧바로 헌법상의 고문 금지의 원칙을 무너뜨리는 것이 아닐 수 없습니다. 또한 공소시효제도는 고문범죄자를 더 이상 소추할 수 없도록 하여 고문범죄의 피해자들에게 평등권, 재판 절차에서의 진술권, 범죄 피해자의 구조받을 권리의 행사 가능성을 완전히 배제하는 것에 다름 아닙니다. 이상의 헌법 규정에 의거하여 고문 등 비인도적 범죄에 대해 형사소송법상의 공소시효를 적용한 것은 명백한 위헌입니다.

한편 공소시효가 결코 천부의 제도나 절대적인 개념이 아닌 것은 영국과 미국[35]을 비롯한 다수의 국가들이 공소시효제도를 가지고 있지 않으며, 프랑스·독일[36] 등 많은 나라들이 고문 등 비인도적 범죄에 대하여 특별입법이나 특별조치를 제정하여 공소시효를 철폐하거나 제한하는 사례에서도 찾아볼 수 있습니다. 또한 1990년 우리 정부가 가입한 '시민적 및 정치적 권리에 관한 국제인권규약(International Convention on Civil and Political Rights)' 제7조, '전쟁 및 비인도적 범죄에 관한 시효부적용협약(Convention on the Non-applicability of Statutory Limitations to War Crimes and Crimes against Humanity)', '유럽인권협약(European Human Rights Agreement)' 제3조, '미주인권협약(American Human Rights Convention)' 제5조 등 국제법은 비인도적 범죄행위에 대하여 공소시효의 제한이 고문 등 비인도적 범죄에 대한 면죄부가 될 수 없음을 분명히 하고 있습니다.[37]

이 청구 이유에서는 결국 헌법 자체로 보더라도 공소시효는 위헌이며, 비인도적 범죄에 대한 공소시효제도를 부정하는 국제협약 또는 국제관습법에 비추어 보아도 위헌이라는 것이다. 우리 헌법은 "정부가 비준·공포한 조약이나 일반적으로 승인된 '국제법규(국제관습법)'는 국내법과 같은 효력이 있다"라고 규정하고 있으므로, 우리 법질서에서도 공소시효를 인정할 수 없다는 논리이다. 그러나 국제법에 몽매한 우리의 헌법재판소는 이런 논리를 간단히 기각하고 말았다. 공소시효를 유지하거나 공소시효가 지나치게 짧은 것은 특히 국가가 저지르는 범죄

---

35. 미국에서는 사형선고가 가능한 범죄에는 공소시효가 없다. US Code Title 18, Sec. 3281에 따르면 "어떠한 범죄라도 사형이 가능한 경우 제한 없이 언제라도 기소할 수 있다"라고 되어 있다.
36. 독일의 일반 공소시효는 우리보다 훨씬 길다. 사형에 해당하는 범죄가 우리는 15년이지만 독일은 공소시효를 인정하고 있지 않으며(독일 형법 제211조), 무기징역 또는 무기금고에 해당하는 범죄의 경우 한국은 10년이고 독일은 30년이며(독일 형법 제78조), 장기 10년 이상의 징역 또는 금고에 해당하는 범죄의 경우 한국은 7년이고 독일은 20년이며, 장기 10년 미만의 징역 또는 금고에 해당하는 범죄의 경우 한국은 5년이고 독일은 10년에 해당한다. 박상기, 「공소시효 배제입법 토론문」, 『공소시효 배제입법 토론회』, 국가인권위원회, 2002년 8월 26, 10쪽.
37. 민주화실천가족운동협의회, 1995년 1월 9일자 보도자료.

의 경우, 국가와 공무원의 범죄에 면책특권을 제공하는 것과 다를 바 없다.

3) 나치 범죄자에 대한 시효부적용협약

나치 범죄자와 관련해 유엔이 주도한 '전쟁 및 비인도적 범죄에 관한 시효
부적용협약'을 참고할 필요가 있다. 2차 세계대전 당시 나치가 저지른 각종 고문
과 생체실험 등의 악행에 대해 독일과 관련 국가들이 국내 형법에 따른 시효기간
때문에 더 이상 처벌할 수 없게 되자, 1970년 무렵에 시효기간을 제거해 영구히
그 범죄를 처벌해야 한다는 국제공론이 모아져 만든 것이 시효부적용협약이다.

제1조 다음의 범죄에 대하여는 발생일시에 관계없이 제정법상의 시효를 적용하지
않는다.

① 1945년 8월 8일 뉘른베르크 국제군사재판소 헌장에 규정되었고, 국제연합 총
회의 1946년 2월 13일의 결의 3(1) 및 12월 11일의 결의 95(1)에 의해 확인된 전
쟁범죄, 특히 전쟁희생자 보호를 위한 1949년 8월 12일 제네바 제 협약에 규정된
'중대한 위반행위'.

② 전시이건 평시이건 발생한 1945년 8월 8일 뉘른베르크 국제군사재판소 헌장에
규정되고, 국제연합 총회의 1946년 2월 13일의 결의 3(1) 및 12월 11일 결의 및
95(1)의 결의로 확인된 인도에 반하는 범죄행위, 무력공격 또는 점령 및 아파르트헤
이드 정책으로 발생하는 비인도적 행위에 의한 쫓아냄, 1948년 제노사이드 범죄
의 방지 및 처벌에 관한 협약에 규정된 제노사이드 범죄행위. 다만 이러한 행위들이
그러한 범죄행위가 발생한 국가의 국내법 위반을 구성하지 않더라도 그러하다.[38]

---

38. 국가인권위원회, 「전쟁범죄 및 인도에 반하는 범죄에 대한 시효비적용협약」, 『공소시효 배제입법 토론회』, 2002년 8월
26일, 72쪽.

이 조약에 서명한 국가는 위와 같은 범죄에 대해서는 공소시효를 배제하고 처벌해야 한다. 또 하나 주목할 만한 것은 1999년 7월에 제정된 미국 캘리포니아 주 시효연장법(캘리포니아 주 민사소송법 제354.6조)이다. 이 법은 제2차 세계대전 당시 징용피해에 대한 배상을 가능하게 하는 징용배상특별법으로, 미국 내에서 과거 제2차 세계대전 중 독일과 일본 기업이 주변 국가들의 국민을 상대로 강제노역을 시킨 것에 대해 책임을 지도록 하는 것이다.

① '제2차 세계대전의 노예노동 피해자' 란 나치 정권, 그 동맹과 그 동조자들에 의하여 또는 나치 통치 또는 그 동맹 및 동조자들에 의하거나 그 통제하에 점령된 지역에서 사업을 수행한 기업에 의하여 1929년부터 1945년 사이의 어느 기간 중에 보수 없이 노동을 수행하기 위하여 수용소 또는 유태인 강제수용소로부터 차출되거나 또는 수용소나 유태인 강제수용소로 억류된 사람을 말한다.

② '제2차 세계대전 노예노동 피해자' 란 나치 정권, 그 동맹국들 또는 동조자들에 의하여 정복된 민간인이나 또는 나치 정권, 그 동맹국들 또는 동조자들의 포로로서 나치 정권, 그 동맹과 그 동조자들에 의하여 또는 나치 정권 또는 그 동맹 및 그 동조자들에 의하거나 그 통제하에 점령된 지역에서 사업을 수행한 기업에 의하여 1929년부터 1945년 사이의 어느 기간 중에 보수 없이 노동이 강제되었던 사람을 말한다.

③ '보상' 은 수행된 노동과 관련하여 개인이 지급받았어야 했을 임금과 이익 및 입은 피해에 대한 손해의 현재 가치를 말한다. 현재 가치는 전시의 감액 또는 전후 통화가치의 하락 없이 노동이 수행될 당시의 서비스 시장 가격에 그 서비스가 수행된 시점부터 완전 지급시까지 매년 복리의 이자를 더한 가격을 기초로 산정한다.[39]

특히 이 법은 "적용 가능한 제소기한법을 준수하지 않았다는 이유로 기각당하지 않는다. 다만 소송은 2010년 12월 31일 이전에 제기되어야 한다"라고 규정해 사실상 소멸시효를 인정하지 않고 있다. 이런 법률들이 우리 입법의 모델이 되기에 충분하다.

11. 체포·구속 절차와 기타 피의자 권리의 강화

::   국가인권위원회는 서울중앙지검 피의자 고문치사 등 인권침해사건에 대한 직권조사 결과 서울지검 홍○○ 주임검사를 비롯하여 수사관들이 긴급체포 요건에 해당되지 않는 피의자들을 긴급체포하고, 체포시 체포 사유 및 변호인의 조력권 등을 고지하지 않았으며, 서울지검 특별조사실에 피의자들을 인치한 후 자백을 강요하며 폭행 및 가혹행위를 함으로써 피의자들의 변호인의 조력을 받을 권리, 체포적부심 신청권, 진술거부권 등을 실질적으로 침해한 것을 밝혀냈다. 이에 따라 국가인권위원회는 피의자들을 체포·조사한 피진정인 9명에 대해서는 불법체포·감금 및 직권남용 혐의로 고발하였다. 또한 긴급체포 요건을 강화하고 체포 후 사후체포영장발부제도를 도입할 수 있도록 제도 개선안을 마련할 것을 법무부장관에게 권고했다.[40]

검사가 직접 고문에 참여해 피의자를 사망에 이르게 한 사건은 실로 중대한

39. 국가인권위원회, 「미국 캘리포니아 주 시효연장법: 캘리포니아 주 민사소송법 제354.6조」, 「공소시효 배제입법 토론회」, 2002년 8월 26일, 76쪽.
40. 국가인권위원회, 「2004 인권백서」 제1집, 2004, 157쪽.

일이 아닐 수 없다. 그런데 사건의 과정을 보면 역시 형사법상 요구되는 작은 절차와 피의자들의 권리를 제대로 보장하지 않았기 때문에 이렇게 큰 사고가 일어난 것을 알 수 있다. 그만큼 '민주주의는 절차'라고 하는 말이 얼마나 상징적인 것인가를 새삼 깨닫게 한다. 특히 위의 서울중앙지검 피의자 고문치사사건과 관련해 2002년 11월 15일에 법무부가 발표한 '고문수사 재발방지대책'은 그 사건의 중요성에 비추어보면 대단히 허술하고 미온적이다.

> :: 피의자 신문시 변호인 참여를 제한적으로 허용하되 이로 인한 수사권 약화를 보완하기 위하여 참고인 강제 구인제 도입, 피의자 구속 기간의 연장, 사법방해죄 신설 등을 추진할 것임을 밝혔다. 그러나 피의자가 아닌 수사의 협조자로 볼 수 있는 참고인의 인권을 침해할 소지가 있다는 점에서 논란의 요지가 있는 방안이다.[41]

과거 수사기관에서는 영장을 발급받지 않고 피의자의 동의를 얻어 연행한 다음, 수사가 끝날 때까지 수사기관에 유치하는 이른바 임의동행의 관행이 보편적이었다. 그러나 실제로는 강압적인 불법연행이 대부분이었다. 그야말로 납치에 다름없었다. 안기부나 보안사, 치안본부 대공분실은 이런 불법 강제연행을 무슨 합법적인 절차인 양 밥 먹듯이 사용했다. 고문은 바로 '불법 강제연행-불법 장기구금'으로 연결되는 하나의 고리였다. 여기서 강제연행은 고문으로 이어지는 첫 번째 단계인 셈이다. 강제연행 자체가 피연행자로서는 큰 고문이고 위협이다. 누구든지 일단 안기부 건물 안으로 연행되었다가 나오는 것을 상상하기만 해도 소름 끼치는 일이 아니겠는가. 민주화가 진전된 1980년 후반에도 여전히 언론인, 노동운동가, 학생들이 영장 없이 불법연행되었다.

---

41. 국가인권위원회, 『2004 인권백서』 제1집, 2004, 163쪽.

- 「한겨레신문사 주일특파원 공항서 영장 없이 연행 — 안기부, 문익환 목사 관련」[42]
- 「보안사, 『세계일보』 편집국장 연행 — 남침용 제4땅굴 발견 기사 관련」[43]
- 「노동운동 12명 영장 없이 연행 — 집 수색 유인물 등 5백여 점 불법 압수도」[44]
- 「불법연행 다시 활개 — 『시사토픽』지 객원기자 기사 관련 안기부 조사, 민주화 역행 비난 빗발」[45]
- 「또 전 서울대 여학생회장 불법연행 — 탈법적 수사 관행 못 고치나」[46]

　　최근 임의동행에 대한 사법부의 위법 판결이 나온 이후에 이런 경향에 제동이 걸린 것은 사실이나 완전히 사라진 것은 아니다.[47] 그 다음 본질적으로는 구속수사의 관행을 없애는 것이 고문 방지에 가장 효과적이다. 일단 구금이 되면 수사기관의 수중에 놓이고 가족과 변호인 등 외부인과의 접촉이 불가능해지므로, 고문이 쉽게 이루어질 조건과 환경이 형성된다. 일단 구속하고 나서 증거를 찾아보는 안이한 수사기관의 구속지상주의는 바뀌어야 한다. 그러므로 일단 범죄 혐의가 확정되기 전까지 불구속 상태에서 재판을 진행한다면 고문은 현저히 사라질 것이다.[48] 참고로 1996년 인도 대법원이 권고한 고문방지대책의 내용이 어떠한지 살펴본다.

42. 1989년 12월 28일자 『동아일보』 기사.
43. 1990년 2월 23일자 『한겨레신문』 기사.
44. 1990년 4월 26일자 『한겨레신문』 기사.
45. 「되살아난 '5공 악몽」, 1990년 8월 7일자 『동아일보』 기사. 『시사토픽』 객원기자 노가원(본명 노종상, 34) 씨가 자기가 쓴 기사와 관련해 안기부 직원들에 의해 자기 집 앞 대로에서 가족과 행인들이 지켜보는 가운데 강제연행되어 조사를 받은 후 23시간 만에 풀려난 사건이다.
46. 1990년 8월 22일자 『조선일보』 기사.
47. 인도주의실천의사협의회·한국인권단체협의회, 「고문 기타 잔혹한, 비인도적 또는 굴욕적 처우나 형벌금지협약 제19조에 따른 대한민국 정부의 보고서에 대한 대한민국 인권단체들의 반박보고서」, 1996년 10월, 46항 참조.
48. 인도주의실천의사협의회·한국인권단체협의회, 앞의 책, 40항 참조.

:: 　1996년 대법원은 서(西)벵골의 바수 반 스테이트(Basu v. State) 사건의 최종 판결을 선고했다. 그 판결은 "고문은 과거보다 더 확산되고 있다"며 "구금 중의 고문은 인간 존엄의 야만적 위반이며, 개인적 인격을 본질적으로 파괴하는 굴욕이다. 그것은 또한 계산된 인간 존엄에 대한 공격이며, 인간 존엄이 상처받을 때마다 그만큼 인류문명은 후퇴하는 것"이라고 설파했다. 그 판결은 국제적 인권 기준과 고문으로부터의 자유를 포괄한다고 인도 사법부가 해석해온 인도 헌법 제21조 생명의 권리를 상기시킨다. 또한 이 판결은 입증의 부담, 경찰의 훈련의 필요성에 관한 법개정을 권고했고, 그리고 고문에 책임 있는 국가 기관원의 주권면책의 권리에 반대하고, 보상의무에 동의하는 논의를 제기하였다. 이 판결은 특히 향후의 체포와 구금에 관한 11개항에 이르는 권고를 내놓으면서 이것이 전면적으로는 아닐지라도 신문과 조사시에 의문스러운 방법을 줄이는 데 도움이 되기를 바란다고 말하고 있다. 그 11개의 권고안을 요약하면 다음과 같다.

① 용의자를 구금하고 신문하는 경찰관은 '정확하게 볼 수 있고 분명한' 자기 이름과 직책 등 신분을 밝히는 증명서를 달고 있어야 한다.

② 체포하는 경찰은 증인이 서명하고 체포당하는 본인이 체포 시간과 날짜를 적는 메모를 준비하여야 한다.

③ 체포된 자에게 체포 즉시 체포 사실과 구금장소를 친구나 가족에게 알릴 권리를 보장해야 한다.

④ 그 친구나 가족이 그 지역 외에 살고 있다면 경찰이 법률구조기관을 통해 8시간 내지 12시간 이내에 체포 시간과 구금장소를 그 친구나 가족에게 알려야 한다.

⑤ 체포된 자는 그들이 체포되자마자 자신의 체포와 구금장소를 누군가에게 알릴 권리가 있다는 점을 알 권리가 있다.

⑥ 체포에 관한 정보와 체포를 알린 사람에 관한 정보는 구금장소에 그 구금장소의 책임자의 이름과 함께 게시되어야 한다.

⑦ 요청에 의해, 체포된 사람은 체포 시간과 어떠한 기록된 상처에 대해 조사받을 권리가 있다. 이 점검 메모는 체포 경찰관과 체포된 사람이 함께 서명해야 하고, 그 사본은 체포된 사람에게 교부되어야 한다.

⑧ 체포된 사람은 구금 중 48시간마다 의사에 의해 의학적으로 검사받아야 한다.

⑨ 위에서 언급된 모든 문서들의 사본은 판사에게 송부되어야 한다.

⑩ 체포된 사람은 전 신문과정을 통하여 변호인 접견권이 보장되어야 한다.

⑪ 모든 지역과 주본부에 체포된 사람과 구금장소의 정보를 게시판에 게시한 경찰 점검실이 설치되어야 한다.[49]

12. 고문을 감시하는 인권단체의 중요성

우리가 아무리 국가제도를 개혁하고, 관련 공무원들을 교육하더라도 고문과 가혹행위사건들을 확인하고, 항의하며, 기록하고, 전달하는 인권단체들이 없다면 고문을 근절하고 예방하는 것은 불가능하다. 고문 근절을 위한 인권 NGO(비정부조직)들의 역할과 공헌은 아무리 강조해도 지나치지 않다.

인권단체들은 감시의 눈을 번득이며 인권침해의 현장을 달려가 조사를 하기도 하고, 고문당한 억울한 피해자의 목소리에 귀를 기울이기도 하고, 고문수사관과 고문을 자행한 기관 앞에서 항의시위도 벌인다. 널리 소식을 보고하고 공유하며 회원들을 동원해 행동을 조직하기도 한다. 한국의 인권단체들이 유엔고문방지위원회에 정부가 낸 보고서에 대응해 반박보고서를 만들고, 직접 대표단이 참

49. Amnesty International, *Combating Torture—A Manual for Action*, June 2003, pp. 28~29.

여해 방청한 일도 결국 정부가 제대로 하도록 견제하고 견인하는 역할을 다하는 것이다.

그러나 오늘날 우리 사회에서 인권단체들의 현실은 열악하기 짝이 없다. 헌신적인 젊은이들이 저임금과 열악한 근무 조건에서 일하고 있다. 인권단체들의 활동에 적극 후원하고 참여하는 국민들의 따뜻한 마음과 협력이 없다면 그런 일이 오래 지속될 수 있을지 의심스럽다. 고문은 언제, 어느 곳에서도 일어날 수 있는 범죄이다. 우리 인권단체들이 언제, 어느 곳에라도 달려갈 수 있도록 활발한 활동을 기대할 수밖에 없다.

오늘날 전 세계적으로 인권 NGO 없는 고문반대운동은 상상하기 어렵다. 세계적으로 고문방지협약을 비롯한 대부분의 국제협약이나 선언들이 모두 앰네스티 인터내셔널을 포함한 국제 NGO들의 헌신적인 활동의 소산이라고 해도 과언이 아니다. 이들의 압력과 캠페인, 활동이야말로 고문 추방의 무너지지 않는 방파제이다.

03
검찰과 법원의 관행과 죄악
— 부끄러워라, 그 이름이여!

1. 판·검사의 현실적 위상

1) 고문은 판·검사가 조장했다 — '꼭두각시 검사, 앵무새 판사'[1]

:: 현행 형법 등의 규정은 고문을 절대적으로 금지하고 있고, 이를 행하였을 때는 엄한 처벌을 받도록 되어 있다. 그러나 수사관서인 경찰이나 소추기관인 검찰이 여느 다른 범죄처럼 적극적, 능동적으로 처벌의지를 보인 적은 없다. 이는 국가권력을 행사하는 경찰 및 검찰이 법을 준수하지 않는 결과이고, 나아가 국가가 법

---

1. "발가벗겨진 수치심, 쉴 새 없이 날아오는 주먹·발길질, 물고문, 전기고문 등등 모두 상상만 해도 떠올리기 힘든 끔찍한 고통들이다. 그러나 고문피해자들을 마지막까지 절망케 한 것은 꼭두각시 같은 검사와 앵무새 같은 판사들이었다." '국가보안법폐지국민연대'의 주최로 2004년 12월 16일 국회도서관 강당에서 열린 '국가보안법, 고문·용공조작 피해자 증언대회'에선 고문피해자의 생생한 육성 증언들이 이어졌다. 피해자들은 그 당시 상황의 악몽이 떠오르는 듯 목이 메어 말을 잇지 못하기도 했으나, 자신들이 당한 고문과 조작을 철저히 외면한 검찰과 법원에 대해서는 분노의 감정을 숨기지 않았다. 김하영, 「'악몽 같은 고문, 절망적인 판·검사'—(현장)국가보안법 고문·용공조작 증언대회」, 2004년 12월 17일자 『프레시안』 기사.

을 준수하지 않는 결과이다. 고문의 궁극적인 목적인 자백은 공판 단계에서 어느 증거보다도 우월한 지위를 차지하고 있고, 자백에 의존한 공판 심리과정은 자백의 도출과정을 애써 외면하려 한다. 고문을 당하였다고 주장하는 피고인의 진술은 재판의 신속한 진행을 위하여 무시되고, 그 실체적 진실을 밝히려는 모습은 별로 보이지 아니한다.[2]

:: 반공이 '국시'였던 7, 80년대에는 소위 조작간첩사건의 경우 공통적으로 불법연행, 장기구금, 고문 → 허위자백 → 번복 → 고문, 비공개 재판, 자백의 증거능력 인정, 높은 형량 등 수사 및 공판 절차에서의 불법 및 인권침해가 공공연하게 자행되었다. 더욱이 이렇게 불법적이고 탈법적인 과정을 통해 부풀려져 왜곡·조작된 사건들은 정치적 목적을 위해 악용되었다. 그 과정에서 안타까운 피해자와 희생자들이 양산되었던 것이다. 심각한 것은 이러한 관행이 단지 사법경찰, 안기부, 기무사뿐 아니라 인권수호기관이어야 할 검찰 및 인권보장의 최후 보루라 자임하는 사법부에 이르기까지 정도의 차이는 있으나 공통적으로 나타나는 문제였다는 사실이다.[3]

구태여 이 지적이 아니더라도 '권력의 시녀'라고까지 비난받았던 검찰과 법원이 군사독재정권하에서 고문피해자들의 주장에 귀를 기울이고, 고문가해자들을 수사해 기소하고 엄벌에 처하는 일은 한번도 없었다.[4] 헌법과 법률·국민이 위임해준 권한을 제대로 행사하면서 국민의 기본권을 지키려는 최소한의 의지

---

2. 전해철, 「고문의 근절과 고문후유증 해결을 위한 법제도의 현황」, 『고문후유증 사례 보고 및 토론회』, 민주사회를위한변호사모임·인도주의실천의사협의회·문국진과함께하는모임, 1994년 4월 11일, 10쪽.
3. 국가보안법폐지국민연대, 『국가보안법, 고문·용공조작 피해자 증언대회 자료집』, 2004년 12월 16일, 1쪽.
4. 일반사건에서는 고문의 실제를 인정하고 사건의 무죄를 선고한 적이 몇 차례 있었다. 김시훈 사건, 고숙종 사건 등이 대표적이다. 오히려 고문이 더 일반화되어 있고, 안기부 등 당시 수사기관에서 고문이 행해졌다는 사실이 잘 알려진 시국사건 또는 공안사건에서는 고문을 이유로 한 무죄가 거의 전무하다.

도, 용기도 보이지 않았다. 검찰이 사법경찰관에 대해 상명하복의 관계로서 지휘할 수 있는 권력을 가지며, 사법부가 사법경찰과 검사의 수사결과에 대해 당부를 판단할 권력을 갖는 것은 그만큼 책임도 크다는 사실을 반영한다. 검사는 경찰보다, 법관은 검사보다 좀더 고상하고 인격적이며 권위 있음을 전제로 한다. 그런데도 법복을 입고, 정의의 칼과 저울을 들었던 그들은 허상일 뿐이었다.

:: 검찰에 송치된 후 검찰은 지식인이기 때문에 그래도 경찰과는 다를 것이라는 막연한 기대 속에서 진실을 밝히려고 안타까운 노력을 했지만 검찰은 경찰에서의 소설과 같은 자백을 반복하도록 강요할 따름이었다. 저질스럽고 추함은 난형난제였다. …… 나는 황폐해질 대로 황폐해졌고 삶을 포기했다. 할 수만 있다면 죽고 싶었다.[5]

:: 민주주의 국가에서 국민의 인권과 생존권을 보장하는 규범이어야 할 법이 오히려 국민의 자유와 권리를 억압하는 도구가 되었습니다. 또 흔히 '인권보장의 최후의 보루'라고 일컬어지는 사법부는 최소한의 절차적인 공정성과 정당성조차 유지하지 못하고 국가권력의 폭력행사를 '전 국민의 합의'인 법에 의하여 정당화해주는 존재로 전락해버리고 말았습니다. 다시 말하면, 특히 '제5공화국'이라고 불리는 국가권력이 성립된 이후 정권에 반대하는 국민에 대한 수배, 체포, 연행, 수사, 재판의 모든 절차는 경찰이나 검찰 또는 법원의 독자적 판단이 아니라 권력을 장악한 소수의 전횡적인 결정에 의해 좌우되었다는 점은 '법원에 현저한 사실'이라 하겠습니다. 그러므로 입건되었다는 것은 곧 유죄 판결을 의미하게 되었고, 수배되었다는 것은 체포·구속된다는 것을 의미하게 되었습니다. 헌법의 기본권 이

---

5. 박정석, 「진보가 우리를 자유케 하리라」, 5공정치범명예회복협의회, 『역사의 심판은 끝나지 않았다』, 살림터, 1997, 163쪽.

론이니, 죄형법정주의니, 유추해석 또는 확대적용의 금지니 하는 법이론은 교과서 속에서나 되뇌어지는 공염불에 불과하고, 결론은 '무조건 유죄!' 라는 상황이 되었습니다. 따라서 해명과 주장은 모두 헛된 것이고 변론은 공허한 메아리가 되었습니다.

…… 현실에서 체포가 가지는 의미는 그리 단순한 것이 아닙니다. 적어도 대한민국의 형사사법의 현실에서는 '체포' 란 단순한 자유의 박탈이 아니고 공권력의 조직적 폭력 앞에서 외부로부터 철저히 격리된 채 무방비의 상태에서 한없이 고문당하고 학대당하며, 좌경사상을 가지고 있다는 허위자백을 해야 하고, 무고한 학우나 동료를 공범으로 끌어대어야 하며, 진실이 밝혀져야 할 '신성한 법정' 에서는 어떠한 진실도 외면한 채, '무조건 유죄!' 라는 재판부의 절규를 끝으로 또다시 고문과 폭력이 기다리고 있는 기나긴 옥중생활을 시작하게 된다는 것을 의미합니다. 어떠한 고문을 해서라도 허위자백을 받아내고 무고한 사람들을 얽어넣으면 그 가해자는 포상을 받고 승진의 영광을 누리며 피해자는 고문의 결과를 승인하는 검찰과 법원에 의해 유죄로 되는 상황에서, 또한 권력의 궁극적 담당자들이 상상을 넘는 폭력으로 정권을 잡고 국민을 상대로 매일같이 '전투경찰' 을 동원하여 '진압작전' 을 하는 상황에서, 그리고 고문에 의해 죽은 자의 시체가 여기저기서 발견되어도 오히려 그 범행이 비호되는 상황에서, '고문을 해서는 안 된다' 는 생각은커녕 '고문을 하지 않으면 안 된다' 는 확고한 신념이 특히 '공안사건' 을 담당하는 대한민국의 수사기관 종사자들의 마음속에 자리잡게 된 것입니다.[6]

이렇게 보면 검사와 판사들이 소극적으로 고문사건을 비호하고 은폐했다기보다는 오히려 조장하고 확산시켰다고 할 수 있다. 고문자들이 꾸며낸 사건이 무

6. 박종철열사추모사업회, 「손해배상청구소송 소장」, 1988년 4월, 16~18쪽.

죄가 되고 고문 사실이 엄격히 조사되고 처단되는 대신, 오히려 어떻게 만들었던지 간에 유죄가 선고되고 고문의 호소는 무시되는 상황에서, 고문은 확산되고 고문자는 발호할 수밖에 없었다. 사법부가 제 구실을 했다면 사정은 많이 달라질 수 있었다.[7] 그러나 이미 법관이 법관 노릇을 못하는 시대에는 고문이 성행할 수밖에 없다. 이 시대에는 온통 고문의 피비린내와 피울음이 이 땅 위에 진동했다. 이러는 사이 법은 누더기가 되고, 원망과 조롱의 대상이 되며, 법치주의와 법의 권위와 위신은 땅에 떨어졌다. 법 절차는 단지 권력자의 폭압을 정당화하는 수순에 지나지 않았다.[8] 법정에 선 피고인들이나 그들의 변호인들은 이런 점을 수없이 지적하고 있었다.

　　::　　법원은 적어도 이 사건에서와 같은 수사기관의 명백한 범죄적 불법수사와 그 열매로서의 부당한 공소제기는 이를 사후적으로라도 억제시켜야 할 인권옹호적 기능을 외면치 말아야 할 것이므로, 형사소송법 제327조 제4호를 유추적용하여 마땅히 이 사건 공소를 기각하여야 한다. 이 사건에 있어서의 수사기관의 불법유책의 정도는 지나치게 극심하여 만일 그 수사결과를 토대로 한 공소제기를 허용한다면, 사법권은 물론 검찰권의 인권옹호적 기능을 철저히 무시함으로써 결과적으로 사법권 및 검찰권에 대한 국민적 불신감을 유발 또는 조장시킬 뿐이어서, 궁극적으로 국가형벌권의 적정한 실현을 결정적으로 훼손시킬 것이기 때문이다.[9]

　　::　　사법부가 본인 등에 대한 부당한 장기 불법구금 상태에서 공갈·협박·고문

---

7. 한홍구도 같은 생각이다. 한홍구, 「살인인가, 사고인가」, 2004년 12월 6일자 『오마이뉴스』 기사.
8. 바로 이런 점 때문에 '사법살인'이라는 말이 나왔다.(자세한 것은 인혁당사건 부분 참조) '재판이라는 형식을 빌려 합법을 가장해 죽인 방식' 즉 '사법살인'으로 지적되는 사례는 1959년의 조봉암과 1961년의 『민족일보』 조용수, 그리고 1975년 인혁당 인사들의 사형 등이다. 안병욱, 「의문사 진상규명의 현대사적 의미」, 『의문사 진상규명의 역사적 의의와 전망』, 민주사회를위한변호사모임, 2000년 12월 11일, 2쪽.
9. 김근태 고문사건에 대한 변호인들의 변론요지. 민주화운동청년연합·민주화실천가족운동협의회, 『민청련탄압사건백서─무릎 꿇고 살기보다 서서 싸우길 원한다』, 1986, 92쪽.

등에 의하여 진술된 신빙성 없는 공판 준비를 위한 수사자료 등과 증인들의 임의성 없는 진술서·자술서 등에 의한 공소 사실의 적법 인정과 또 증거가치도 없고 증거능력 또한 부여할 수 없는 자료를 이용하여 유죄 증거로 삼는다면, 이것은 곧 사법부가 행정부에서 자행한 고문정치의 인정, 권력집단에 의한 법의 남용, 폭력 및 강권에 의한 인간생존권의 박탈 등을 합법화시켜준다는 논리밖에 성립될 수 없다고 그 당시 허무한 사법부의 생태를 꼬집고 있다.[10]

광범한 인권침해가 지난 반세기를 휩쓴 것은 독재자인 이승만, 박정희, 전두환, 노태우만의 책임은 아니다. 오히려 이들 독재의 손발이 되어준 경찰, 검찰, 사법부의 책임이 더 크다. 결국 고문과 인권침해의 희생자들에게 구속영장을 발부하고, 판결하고, 형을 집행하면서 그 공소장과 판결문과 집행서류에 날인한 것은 실질적으로 검사이고 판사였기 때문이다. 그러므로 모든 역사의 책임을 독재자 한 사람에게 미루는 것은 용납할 수 없는 일이다. 왜냐하면 그 시대에도 용감하게 자신의 본분을 지킨 법조인이 있었기 때문이다. 고문과 조작으로 점철된 1차 인혁당사건을 수사한 뒤 기소를 거부한 서울지검 공안부 검사들의 용기는 우리의 현실에 비추어 참으로 가상한 것이었다.

문: (기소 못하겠다고 사표를 낸) 과정을 말씀해달라.

답: 일단 검사장 방에 (공안부장 및 공안부 검사) 4명이 들어갔는데, 1명이 화장실 갔는지 안 보이더라. 어쨌든 이용훈 부장, 김병리 검사, 나 3명이 들어갔고, 검사장님, 차장 검사님이 야단도 치기도 하고 달래기도 하고 역정도 내시기도 했지만, 저희가 그 자리에서 야단친다고 마음이 바뀔 정도로 경망스럽게 행동한 게 아

---

10. '아람회사건' 피고인 황보윤식의 상고이유서. 황보윤식, 「나와 아람회사건」, 5공정치범명예회복협의회, 『역사의 심판은 끝나지 않았다』, 살림터, 1997, 69쪽.

니기 때문에 결국 거기에서 버티다가 사표는 그대로 기록 위에 얹어놓고, 시간이 가도 늘 똑같으니까 할 말도 없고 해서 나왔다. 그날 숙직 검사가 기소해서 기소된 걸로 나중에 언론에 보도됐다.

문: 불이익을 당하지 않았는가?

답: 요새 와서 생각해보면 일절의 불이익을 주지 않았다. 흔히 있는 좌천, 당시 공안부장님이 지청장 발령이 났는데 끝까지 거부해서 사표가 수리됐고, 우리는 자리도 옮기지 않았다.[11]

사실 아무런 불이익을 받지 않았다는 것이 신기하다. 불이익을 받을 각오를 하고서라도 했어야 했던 일이고 또 그렇게 했다.[12] 이에 비해 2차 인혁당사건은 모든 법조인을 부끄럽게 했다. 중앙정보부까지 나가 출장신문을 하고 피의자들의 부인에게까지 구타를 서슴지 않았던 검사들은 아예 고문자와 '한통속'이 되었다. 수사기관에 불과한 검사는 그렇다 치고, 공포 분위기의 법정과 고문피해 호소의 무시, 가족은 물론이고 변호인의 피고인 면담 거부, 공판조서 위조와 변호인 증인의 완전한 거부 등 도저히 믿을 수 없는 절차로 사형을 선고했던 재판은 마땅히 '법을 통한 집단학살'[13] 또는 '사법살인'으로 규정당해도 변명의 여지가 없다.[14] 이들은 바로 당시 대법원 판사들이 살인한 것이나 마찬가지였다.

그런데 검찰은 물론이고 사법부, 심지어 변호사들까지 아무리 그 체제가 비민주적이고 폭압적이라고 하더라도, 이미 거기에 순응하고 그 체제를 유지해야

---

11. 당시 공안부 검사였던 장원찬의 증언. 천주교 인권위원회, 『사법살인─1975년 4월의 학살』, 학민사, 2001, 297쪽.
12. "일단 그런 사건이 있고 보면 사람 만나는 데 조심하게 된다. 동창이든, 고향 사람이 됐든 정보부의 보복을 받을지 모르니 처신하는 데 조심했다", "당시 기록을 몽땅 사진을 찍었다. …… 기록이 후에 뒤바뀌지 않게 조작가능성 여지를 없애고, 조작됐을 때 우리가 거꾸로 동조자로 몰릴 위험성도 약간 거론되었다" 등의 진술을 보면 기소 거부로 인한 보복이나 역공을 우려한 것은 사실이다. 장원찬의 증언, 천주교 인권위원회, 앞의 책, 299쪽.
13. 서중석, 「유신체제의 수호와 민청학련사건」, 천주교 인권위원회, 앞의 책, 13쪽.
14. 박홍규, 「인혁당 재건단체 사건과 법」, 천주교 인권위원회, 앞의 책, 226쪽 이하 참조.

한다고 교육받고 적응되어 있었다.[15] 서열주의, 동창의식으로 한통속이 되고, 자기검열과 반공문화와 반공의식으로 세뇌되고 동화된 법조인에게 이미 체제에 대한 비판의식은 마비되어 있었다. 학생시절 데모한 법대생은 사법시험에 합격할 수 없고, 판사들이 새마을교육에 참여하며, 판사 출신이 청와대 비서관으로 임용되어 사법정책을 좌지우지하고, 반공법 위반사건에 대해 무죄를 선고한 판사는 용공판사로 낙인찍히며, 권력에 저항하는 판결을 한 판사는 인사에 곧바로 반영되어 '유배'를 가야 했던 정치 상황에서, 결국 체제가 요구하는 사람들로 순치되지 않을 수 없었던 것이다. 한국 사법사상 가장 끔찍한 일은 아무래도 다음의 사례이다.

> :: 박 대통령 시해사건 판결에서 소수의견을 낸 6명의 대법관에 대한 5공 신군부의 폭거는 폭력 앞에서 사법부가 얼마나 무력한지를 보여준 사례. 대법원 전원합의체가 김재규 피고인에 대한 사형선고에 합의한 당시 김 피고인에게 내란죄가 아닌 일반살인죄를 적용해야 한다고 주장한 양병호 대법원 판사 등이 군 수사기관에 끌려가 모진 고문을 당했고, 이들은 끝내 법복을 벗을 수밖에 없었다. 당시 법원은 서슬 퍼런 신군부의 위세에 눌려 자신의 소신을 표명하지 못했다.[16]

당시는 대법원 판사가 자신의 소신을 피력했다고 군 수사기관에 끌려가 모진 고문을 당하는 시대였다. 이러한 점에서는 판사들의 보신주의와 군사정권 협력의 태도를 마냥 비난하기는 어렵다. 그러나 그렇다면 얼마든지 사표를 내고 변호사를 할 수도 있지 않았던가. 군사정권 아래에서 고문을 방조하고 그 보상으로

---

15. James M. West & Edward J. Baker, "The 1987 Constitutional Reforms in South Korea: Electoral Process and Judicial Independence", *Harvard Human Rights Year Book*, Vol. 1, Spring 1988, p. 168 이하에 자세히 설명되어 있다.
16. 「김 대법원장 사퇴로 본 '굴절의 역사'」, 1993년 9월 11일자 『동아일보』 기사.

법복을 입고 있었다는 것을 어떻게 설명할 수 있겠는가. 그래도 이승만 정권에서는 김병로 대법원장이 버티고 있었고, 시국사건에 가끔 무죄가 선고되기도 해 사법부의 기개가 완전히 땅에 떨어지지는 않았다. 그런 기개가 독재권력을 견제할 수 있었던 것이다. 그런데 5·16쿠데타가 일어나고 사법파동과 유신을 거치면서 사법부는 독재권력의 하수인이 되고 말았다. 기개도, 소신도, 명예도 모두 땅에 떨어졌다.

그럼에도 불구하고 그 시대에는 어쩔 수 없었다는 변명을 해서는 안 된다. 소수이지만 올바른 판결을 하고자 했고, 그런 이유로 재임용에서 탈락하거나 스스로 사임한 사람들이 있었던 것이다. 또한 대부분의 판·검사들이 단지 어쩔 수 없이 했다기보다는 훨씬 더 적극적으로 고문가해자들을 은폐하고 비호했으며, 오히려 고문피해자들을 공박하고 단죄하지 않았던가. 앞에서 일일이 나열한 수많은 고문피해 사례들은 모두가 검찰의 피의자 신문 단계에서 또는 법정에서 당사자가 주장한 것이었다. 일부는 밝혀졌지만, 그것은 모두 진실이었고 피 끓는 고통이었으며 치 떨리는 최악의 범죄행위였다.[17] 도대체 어떤 심정으로 검사와 판사는 그들의 호소를 들었단 말인가! 예컨대 이런 호소, 이런 간구, 이런 절규를 검사와 판사들은 어떻게 들었는가.

    ∷   죄 없는 여동생까지 끌어다가 신체적 만행을 자행하고 상고인인 오빠로 하여금 이를 목격하도록 했을 때 상고인은 차라리 죽을 수 있는 방법이 무엇일까 찾아보았습니다. …… 상고인과 권운상 씨의 앞에서, 제3반장 권 모 경감의 지휘 아래 오 모, 유 모 수사관과 특히 윤충훈 수사관에 의해 갖은 고생을 하며 고등학교를

---

17. 일부에서는 고문의 주장을 제대로 살피지 않고 판결한 재판관들에게 형사 처벌을 요구하기도 했다. 예컨대 '동아대 자주대오 사건'의 경우 '동아대간첩단사건진상규명을위한시민사회단체공동대책위원회'는 "법관에 대한 엄중한 처벌"을 요구했다. 「동아대 간첩단, 물증 없이 선고」, 1998년 2월 18일자 『인권하루소식』 기사.

겨우 졸업하고 제대로 기 한번 펴보지 못하고 자란 제 여동생을 23세나 되는 가엾은 여동생을 옷을 발가벗기고 수갑을 뒤로 채우고 코에다 물을 들이붓는 만행을 서슴지 않고 자행했던 것입니다. 상고인은 지금 이 글을 쓰면서 견디기 어려운 치욕과 분노와 수치를 온몸으로 감당하며 정신을 수습하고 있습니다.[18]

2) 판·검사의 고백이 필요하다

∷　('국가보안법, 고문·용공조작 피해자 증언대회'가 진행되는) 이날 이들의 증언을 듣던 박연철 변호사도 법조인으로서 침통함을 감추지 못했다. 박 변호사는 "증언을 들으며 다 우린 허수아비 검사·법관·변호사였다는 생각이 들었다"며, "그것은 나의 범죄였다는 우리 사법부의 자기고백이 필요하다"고 제언했다.[19]

과거 소장법관들 사이에 과거에 대한 사법부의 반성과 참회의 움직임이 잠깐 있었다. 이른바 '정치판사' 논쟁도 일었다. 1988년 제2차 사법파동, 1993년 '정치판사' 퇴진운동 등 내외부의 사법개혁을 위한 진통이 없지는 않았다.

∷　1988년 6월 15일 전국 335명의 판사들은 '새로운 대법원 구성에 즈음한 우리의 견해'라는 성명을 발표, 김(용철) 대법원장과 대법관 전원의 교체를 주장했다. 이들은 또 기관원들의 법원 상주 반대, 법관들의 청와대 파견 근무 중지, 유신악법 철폐 등을 주장했다. 이 같은 분위기의 영향으로 김 대법원장의 재임명은 결국 무산됐다. 김 대법원장의 사퇴로 수그러들던 판사들의 반발은 노 대통령이 정

18. 대한변호사협회 인권위원회, 「미스유니버스대회 방해음모사건 황인오, 권운상 씨의 경우」, 『고문근절대책공청회 자료집 — 고문 피해의 증언』, 1987, 15쪽.
19. 김지은·박상규, 「증언자도 청중도 눈시울을 붉혔다」, 2004년 12월 16일자 『오마이뉴스』 기사.

기승 씨를 대법원장으로 임명, 국회의 동의를 받는 과정에서 재현됐다. 당시 사법연수원생 181명은 정 대법원장이 임명된 7월 1일 '사법부의 독립에 관한 우리의 견해'라는 성명을 발표, "정 대법원장의 개인적 능력을 떠나 사법부에 대한 실추된 국민의 신뢰를 회복하기에 미흡하다"고 주장했다.

이 여파로 결국 여소야대 국회에서 정 대법원장은 사상 초유의 임명동의안 부결이라는 불명예를 안을 수밖에 없었다. 사법부의 잇따른 파동은 새 정부에 들어서서도 계속됐다. 지난 7월 1일 사회 전역의 개혁 물결 속에서 발생한 서울민사지법 소장판사 40명의 사법부 개혁 촉구성명은 대한변협에 의해 정치판사 퇴진 요구로까지 확대됐고, 미처 변화에 적응하지 못한 사법부에 큰 충격으로 작용했다. 김덕주 대법원장의 도중하차가 직접적으로는 재산 공개에서 비롯됐지만 이미 소장판사들의 개혁 요구에서 사법부의 격변은 예고됐다고 볼 수 있다. 김 대법원장은 개인적으로 지난 79년 서울민사지법원장으로 재직하면서 김영삼 당시 신민당 총재에 대한 직무정지 가처분신청을 받아들였고, 지난 90년에는 법정구속됐던 전두환 전 대통령의 처남 이창석 씨를 보석으로 풀어줘 구설수에 휘말리기도 했다.[20]

그러나 그것은 잠시 지나가는 움직임이고 바람일 뿐이었다. 소장판사들의 몸부림이고, 일부 판사들의 요구일 뿐이었다. 아직 공개적이고 공식적으로 사법부의 과거에 대한 반성은 없었다. 그동안 정치권[21]이나 사회운동단체들에서 '정치판사'에 대한 정화 요구가 없었던 것은 아니다. 그러나 지속적이지도 못했고 유의미한 결과를 낳지도 못했다. 언젠가는 검찰과 사법부 스스로가 공식적인 사

20. 「김 대법원장 사퇴로 본 사법부 '굴절의 역사'」, 1993년 9월 11일자 『동아일보』 기사.
21. '5·6공 당시 정치적으로 민감한 시국사건의 재판을 맡았던 법관 명단'이 국정감사 자료로 국회에 제출되었다. 지난 1986년에 발생한 유성환 의원의 국시논쟁사건(당시 재판장 박영무 서울고법 부장판사), 부천경찰서 성고문사건에 대한 재정신청사건(당시 재판장 이철환 인천지법원장), 안기부 직원 흑색선전물 살포사건 등이 의원들에 의해 대표적인 시국사건으로 분류되었다. 「시국사건 재판, 법관 명단 공개—대법원 국감자료」, 1993년 10월 5일자 『동아일보』 기사. 그러나 그 이후 아무런 후속조치들이 취해지지 않았다.

과를 할 필요가 있다. 그리고 그 사과 뒤에는 과거 사법의 희생자였던 많은 사람들에 대한 판결이 무효화되고 진실이 드러나야 할 것이다.

사실 대부분의 판·검사들은 독재권력에 저항하지 못하고 관행이라는 이름으로 피해자들의 하소연과 강력한 항의에도 불구하고 이를 무시한 기소와 판결을 거듭해왔다. 그리고 그 대가로 영진과 승진의 보답을 받기도 했다. 불의한 기소와 판결에 대한 대가를 노린 일부 출세주의자들도 있었겠지만, 대부분은 마지못해 대세에 밀려 대응했을 것이다. 그렇더라도 결과는 같았다.

::   서성 판사[22]의 승진 소식을 들으면서 선뜻 축하해주고 싶은 마음이 되지 않는다.…… 서성 씨에 대해 기분이 좋지는 않지만, 그 개인을 얘기하자는 것이 아니고, 우리 사회의 법원의 독립, 법관이 독립이 사실상 형해화되어 있다는 것을 주장하고 싶은 것이다. 이런 상황 아래에서, 다시 말하면 정치군부에 유리하게 했는가 아니면 불리하게 판단을 내렸는가가 법관의 인사 조치에 영향을 미치고, 또 그렇게 추측되는 상황에서 자유심증주의는 매우 위험한 도구로 전락되어버리는 것이다. 그건 최악의 경우, 엿장수 마음대로, 오야 마음대로, 결국은 정치군부 마음대로 민주화 실현을 저지하고 국민을 탄압하는 방편이 될 수 있는 것이다. 아니 벌써 그렇게 되어버린 것이 아니겠는가.

…… 이처럼 자유심증주의라는 이름으로 정치군부는 사실상 자신들 마음대로 할 수 있게 되었으니, 이번 법관의 인사는 그것을 더 한층 확고한 것으로 만들어버렸

---

22. 서성 판사는 김근태 고문사건의 1심 재판장이었다. 김근태는 서성 판사의 재판 진행을 뒤에 이렇게 부연하고 있다. "1심 재판부는 예단과 편견 배제의 원칙을 저버리고, 공정성을 잃어버림으로써 판결에 영향을 미쳤다. …… 서성 판사는 공소 제기일부터 제1회 공판기일까지 근 두 달여 동안 단독결정으로 가족면회를 금지시켰다.……정치군부가 고문 증거를 인멸할 상당한 시간이 필요했던 것이 그 진정한 이유이다. …… 서성 판사는 제1회 공판기일부터 …… 가족과 민주인사들의 재판 방청을 사실상 방해하였고 그럼으로써 고문을 규탄하고 항의하는 분위기를 삭히는 데 무엇보다 노력하였다. 아무 이유 없이 방청인 수를 대폭 제한하였으며, 그나마 절반 정도는 기관원 또는 그렇게 동원된 사람들에 의해 점거되게 하였다. …… 제1회 공판조서의 기재 내용이 지나치게 부실하여 이에 대해 변호인도 나도 이의제기를 하여 시정을 요구하였지만 거절하였다. …… 증인 심문 단계 중간쯤부터 서성 판사는 공정성을 저버리고, 유죄를 예단케 하는 도발적 질문을 증인에게 두서없이 던졌으며 나에게도 그런 질문을 하였다." 김근태, 「남영동」, 중원문화, 1987, 143∼145쪽.

다. 현직 판사로서 국가보위입법회의에 나갔던 사람들, 청와대 비서관을 했던 사람이 법원의 여러 요직에 발탁되어 임명되고 있는 것이 그것을 잘 말해주고 있는 것이 아니겠는가.

…… 폭력적 경찰, 나아가서 검찰이 야만적 정치군부의 하수인임을 모르는 사람은 없다. 유신시대에서 본 것처럼, 5·17과 광주사태 이후 경험한 바와 같이 법관도, 법원도 이미 정치군부의 품속으로 들어간 것이다. 그럼에도 불구하고 사실 아직도 우리는 미련을 갖고 있는 것이다. 거듭 소용없는 일임을 시퍼런 두 눈으로 확인해가면서도. 정치군부의 폭력적 본성을 논리라는 당의정으로 겹겹이 싸바르는 지식인들이여! 법관들이여! 이제 당신들은 최종적인 선택을 하여야 한다. 어느 편에 설 것인가. 우리시대의 대의인 민주화 실현 대오에 설 것인지, 아니면 끝끝내 정치군부 옆에서 영원히 민족과 역사의 저주를 받을 것인지, 선택하라! 선택하라! 무엇을 선택할 것인지는 당신들의 자유이다.[23]

불행하게도 법관들은 대체로 후자를 '선택'했다. 그런데 그 잘못된 '선택'에 대해서는 책임을 져야 한다. 시대가 바뀌어 사회가 민주화되고 과거 사건에 대한 엄벌 사례가 없지는 않으나 그것으로 과거시대의 잘못이 용서될 리 만무하다.[24] 그 시대로 되돌아가 검찰과 법원의 행태를 반추하는 것만으로도 우리가 얼마나 반인권적이고 야만적인 시대를 살아왔는지 알게 될 것이다. 진실로 부끄러워라, 판·검사여, 그대의 이름이여!

---

23. 김근태, 앞의 책, 137~139쪽.
24. "사건 발생 7년 11개월, 재판에 회부된 지 4년 9개월 만에야 고문경관들에 대해 법정구속이라는 사실상의 처벌이 이뤄진 것은 정치 상황에 따라 왜곡돼온 법원과 검찰의 실상을 엿보게 하는 대목"이라는 김근태 고문사건에 관한 논평에서 알 수 있듯이 검찰과 법원의 정치적 상황에 따른 기회주의적인 태도를 확인할 수 있다. 「5년 우여곡절 끝 단죄—김근태 씨 고문경관 법정구속 의미」, 1993년 7월 24일자 『동아일보』 기사.

2. 검찰의 수사 지휘와 묵인, 직접적인 고문행위

1) 고문경찰관에 대한 검찰의 묵인과 은폐

검사의 협박 — 석달윤 씨의 경우

:: (1980년) 10월 6일 검찰에 송치되어 서대문구치소 조사실에서 공안부 변진우 검사에게 조사를 받았다. "혹독한 고문에 못 이겨 거짓자백했다"라고 호소하자 검사는 중앙정보부 의견서를 바닥에 내팽개치면서 "이 사람 다시 정보부로 보내"라며 동석했던 검사서기에게 명령했다. '다시 정보부로 보내져 고문받으면 죽게 된다'는 공포감이 들었다. 검사의 협박에 굴복하여 중앙정보부에서 허위자백한 그대로 진술서를 작성하였다. 검사는 진술서를 읽어본 후 "서울에 가까운 친척이 없느냐"고 물어 서울에 사는 고종사촌의 연락처를 가르쳐주었다. 몇 시간 후 사촌이 검찰청에 도착하자 변 검사는 석달윤에게 허위로 작성된 진술내용을 말하라고 협박하여 검사가 시키는 대로 사촌에게 말했더니, 검사는 이 사실을 증거로 재판부에 증거보전신청을 하였다.[25]

검사가 직접 고문을 한 것은 아니지만, 47일간 불법구금과 갖은 고문으로 조작된 중앙정보부의 수사내용을 증거능력 있는 검찰조서로 합법화하는 장면이다. 더구나 친척까지 불러 자백을 듣게 하고 그것으로 법원에 증거보전신청을 내는 검사의 모습은 참으로 안타깝다. 이 사례를 보면 검사는 정보부의 고문으로 강제된 허위자백이라는 사실을 너무나 잘 알고 있었고, 법원에서 번복할 것에 대

25. 국가보안법폐지국민연대, 「국가보안법, 고문·용공조작 피해자 증언대회 자료집」, 2004년 12월 16일, 30쪽.

비해 면밀하게 대응하고 있었다.

전국민주학생연맹사건과 이태복

변호사: 검찰에서 작성된 피의자 조서에서는 민주학생연맹, 민주노동자연맹이 사회주의혁명을 하기 위한 반국가단체로서 조직했다고 전부 시인하는 양 되어 있는데, 검찰조서는 어떻게 작성이 되었습니까?

이태복: 검찰조서가 작성된 데에는 3가지 이유가 있습니다. 첫째, 검찰로 넘어오기 전에 대공에서 "검찰에서 쓸데없는 얘기를 하면 다시 불려와서 가만 안 두겠다"는 위협을 했고, 둘째, 민주노동자연맹에 대한 조사를 대공에서 진행 중일 때였고, 민주학생연맹사건만 수사가 끝나 검찰에 송치되어 즉 두 군데서 왔다 갔다 하며 수사를 받고 있었기 때문에 검찰에서 부인하면 다시 위협당할 것이 두려웠고, 셋째, "나는 공산주의자가 아니다. 공산주의 체제는 인간의 존엄과 자유를 부인하는데 어떻게 내가 공산주의자냐"라는 말을 하자, 검사가 고함을 치며 그런 소리를 못하게 얘기를 막아버렸습니다.

변호사: 검찰에서 시인하였습니까?

이태복: 아닙니다. 시인한 적은 없습니다. 그 당시 검사는 「최근 대학가의 좌경화 동향과 문제점」이라는 제목의 의견서 책자를 보고 있으면서 혼자 묻고 대답했습니다. 제가 문답을 한 것은 인적 사항만 문답을 했고, 사건과 관련된 사항은 검사가 자문자답하며 직접 타자를 칠 때도 있었고 나중에 타자수를 불러 쳤습니다. 검찰이라 하면 법을 전공한 법조인으로서 사법경찰이 닦아온 터전보다는 좀더 높지 않겠느냐고 생각했는데 제가 겪어본 경험에 의하면 사법경찰관보다 오히려 더하지 않았느냐 싶습니다. 고문당했다는 것을 검사는 알고 있는데도 우리 사건 때문에 휴가도 못 갔다고 했는데, 검찰조서는 경찰조서와 다를 바 없다고 봅니다.[26]

김근태 고문사건과 검찰의 고문사실 은폐

:: 인재근 씨는 고문당한 과정도 엄청났지만 고문을 은폐하는 과정이 더욱 가증스럽다고 분노한다. 그러나 고문한 사람과 고문받은 사람의 '싸움'은 85년 9월 26일로 끝나지 않았다. 오히려 싸움은 그 이후 훨씬 확대되어 오늘에 이르고 있고, 그것은 앞으로 언제 끝날지 가늠할 수 없는 싸움으로 계속될 것 같다.…… 김근태 씨에 대한 가족·친지 등의 접견은 엄격히 금지되었고, 변호인 접견조차 장기간 실현되지 않았다. 김 씨의 변호인단은 10월 14일부터 11월 29일까지 도합 18차례에 걸쳐 구치소를 방문, 접견신청을 하였으나 그때마다 김 씨가 검찰청에 출정하였다는 이유로 접견을 거절당하였다.…… 김 씨는 법정에서 변호사 물음에 이렇게 답변하였다. "구치소의 출정과는 변호사 접견실 바로 맞은편에 있습니다. 본인이 생각하기에 이것은 변호인 접견신청을 받은 후 검찰청에 연락해서 본인을 출정시킨 것으로서, 본인에게 가해진 잔혹한 고문의 흔적을 은폐, 증거인멸을 하기 위한 것입니다. 검찰청까지 가서 그냥 돌아온 일이 한두 번이 아니며, 검사실에 들어서기가 무섭게 오늘은 시간이 늦었으니 그냥 돌아가달라고 이야기를 들은 적도 많다는 사실이 그 증거입니다."[27]

그후 김근태 씨의 담당검사였던 김원치 검사가 "송치된 직후 김 씨가 고문사실을 얘기하고 다리를 절룩거려 고문이 있었을 것으로 짐작했으나, 수사해달라는 명확한 의사를 밝히지 않아 수사하지 않았다"라고 말했다는 사실이 이근안 체포 후 서울지검 강력부(부장 문효남)의 수사과정에서 밝혀졌다.[28] 어떻게 이게 변명이 될 수 있는가. 담당검사로서 피의자가 경찰에서 고문을 받은 사실을 알았으

26. 대한변호사협회 인권위원회, 「전국민주학생연맹사건 이태복 씨 경우」, 「고문근절대책공청회 자료집—고문 피해의 증언」, 1987, 7~8쪽.
27. 서중석, 「재정신청 1년 넘긴 김근태 고문의 전말」, 「신동아」 1988년 3월호, 529~531쪽.
28. 「'김근태 씨 고문 검찰 은폐」, 1999년 12월 17일자 「한겨레신문」 기사.

면 당연히 경찰 수사관들을 입건해 독직폭행으로 수사를 해야 마땅하지, '명확한 의사를 밝히지 않아' 수사를 안 했다는 것인가. 법으로 따지면 직무유기에 해당한다. 그뿐이 아니다. 이 시기에 검찰 고위간부들이 고문 은폐를 위한 대책회의까지 열었던 사실이 밝혀졌다.

> :: 검찰(서울지검 강력부)은 또 (1999년 12월 16일 이근안에 대한 종합수사결과를 발표하면서) 박처원 당시 치안본부 대공수사단장한테서 "김 씨의 고문 주장이 제기되자 전희찬 안기부 대공수사국장, 정형근 안기부 대공수사단장, 최환 공안부장, 김원치 검사 등과 함께 서울 남영동 대공분실에서 대책회의를 열었으며, 이 자리에서 김 씨에 대한 면회·접견금지 및 상처 조기 치유 방안 등을 논의했다"는 진술을 받아냈다고 밝혔다.[29]

박종철 군 고문치사사건과 검찰의 은폐

박종철 군 고문치사사건 자체도 정권을 뒤흔드는 사건이었지만, 그 이후 벌어진 여러 차례의 은폐조작 역시 정권의 도덕성을 뒤흔드는 사건이었다. 문제는 이 과정에 검찰이 깊숙이 개입하고 있었다는 사실이다. 먼저 박종철 군 가족들이 관련자들에게 민사배상 책임을 묻는 민사소송 소장에 나타난 내용을 보자.

(2) '관계기관 대책회의' 등에 의한 은폐·축소조작 음모

가. '관계기관 대책회의'에 의한 은폐 음모: 같은 달(1987년 1월) 17일 오후 정보보고를 통해 박 군의 고문살해 사실을 알게 된 국가안전기획부장이던 피고 장세동은 이 사건의 진상이 밝혀지면 당시 정권이 큰 타격을 입게 될 것이라고 예상하여 그

---

29. 1999년 12월 17일자 앞의 「한겨레신문」 기사.

진상을 은폐하기로 마음먹고, 국가안전기획부 차장이던 피고 이해구에게 '관계기관 대책회의'를 개최하여 사건의 은폐·축소조작과 국민들의 추모 및 항의집회 봉쇄 등을 골자로 하는 정부의 대책을 논의하라고 지시하였습니다. 이에 피고 이해구는 대통령사정담당 수석비서관이던 피고 김종건, 내무부장관이던 피고 김종호, 검찰총장이던 피고 서동권과 함께 이른바 '관계기관 대책회의'를 개최하여 박 군의 고문살해사건에 대한 정부의 대책을 논의하였는바, 이들은 이미 의사 오연상의 증언 등이 신문에 보도되어 이 사건에서 고문 사실 자체를 부인하는 것은 불가능한 상황이므로 고문행위 중 약간의 구타와 물고문만을 시인하고 전기고문 사실은 부인하여 고문의 잔혹성을 은폐한다, 관련자도 5명의 고문살인범 중 2명만을 범인으로 발표한다, 이 사건의 수사는 검찰이 하지 않고 경찰이 하며, 박 군의 가족들에 대해서는 경찰이 매수·협박 등을 통해 무마하고, 앞으로 예상되는 국민들의 추모행사와 항의집회 등은 경찰력을 동원하여 원천적으로 봉쇄함으로써 군사정권에 대한 범국민적인 항의가 확산되는 것을 방지한다는 등의 기본 방침을 결의하였습니다.

나. '당정 대책회의'에 의한 은폐 음모: 같은 날 오전 내무장관이던 피고 김종호, 법무장관이던 피고 김성기, 문교부장관이던 피고 손재석, 민주정의당 사무총장이던 피고 이춘구 등은 이른바 '당정 대책회의'라는 집회를 열어 박 군의 고문살해사건에 대한 대책을 논의하면서 위 (가)항의 '관계기관 대책회의'의 은폐·축소조작 방침에 따르되, 관련자들을 행정적으로 문책하여 여론을 무마하며, 민정당은 야당의 국회 국정조사권 발동 요구를 저지하고, 문교부는 서울대를 비롯한 대학생들 및 대학교수들의 추모와 항의집회 등을 봉쇄하고, 내무부와 법무부는 국민의 추모 및 항의집회를 폭력적으로 봉쇄함으로써, 이 사건의 진상이 폭로되고 국민적인 분노가 확산되는 것을 저지하기로 결의하였습니다.

다. 같은 날 오후 위 (가)항의 '관계기관 대책회의', (나)항의 '당정 대책회의'의 은폐·축소조작 모의결과를 피고 김성기와 피고 서동권으로부터 전달받고, 그 모의 내용대로 수사 방향을 잡아가도록 지시받은 피고 정구영(서울지검장)은 이에 적극 찬동하여 당시 주임검사로 지명된 피고 신창언 등을 불러 다시 위 모의결과를 통보하여 그 내용대로 실행할 것을 지시하고…….

(4) 검찰의 은폐·축소조작

가. 위 (2)의 (다)와 같이 은폐·축소조작에 가담하기로 결의한 피고 정구영은 1987년 1월 24일 수사결과를 발표하면서 "전기고문은 없었다", "고문행위자는 2명뿐이다", "박 군은 연행된 것이 아니라 임의동행한 것이다", "박 군의 시체는 유가족의 책임하에 화장되었다"는 등의 거짓말을 함으로써 사건의 진상을 은폐·축소조작하였습니다.

나. 피고 정구영·서동권·김성기는 같은 해 2월 27일경 담당검사이던 안상수가 작성한 은폐·축소사건에 대한 수사계획서와 영등포구치소장이 작성한 피고 조한경·강진규의 기록을 통하여, 피고 조한경·강진규가 사건의 은폐·축소조작을 공개할 움직임을 보인다는 사실을 알고, 그 무렵 주임검사이던 신창언 등에게 그 대책을 마련하도록 지시하였습니다.

다. 이와 같은 지시를 받은 신창언은 우선 은폐·축소조작이 밝혀지지 않게 하기 위해서 3월 7일 피고 조한경·강진규를 의정부교도소로 이감시킨 후 면회제한 조치를 취하게 하였으며, 당시 피고 조한경·강진규에 대한 사건을 배당받은 서울형사지방법원에 위 피고들에 대한 은폐·회유를 할 동안 공판을 시작하지 말아달라고 협조를 요청하였습니다.

라. 피고 김성기·서동권·정구영 등은 1987년 5월 18일 천주교정의구현 전국사제단이 '박종철 군 고문치사사건의 진상이 조작되었다'는 제목의 성명을 발표하여 은폐·축소조작이 폭로되자, 같은 달 19일 담당검사였던 안상수로 하여금 "사제단

의 성명서 내용은 일고의 가치도 없는 것"이라고 주장하면서, "조 경위나 강 경사가 진범이 아니라면 고문치사죄를 뒤집어쓰고 중벌을 받게 되는데, 누가 그런 죽을죄를 뒤집어쓰겠는가"라고 말하게 하여, 계속적으로 위 은폐·축소조작 음모를 감추려고 노력하였습니다.

마. 그 무렵 피고 정구영·서동권·김성기 등은 위 사제단 성명으로 더 이상 사건의 은폐가 불가능해지자 그 대책을 논의하던 중 피고 황정웅·이정오·반금곤 등만을 고문살해범으로 추가 구속하는 선에서 이 사건을 계속 은폐하기로 결의하고, 피고 정구영은 이에 따라 같은 달 21일 위 3명의 구속 사실을 발표하면서 "더 이상의 배후나 공범은 없다"고 하고, 검찰은 고문살해범이 3명이 더 있다는 사실을 "5월 초순경" 알았다는 등의 거짓말을 하여 사건을 은폐·축소조작하였습니다.

바. 같은 달 22일자 『동아일보』의 은폐·축소조작 음모 폭로에 따라, 같은 날 오전과 오후 개최된 이른바 '당정 대책회의'라는 명목의 집회에서 피고 김성기·이춘구 등은 은폐·축소조작사건의 배후로서 피고 박처원·유정방·박원택을 구속하여 국민여론을 무마하고, 그 이상의 배후나 사건의 진상은 은폐하기로 결의하고, 이에 따라 피고 김성기·서동권은 당시 대검찰청 중앙수사부장이던 한영석으로 하여금 같은 달 29일 피고 박처원·유정방·박원택 외에는 전혀 은폐조작에 가담한 자가 없다는 허위의 발표를 하게 하였습니다.

사. 1988년 1월 16일 부검의사 황적준의 일기장 공개로 인하여 피고 강민창의 은폐·축소조작 사실이 발표되자, 피고 서동권·정구영은 대검찰청 중앙수사부장 김경회로 하여금 관계기관 대책회의의 은폐·축소 음모 및 검찰과 법무부 간부인 피고 김성기·서동권·정구영 등의 은폐·축소조작 행위, 그리고 안기부장인 피고 장세동, 차장인 피고 이해구 등이 안기부 소속 직원을 통하여 피고 조한경과 강진규를 회유하려 한 바 전혀 없었다고 허위의 수사결과를 발표하게 하여 이 사건을 은폐·축소조작하였습니다.[30]

당시 박종철 군 고문치사사건을 둘러싸고 숨 가쁘게 돌아가던 정국에서 검찰이 소극적으로 정치권력의 주문을 받아 은폐에 가담했다기보다는 더 적극적인 역할을 했다는 사실이 추정된다. 심지어 당시 이 문제에 관해 진상조사단을 꾸려 활동했던 대한변호사협회(대한변협) 조사단조차 이런 점에 강한 의구심을 표하고 있었다.

:: 박종철 군 고문살인 범행의 진상 은폐·축소조작사건의 전모를 규명하기 위하여 구성된 우리 대한변호사협회 진상조사단은 5월 25일 오전 조한경 경위, 강진규 경사 양인이 수감된 의정부교도소를 방문하여 위 양인의 접견을 신청하였다. 그러나 조사단의 방문일정이 법무당국과 교도소 측에 통고되어 있었음에도 불구하고, 의정부교도소장은 검사가 조·강 양인을 출장조사 중이라고 하는 이유로 위 접견을 거절하였을 뿐만 아니라 앞으로의 접견 약속마저도 거부하였다. 이것은 모든 정황으로 보아 본 조사단의 조사활동을 고의적으로 방해하려는 처사로 판단되며, 이에 대해서 엄중히 항의한다.

…… 본 조사단이 확인한 바로는 조한경·강진규 양인에 대한 검찰수사가 종결되고 기소가 된 지 한참 후인 지난 2월 27일 안상수 검사가 영등포구치소를 방문, 조·강 양인을 만나고 갔다. 그 이튿날인 2월 28일 토요일 오후에 김성기 법무부장관이 지극히 이례적으로 영등포교도소를 불시에 방문하였다. 며칠 후인 3월 4일에는 신창언 부장검사가 영등포교도소를 다녀갔다. 그로부터 사흘 후인 3월 7일 토요일 일과시간 후에 조·강 양인은 느닷없이 내려온 검사의 이감 지휘에 의해 영등포교도소에서 의정부교도소로 이감되었으며, 그곳에서 소장과 보안과장 및 담당교도관 등 극히 일부 요인을 제외하고는 일체 보안 조치가 된 상태로 비밀리에

---

30. 이상은 박종철열사추모사업회, 「손해배상청구소송 소장」, 1988년 4월, 34~40쪽.

이감되어왔다.

이처럼 검찰이 늦어도 지난 2월 하순까지는 이 사건 범행 은폐·축소조작 사실을 알고 있었으면서도 그 이래 5월 18일 사제단 성명이 있기까지 3개월 동안 진상의 규명과 공개를 위한 어떠한 움직임도 보이지 않고 있었던 점에 비추어볼 때, 본 조사단은 이 사건 범행 은폐·축소조작 과정에 경찰 수뇌부만이 아니라 현재의 검찰 수사 실무진, 나아가서는 법무부장관을 정점으로 하는 검찰 수뇌부 전부가 깊이 개입되어온 것이 아닌가 하는 짙은 의혹을 품지 않을 수 없다.[31]

이런 확인에 따라 대한변협 진상조사단은 "잠재적 수사 대상자인 현재의 검찰수사 실무진을 교체하는 외에도 법무부장관을 정점으로 하는 현재의 검찰 수뇌부를 전면 교체하는 조치가 반드시 선행되지 않으면" 공정하고도 철저한 수사 규명이 어렵다는 결론을 내렸다. 검찰 수뇌부가 은폐·축소조작에 깊이 개입하고 있다는 주장이다.

그후 우려한 대로 검찰은 이미 세상에 알려진 박처원 등 몇몇 경찰간부에게만 한정한 수사결과를 발표했다.[32] 이에 대한 대한변협 진상조사단의 2차 성명서를 보자.

:: 검찰이 이번 발표에서 검찰 자신의 형사 책임에 관하여는 일언반구의 언급도

---

31. 대한변호사협회 박종철 군 사건 특별조사단의 1987년 5월 26일자 1차 성명서. 대한변호사협회, 『대한변호사협회지』 1987년 7월호, 109~110쪽.
32. 더구나 박처원 등에 대한 수사마저 부실하게 함으로써 항소심에서 무죄가 선고되도록 하는 데 기여했다. "(무죄를 선고한) 재판부는 박(처원) 피고인 등이 구속된 조한경 경위 등을 면회하면서 사건을 확대시키지 않도록 이들을 설득하려고 노력한 사실을 인정하면서도 이 부분은 검찰의 공소 사실에 들어 있지 않다는 이유로 문제 삼지 않았다. 이는 당초 온 국민을 분노케 한 박 군 고문치사사건의 특성에 비추어 검찰이 치밀한 수사를 통해 공소 사실을 확정해야 했는데, 재야단체의 축소조작 폭로와 언론의 끈질긴 추적에 밀려 소극적인 수사를 하는 데 그쳤기 때문으로 풀이된다. 특히 사건 당시 조 경위의 가족들이 언론을 통해 경찰간부들이 조 경위 등 2명이 '총대'를 메고 모든 책임을 지는 조건으로 각각 1억 원씩 예치된 통장을 만들어 보여주며 회유했다고 밝혔는데도 검찰은 이 부분에 대한 수사를 제대로 하지 않아 박 피고인 등의 혐의를 구증하는 데 미흡한 채로 기소했었다." 「'박 군 고문 은폐' 4명 항소심 무죄선고 안팎」, 1990년 8월 18일자 『동아일보』 기사.

없이, 다만 이를 내부 행정감사 사항의 하나에 불과한 것처럼 다루려고 하는 데 대하여 우리는 엄중히 항의한다. 2월 27일 안상수 검사가 조한경 등을 영등포교도소서 면담함으로써 검찰은 범행의 진상과 은폐·축소조작 책동의 전모에 대해서 남김없이 알게 되었고, 조한경 등에게 "열흘 동안만 말미를 줄 것"을 요청하기까지 하였다.

그러나 그후 3개월이 되도록 검찰은 새로 밝혀진 3명의 범인들에 대한 수사에 착수하기는커녕 범인들을 경찰 현직에 종사하도록 방치하였을 뿐더러 그동안 은폐조작의 장본인인 경찰간부들이 교도소를 수시로 왕래하면서 범행 은폐 책동을 계속하도록 내버려두었다. 더욱이 5월 18일 사제단 성명이 나온 후로도 검찰은 5월 20일 사제단 성명 내용을 부인하는 거짓 발표를 하고, 5월 21일에는 서울지검장이 범인 3명을 추가로 구속하는 발표를 하면서까지도 마치 검찰이 5월 11일에야 범행 축소조작 사실을 처음으로 알게 되었던 것처럼 명백한 허위 발표를 하는 등 두 차례에 걸쳐 국민을 우롱하였다.[33]

그리고 이 성명서의 말미에 다음과 같은 요구를 했다.

① 검찰이 박 군 사건을 당초에 직접 수사하려던 방침을 바꾸어 범행 당사자인 경찰에 사건수사를 넘기는 결정을 하게 된 경위 및 그 결정에 관여한 기관과 인물들의 책임 범위.
② 2월 27일 안상수 검사가 범행 은폐조작 사실을 확인한 후 그 사실을 보고를 통하여 알게 된 검찰 고위층 및 기타 관계기관의 범위는 어디까지이며, 그 처리대책의 수립 경위와 내용은 어떠한가.

---

33. 대한변호사협회 박종철 군 사건 특별조사단의 1987년 5월 30일자 2차 성명서. 대한변호사협회, 앞의 책, 110쪽.

③ 강민창, 이영창 등 양인의 전 치안본부장이 범인 가족들에게 '위로금'으로 지급하였다는 2,600만 원의 자금 출처 및 박처원 치안감이 조한경 등의 회유를 위해 마련한 2억 원의 진정한 출처와 지출 경위 및 기타 제반 의문점들에 대하여 일점의 의혹도 남김없이 명쾌하게 해명할 것을 요구한다.

그러나 검찰이 이 요구에 응해서 직접 조사한 바도 없었고, 스스로 공개한 바도 없었다.

부천경찰서와 검찰의 '한통속' 증명

:: …… 위와 같은 추악한 만행을 저지른 후 문귀동은 권 양에게 호언하기를 "네가 당한 일은 검사 앞에 나가서 얘기해봤자 소용없다. 검사나 우리나 다 한통속이다"라고 하였다.[34]

회대의 성고문 가해자 문귀동이 피해자 권 양에게 큰소리친 말이다. 그의 말대로 검찰은 '한통속'임을 입증했다. 결국 검찰은 문귀동을 기소유예로 불기소 처분하고 말았다.

남매간첩단사건과 김삼석

:: (17일간의 구타·성추행·자살기도 등으로) 심신이 지칠 대로 지친 채 검찰로 이송되어 자포자기한 상태에서 검찰은 계속 진술조서를 작성했습니다. 전 뒤늦게 헌법과 형사소송법에 따라 진술거부권을 행사하려 했으나 검사는 폭언을 퍼부으며 "너가 그럴 줄 알았다"고 말한 뒤 마음대로 하라며 이후에는 입회서기가 신문

---

34. 고영구 외 8명의 변호인단 명의의 고발장. 민주화운동청년연합, 『해방되어야 할 또 하나의 성—성고문, 성폭력에 관하여』, 1986년 12월, 61~64쪽.

조서를 작성했습니다. …… 제가 전문 법률 지식이 없는 상태에서 '묵비권'과 '증거능력'이라는 말을 꺼내자 "어쭈, 증거능력까지" 하며 비아냥댔습니다. 검사의 그런 모습을 보니 더는 검찰에 기대할 것이 없다는 생각이 들었습니다.[35]

2) 유치장 감찰 기피와 직무유기

형사소송법을 보면 검사는 피의자가 구금되어 있는 유치장을 순방해 불법구속의 상태가 발생하고 있지 않은지 확인하고 감독하도록 되어 있다. 그러나 자체 유치장을 갖고 있지 않은 수사기관들이 임의로 구금시설을 만들어놓고 여기에 신병을 데려다가 고문해왔다. 이른바 안기부의 '안가' 또는 '남산', 치안본부의 남영동 또는 옥인동·홍제동의 '대공분실'이 바로 그런 곳이었다. 심지어 명칭조차 국가기관이 아닌 듯하게 '○○공사'라고 이름 붙여 일반인들은 전혀 알 수 없는 비밀의 장소였던 것이다. 지금까지 알려진 비밀 수사기관들의 명칭은 다음과 같다.

- 신길산업(치안본부 특수수사2대)[36]
- 세기문화사(서울 성북구 석관동 산1번지 안기부 건물)[37]
- 인하공사(안기부 인천지부)
- 내외문화사(안기부 부산지부, 부산 미문화원사건 피의자 고문)

---

35. 김삼석, 「17일간의 구타·성추행 그리고 자살기도」, 2004년 12월 18일자 『오마이뉴스』 기사.
36. 치안본부는 "현재 서울 영등포구 신길동에 '신길산업'이란 위장 간판을 내걸고 외부인 출입을 통제한 상태에서 밀실수사를 해온 특수수사2대를 서울 서대문구 미근동 치안본부 내 남쪽 별관 건물로 이전키로 했다"라고 함으로써 그동안 신길산업이 치안본부 특수수사2대의 위장 명칭임을 알 수 있다. 「'고문 말썽' 치안본부 특수대 개편」, 1988년 8월 13일자 『동아일보』 기사.
37. "포항제철 해고노동자 김철현 씨를 연행해간 승용차의 차적 조회결과 서울1루 xxxx 르망 승용차는 안기부 건물인 서울 성북구 석관동 산1 세기문화사 소유인 것으로 밝혀졌다." 「안기부 해고노동자 납치」, 1990년 10월 10일자 『한겨레신문』 기사.

· 범진사[38]

　　더구나 이런 곳은 공식 직함 대신 '사장', '전무' 따위의 명칭을 사용한 위장
조직으로 일반 국민에게는 생소하기 짝이 없었다.[39] 이곳이 법적 지배와는 아무
관련이 없는 '무법 천지', '고문의 왕국' 이었다는 사실은 수많은 고문희생자들의
진술을 통해 세상에 널리 알려졌다. 그런데 인권의 옹호자이며 공익의 주재자인
검찰이 지속적으로 고문이 일어나고 있던 이곳들을 방문해 불법구금을 지적하고
재발을 막아야 했음에도 불구하고 한 번도 손을 쓰지 않은 것은 명백한 직무유기
이다.

　　:: 　　정해창 법무부장관은 (1988년 8월) 5일 일선 경찰서에서의 고문 방지를 위
　　해 '인권침해 사례 근절을 위한 특별지시'를 전국 검찰에 시달, "현재 월 1회 실
　　시하고 있는 각 경찰서 유치장 등 구속장소에 대한 감찰을 수시감찰로 전환, 불법
　　구속이나 가혹행위 여부를 조사하라"고 지시했다. 정 장관은 이 지시에서 "특히
　　이제까지 감찰을 실시하지 않은 치안본부 특수대 대공분실, 각 도경 조사실, 파출
　　소 등 자체 구속장소가 없는 수사관서에 대해서도 일선 경찰서와 마찬가지로 검사
　　가 직접 감찰을 실시하라"고 지시했다. 정 장관은 경찰의 구속장소를 감찰할 때는
　　유치장은 물론 형사피의자 대기실, 보호실 등의 운영실태도 살펴 피의자의 불법구
　　속 여부, 수사과정에서의 가혹행위 여부 등을 철저히 조사, 불법 사례가 있다고 의
　　심될 때에는 즉시 사건을 검찰에 송치하도록 명령하고 그 행위를 조사, 관계자를

---

38. "중앙일보사 건너편에 있는 회색 건물로 정문 옆에 '범진사' 라는 팻말이 박혀 있었다." 황인성, 「악몽 같은 보안사에서
　　의 체험」, 『고문·용공조작 없는 세상을 위하여─보안사 김병진 사건을 중심으로』, 한국기독교교회협의회 인권위원회,
　　1988, 154쪽.
39. 국회 국감장에서 "대공분실에서 공식 직책 외에 다른 호칭을 사용한 적이 있는가"라는 질문에 대해 대공분실장으로 근
　　무했던 총경 윤재호는 "83년의 분실제 때까지 대공경찰의 신분 은익을 위하여 나는 사장으로, 차하위 계급자는 전무 등
　　으로 호칭했다. 사장은 나 혼자였으며 전무는 4명 정도였다"라고 대답했다. 1988년 10월 20일자 『동아일보』 기사.

엄중 조치토록 지시했다.[40]

참으로 때늦은 지시였다. 그것은 또한 지금까지 치안본부 특수대 대공분실을 감찰하지 않았음을 자인하는 일이기도 했다. 치안본부 남영동 대공분실을 진작 이렇게 철저히 감찰했다면 수많은 사람들이 그곳에서 지옥 같은 고문을 받지 않아도 되었을 것이다. 아니 박종철 군은 죽지 않았을 것이다. 그러나 아직도 이 특별지시에는 안기부의 비밀수사 장소는 포함되어 있지 않다. 1988년 당시만 해도 아직 검찰이 안기부에 관여할 수 있는 시대가 아니었다. 안기부는 여전히 검찰의 통제 없이 마음껏 사람들을 데려다가 자신의 영내에서 마구 고문할 수 있었다. 그러다가 1989년에 이르러서야 다시 안기부 구속까지 감찰 대상으로 하겠다는 발표를 한다.

::   서울지검은 (1989년 5월) 19일 공안합동수사본부 발족 이후 국가안전기획부에 의한 구속자가 크게 늘어남에 따라 안기부에 대한 구속자 감찰을 강화키로 했다. 검찰의 이 같은 방침은 최근 안기부의 수사가 활성화되는데도 안기부의 피의자를 구금할 유치장 시설이 없고, 변호인·가족 등의 접견을 둘러싸고 인권침해의 시비가 일고 있어 이에 대한 잡음을 줄이기 위한 것이다.[41]

그러나 그 이후에도 검찰이 안기부의 피의자 구속장소를 직접 방문해 감찰한 적은 없었다. 여전히 남산의 안기부는 검찰의 유치장 감찰에서 자유로운 곳이었다. 구속영장에는 고문피의자들을 '중부경찰서 유치장'에 유치한다고 형식상 기재했지만, 실제로는 안기부 조사실에서 가혹행위와 고문을 자행했던 것이다.

---

40. 「검찰, '가혹행위 감찰' 강화」, 1988년 8월 6일자 『동아일보』 기사.
41. 「검찰, '안기부 구속' 감찰 강화」, 1989년 5월 19일자 『중앙일보』 기사.

3) 검찰의 직접적인 고문과 협박

서경원 의원과 방양균 비서관 사건 — 1988년

::   서(경원) 씨는 또 검찰로 송치된 뒤 1주일여 동안은 안기부 조사 내용에 대해서만 신문을 받다 김 총재에게 선물을 줬는지 여부를 추궁하면서 가혹행위가 시작됐다고 말하고 있다. 검사와 수사관들이 "이러이러한 종이로 싸서 길이는 얼마, 넓이는 얼마"라고 말하면서 시인할 것을 강요했고, 수갑과 포승을 채운 채 엎드려 뻗쳐를 시키고, 몽둥이로 손톱 위를 찍고, 열흘 동안 거의 잠을 재우지 않았다는 것이다. 서 씨는 "깜빡 눈이 감기면 수사관이나 검사가 주먹으로 책상을 치면서 깨웠고, 열흘 정도가 지나니 내가 1만 달러를 주고도 잊어버린 게 아닐까 하는 생각이 들었다"고 말했다.

…… 방(양균) 씨는 검찰에서는 안 아무개 검사로부터 가혹행위를 당했다고 말했다. 검사에게 "안기부에서 고문으로 거짓자백했다"고 하자, 법전에서 간첩죄 부분을 보여주며 "사형만은 면하게 해줄 테니 안기부에서 조사받은 대로 진술하라"고 했으며, 잠을 재우지 않고 포승·수갑을 묶고 밥을 먹였다고 한다. 또 화장실도 제대로 가지 못하게 하고 물까지 못 먹게 했으며, 심지어 "옆방에 처를 데려다놨다"며 여자 비명소리를 들려줬다는 것이다. 이런 과정을 거쳐 사흘 동안 한숨도 못 잔 상태에서 "1만 달러 부분만 빨리 정리하고 잠을 자라"는 말을 듣고 자고 싶은 욕심에 거짓자백을 했다는 것이 방 씨의 주장이다.[42]

고문실을 둘러보는 검사 — 부림사건(1981년)

::   이런 (끔찍한 고문)수사를 받기 한 달 넘어 지나 8월 말쯤 해서는 조서를 종

---

42. 「'DJ 1만 달러 수수' 고문 이렇게」, 1999년 11월 20일자 『한겨레신문』 기사.

결짓는 듯했습니다. 그래서 9월 3일쯤 해서 조서를 거의 마무리 짓고 있는 때에 외부에서 검사가 온다는 것이었습니다. 9월 5일 오전 10시쯤이었습니다. 부산하게 다시 자술서를 쓰는 등 포즈를 취하고 책상에 시험지 놓고 앉아 있었습니다. 곧이어 각 방마다 방문한 검사가 바로 지금 저희들을 담당한 최병국[43] 검사였습니다. 모든 수사과정을 최병국 검사의 지휘하에 전개한 것이었던 것같이 보였습니다. 잠깐 인사만 하고 최 검사는 다시 돌아갔습니다. 9월 5일 그때는 아직 영장이 나오기 전이었습니다. 약 두 달에 걸친 고문들이 법을 지키지 않는다고 법정에 처벌을 요구하는 검사의 지휘하에 이루어졌던 것이라고 상상을 해보니 끔찍한 일이었습니다. 그렇다면 이 나라에는 법이 있고 인권이 있는 나라인가? 법의 준수를 감독해야 할 사람들이 더구나 헌법의 위반을 공공연히 한다면 누구를 믿고 무엇을 믿어야 한단 말인가? 하는 절망적인 자탄을, 검사의 방문은 저희들에게 안겨주었습니다.[44]

검사가 고문 장소인 조사실을 직접 둘러보는 경우는 희귀한 사례이다. 이때는 이미 고문이 한 달 이상 지속되었고, '비아프라 난민' 같이 초췌했던 상황이며, 동시에 구속영장이 청구되기 이전이기에 고문이 행해졌다는 사실을 모를 리 없었다. 위에서 언급된 검사가 형사소송법에서 규정하는 유치장 감찰을 위해 그곳을 들렀다고 보기는 어렵다. 그렇다면 무엇 때문에 들렀는가 의구심이 들지 않

---

43. 최병국 검사는 그 이후 대검 공안부장과 중앙수사부장을 거쳐 변호사로 개업했고, 지금은 한나라당 소속 국회의원이 되었다.

44. 1982년 5월 21일자 이상록의 재판부에 대한 진술서. 한국기독교교회협의회 인권위원회, 『복음과 인권─1982년도 인권문제전국협의회 자료집』, 1982, 165쪽. 당시 부림사건으로 고문을 함께 받았던 다른 피해자들도 똑같은 증언을 하고 있다. "자술서와 그것을 바탕으로 한 경찰조서가 끝난 며칠 후인 9월 5일 오전에 '여태까지 너희들의 수사를 지휘한 높은 사람이 오니, 방을 깨끗이 청소하라'면서 한참 수선을 떨곤 하였는데, 오전 11시경 본 피고인이 조사받는 과정에 낯이 익은 수사관의 안내로 처음 보는 두 사람이 들어왔는데, 부산지방검찰청에 있는 최병국 검사와 고영주 검사라 했습니다. 이때부터 피고인은 검찰에서는 진실이 밝혀지리라 생각하여왔던 기대가 무너지고, 불법구속과 잔인한 고문행위가 검찰의 지휘에 의해 자행되었음을 알게 되었습니다." 부림사건의 공동 피고인 송세경의 진술서. 한국기독교교회협의회 인권위원회, 앞의 책, 169쪽.

을 수 없다. 더구나 그것으로 끝이 아니다. 피의자는 오랜 고문을 거쳐 검찰로 송치된다. 고문수사관이 그를 따라 검사실까지 들어가고 수사과정에까지 입회하는 것은 고문 효과를 유지하고 자백을 강요하기 위한 것이다. 그런데 왜 검사는 고문수사관의 참여를 허용했는가.

:: 검찰로 넘어가던 날도 담당수사관들이 저희들을 인솔하여 가면서 역시 시인하라고 재삼 말하곤 했습니다. 저의 담당수사관 정 부장과 함께, 검사실로 호출되어 갔습니다. 정 부장이 검사실에서 나가고 난 다음 검사 앞에서 경찰조서를 힘없이 부인해보았습니다. 물론 정 부장은 나가기 직전 검사 앞에서도 시인하라는 말을 하면서 나갔습니다. 최 검사는 물론 저희들의 부인을 받아주지 않았습니다. 그래서 더 이상 부인할 용기를 못 내었습니다. 오후에 또 한 번 정 부장이 취조과정을 보러 들렀습니다. 그 이후에도 정 부장은 제 검찰 취조를 받는 과정에 다시 나타나 "사실대로 시인하라"는 얘기를 검사 앞에서 했었습니다.[45]

직접 구타하는 검사

단순히 검사실에 고문수사관을 입회하거나 말로 "다시 되돌려 보내겠다"는 협박을 넘어서 검사 자신이 직접 폭행하고 고문에 나서는 경우도 적지 않다. 이 정도 되면 검사가 고문수사관과 다른 점을 찾기 어렵다.

:: "사회주의 혁명이 가능하다고 생각하느냐"고 물었습니다. 아까 책 내용에 대해 말씀드렸지만 "진실이 아니다"라고 하니 "딴 사람이 다 말했다"면서 무릎을 꿇게 하고 따귀를 때리며 "남영동에 가서 다시 조사를 받고 싶냐"고 위협했습니

45. 이상록의 재판부에 대한 진술서. 한국기독교교회협의회 인권위원회, 「복음과 인권 — 1982년도 인권문제전국협의회 자료집」, 1982, 166쪽.

다. 불법구금으로 70일간 지내보니 고문을 당할 때의 고통도 크지만 그 당시 고문을 당할 때보다 다시 고문을 당한다는 것은 생각지도 못할 정도로 고통스러운 노릇이었습니다. 몸과 마음이 지친 상태에서 검사가 "반국가단체 구성까지는 하지 않겠다. 불법집회로만 하겠다"라는 검사의 말에 체념상태에서 인정했습니다. 자포자기 상태에서 그 이후로는 거의 대화가 없이 묵인해버리는 셈이 되었습니다.[46]

:: 검찰에 와서 "내가 치안본부에 와서 조사받은 것을 임의로 한 것이 아니니 다시 하자"고 했더니 "너 혼자만 부인하면 되냐?"면서 4~5시간 또 맞았습니다.[47]

:: …… 검사가 조서를 작성하는 자리에 우리를 고문한 담당형사들이 따라와 감시를 했고, 그들은 검찰청으로 우리를 데려가면서 만약 지하실에서 작성된 것과 다른 내용으로 검사에게 말하면 우리들 모두 다시 그 지하실로 끌고 가겠다고 협박했기 때문이다. 우리는 공포감에 사로잡혀 조작된 내용을 검사 앞에서 부인할 수 없었다. 더구나 당시 검사는 검찰조서를 작성하면서 나에게 '나쁜 놈'이라며 내 뺨을 때리기도 해 나는 검사도 형사들과 한통속이라고 생각했다. 그때 만약 검찰조서가 지니는 법적 의미를 이해할 수 있는 법 상식이 있었던들 그렇게 쉽게 체념하지는 않았을 것이지만……[48]

:: 경찰들은 나를 수시로 불러내 숙직실에서 대형 녹음기를 틀어놓고 검사에게

---

46. 전국민주학생연맹·전국민주노동자연맹 사건 이덕희 피고인의 변호인 반대신문 내용. 한국기독교교회협의회 인권위원회, 앞의 책, 185쪽.
47. 전국민주학생연맹·전국민주노동자연맹 사건 양승조 피고인의 변호인 반대신문 내용. 한국기독교교회협의회 인권위원회, 앞의 책, 190쪽.
48. 박해전, 「역사의 물길을 민중의 바다로」, 5공정치범명예회복협의회, 『역사의 심판은 끝나지 않았다』, 살림터, 1997, 91쪽.

가서 자백하는 녹음 연습을 시켰다. 그런 다음 경찰들은 나에게 말했다. "검사에게 가서 고분고분 불지 않으면 다시 데리고 와서 또 지하실로 간다." 이 말은 확실한 협박의 효과가 있어 나는 그들에게 검사 앞에서 술술 불 것을 맹세했다. 그 당시 나에게는 염라대왕보다 지하실이 더 무서운 실체였기 때문이다. 81년 8월 말경 나는 고문한 형사 3명이 배석한 가운데 검사 앞에서 진술이 있었다. 그러나 나는 그대로 죽을 수는 없었기 때문에 앵무새처럼 진술하다 마지막에 가서 뒤집었다. 이 모든 진술은 조작된 것이고 34일간의 고문에 의한 것이라고 말이다.

그러자 검사 정용식이 "고문한 사실이 있는가?"라고 형사들에게 물었다. 형사들은 "없다"고 대답했다. 검사 정용식이 나에게 물었다. "고문한 사실이 없다잖아, 이 자식아!" 나는 "그렇지 않습니다. 고문당했습니다!"고 항변했다. 검사는 "증거를 대!"라고 윽박질렀다. 자백을 요구하는 검사로부터 빰을 몇 차례 얻어맞고 나는 검사가 다시 경찰로 보내 고문할지 모른다는 두려움에 사로잡혔다. 나는 이 계산된 장난에 질려버렸고, 결국 검사와 형사들이 시키는 대로 조서가 꾸며지게 됐다. 심신이 피폐할 대로 피폐해진 나는 더 이상 버틸 수 없었다.[49]

:: 교도소에 있으면서 여러 번 검찰청에 불려가 조서를 써야 했다. 담당 공안검사 정용식은 교활하고도 잔인했다. 경찰조서를 근거로 다시 쓰는 검찰조서는 법정에서 증거능력을 갖는 중요한 것이었지만, 분위기는 사실을 말할 만큼 자유롭지 않았다. 고문하며 조서를 쓰던 경찰관들이 항상 함께 나와 경찰조서가 사실임을 인정하도록 윽박질렀고, 검사는 구타까지 서슴지 않았다. 우리는 굶주린 개들 앞에 놓인 순진하고도 초라한 먹이였다. 검사는 심리적 위축을 주기 위해 꽤나 머리를 굴렸다. 저녁식사까지 끝내고 취침 나팔소리가 들려 자리를 깔고 누웠을 때 교

49. 김창근, 「5공 공안경찰에 짓밟힌 민주경찰의 꿈」, 5공정치범명예회복협의회, 『역사의 심판은 끝나지 않았다』, 살림터, 1997, 147~148쪽.

도소에까지 나타나 갑자기 조서를 쓰게 하기도 하고, 근무가 끝난 토요일 오후에 혼자 불러내어 늦도록 조서를 쓰게 하는가 하면, 새벽 4시까지 조서를 쓰기도 했다.[50]

검사의 협박 — 서노련사건(1987년)

:: 우리는 장안동 조사실에 절망감을 느꼈다. …… 서울구치소로 송치된 후 검찰 조사과정에서도 마찬가지였다. 우리는 절규와 분노로써 주 검사에게 항의한다. …… "여기에는 고문을 안 하니까 사실대로 말 안 하는구나. 고문 한번 해볼까?" 이렇게 말한 사실 없습니까? 주대경 검사?[51]

검사가 피고인에게 고문 협박을 한다는 것은 새삼스러운 일이 아닐지도 모른다. 그러나 이미 경찰이나 안기부 등에서 고문을 당할 만큼 당해 혼이 빠져 있는 사람에게는 예삿일이 아니다. 바로 고문의 공포를 떠올리기 때문이다. 그리고 위와 같은 말은 이미 검사가 경찰에서 고문을 당했다는 사실을 알고 있음을 뜻한다. 경찰에서 고문당한 사실을 알았으면 그 사실을 조사하고 억울함을 풀어주지는 못할망정 검사가 다시 그 피해자를 상대로 고문 협박을 한다는 것이 가당키나 한 일인가?

절망을 안겨준 검사 — 김양기 씨의 경우(1986년)

:: 검찰에서는 사실의 진상이 드러나 저의 억울함이 밝혀질 것으로 믿었기에 나를 죽이겠다고 고문하던 수사관들이 검찰까지 따라와서 저의 진술을 감시하고 있

---

50. 이규호, 「역사 앞에 밝히는 이야기, 반국가단체 한울회사건」, 5공정치범명예회복협의회, 앞의 책, 248쪽.
51. 서울노동운동연합사건 노정래 피고인의 진술. 서울노동운동연합, 「단결·조직·투쟁의 정신으로 승리를 향해 전진하자!— 서울노동운동연합사건 1심법정 투쟁기록」, 1987, 93~94쪽.

었으나 저는 조서 내용은 고문과 폭행에 의해 꾸며진 것이라고 주장했던 것이다. 그런데 검사는 "부인하려면 보안대에서 부인하지 왜 여기 와서 부인하느냐, 조서 내용대로 시인 안 하면 다시 보안대로 돌려보내서 죽여버리도록 하겠다. 너는 재판을 않고도 죽여버릴 수 있다. 평생을 감옥에서 못 나오도록 하겠다"며 양쪽 뺨을 후려치고 발길질을 하고 바닥에 꿇어앉히고 옆 사무실로 끌고 가서 폭행을 하고 협박을 하였는데, 이 같은 검사의 행위는 하늘이 무너져내리는 놀라움이었고 무서움이었으며 절망으로서, 2개월 동안 보안대 지하실 속에서 공포 속에서 떨어 왔던 저에게는 감당할 수 없는 불가항력이었습니다.[52]

그 지경이 되면 정말로 하늘이 무너져내리는 절망과 분노를 느꼈을 것이다. 그 무지막지한 고문을 견딘 것은 오로지 검찰에서 하소연하면 억울함을 벗겨주겠지 하는 간절한 기대 때문인데, 막상 기대했던 검사가 그 하소연을 들어주기는커녕 완전히 고문자와 한편이 되어 오히려 협박하고 폭행하는 것임에랴!

검찰 가혹행위로 인한 피해자 자살사건 — 1992년 1월

:: 지난 (1992년 1월) 13일 서울 강남구 도곡동 삼성가든맨션 가동 201호 이기웅(48)이 자기 집 서재에서 "검찰에서 가혹행위 끝에 허위자백을 하게 돼 억울하다"는 내용의 유서를 남기고 공기총으로 자살했다. 숨진 이 씨는 가족들과 재개발조합 관계자 10명 앞으로 남긴 유서에서 "30세도 안 되는 조사관에게 무지막지한 폭행을 당해 살고 있지도 않은 세입자에게 입주권을 주었다고 허위자백 억울하기 짝이 없다"고 주장했다. 이 씨는 철물점을 운영하면서 지난 88년부터 이 지역

---

52. 87도 455호 구반공법 위반사건의 피고인 김양기의 상고이유서. 재미있는 것은 이 사건 피고인의 입회 교도관 이용현이 2심 법정에서 "검사님이 격앙된 어조로 보안대로 다시 돌려보내겠다는 말을 한 것 같다", "검사가 내가 보는 데서 두 차례를 때렸습니다"라는 등의 증언을 해 피고인의 주장을 뒷받침하고 있다. 김양기 사건의 공판기록, 514쪽 이하 참조.

에 결성된 재개발조합 총무이사로 일해오다 위장 전입자와 짜고 아파트 입주권을 불법분양해준 혐의로 지난해 7월 검찰에 구속된 뒤 금년 1월 11일 징역 1년 집행유예 2년을 선고받고 풀려났다. 부인 이 씨는 "남편은 검찰 조사과정에서 무수한 구타를 당해 허위자백을 했다고 말했으며, 풀려난 뒤에도 가혹행위를 당할까봐 항소를 포기할 정도로 심한 공포감에 시달려왔다"고 주장했다.[53]

피의자에 대한 고문과 폭행은 단지 육체적인 고통만 야기하는 것이 아니다. 정신적 굴욕감과 절망감이 더욱 큰 고통이다. 이 사건에서 자신보다 훨씬 어린 수사관에게 얻어맞고 협박당하면서 절망적 굴욕감과 모욕감을 당하고 그것을 이기지 못해 자결까지 한 것이다.

갈비뼈를 부러뜨린 검사 ─ 1994년 1월

1994년 1월 4일 새벽, 서울지방검찰청 안희권 검사가 마약 혐의로 연행된 김동철(34) 씨를 조사 중 구타해 갈비뼈를 부러뜨리고 상처를 입혔다.[54]

구두로 발길질한 검사 ─ 박창희 교수의 경우(1995년 5월)

:: 20일간에 걸친 안기부 지하실에서의 감금조사 후 간첩죄를 뒤집어쓰고 검찰에 송치된 나는, 95년 5월 15일 검사실에서 수갑이 채워지고 오랏줄에 묶인 채 조사를 받았다. 담당검사는 다른 부분들은 조사도 하지 않은 채, 노동당 입당에 대한 진술만 확고히 요구하는 것이었다. 그 부분에서 그건 사실이 아니고 수사관들의 강요에 의한 허위자백이라고 하자, 갑자기 자리에서 뛰쳐나온 검사는 구두를 신은

53. 강석복, 「고문은 근절돼야」, 『인권과 정의』 1992년 4월호, 대한변호사협회, 101쪽.
54. 인도주의실천의사협의회·한국인권단체협의회, 『고문 기타 잔혹한, 비인도적 또는 굴욕적 처우나 형벌금지협약 제19조에 따른 대한민국 정부의 보고서에 대한 대한민국 인권단체들의 반박보고서』, 1996년 10월, 52항 '다' 부분 참조.

채, 발길질로 나의 정강이를 걷어차기 시작하더니 급기야는 바닥에 무릎을 꿇려 앉히곤 바른말을 하라고 계속 걷어차고 짓밟았다. 이렇게 하기를 약 5시간, 끝까지 노동당 입당 사실을 부인하고 버티자, 검사는 결국 노동당 입당 사실을 기소할 수 없게 되었다. 그밖에도 안기부에서 조작된 허위자백의 내용들을 검찰에서라도 바로잡으려 하였지만, 담당검사는 그럴 기회를 전혀 주지 않았고 그럴 생각도 없는 듯했다. …… 나는 검찰청의 검사조차도 이러한 가혹행위를 마음대로 행한다는 것에 대해 큰 공포를 느껴 안기부 수사 단계에서의 허위자백 진술을 번복하려는 엄두가 도저히 나지 않았다.[55]

1995년 9월 16일, 대한변호사협회는 국가보안법 위반 혐의로 구속된 한국외국어대학교 박창희 교수에게 검사가 수사 도중 모욕적인 욕설을 하고, 수갑을 찬 채 의자에 앉아 있는 박 교수의 허벅지와 무릎 등을 때렸으며, 묵비권도 주지 않은 사실을 확인하고 수사검사에 대한 철저한 수사를 촉구했다.[56]

또 한 사람의 자살— 검사의 가혹행위에 대한 굴욕감(1996년 4월)
:: 1996년 4월 24일 폭행 혐의로 고소되어 검사의 소환에 응한 조용한(63) 씨는 수원지검 최정운 검사에게 양쪽 뺨과 어깨, 가슴을 구타당하고 무릎을 꿇린 채 팔을 들고 벌을 서야 했고 폭언을 당했다. 그는 30대의 젊은 검사에게 구타와 모욕을 당했다는 심한 모멸감에 시달리다가 5월 25일 자살하고 말았다.[57]

---

55. 박창희, 「강제로 술 먹여 만든 '노동당 간첩'」, 2004년 12월 22일자 『오마이뉴스』 기사.
56. 인도주의실천의사협의회·한국인권단체협의회, 『고문 기타 잔혹한, 비인도적 또는 굴욕적 처우나 형벌금지협약 제19조에 따른 대한민국 정부의 보고서에 대한 대한민국 인권단체들의 반박보고서』, 1996년 10월, 52항 '나' 부분 참조.
57. 인도주의실천의사협의회·한국인권단체협의회, 앞의 책, 52항 '가' 부분 참조.

고문을 방조한 검사에게 징역 3년 — 2003년 11월

::　　서울지법 형사합의25부(재판장 이현승 부장판사)는 (2003년 11월) 5일 피의자
사망사건을 공모·방조한 혐의로 기소된 홍경령 전 서울지검 검사에 대해 징역 3
년을 선고했다. 그러나 홍 전 검사를 법정구속하지는 않았다. 또한 최 모, 홍 모 수
사관에 대해서는 법정구속 없이 징역 3년을, 나머지 6명의 수사관에 대해서는 징
역형의 집행유예 또는 무죄를 선고했다.[58]

　　그러나 한 사람의 억울한 피의자를 사망에까지 이르게 한 '구타사망' 사건
에 비하면 검사를 비롯한 관련 수사관들에게 내린 선고는 너무 가벼운 형벌이 아
닐 수 없다.

4) 고문경찰관에 대한 검찰의 선처

　　검찰은 어느 정도 진실이 밝혀진 때에도 고문수사관들을 엄벌하기보다는 여
러 가지 이유를 들어 선처해줌으로써 고문이 더욱 자행되는 계기를 만들었다. 일
벌백계로 처벌했다면 사정이 달랐을 것이다.

한강중학교 화재사건과 고문경찰관의 기소유예
　　경찰관이 엉뚱한 사람을 상대로 자백을 강요하는 과정에서 중대한 고문행위
가 있었는데도 검찰이 기소유예를 한 사건이다. 이른바 한강중학교 화재사건에
서 진범이 아닌 이 모 씨에게 용산경찰서 박한주 경위 등 7명이 잠 안 재우기 고
문과 갈빗대가 부러지는 중상을 가한 사실이 있음에도, 검찰은 고문경찰관이 국

---

58. 「'피의자 고문 사망' 전 검사 3년 선고」, 2003년 11월 5일자 『경향신문』 기사.

가를 위해 헌신적 봉사를 했다는 이유로 기소유예 처분을 하고 말았다.[59] 이런 부당한 처사에 대해 대한변협이 항의하면서 다음과 같은 시정촉구 건의를 하기도 했다.

:: 비록 공소권을 검사가 행사할 수 있고, 공소 여부는 검사의 기소편의주의에 의하여 재량으로 처리할 수 있으나 검사는 국가 공익의 대표자로서 ① 공평무사하게 공소권을 행사하여야 함에도 불구하고, 이 사건에 있어서는 공소권을 행사하지 않음으로써 고문한 경찰관을 비호하고 고문당한 선의의 시민의 권익을 유린한 불공평한 결과를 가져왔으며, ② 동 사건은 친고죄도 아니며, 피해자의 의사에 반하여 논할 수 없는 반의사불벌죄가 아니며, ③ 고문당한 정도가 갈비뼈가 부러지는 등 중상을 입은 점, ④ 또한 무죄가 확정된 고숙종 씨에 대한 고문불법수사에 관한 국가에 대한 손해배상청구가 법원에 의해 인용된 점과 비교하여볼 때, 검사의 이 건 고문경찰관에 대한 불기소 처분은 인권옹호와 형평의 원칙상 부당한 것이므로, 이 건 사건을 수사 재개하여 선의의 국민이 고문을 받지 않을 헌법상 보장된 자유권적 기본권을 보호할 수 있도록 하여주시기 바랍니다.[60]

5) 고문수사관 입회를 통한 검찰의 수사

검찰이 안기부·치안본부 등에서 송치되어온 사건을 처음 접하고 피의자 신문조서를 작성할 때, 고문피해자가 검사를 믿고 수사기관에서의 자백을 번복하는 경우 다시 안기부·치안본부로 돌려보내겠다는 협박을 하거나, 아예 그 수사기관의 수사관을 옆에 배석시키는 일은 일반화되어 있었다. 이미 수사기관에서 심

---

59. 1985년 6월 7일자 「동아일보」 기사.
60. 대한변호사협회, 「인권침해 사례에 관한 시정촉구 건의문」, 「대한변호사협회지」 1985년 9월호, 102쪽.

각한 고문을 당한 피의자로서는 혼비백산할 일이 아닐 수 없다. 다음의 몇 가지 사례를 보면 검사가 단지 고문수사관을 잠깐 자리에 앉히는 것이 아니라, 피의자의 자백 번복을 방지하기 위해 의도적으로 입회시켰음을 알 수 있다. 더 나아가 고문 현장으로 되돌려 보내거나 직접 고문할 수도 있는 것처럼 협박하기도 한다.

> :: 검사 앞에서 신문을 받을 때도 마찬가지다. 검사니 좀 낫겠지 해서 검사에게 검사의 성함이나 알고 신문에 응하겠다고 하니, 검사가 자기 이름도 밝히지 않았다. 알 필요 없다고 하더라. 당시 수사관들도 우리가 보는 앞에서는 이름을 부르지 않았다. 그런 만큼 자기 신분을 속이며 범죄행위를 한 것이다. 그런데 검사가 취조하는 데도 고문수사관이 옆에 둘 서 있었다. 그래서 피의자가 그것은 고문에 의해 할 수 없이 쓴 것이라고 진실을 밝히게 되면, 검사는 "왜 내 앞에서 거짓말하느냐"면서 수사관에게 눈짓을 한다. 그러면 수사관이 데리고 가 고문한다. 이것은 검사가 수사관들에게 고문을 시키는 것이다. …… 끌려나오면 피도 흘리고 그러면 "아니 왜 그랬어, 어디 갔다 왔는가"라고 말했다. 사람으로서는 못할 태도를 보인 것이다. 내가 징역 살고 나와 보니, 그 검사들이 다 암에 걸려 죽었다고 하더라. 당시 '과연 하나님은 계시는구나' 하고 느껴지더라.[61]

나중에 의문사진상규명위원회에서 2차 인혁당사건을 조사한 결과, 검사가 조사할 때 중앙정보부 수사관들이 제집 드나들듯 했다는 사실이 확인되었다. 그 외에도 수많은 사건에서 고문한 수사관들이 검사실에 입회해 조작 사실을 부인하는지 감시했다. 오랫동안 이것은 하나의 관행이었다고 해도 과언이 아니다.

---

61. 1974년 2차 인혁당사건 관련자 전창일 씨의 증언. 김지은, 「"11년 전 160번 수사관 똑똑히 기억" —국보법 피해자 증언 대회」, 2004년 12월 16일자 『오마이뉴스』 기사.

:: 당시 주무 수사관들, 이 사건의 검찰 조사 당시 서기로 입회했던 사람들, 이 사건(의문사진상규명위원회의 진정사건)의 피의자들은 검찰관이 이 사건을 조사하는 과정에서 중정의 수사관들이 수시로 입회하였으며, "검찰의 조사를 받는 과정에서 혐의 사실을 부인하면 6국 지하 보일러실로 끌려가 고문을 당하였고, 검사가 물으면 '예'라고 답할 것을 강요당했다"고 진술하고 있다. 당시 검찰서기를 하였던 이○○ 씨는 "엄청난 혐의 사실을 묻는 검사의 질문에 피의자들이 '네, 네'하며 너무나 쉽사리 시인을 해서 무척 이상했다. 어떠한 범죄를 저지른 사람이던 무조건 부인을 하기 마련인데, 어떻게 저런 중대한 혐의를 쉽사리 시인을 하는가라는 생각을 하다가 이들의 표정과 풀죽은 모습을 보고 이들이 고문을 당해서 그렇구나"라고 진술하였으며, 문호철 검사가 조사를 할 때 수사관들이 수시로 드나들었다고 진술하였다. 그리고 서울시경 소속 경찰 나○○은 "대구팀이 중정에서 검찰관과 같이 조사를 한 것은 중정에 있었던 사람은 다 아는 사실이고, 그 목적은 혐의 사실을 부인하지 못하게 하는 것이었다"고 진술하였고, 수사관 이○○ 역시 군 검찰관이 조사를 할 때 입회하여서 시인하는 것을 거들었다고 진술하였다.[62]

:: 7월 23일 영장이 발부되고 8월 10일 검찰로 송치되었는데, 넘어오기 전에 "검찰청으로 간다. 말 잘해라. 만일 네가 말을 잘못하면 우리를 다시 보게 될 것이다"라고 했습니다. 처음 검찰 취조과정에서 뒤를 돌아보니 남영동에서 온 수사관이 있었고 "사회주의자가 아니다"라는 말을 할 기회도 주지 않았으며, 나중에 "나는 사회주의자가 아니다"라는 말을 하자 "그동안 국가 조사기관에서 조사받은 것이 무효가 되지 않느냐"라면서 "만일 네가 그런다면 다시 돌려보낼 수 있고 여기 15층에도 심문실이 있다"고 위협했습니다.[63]

---

62. 의문사진상규명위원회, 2002년 9월 12일자 보도자료.

:: 검사 조사 때 남편은 몇 번이나 결백을 주장하였는데, 나중에는 안기부에서 2명이 따라와서는…….[64]

:: 홍(성담) 씨는 지난 (8월) 22일 검찰에 송치된 뒤 서울지검 공안부 김학의 검사실에서 조사를 받을 때도 안기부 요원들이 옆에서 감시를 해 공포심에 사로잡혀 "북한공작원으로부터 5000달러를 받았다"고 허위자백했다고 김선수 변호사에게 털어놓았다고 한다.[65]

:: 경찰 수사시 고문을 담당하였던 고문담당 사법경찰관, 수사담당 사법경찰관 전원(5명)이 참석한 가운데 (검사의) 1·2차 심문조서가 작성되고 강제 무인이 찍혀졌다. 또 검사 심문에 들어가기 전에 대전경찰서 정보과에서 수사경찰 담당관의 반복되는 수사자료 암기 강요와 반복 질의응답, 그리고 동일 문장으로 답변치 않을 시 재수사하겠다는 협박과 강요에 의하여 본인의 의사와 관계없는 강제적 피의자 심문조서가 작성되었다.[66]

:: (1983년) 4월 21일 검사 앞에 선 함(주명) 씨는 그러나 한마디도 말을 할 수 없었다. 수사관 2명이 검사 취조과정 내내 함 씨를 감시하고 있었기 때문이다. "검사한테 가서 부인하거나 쓸데없는 이야기를 하면 그날은 죽는 날인 줄 알라"는 협박이 귀에 맴돌아 함 씨는 검사의 물음에 시인도 부인도 못하고 무작정 앉아 있었다. "검사가 경찰조서를 보고 1번부터 17번까지의 내용을 읽으면 여사무원이

63. 전국민주학생연맹·전국민주노동자연맹사건 이선근 피고인의 변호인 반대신문 내용. 한국기독교교회협의회 인권위원회, 『복음과 인권—1982년도 인권문제전국협의회 자료집』, 1982, 181쪽.
64. 1983년 4월 21일자 차풍길의 처 박명자 명의의 호소문. 민주화실천가족운동협의회 산하 장기수가족협의회 조작된간첩사건가족모임, 『간첩조작은 이제 그만』, 1989, 69쪽.
65. 「홍성담 씨 "침대각목 구타 … 허위자백"」, 1989년 8월 26일자 『한겨레신문』 기사.
66. 황보윤식, 「나와 아람회사건」, 5공정치범명예회복협의회, 『역사의 심판은 끝나지 않았다』, 살림터, 1997, 67쪽.

타이프를 치는 식으로 하여 약 1시간 정도 심문하더니 가라는 것이었습니다.……" 다시 치안본부로 끌려가는 것이 아닌가 하는 공포의 불안 속에서 함 씨는 검사실을 나왔다. 함 씨가 다시 끌려간 곳은 서울구치소. 그것은 치안본부에서 겪어야 했던 공포로부터의 해방임과 동시에 기나긴 형무소 생활의 시작이 되고 말았다.[67]

검사는 대체로 검사실에 송치되어온 피의자를 조사하고 피의자 신문조서를 작성한다. 그런데 검사가 다른 수사기관에 출장을 가서 신문하기도 했는데, 그곳이 중앙정보부나 안기부일 경우 사정은 달라진다.

:: 　그런데 기자가 만나본 사건 관련자들의 증언에 따르면, 신문조서는 공안검사들이 중앙정보부로 와서 고문수사관이 지켜보는 살벌한 분위기 속에서 작성되었다. 이는 피의자가 정보부에서 검찰로 송치된 뒤 비교적 공정한 신문이 이루어졌고, 검사가 기소 가치가 없다고 맞섰던 64년의 1차 인혁당사건 때와는 크게 다른 점이다. 전창일의 증언을 다시 들어본다. "정보부 건물로 연행된 지도 상당 기간이 지난 어느 날 검사 취조라며 끌고 갔다. 같은 정보부 내의 어느 방으로 들어갔다. 검사와 서기가 기다리고 있었다. 내 바로 옆에는 나를 고문했던 수사관이 앉았다.……" 전 씨의 경우는 그래도 검사 취조라는 사실을 미리 알고 취조실에 들어선 경우지만, 일부 피의자들은 수사관이 바뀐 줄만 알았지, 그와의 문답이 '검찰의 피의자 신문조서'로 작성되는 줄 몰랐다. 그렇다면 고문수사관이 옆에서 버티고 서 있는 상황에서 그가 적극적으로 자기방어를 할 수 없었음은 특별한 상상력을 필요로 하지 않는다.[68]

---

67. 최민희, 「이근안이 만든 '간첩' 함주명의 빼앗긴 10년」, 『월간 말』 1992년 2월호, 110쪽.

이것이 사실이라면 하나의 '사기'가 아닐 수 없다. 피의자로서는 검사의 피의자 신문조서 작성과정인 줄도 모르고 신문당한 것이 된다. 검사의 '피의자 신문조서'에 대해 별도의 증거능력을 부여하고 있는 입장에서 피의자는 그 사실을 알 권리가 있다.

6) 검사는 공익의 대표자인가? —준열한 자기반성과 책임의식이 필요하다

:: 고문을 당하게 되면 수사관들에 대한 공포심은 극에 달한다. 또다시 고문을 당할지도 모른다는 공포심은, 수사관이 큰소리만 질러도 심장을 떨게 만든다. 고문으로 인한 위축된 심리상태와 불안한 정신상태는 한동안 계속되었다. 교도소로 송치된 후에도 한참 동안을 밤마다 악몽에 시달려야 했고, 덜커덩 문을 여는 소리에 깜짝깜짝 놀라야 했다. 검찰에서 조사받을 때의 심리상태는 어떠했던가? 치안본부 고문실을 벗어났다는 일종의 안도감과 함께 더 이상의 고문과 사건 왜곡이나 없으면 좋겠다는 자포자기의 심정, 바로 그것이었다. 조사를 받는 장소가 치안본부에서 검찰청으로 바뀌었을 뿐, 폭력에 대한 공포로 위축될 대로 위축된 심리상태나, 방어능력을 완전히 상실한 정신상태는 여전히 마찬가지였다. 실제로 검찰 자술서는 경찰 자술서를 이것저것 뒤져서 그대로 베끼다시피 했던 것이다.
사정이 이러함에도, 검찰은 검사 조사과정에서 직접적인 폭력을 가하지 않았다는 점을 내세워 검찰조서와 자술서의 임의성을 주장하고 있다. 이러한 검찰의 태도가 자기기만이 아니고 무엇이겠는가? 수사 지휘의 책임을 맡고 있는 검찰이 경찰 수사과정에서의 고문행위에 대해 자기와는 상관없다는 식의 태도를 보이는 것 자체가 양심을 속이는 짓이리라. 검찰은 고문수사를 직접 지시했거나 방조·묵인했을

---

68. 김재명, 「유신독재의 제물 인혁당사건」, 천주교 인권위원회, 『사법살인─1975년 4월의 학살』, 학민사, 2001, 180~181쪽.

것이다. 고문수사의 책임을 져야 할 검찰로서 어떻게 '순순히 자백' 운운의 소리가 나올 수 있단 말인가. 고문은 가장 더러운 폭력행위이며, 인간성에 대한 철저한 파괴행위이다. 최소한의 기본 인권마저 유린당하는 현실에서 '법의 심판'은 형식논리에만 매몰되어 있을 것인가?[69]

검사는 '공익의 대변자'로 불린다. 공익을 대표해 사회공동체에 가해지는 범죄를 적발·수사하고 처벌·형집행을 하는 자이다. 여기서 공익이라 함은 당연히 헌법과 법률의 가치와 이념을 실현하는 일이다. 그런데 고문이라는 용서하기 어려운 범죄에 대해 눈을 감거나 스스로 그 범죄를 자행한다면 이미 공익의 대변자로서의 역할은 끝난 것이다. 그리고 그 결과는 국민들의 가혹한 비판과 불신이다.

    ::   분신자살한 김기설 씨와 유서대필 혐의를 받고 있는 전민련 총무부장 강기훈 씨를 연행하러 명동성당에 갔던 검사들이 영장집행을 거부당했다. 김귀정 양 사체 부검을 위해 백병원에 갔던 검사들도 "권력의 앞잡이는 물러가라"는 욕설만 듣고 발길을 돌렸다. 게다가 폭행까지 당했다. 검사들이 학생과 재야인사들로부터 욕설을 듣고 떠밀려 나가는 모습을 보고 많은 검찰 관계자들은 분노를 삼키며 몸을 떨었다. 검찰의 이러한 불편한 심기는 검사들이 곤욕을 치르기 전 이미 표출됐다. 정구영 검찰총장은 며칠 전 유서대필 공방이 벌어지자 "불법단체인 전민련과 검찰이 일대일로 맞서 싸우는 것처럼 보이게 하는 언론의 보도는 잘못된 것"이라고 했다. 그는 이어 "TV 화면에서 마스크를 쓴 시위대를 보고 있자면 '민병대'가 이 나라에서 판치고 있다는 생각이 드는데도 어쩔 수 없이 지켜봐야만 하는 현실"이

---

69. 대한변호사협회 인권위원회, 「서울대 민추위사건 문용식 씨 경우」, 『고문근절대책공청회 자료집—고문 피해의 증언』, 1987, 20쪽.

라고 개탄했다. 정 총장의 말 속에는 일단의 분노와 함께 비애감, 무력감, 수치심이 한꺼번에 교차하는 듯했다. 이러한 일련의 사안을 지켜보노라면 국가의 최고 법집행기관이자 수사기관인 검찰이 어떻게 해서 이 지경에 이르렀는가를 반문하게 된다. 그 답은 아무래도 검찰이 과거에 저질렀던 잘못에 대한 업보라는 생각이 자꾸 든다.[70]

물론 오늘날의 검찰은 과거의 모습과는 많이 달라졌다. 그러나 그 '업보'는 아직도 청산되지 못했다. 국정원이나 국방부에서는 과거 청산 작업이 진행되고 있다. 검찰 역시 과거의 의문사건들과 고문 의혹 사건들에 대해 스스로 밝히고 참회하는 과거 청산이 필요하다. 그러한 자기비판이 없는 한 검찰이 국민의 신뢰받는 기관으로 온전히 거듭나기는 불가능하다.

3. 고문에 대한 법원의 역할

1) 법원에 대한 기대와 절망

판결문이 공소장과 같을 때

::   ······ 마지막으로 꼭 짚고 넘어가야 할 부분이 있다. 현재 국가보안법에 관한 정치적 공방을 지켜보면 여야 어느 쪽이나 재판부의 판결문을 마치 전가의 보도처럼 들이대고 있다는 점이다. 하지만 이것은 참으로 같잖은 짓이다. 과거의 사법부

---

70. 「기자의 눈—검찰의 분노와 업보」, 1991년 5월 31일자 「동아일보」 기사.

가 어땠는가? 안보라는 미명 아래 조작사건들을 방조하지 않았는가? 판결문의 내용이라는 것도 그렇다. 내 경우 안기부에서 작성한 조서를 베낀 것이나 다름없다. 법정에서 가혹행위와 불법적인 수사과정을 호소했지만 모두 배척되었다. 오히려 항소심 재판부는 이렇게 말했다. 국가의 발표를 믿지 않는 사람은 사상이 의심스러울 수밖에 없다고. 만일 사법부만이라도 양심과 상식을 존중하고 국민의 인권을 지키는 마지막 보루가 되었더라면 공안기관의 조작사건들은 애초에 불가능했을 것이다.[71]

판결은 모든 분쟁과 법해석의 최종적 권위를 지닌다. 적어도 우리 법질서상에서 보면 그렇다. 그러나 판결이 시대의 상식과 현실을 담보하지 못하는 일이 지속되면 그 권위를 상실하고 만다. 아무리 형식적으로 법이 그런 권위를 주고 있다 하더라도 사법부와 그 판결은 종잇조각에 지나지 않게 된다. 아니 조롱거리가 된다. 지난 5공화국 이래 시국사건에 관한 많은 판결들이 실제로 그런 양상을 보여왔다. 고문대 위에서 조작된 허위진술에 기초해서 만들어진 허황된 공소장을 그대로 판결문으로 베낀 것이다. 사법부는 언젠가부터 정치권력의 '시녀'가 되었고, 국민의 '원망의 적'이 되었다. 법정에서 피고인들이 집어던진 신발짝이 법대 위로 날아드는 모습은 단지 외형상의 모독에 그치지 않는다. 판결문이 "같잖은 짓"으로 치부되던 그런 시대를 우리는 분명 살아왔다.

'최후의 보루'와 저주의 대상

::   얼마 전 대법원에 가서 1인시위를 하는데 정의, 평등, 자유가 쓰여 있더라. 무엇이 자유이고, 무엇이 평등이고, 무엇이 정의인지 헷갈린다. 정치인들 자유민

---

71. 1996년 10월 독일유학생 간첩단사건의 피고인이었던 박종대 씨의 회고. 박종대, 「고문의 추억 2―안기부 조사실서 처음 주체사상 배우다」, 2004년 12월 13일자 『오마이뉴스』 기사.

주주의라는 말을 마음대로 자주 말하는데 …… 진정한 자유는 사람을 함부로 해치지 말아야 한다. 어떻게 나라에서 한 사람을 이렇게 간첩으로 몰 수 있는지 …… 참 헷갈릴 지경이다. 공안사건에서 고문하고 기소하고 재판한 사람들은 자손대대로 증오를 받을 것이다.[72]

사법부가 이토록 증오와 원망의 대상이 된 것은 국민 권익을 지키는 최후의 보루로서 기대가 있었기 때문이다. 아무리 수사기관에서 고문당하고 사건을 조작하더라도 법원의 판사는 피의자의 주장에 귀 기울이고, 수사기관의 불법 사실을 파헤쳐 억울함을 풀어주리라는 기대는 너무도 당연한 일이다. 그것이 바로 사법부의 존재 이유이기도 하다. 그러나 번번이 사법부는 그런 기대를 저버렸고, 그 결과는 사법부에 대한 광범한 불신으로 나타났다.

　∷　한마디로 오늘날 법원에 대한 국민의 신뢰가 땅에 떨어지고 지탄의 대상으로 전락한 것은 오로지 국가보안법 위반사건을 그 주된 내용으로 하는 이른바 시국사범(공안사건)에 대한 재판과정에 있어서 법원이 감당하여야 할 사명, 즉 진실을 발견하고 그 진실에 따라 소신껏 판결하여야 할 사명을 완전히 포기하여왔기 때문이다.

국가보안법에 관한 한 법원은 검사의 공소장을 한 자도 틀리지 않게 그대로 판결문으로 복사하는 것을 능사로 알아왔고, 피고인들의 법정에서의 장기 불법구속, 고문의 호소 등은 철저히 무시되었다. 보강 증거 없이 피고인의 자백만으로 유죄 판결할 수 없다는 헌법상 보장된 형사소송의 대원칙도 국가보안법 위반사건에서만은 예외였고, 공소 사실의 특정 여부조차 의문시되는 소설식 기술방법에 의한

---

72. 재일동포 간첩단사건 신귀영 씨의 증언. 김지은, 「"11년 전 160번 수사관 똑똑히 기억" ─국보법 피해자 증언대회」, 2004년 12월 16일자 『오마이뉴스』 기사.

장황한 공소장들도 그대로 한 자도 틀림없이 유죄 판결의 범죄 사실 내용으로 전재되었다. 법원은 국가보안법 사건에 관한 한 무죄 판결의 기록이 태무하며, 이에 대한 유무죄의 판단은 그들의 권한 밖의 일이기라도 한 것처럼 스스로의 역할을 포기하고 비하하여왔다.[73]

사실 고문이 가장 광범하게 행해진 국가보안법 사건에 대해 대법원은 "신문, 라디오 등에 보도되어 공지의 사실이라고 하여도 북한을 위하여서는 유리한 자료가 될 경우"(대법원, 1972년)도 국가기밀로 간주하고 있기 때문에, "우리나라에서 신문이나 라디오에 나오는 정보치고 북한에 이익이 되지 않는 정보라는 것은 아무것도 없으며, 결국 누구나가 일상적으로 '국가기밀 탐지'를 하고 있는 셈이며, 재수가 없으면 누구나가 '간첩'이 될 수 있는 그런 사회에 살고 있는 것이다."[74] 대법원의 해석이 바로 이런 환경을 제공한 것이다.

피고인에게 혼나는 판사

드디어 법정에서 판사에게 따지는 피고인들이 생기기 시작했다. 물론 이것은 1986년 5공 정권의 폭압에 맞서 민주화투쟁이 고양되고 민주화운동가들이 잡혀가면서부터 생긴 일이다. 다음은 그 사례이다.

:: 우리는 민간인임에도 불구하고 보안사로 끌려가 조사를 받았으며, 구속영장도 없이 10일간 불법구금된 상태에서 무자비한 고문을 당하면서 조사를 받았다.(판사, 그 사실은 증거조사에서 밝혀질 것이라고 제지) 그런 논지의 얘기는 수도 없이

---

73. 홍성우, 「국가보안법상의 운용실태와 기본적 인권의 침해」, 『간첩조작은 이제 그만』, 민주화실천가족운동협의회 산하 장기수가족협의회 조작된간첩사건가족모임, 1989, 95쪽.
74. 서준식, 「조작간첩사건과 일본 사회」, 『분단조국의 희생양, 조작 간첩』, 천주교조작간첩진상규명대책위원회, 1994년 11월 1일, 5쪽.

들었다. 보안사에서 시경에 넘겨졌을 때 보안사 고문의 불법성을 이야기하니까 시경 수사관들은 우리에겐 위법성이 없다고 발뺌을 했다. 그런 식으로 말하자면 수사기관만 계속 48시간 이내에서 옮겨다니며 몇 달이라도 구금한다면 짓밟혀진 사람의 인권에 대해 누가 책임질 것이냐. 보안사의 불법수사 이야기를 왜 검찰에서, 재판에서 이야기할 수밖에 없는가 하면 바로 그 불법적 수사 내용을 바탕으로 기소가 이루어졌고, 재판이 벌어지고 있기 때문이다. 불법수사에 대해 분명히 밝히는 것이 공정한 재판의 시발점이고 골간이다. 또 이는 증거조사에서 밝힐 차원의 것이 아니라 공소제기 자체가 하자가 있기 때문에 공소의 하자를 밝히기 위해서 심리 전에 밝혀져야 하는 것이다.[75]

판사가 고문 사실을 진술하는 피고인을 제지하자, 그에 대해 기가 죽기는커녕 논리정연하게 왜 모두 부분에서 그런 말을 해야 하는지 따지고 있다. 법률적으로 봐서도 피고인의 모두진술에서 고문조작의 주장을 통해 공소제기에 하자가 있다는 사실을 충분히 말할 권리가 있다. 한마디로 판사가 '혼난' 것이다. 피고인은 오랜 시간 동안 고문당하고 지쳤지만 이제 제대로 뭔가 항변하고 호소하고 싶은데 판사가 그런 소리를 하면 실망하지 않을 수 없다.

2) 고문 은폐를 위한 법원의 협력

유감스럽게도 사법부가 직접 또는 간접으로 고문사건을 은폐하는 데 협력한 사례가 적지 않다. 김근태 고문사건에서 법원이 보인 태도가 바로 그런 은폐 협력 사례에 속한다.

75. 서울노동운동연합사건 김진태 피고인의 진술. 서울노동운동연합, 『단결·조직·투쟁의 정신으로 승리를 향해 전진하자! — 서울노동운동연합사건 1심법정 투쟁기록』, 1987, 88~89쪽.

::   김근태 씨 고문사건에 대해 변호사들이 취한 최초의 조치는 증거보전청구서
의 제출이었다. …… 8명의 변호사는 10월 2일 서울형사지법에 김 씨에 대한 고문
의 결과 피의자는 육체적 고통은 말할 것도 없고, 죽음의 공포와 인격의 파괴 등
정신적인 극한적 강박상태에서 벗어나지 못하고 있음이 분명하므로, 고문 사실의
증명을 위하여 김 씨의 신체에 대한 사진 촬영과 의사의 감정을 통해 고문 흔적을
보전해줄 것을 요구하고, 소명자료로 피의자의 부인 인재근 씨의 호소문 1부를 별
첨하였다. …… (그러나) 서울형사지법 김오수 판사는 10월 12일 증거보전청구를
기각하였다. 검사 이외의 수사기관이 작성한 피의자 신문조서는 피고인이나 변호
인이 그 내용을 인정할 때에 한하여 증거능력이 있는 것이고, 가사 이 사건의 피의
자가 경찰에서 고문을 받아 임의성 없는 진술을 하거나 임의성 없는 상태에서 자
술서를 작성하였다 하더라도, 피의자나 그 변호인이 그 진술 내용을 부인하기만
하면, 그 임의성 유무를 따질 필요도 없이 그 진술의 증거능력은 없게 되는 것이므
로, 피의자의 검찰 진술의 임의성을 다투기 위한 증거보전의 필요성을 인정하기
어렵다는 것이 기각의 이유였다.[76]

증거보전신청을 기각한 사법부의 판단은 대단히 형식논리적이다. 진술조서
와 진술서 또는 자술서의 증거능력에 관해서는 그 판단이 맞지만, 피고인에 대한
고문 여부는 다른 관련 증거의 증명력이나 양형 등에서 중요한 판단 자료가 된
다. 그런데도 이를 기각한 것은 결과적으로 고문경찰관들을 비호한 것에 지나지
않는다. 심지어 이 사건에서 사법부는 김근태 씨에 대한 가족과 변호인 접견까지
금지함으로써 고문의 증거를 은폐하는 데 또 한 번 기여한다.

76. 서중석, 「재정신청 1년 넘긴 김근태 고문의 전말」, 『신동아』 1988년 3월호, 530쪽.

:: 11월 7일 서울형사지법 합의11부(재판장 서성 부장판사)는 서울지검 공안부 김원치 검사가 "김 피고인이 검찰 조사과정에서 묵비권을 행사하는 등 일체의 진술을 거부해 조서 작성을 하지 못한 채 기소했기 때문에 외부와의 접촉을 통해 증거를 인멸할 우려가 있다"는 이유로 접견금지신청을 낸 것을 받아들여, 김 씨 첫 공판기일 전까지 가족 및 친지들의 접견과 서류 등의 차입을 금하는 결정을 내렸다. 김 씨에 대한 접견은 대한변협 인권위원들에게도 허용되지 않았다. …… 12월 9일 홍성우 변호사는 최초로 김 씨를 접견할 수 있었다. 김 씨가 남영동에 연행된 지 3개월 5일 만이었다."[77]

법원의 이런 판단은 결과적으로 피고인이 가족이나 변호인과 고문 사실에 대해 의논하고 증거를 수집하는 것을 방해한다. 더 나아가 김근태 고문사건과 관련해 재정신청에 회부된 고문경관들을 끝까지 불구속 재판함으로써 이들이 증거를 인멸하게 허용했다.

:: 성고문사건의 특별검사로 지명돼 문(귀동) 전 경장의 공판 전 구속을 강력히 요청, 재판부의 허가를 받아냈던 조영황 변호사는 "김 씨 고문사건 관련 경찰관들도 법정구속됐어야 한다"는 견해를 보였다. 조 변호사는 "당시 서울고법이 검찰의 미흡한 수사 때문에 직접 증거조사를 하는 등 사실상 수사활동을 한 뒤 관련자들의 고문 혐의가 인정돼 기소하도록 재정결정을 한 것을 감안할 때, 1심 법원 담당재판부가 이들을 법정구속했어야 옳았다"고 말했다.[78]

---

77. 서중석, 앞의 글, 531쪽.
78. 「'김근태 고문' 재판 왜 미적대나」, 1990년 10월 29일자 『동아일보』 기사. 이 사건은 결국 몇 년이 더 지나 고등법원에 올라가서야 심리가 끝나고 항소심 선고와 더불어 법정구속이 이루어진다.

부천경찰서 성고문사건에서도 마찬가지다. 이 형사사건에서 권인숙 씨가 고문당한 사건의 기록은 전혀 필요 없었던 것인가.

::   변호인 반대 심문이 끝나자 변호인단의 성고문 사건에 대한 검찰 수사기록 요구가 있었고, 재판부는 이를 거절했다. 변호인단의 주장은, 이미 나는 단순한 공문서 위조범이 아니라 성을 혁명의 도구로 삼는다는 등 하며 공권력에 의해 사회적으로 매도당하고 있고, 이것은 분명 죄의 질이나 양형 판단에 큰 영향을 미칠 것이 분명하기에, 이 자리를 빌려 성고문사건의 진상을 밝히는 것이 공정한 재판부의 판단을 위해서도 필요하다는 것이었다. 그러나 재판부는 두 사건은 관련 없다는 형식적인 이유로 그 주장을 인정하지 않고 검찰 측에 논고 진행을 명령했다. 다른 사람의 배가 넘는 100여 일이 지나서야 재판 일정이 잡힌 것 하나만 보더라도 두 사건이 어떻게 관련되어 있는지가 이미 명백한데도 재판부는 옹색한 발뺌을 계속하고 있는 것이다.

이에 변호인단은 재판부 기피신청을 했다. 이는 일반 재판에서는 좀처럼 쓰지 않는, 담당재판부에 대한 기피 의사를 밝히는 것이었다. 즉, 더 이상 이 재판부의 공정성을 믿기 어려우므로 다른 재판부를 선임해달라는 극약 처방에 가까운 조치였다. 물론 나는 이 조치에 전적으로 공감했다. 만일 변호인단이 기피신청을 하지 않았다면, 나라도 기피신청이라는 법률 용어는 아니었겠지만, 온몸으로 현 재판부를 거부했을 것이다. 기피신청이라는 말에, 할 대로 해보라는 식의 조소와 씁쓸함이 섞인 표정을 지으며 윤규한 재판부는 총총히 사라졌고, 나는 곧 교도관에 이끌려 퇴정해야 했다.[79]

---

79. 권인숙, 「하나의 벽을 넘어서」, 거름, 1989, 232~233쪽.

고문피해자는 이렇게 엄단하고, 동시에 고문자는 용서하는 것이 우리나라 사법부였다. 문귀동에 대한 불기소 처분 역시 정당하다는 결론을 내렸다.

:: 서울고등법원 형사3부(재판장 이철환 부장판사)는 지난 11월 1일 부천서 성고문 사건의 권 모 양(23, 서울대 4년 제적)과 변호인단 166명이 문귀동 등 부천서 경찰관 6명에 대해 낸 재정신청을 '이유 없다'고 기각했다. …… 재정신청 기각이유서에서 …… 권 양의 일방적 진술만으로는 위 사실을 인정하기 어렵다고 밝혔다. 이어서 재판부는 '피의자 문귀동이 자신의 잘못을 뉘우치고 있는 점', '국가기관에 커다란 경각심을 불러일으켰다는 점' 등을 들어 검찰의 문귀동에 대한 기소유예 결정은 정당하다고 판시했다.[80]

고문에 대한 법원의 이런 소극적이고 부정적인 태도 때문에 결국 법원조차도 고문의 은폐와 발호의 공범이 되고 말았다. 나중에 어떤 재판부가 신체검증을 통해 고문 사실을 확인했을 때 찬사가 쏟아졌던 사례는 역설적으로 그동안 재판부에 대한 불신이 컸음을 웅변하는 것이었다.

:: 재판부가 피고인의 몸을 살펴보고 고문으로 생긴 상처의 흔적을 공식으로 확인하는 이례적인 일이 벌어졌다. 흔히 이런 사건이 벌어질 때 피고인들의 이익을 지켜주는 데는 더디기 짝이 없다는 비판을 받아온 사법부에서 이런 결정이 나온 것이 우선 깊은 인상을 준다. 부산지법 제3형사부는 지난 23일 한 국민학교의 여학생을 유괴하여 살해한 혐의로 기소된 두 피고인의 몸을 정밀하게 검증한 결과, 부산 북부서 경찰관들이 그들을 고문해서 생긴 것으로 판단되는 상처를 여러 군데

---

80. 「부천서 '성고문' 사건 재정신청 기각」, 『월간 말』 1986년 12월호, 29~30쪽.

확인했다.[81]

드디어 쏟아지는 국민들의 따가운 여론과 변호인들의 거듭된 요청에 따라 차츰 고문에 관한 증거보전신청을 허용하는 사례들도 생겨났다.

 :: 서울형사지법 임채균 판사는 (1989년 9월) 4일 오전 평양축전에 그림을 그려 보내 국가보안법 위반 혐의로 안기부에 구속된 민족민중미술운동전국연합 공동대표 홍성담(34) 씨의 고문증거 보전신청에 따라 검증을 실시했다. 이날 검증에서 임 판사는 홍 씨의 오른쪽 무릎과 정강이에 딱지가 떨어진 흔적 및 왼쪽 귓바퀴가 찢어졌던 상처를 확인, 사진을 찍었다. …… 이날 검증은 임 판사 및 황인철·윤종현·김선수 변호사와 김학의 검사 등이 참석한 가운데 서울형사지법 315호 신문실에서 약 30분 동안 진행됐다.[82]

단 30분이면 확인이 가능한 고문 사실을 지금까지 사법부는 방치해왔던 것이다. 이 사건에서 신체감정에 참여했던 의사의 소견 역시 고문피해 주장에 부합하는 것이어서,[83] 사법부가 조금만 성의 있게 귀 기울였다면 고문 사실의 확인은 어려운 일이 아님을 알 수 있다. 따지고 보면 중앙정보부, 안기부, 보안대, 치안본부 대공분실 따위의 수사기관에서 당시 엄청난 고문이 이루어졌다는 것은 삼척동자도 다 알던 일이 아니던가. 거기를 거쳐온 피고인이 법정에서 고문을 주장하고 조작을 항변했다면 당연히 판사는 고문이 있었음을 알았을 것 아닌가.

---

81. 「아직도 꿈틀대는 고문의 망령」, 1994년 11월 25일자 『한겨레신문』 사설.
82. 「왼쪽 귀·무릎 등 상처·흔적 확인 ― 법원, 홍성담 씨 고문 증거보전신청 검증」, 1989년 9월 5일자 『한겨레신문』 기사.
83. 서울대 의대 조교수 이윤성(법의학) 씨 등이 21일 재판부인 서울형사지법 임채균 판사에게 보낸 신체감정 결과에 따르면, 그 상처는 둔기에 의해 "2~6주 전에 생긴 것"으로서 안기부에서 조사받던 시기와 일치하여 고문 사실을 뒷받침하고 있다. 「홍성담 씨 '안기부 고문' 확인 ― 의사 소견 홍 씨 진술과 일치」, 1989년 9월 22일자 『한겨레신문』 기사.

3) 재판 지연과 법원의 무성의

:: "국가안전기획부와 경찰 등 대공수사기관에서 고문을 당했다는 피해자들의 고소·고발·재정신청 사건이 검찰과 법원의 소극적인 태도로 처리되지 않고 있다. 특히 여야 4당이 사실상 5공 청산을 매듭짓기로 해 5공 당시의 고문사건은 영구미제 사건으로 묻혀버릴 조짐마저 보이고 있다. …… 납북어부 김성학 씨의 재정신청 사건은 87년 12월에 제출돼 2년이 넘었는데도 결정이 미뤄지고 있다. 재판부인 서울고법 형사2부의 한 판사는 "구속사건이 밀려 심리할 엄두를 내지 못하고 있다"고 밝혔으나, 당사자인 김 씨는 "간첩 혐의 형사사건에 대해서는 이미 무죄 확정판결을 받았을 뿐 아니라, 지난 88년 말 5공 비리수사 당시 고문 사실을 알고 있는 경찰관과 고문으로 실신한 나를 진찰한 의사가 검찰에서 고문 사실을 그대로 진술한 바가 있다"면서 빠른 시간 내에 법원이 결정할 것을 촉구했다. …… 박성민 변호사는 …… "법원과 검찰이 지난해 공안정국 조성 이후 시류를 의식해서인지 수사기관의 인권유린 행위에 대해 5공 시절에 못지않은 무감각한 태도를 보여왔는데 최근 제도정치권의 '5공 청산' 선언으로 아예 영구미제 사건으로 묻히지 않을까 걱정된다"고 말했다.[84]

고문피해자에게는 자신의 피해를 회복시켜주는 일이 '여삼추' 같은 일이다. 그런데 몇 년이나 심리가 늦어지면 그 자체로 이미 또 다른 고통이 가해지는 것이다. 더군다나 그동안 검찰의 무혐의 등 불기소 사건에 대해 법원에 재정신청을 내는 것이 유일한 회복수단이었는데 이것마저 사법부의 무성의로 거의 유명무실해졌다.

---

84. 「고문사건 수사·심리 '실종'」, 1990년 1월 6일자 『한겨레신문』 기사.

::   공무원이 불법행위를 저질러도 검사가 기소하지 않을 경우 피해자가 해당 공
무원을 재판에 회부할 수 있는 거의 유일한 길인 재정신청제도가 있으나마나 한
제도로 전락하고 있다. 공무원으로부터 억울한 일을 당한 피해자들이 매년 100건
안팎의 재정신청을 법원에 제기하고 있지만, 1년에 고작 한두 건만 받아들여지는
것으로 드러났다. 법무부 자료에 따르면, 지난 98년부터 올 상반기까지 2년 6개월
동안 전년 미처리분을 포함 모두 264건의 재정신청이 고등법원에 접수됐으나 단
4건만 인정됐다. 인용률이 1.5%에 불과한 것이다.

98년의 경우 모두 59건이 접수돼 납북어부 김성학 씨가 고문경관 이근안 씨를 상
대로 제기한 재정신청을 포함 2건이 받아들여져 재판에 회부됐다. 99년에는 100
건이 접수돼 1건 외에는 신청이 기각되거나 미처 처리되지 않아 다음 해로 넘어갔
으며, 올(2000년) 1월부터 6월까지는 105건이 접수됐지만 법원이 받아들인 것은
대전의 고문경찰관 3명에 대한 재정신청뿐이다.[85]

4) 피의자 심리와 피해에 대한 몽매

::   정 목사는 이번 재심에서 자신의 무죄를 주장하는 한편, '욕 한 번 안 하고
뺨 한 대 안 때린' 검사의 면전에서 장차 극형이 선고될 수 있는 끔찍한 범행을 왜
허위로 시인하는지에 대한 피의자 심리문제를 제기하고 있다. 우리나라 사법부에
서는 이 문제를 소홀히 다루기 때문에 피의자의 진실이 왜곡될 가능성이 매우 높
다는 주장이다.

첫째, 고문이나 협박에 의해서 경찰에 허위자백한 내용은 검사 앞에서도 부인할
수 없게 돼 있는 수사과정. 사람은 크든 작든 간에 한두 가지 약점을 지니고 있기

---

85. 「공무원 불편 견제수단 '재정신청' 유명무실」, 2000년 9월 29일자 『국민일보』 기사.

마련인데, 수사관들은 이 약점을 최대한 활용하여 밖에 알려질 것에 대한 두려움과 자학의 심정을 기술적으로 확대시킨다. 피의자가 자기혐오에 빠지게 되면 고문자에게 무릎을 꿇는 것은 시간문제다. 일단 자백을 하고 나면 "형사와 검사는 한 식구"라는 인식이 못 박히게 되는 과정을 거치고, 특별한 배경이 없는 피의자는 수사관들이 마련해놓은 안전장치를 넘어설 수 없게 된다.

둘째, 그 과정을 거친 피의자는 극도의 피해의식에 사로잡히게 되므로 "범죄자는 의례히 부인한다"고 말하는 '무서운' 검사 앞에서 저절로 무너진다. 그때부터는 "형사들이 가르쳐준 대로 검사에게 잘 보여서 징역을 조금이라도 덜 받겠다"는 비굴한 나락 속으로 떨어지게 된다.

셋째, 피의자 자백에 대해 의문을 가지고 풀어보려는 법관도 드물다는 점을 지적한다. 정 목사는 "피의자 자백의 경로를 따지는 것은 법관들의 당연한 의무"라며 "피의자 심리문제를 체계적으로 다루게 되면 진실은 보다 명확히 밝혀질 것"이라고 말했다. 허위로 자백한 피의자는 고문을 하지 않는 검사 앞에서도 그 허위를 유지해야만 하는 일종의 시스템이 존재한다는 지적이다.[86]

고문과 조작이 틀림없거나 의심되는 사건을 변론하다 보면 선의의 재판부라 할지라도 어떻게 저렇게까지 진실을 눈치채지 못할까 답답할 때가 있다. 법관은 자신이 경험하지 못했더라도 저간의 사정을 이해할 수 있는 통찰력을 가져야 한다. 수사기관에서 어떤 일이 벌어지는지, 피고인이 그 속에서 어떤 경험과 과정을 거치는지에 대해 정확히 알 필요가 있다. 그 소리에 귀를 기울이고, 그 사정을 이해해야 한다. 중앙정보부와 안기부—그 밀실에서 피의자가 어떻게 자술서와 진술조서를 작성하고, 검사 앞에서 어떤 심리로 서게 되는지를 잘 알아

---

86. 임순만, 「이 사람이 사는 이야기— '강간살인범' 한 맺힌 누명 30년 정 목사(下)」, 2002년 4월 16일자 『국민일보』 기사.

야 한다. 또한 고문피해자들이 겪고 있는 정신적 피해가 진정 어느 정도인지 제대로 이해하지 못하는 경우가 많다. 특히 이들이 제기한 손해배상에 대한 위자료 액수를 보면 더욱 그러하다.

:: 수사과정에서 폭행당하고 1년여 동안 억울한 옥살이를 했지만 정작 배상금은 550만 원에 지나지 않는다는 판결이 나왔다. 서울지법 민사15부(부장 김선중)는 (2000년 11월) 24일 "수사기관이 가혹행위를 하는 등 공소권을 남용함으로써 억울하게 구속되는 피해를 입었다"며 장 모(24) 씨 등 일가족 4명이 국가를 상대로 낸 6,800여만 원의 손해배상소송에서 "국가는 원고에게 550만 원을 배상하라"고 판결했다. 재판부는 판결문에서 "수사기관에서 폭행당한 사실은 인정되지만 그로 인한 원고의 허위자백은 없었고, 원고의 진술이 상당 부분 엇갈렸기 때문에 검찰이 공소권을 남용했다고 볼 수 없다"면서 "다만 폭행당한 사실로 인한 충격은 인정한다"고 밝혔다. 장 씨는 지난 95년 자신의 집에 침입한 이 모 씨를 경찰에 신고했다가 오히려 이 씨의 폭행범으로 몰려 조사를 받던 중, 수사 관계자들에게 폭행당하고 구속되자 아버지가 화병으로 쓰러지는 등 우여곡절을 겪은 끝에 98년 대법원에서 무죄 확정판결을 받자 소송을 냈다.[87]

---

87. 「1년간 억울한 옥살이 배상금 겨우 550만 원」, 2000년 11월 25일자 『서울신문』 기사.

04
법집행기관 종사자의 의식혁명
— 인권의식으로 무장해야 한다

1. 제도와 의식의 두 바퀴가 굴러야

좋은 제도는 의식의 변화와 관행을 바꾸는 데 좋은 계기가 된다. 아직도 불충분하지만 수사기관의 고문과 가혹행위를 방지하기 위한 제도개혁은 조금씩 이루어져왔다. 그러나 제도의 변화만으로 의식과 관행의 변화를 저절로 기대할 수는 없다. 수레의 두 바퀴처럼 제도와 의식의 변화는 함께 나아가야 한다.

그 지독하던 5공화국 정권이 무너지고 노태우 정권에 이어 문민정부가 들어섰고, 다시 국민의 정부, 참여정부가 등장했음에도 고문이나 가혹행위가 끊이지 않고 있는 것은 바로 법집행기관에서 일하는 사람들의 의식이 바뀌지 않았음을 의미한다.

우리 헌법과 법률에서 고문을 금지하고 있는 것을 모르는 사람은 없다. 그럼에도 일선 수사관 사이에는 수사 현실에서 어쩔 수 없다든지, 공익을 위해 일하다가 생긴 작은 실수라든지, 공안사범에 대해서는 고문도 괜찮다든지 하는 일정 정도의 고문정당화 논리가 있는 것이 사실이다. 이는 마치 고문에 의한 사고는 '병가지상사(兵家之常事)'라고 하는 논리이다. 그런 경우 상사와 동료들이 고문행위를 비난하기보다는 대부분 고문가해자를 동정하고 배려하는 듯한 조치와 대우를 해왔다. 고문이 독버섯처럼 우리 사회에 번져 사라지지 않은 이유에는 바로 이런 논리가 뿌리 깊이 박혀 있다.

이런 상황은 검사와 판사도 마찬가지다. 검사조차도 피의자에게 손찌검을 하거나 예사로 폭력을 행사한다. 2002년에 생긴 서울지검 홍경령 검사의 고문치사는 이런 현상을 증명하는 단적인 사건이었다. 만약 우리 헌법이 특별히 고문 금지를 명하고 있고, 고문 금지가 인간의 존엄성과 인권보장을 위한 최선결적 과제임을 인식했다면, 과거 고문범죄에 대한 수사·처벌이 그렇게 미온적이지는 않았을 터이다. 검찰에서 기소유예하거나 사법부에서 그것을 정당화하여 재정신청을 기각하는 사건들에서 보면, 과거 해당 수사관의 공직 경력과 국가 공헌 등을 참작해 불기소하는 사례들이 적지 않았다. 이 모든 정서와 관행이 고문의 번성을 가져왔다.

2. 바뀌지 않는 수사관들의 의식

1) '열심히 일해왔다'는 의식

::   이(근안) 경감이 경찰조직 내에서는 '열심히 일하는 사람'으로 꼽혀왔다는 사실이다. 가족들과 떨어져 살면서 일에만 매달려온 이 경감 같은 경찰관이 있음

으로 해서 음지의 대공업무가 그나마 유지되어온 게 아니냐는 시각이 있는 것이다. 이 경감의 부인도 이번 사건에 대해 "애들 아빠가 일을 열심히 하다 그렇게 된 거 아니냐"고 반문하고 있을 정도다. 이 경감 집으로 걸려오는 전화도 "이 경감은 세상이 변해 속죄양이 된 것일 뿐"이라는 내용의 '위로' 전화가 태반이라는 게 이 경감 부인의 얘기다.[1]

::   경기도경 대공분실은 현재 경기지방경찰청 보안수사 1대·2대로 바뀌었다. 관계자들은 "이근안 씨가 용서받을 수 없는 행동은 했지만 개인 이익에서 그 같은 행동을 벌인 것은 아니잖느냐"며 대체로 동정하는 분위기였다.[2]

무엇을 위해 열심히 일해왔다는 것인가. 밤낮없이 사람 잡아다 고문하고 사건 조작하는 일이 '음지의 대공업무'란 말인가. 그러면 '개인 이익'이 아니라면 고문을 해도 괜찮다는 것인가. 이렇게 생각하는 사람들이 분명히 있다는 것에 무섭고 놀랍기만 하다. 우리가 이런 의식을 극복하지 못한다면 어찌 인권이 존중되는 사회, 진정 민주적인 사회를 이룰 수 있단 말인가.

::   이(근안) 씨는 "국민의 세금을 받아 나라를 위해 열심히 일한 죄밖에 없다"고 말한다. 대공수사 요원으로서 필설로 다할 수 없이 흉악한 고문을 자행했지만, 국가는 이것을 '국가안보 수호에 기여한 공'으로 인정해 수많은 표창을 주었다. 당시의 법률에 따르더라도 고문은 명백한 범죄였다. 국가보안법 위반 혐의자에게 고문이라는 불법행위를 자행해 '간첩'과 '반국가사범'을 제조해냄으로써 '국가안보'를 지키는 자유민주주의 국가! 이것이 우리가 지난날 숱하게 목격했고 아직

---

1. 1989년 1월 6일자 『조선일보』 기사.
2. 「못 잡은 이유 묻자 수사검사 곤혹」, 1999년 10월 30일자 『중앙일보』 기사.

도 완전히 해소하지 못한 첫 번째 아이러니다.[3]

2) '못해먹겠다', '중요한 사건은 고문해도 괜찮다'는 의식

1980년대 후반부터 국민들 사이에 인권의식이 높아지고 불법수사에 대한
비판이 늘어나자, 이번에는 과거 악습에 젖은 경찰간부로부터 '못해먹겠다'는 말
이 터져나왔다.

  ::   대공경찰의 총수격인 윤정원 치안본부 제5차장은 (혁명적 노동자계급 투쟁동맹
관련자들의 무더기) 불법 강제연행 사실이 크게 보도되자[4] 기자실에 들러 "체제 전복
세력을 인권 운운하며 언론이 싸고 도는 나라는 지구상에 대한민국밖에 없다"며,
"예전에는 좌익 체제 전복세력에 대해서는 영장 없이 데려다가 며칠이고 다뤄도
아무 탈이 없었는데, 이래 가지고야 어디 해먹겠느냐"는 등 되레 큰소리를 치기도
했다.[5]

문제는 이런 의식이 경찰간부 한 사람만의 의식이 아니라는 데 있다. 1991
년 한국형사정책연구원의 '수사경찰의 의식연구'에 따르면, 수사경찰의 62%가
중한 범죄에 대해서는 수사과정에서 어느 정도 고통을 가해도 무방하다는 의식
을 갖고 있었다.[6] 이것을 보면 과거 수사기관에서 일어나던 고문이나 가혹행위가
결코 우연이 아님을 알 수 있다. 어느 정도 고문을 해도 괜찮지 않은가 하는 의식

3. 「유시민의 세상읽기─이근안의 아이러니」, 1999년 11월 9일자 『동아일보』 기사.
4. 치안본부 대공3부(홍제동 분실)가 '혁명적 노동자계급 투쟁동맹' 관련자들을 강제연행하는 과정에서 시민들이 '괴한에
의한 납치'라며 112신고를 하는 등 커다란 소동이 빚어졌던 것이다.
5. 「불법수사 비판에 "못해 먹겠다" 큰소리」, 1990년 8월 24일자 『한겨레신문』 기사.
6. 인도주의실천의사협의회·한국인권단체협의회, 『고문 기타 잔혹한, 비인도적 또는 굴욕적 처우나 형벌금지협약 제19조에
따른 대한민국 정부의 보고서에 대한 대한민국 인권단체들의 반박보고서』, 1996년 10월, 83항 참조.

은 언제든지 고문을 행할 수 있는 가능성을 의미한다. 그리고 막상 고문이 시작되면 '어느 정도'를 넘어서게 마련이다. 때로는 본인이 의도하지 않은 심각한 고문으로 이어지고, 더 나아가 돌이킬 수 없는 결과를 낳을 수도 있다. 아무리 사소한 고문이라도 있을 수 없다는 의식으로 수사관들이 무장되지 않는 한 어디에서 고문사건이 터질지 알 수 없는 노릇이다.

3) 그들만의 특권의식

:: (1990년 10월) 22일 오전 서울 중구 남학동 중부경찰서 주자파출소에서 안기부 직원들이 경찰관과 취재기자들에게 안하무인격으로 행동하며 입에 담기 어려운 폭언과 욕설을 하는 것을 지켜보면서 기자는 몇 가지 심각한 의문을 품지 않을 수 없었다. 이들이 과연 국가안전보장 업무를 수행하는 국가 공무원들인가. 담 밖에 나와서도 저러니 남산 지하실로 끌려간 사람들은 어떤 대접을 받을 것인가.…… 이들을 저토록 방자하게 '키워주는' 권력의 실체는 무엇인가. 이날 아침 안기부 직원들은 경찰이 조사 중인 대학생 2명을 빼앗다시피 데려가면서 중부경찰서장이 신병인수증을 써달라고 하자 "바쁜데 무슨 소리냐"며 마치 아랫사람 나무라듯 윽박질렀다. 취재기자들에게는 "눈알을 뽑아버리겠어", "박살내기 전에 카메라 치워"라는 등의 폭언을 퍼부었다.…… 경찰 창설 45주년 기념행사를 몇 시간 앞두고 황망히 현장에 출동했던 경찰간부들은 안기부 수사관들의 고압적인 자세에 불평 한마디 못했다.[7]

'방자한' 안기부 수사관에 대해 통렬히 비판한 기사이다. 과거 같았으면 이

---

7. 「기자의 눈—안기부원의 '군림'」, 1990년 10월 23일자 「동아일보」 기사.

런 기사를 쓴 기자는 '남산 지하실' 대접을 받았을 것이다. 많은 고문사건의 호소나 진정을 보면 안기부 수사관의 이런 오만과 방자함을 흔히 확인할 수 있다. 물론 지금은 많이 변했지만 그동안 우리 사회에 군림해온 비밀 정보기관의 위상을 말해주는 것이기도 하다.

그런데 안기부 직원만이 아니다. 보안사 직원도 그랬고, 심지어 경찰 자신도 그랬다. 공권력을 등에 업고 피의자 또는 일반 시민을 멸시하고 함부로 대한 것이 사실이다. 이들에게 준 것은 법에 따른 권한이지, 법을 넘어선 탈법이나 불법이 아니다. 더구나 그것은 최종적으로 국가와 국민의 안전과 인권을 위해 행사하라는 것이다. 국가안전을 빌미로 국민의 인권을 마음대로 해도 좋다는 권력이 아닌 것이다.

3. 체계적인 인권교육의 필요성

무엇보다 훌륭한 인권교육은 고문과 가혹행위에 대한 철저한 조사, 처벌, 징계를 통해 응징하는 것이다. 그런 선례가 축적되고 처벌이 필연적으로 이루어진다는 의식이 들면 고문은 저절로 방지될 수밖에 없다. 이와 함께 인권의식의 향상을 위한 더욱 체계적이고 전문적인 교육이 필요하다. 수사관의 충원과 승진과정에서 인권교육을 수료하는 것을 의무화하고, 고문과 가혹행위에 대한 불법성과 외국의 입법과 자료, 국제조약 등에 관한 자료를 교재로 만들어 보급하는 일도 중요하다. 일선 수사기관 실무자들에 대한 교육도 중요하지만 특히 간부들에 대한 교육을 더욱 강조해야 한다. 이들은 고문에 대한 안이한 생각으로 아무 죄의식이나 위법의 인식 없이 고문을 자행해왔던 사람들이므로, 특별한 정신교육이 없으면 그 습관과 뿌리 깊은 인식을 바꾸기 어렵다. 한편 정부는 스스로 인권교육을 잘했다고 자랑까지 한다.

:: 경찰관을 포함하여 사법경찰 관리의 직무를 수행하는 공무원들에 대한 교육·훈련과정에는 고문 금지에 관한 철저한 교육이 포함되어 있고, 헌법은 모든 국가 공무원들의 교육과정에서 필수과목이다. 대검찰청의 지시에 따라 1990년 1월 1일부터 1990년 12월 31일까지 산하 검찰청 및 지청에서는 9,303명의 사법경찰 관리에 대하여 총 410회에 걸쳐 같은 내용의 교육을 실시하였다.[8]

그러나 교육의 주체와 방식, 내용이 중요하다. 진정으로 고문을 방지하는 교육이 되려면 과거 고문피해자들의 경험담, 인권변호사들의 강의 등 수사기관 종사자들에게 따끔한 경고와 감동이 있는 내용이 되어야 한다. 형식적으로 인권교육 과목이나 시간을 배정한다고 저절로 인권의식이 함양되지는 않는다. 인권교육을 훨씬 더 강화하고, 더 효과적이고 실질적인 내용으로 전환해야 한다.[9]

특히 국정원, 보안사, 경찰, 검찰 등 모든 수사기관이 과거 실적 중심의 정책과 제도를 혁파하고 인권존중의 수사문화를 만들어나갈 필요가 있다. 과거에는 중요한 치안사건이 발생하면 '범죄와의 전쟁'을 추동하고, 집중적인 수사 선언 등의 강력한 '작전'을 선언하여, 실무자들은 상층부의 압력과 실적 요구에 따라 무리한 수사를 하지 않을 수 없었다.[10] 과거 무리한 시국사건과 고문과 가혹행위가 남발한 것도 기관 간의 경쟁, 상위 직급자의 승진 요구 등이 있었기 때문이다. 박종철 군 고문치사사건도 수배자 검거과정에서 일어난 일이었다. 이것은 해당

8. 대한민국, 「시민적 및 정치적 권리에 관한 국제규약 제40조에 따른 최초 보고서」, 134항, 61쪽.
9. 앰네스티 인터내셔널 역시 인권교육을 계속 강조하고 있고, 더 나아가 지속적으로 안기부 등에서 고문이 자행되는 것에 대해 좀더 효과적이고 집중적인 인권교육의 개혁을 이룰 것을 주문하고 있다. Amnesty International, Republic of Korea: Summary of Concerns on torture and ill-treatment, AI Index: ASA 25/25/96, October 1996.

수사기관의 책임자들이 좀더 확고한 인권의식을 가져야 한다는 것을 의미한다. "열 명의 도둑을 놓치더라도 한 명의 억울한 도둑을 만들지 말아야 한다"는 형사 절차의 격언은 여전히 유효한 말이다.

4. 법관의 세계관과 인권의식

　법관은 법률과 양심에 따라 재판한다. 법률은 공포되어 있는 가시적인 것이 지만 '양심'은 법관 개개인의 내부 인식과 관념, 세계관과 신념의 체계이므로 겉으로 드러나지 않고 검증되지도 않는다. 그런데 법관의 '양심'이 지극히 편향된 인식과 신념, 세계관으로 무장되어 있을 때 그 판결은 공정하고 합리적이며 상식적이고 신뢰성을 가지기 어렵다. 더구나 법률 판단만 하는 영미 국가와 달리 우리나라의 법관은 사실 인정까지 부담해야 한다. 법조일원화가 아직 충분히 시행되지 않은 상황에서 일찍 사법시험에 합격하고 곧바로 판사로 임관하는 과정을 볼 때, 그들이 인생 경험과 경륜을 충분히 갖추었다고 보기는 어렵다.

　인권의 측면에서 보면 세계와 사상의 다양성에 대한 충분한 이해와 사회과학적 인식이 없는 상태에서, 맹목적인 반공주의 교육만 받은 법관들이 국가보안법 사건을 비롯한 공안사건에서 합리적이고 개방적인 판단을 하기란 쉽지 않다. 더구나 법과대학을 다니지 않은 합격자가 많고, 설령 법과대학을 나왔다 해도 인

---

10. 이런 일이 흔히 빈발했다. "경찰청이 지난 (1991년 8월) 26일 주요 시국 관련 수배자 검거율이 매우 낮다며 이달 말까지 수배자를 검거치 못할 경우 관할 경찰서장과 수사과장을 문책, 경고하겠다고 시달해 관련 경찰서장 등이 크게 반발하고 있다." 일선 서장들은 "그동안 검거전담반을 동원해 몇 개월 동안 추적해도 검거하지 못한 수배자를 불과 5일 만에 검거하라는 것은 무리"라고 말했다. 또 다른 일부 경찰간부들도 …… "이 같은 무리로 인해 다른 부작용이나 불상사가 초래될지도 모른다"라고 우려했다. 「시국사범 검거령 일선서 반발—월내 못 잡으면 문책 경고」, 1991년 8월 28일자 『동아일보』 기사.

권법 강좌 하나 제대로 개설되지 않은 오늘날 대학의 교육 현실에서 법관들이 제대로 된 인권의식을 갖기는 어렵다. 헌법이나 형사소송법 과목이 있지만 인권과 현실에 대한 고민이 함께하기보다는 암기식 교육이 대부분이다. 따라서 법관이 된 이후에라도 인권에 관한 다양한 지식과 경험, 외국 사례에 관한 교육과 훈련이 필요하다.

그런데 현재의 사법시험과 임관 절차를 보면, 고문에 대한 구조적 이해나 견제의 필요성에 대한 인식과 고민이 적을 수밖에 없다. 그렇지 않다면 오늘날 그 많은 고문사건에서 고문수사를 배척하지 않고 오히려 일관되게 유죄 판결을 내리는 그런 결론이 나지는 않았을 것이다.

제5장

최근에 일어난 국제 고문 사례

01
자유는 영원한 감시의 대가

　　흔히 인권을 말할 때 '천부적' 또는 '불가양(不可讓)'이라는 수사가 붙는다. 태어날 때부터 가지고 있고 또한 누구에게도 양도할 수 없는 귀중한 권리라는 뜻이다. 우리 인류는 이렇게 귀중한 인권을 쟁취하기 위해 여러 세대, 여러 세기에 걸쳐 피나는 투쟁을 전개해왔다. 국가로부터 고문을 당하지 않을 권리 역시 이런 투쟁의 결과로 생겨났다.

　　그런데 한번 쟁취했다고 해서 그 인권이 영원히 자동적으로 보장되는 것은 아니다. 그것은 마치 '새장 속의 새'와 같아서 우리가 감시를 소홀히 하여 문을 열어두면 하늘로 퍼드덕 날아가버린다. "자유는 영원한 감시의 대가(Freedom is the price of eternal vigilance)"라는 법격언이 나온 것은 영원히 경각심을 갖고 자유와 인권을 지켜내야 한다는 의미이다.

　　'민주주의의 교실'이라고 하는 영국이나 '자유의 여신'으로 상징되는 미국은 과거 전 세계가 본받아야 할 민주주의의 모범국가로 알려져왔다. 민주주의의 선진국이요, 모델국가로서 이들이 차지하는 위치와 비중은 확고했다. 그러나 언젠가부터 이들 나라에서 고문이 일어나고 세계적 항의의 대상이 되었다. 국제법정에서 이들의 만행이 규탄되고 인권의 피해자들이 속출하고 있는 상황이다. 특히 노던아일랜드(Nothern Ireland)에서 벌인 영국의 가혹행위나 아프가니스탄과 이라크에서 미국이 벌인 고문 행각은 참으로 끔찍한 일이 아닐 수 없다. 우리는 이 두 사례를 통해 고문 금지와 인권보장이라는 이념이 결국 완성되어 더 이상 지킬 필요가 없는 포획물이 아니라 끊임없는 관심과 노력으로 지속적으로 지켜내야 하는 것이라는 사실을 새삼 깨닫는다.

02
아프가니스탄, 관타나모 미군기지와
이라크 감옥에서의 고문사건

1. 아부그라이브(Abu Ghraib) 교도소

바그다드 서쪽 20마일 정도 떨어진 곳에 위치한 이라크의 아부그라이브 교도소는 사담 후세인 시절, 고문과 처형으로 악명이 높은 곳이었다. 어느 때는 한번에 5만 명의 남녀가 수용되기도 했다. 후세인의 몰락 후 버려졌던 이곳은 다시 미군 교도소로 변해 수천 명의 수용인이 들어찼다. 대부분은 길거리나 검문소에서 마구잡이로 연행된 민간인들이었다.[1] 그러나 이곳에서 후세인 시절의 악몽을 다시 현실로 되살릴 거라고는 아무도 생각하지 못했다.

① 병을 깨서 그 속에 든 인산액을 구금자에게 들이붓기

---

1. Seymour M. Hersh, "Torture at Abu Ghraib", *The New Yorker*, May 10, 2004.

② 나체 구금자의 몸에 찬물 끼얹기

③ 빗자루 몽둥이와 의자로 구금자 구타하기

④ 강간 위협하기

⑤ 벽에 부닥쳐 생긴 상처에 바늘로 찌르기

⑥ 깨진 병조각이나 막대기로 항문 찌르기

⑦ 군견으로 겁주기

위의 내용은 교도소의 경비병이나 조사관으로 일하던 미군 병사들이 벌인 고문의 행태이다. 그러나 미국 CBS의 〈60 Minutes〉라는 프로그램에서 방영한 생생한 고문 장면은 위와 같은 방법을 훨씬 넘어서는 비열하고 악랄한 것이었다.

:: 한 장면에서는 여군인 잉글랜드 이등병이 옷이 벗겨진 채 손으로 자위를 하고 있는 이라크 청년의 성기를 향해 담배를 꼬나문 채 엄지손가락으로 가리키며 활짝 웃는 모습이 보인다. 세 명의 다른 이라크인들의 경우 그들의 손을 성기 위에 교차해서 두고 있다. …… 다른 장면에서는 벌거벗은 이라크인들이 차례차례 피라미드로 쌓여 있는 모습을 잉글랜드 이등병이 다른 기술부사관 그라너와 함께 어깨를 나란히 한 채 히죽히죽 웃으며 보고 있다. 또 다른 사진에서는 한 이라크 청년이 꿇어앉은 상태에서 다른 두건을 한 남자의 성기를 바라보며 오럴섹스를 하는 것처럼 보이게 하고 있는 장면이 나온다. 잉글랜드 이등병이 한 포로의 목에 개줄을 매어 개처럼 끌어가는 모습도 보인다.[2]

이 보도는 미국 사회에 엄청난 충격을 주었다. 여러 언론이 지속적으로 미군

2. http://www.cbs.com 참조.

의 고문 만행을 널리 알렸고, 부시 행정부는 코너에 몰렸다. 그러나 이 사건이 언론에 터지기 훨씬 이전에 이미 미군의 고문은 여러 차례 보고되었다. 앰네스티 인터내셔널에 접수된 한 사례를 보자.

:: 　아부그라이브 교도소 폭로 10개월 전 크레시안 할리스 아발레이(Khresian Khalis Aballey)를 포함한 여러 사람의 고문 사례를 앰네스티가 제기했다. 이 39세 된 사람은 자신의 아버지와 함께 2003년 4월 30일 집에서 미군에 의해 체포됐다. 그의 주장에 따르면, 그는 두건을 쓰고 수갑을 채운 상태로 일주일 동안 벽을 향해 서 있거나 꿇어앉아 있어야 했다. 동시에 밝은 등이 내내 켜져 있었고, 요란한 음악이 내내 들렸다. 이 기간 동안 전혀 잠을 잘 수 없었고 거의 의식불명인 상태도 있었다. 한번은 미군이 그의 발등을 찍어 발톱이 떨어져나가기도 했다. 일주일 후 석방된다고 하였을 때 앉도록 허용이 되었고, 그때 그의 발은 풍선만한 상태였다. 이틀 동안 더 억류되었는데 그 상처를 치유하기 위한 것이었다.[3]

2. 아프가니스탄에서 관타나모를 거쳐 아부그라이브로

아부그라이브 교도소 사건 폭로 이후 미군의 고문 사례가 봇물처럼 쏟아져 나왔다.

:: 　그들은 나의 옷을 모조리 벗겼다. 그리고 물었다. "알라에게 기도해?", "예"

---

3. Amnesty International, USA: Human Dignity denied, Torture and accountability in the 'war on terror', AI Index: AMR 51/145/2004, October 2004, p. 4.

라고 대답했다. 그들은 말했다. "엿 먹어." …… 그들 중의 한 사람이 나를 강간하겠다고 말했다. 그는 내 등에 여자 그림을 그려놓고 수치스런 자세를 취하게 만들었다. 또 한 사람이 말했다. "뭘 믿어?" 나는 "알라신을 믿는다"고 말했다. "나는 고문을 믿어. 그리고 너를 고문할 거야"라고 그는 말했다. …… 그들은 수갑을 찬 채로 자게 했다. 그들은 이슬람을 저주하라고 명령했고, 내 부러진 다리를 때리기 시작했기 때문에 나는 내 종교를 저주해야만 했다. 그리고 그들은 예수 그리스도에게 내가 살아 있음을 감사하라고 명령했다.[4]

이른바 테러와의 전쟁이 선포되고 아프가니스탄 침공 직후부터 아프가니스탄 군인과 민간인에 대한 미군의 고문은 시작되었다. 2003년 3월 1일, 미군 특수부대에 의해 체포된 8명의 아프가니스탄인은 가르데즈(Gardez) 미군기지로 끌려갔다. 그들은 17일간 구타, 전기 충격, 냉수에 집어넣기 등의 동물적인 고문을 당했다. 자말 나세르(Jamal Naseer)라는 사람은 구금 중 사망했다.[5] 이렇게 체포, 연행, 심문을 받던 사람들 중 상당수가 다시 쿠바에 있는 관타나모(Guántanamo) 미군기지로 이송되었다. 그들은 자신들이 어디로 가는지에 대해 전혀 통보받지 못했고, 오히려 사형 집행당하러 가는 줄로 알았다. 그런데 관타나모에서는 더 엄중한 고문이 기다리고 있었다.

2003년 10월, 이곳을 방문한 국제적십자사(ICRC)는 미군이 피구금자들을 아주 깜깜한 감방에 완전한 나체로 수용하는 것이 하나의 관행임을 발견했다. 피구금자의 협력 여하에 따라 옷이나 침대, 전등이 있는 감방으로의 이전이 가능했다. 다른 무엇보다도 이슬람교도인 이들에게 자신들의 종교를 부정하게 만들거

---

4. Amnesty International, USA: Human Dignity denied, Torture and accountability in the 'war on terror', AI Index: AMR 51/145/2004, October 2004, p. 10.
5. Amnesty International, 앞의 글, p. 11.

나 코란을 **빼앗았으며**, 가장 심각한 금기인 면도 등의 굴욕적인 고문을 가했다. 관타나모에서의 고문 중 한 가지는 여성조사관을 이용한다는 것이다. 피구금자에게 스트레스를 주는 방법으로 여성조사관들은 군복을 벗고 티셔츠 차림으로 감방에 들어가 유혹함으로써 성적 수치심을 느끼게 했다.[6] 이곳 관타나모에 있다가 아부그라이브로 옮겨간 밀러(Miller) 소장이 아부그라이브 책임자로 있을 때 언론 공세를 받았던 카르핀스키(Karpinski) 준장에게 했다는 이 말은, 이곳 사정이 어떠했는지를 알려준다.

:: 　그들은 개와 같다. 만약 당신이 그들이 개보다 더 나은 존재라고 생각하는 순간 그들의 통제력을 상실할 것이다.[7]

3. 부시 대통령과 미 행정부의 책임

잉글랜드 이등병을 포함해 아부그라이브 교도소의 가혹행위로 인해 법정에 선 가해자들은 한결같이 "오직 상사의 명령과 군 정보부대의 지시를 따랐을 뿐"이라고 주장했다.[8] 이런 주장은 이들이 기소된 군사법정까지 이어졌다. 이 사건이 폭로된 후 도널드 럼스펠드(Donald H. Rumsfeld) 국방장관에 의해 꾸려진 진상조사단(Schlesinger Panel)은, 지나친 인력 부족과 적절한 훈련 결여, 올바른 심문과 처우에 관한 정책 결여 때문에 일어난 사건이라고 결론을 내렸다. 당시 7,000여 명

---

6. Amnesty International. 앞의 글, p. 15.
7. Amnesty International. 앞의 글, p. 13.
8. 저 유명한 베트남 미라이 사건(민간인 학살사건)의 변호사였던 마이어스(Myers)가 한 말. Seymour M. Hersh, "Torture at Abu Ghraib", *The New Yorker*, May 10, 2004.

의 구금자가 있었는데 90명의 요원밖에 없었다는 것이다.[9]

언론의 폭로에 대한 부시 행정부의 첫 반응은 아부그라이브 교도소에 한정된 사진이며, 몇 명[이른바 '몇 개의 나쁜 사과(a few apples)']의 실수였다는 것이다.[10] 그러나 문제는 계속 확대되었다. 퇴역 장성들이 2004년 9월 8일, 부시 대통령에게 서한을 보내 적어도 100명 이상의 피구금자들이 부적절하고 불법적인 방법으로 조사를 받았다고 주장했다. 상원 군사위원회에서는 이라크 지역의 미군 관리 수용시설에서 100여 명이 실종되었다는 주장이 제기되었다.[11]

더구나 이런 고문과 가혹행위는 결코 경비병이나 심문을 담당한 장교 한두 사람의 우발적인 실수나 범죄가 아니라, 미국 정부 더 나아가 부시 대통령 자신에게 책임이 있는 구조적이며 체계적인 명령에 따라 이루어진 것임이 밝혀졌다. 미국시민권연맹(ACLU)이 정보공개법에 따라 입수한 미국 정부의 다양한 자료에 따르면, 이라크 수감자들에게 비인도적 심문방법의 사용을 허가한 것은 바로 부시 대통령 자신이라는 사실이 분명해졌다. 2페이지짜리 이메일로 된 대통령의 행정명령(Executive Order)은 잠 안 재우기, 스트레스를 주는 자세, 군견의 사용, 두건 씌우기 등을 포함하는 심문기술을 허용했다.[12] 대통령의 이런 명령은 백악관이나 국방장관에게 전해진 메모들이 근거가 되었다. 이 메모들은 아프가니스탄이나 관타나모 기지에 억류된 포로들에 대해서는 고문이나 가혹행위를 금지하는 제네바협약이 해당되지 않는다는 내용이었다. 제네바협약은 따르되 '군사적 필요'가 있고, 거기에 적절한 범위 안에서 예외가 있을 수 있다는 것이다.[13] 이 메모에 대

9. Amnesty International, USA: Human Dignity denied, Torture and accountability in the 'war on terror', AI Index: AMR 51/145/2004, October 2004, p. 5.
10. Amnesty International, 앞의 글, p. 5.
11. Amnesty International, 앞의 글, p. 7.
12. American Civil Liberties Union, "FBI E-Mail Refers to Presidential Order Authorizing Inhumane Interrogation Techniques", December 20, 2004.(http://www.aclu.org 참조)
13. Amnesty International, 앞의 글, p. 7.

해 수백 명의 변호사와 법학교수들이 아래와 같은 성명서를 냈다.

  :: 미국인들은 우리 정부가 헌법과 권리장전, 의회에서 통과된 법률과 미국이 체결한 조약을 존중한다는 신념을 가지고 있다. 우리는 언제나 변호사들이 이러한 권리를 보장하는 것을 기대한다. 그러나 법무성, 백악관, 국방성, 부통령실의 고위 변호사들이 모든 인간의 가장 기본적 권리를 침해하는 행동을 정당화하려 했다.(다음과 같이 잘못된) 이 메모들은 이러한 변호사들에 의해 준비되고 인정되었다.

  ― 군사령관으로서의 대통령이 포로의 대우에 관한 법률과 조약, 헌법을 무시할 수 있는 권한을 가지고 있다고 주장하였다.(DOD memo, April 4, 2003)

  ― 고문의 개념을 좁게 해석함으로써 신체의 기능 파괴와 손상, 심지어 죽음까지 유발하는 심각한 육체적 상해에 따르는 고통의 조치들을 관계기관이 채택할 수 있도록 조언하였다.(DOJ memo, August 1, 2002)

  ― 인격을 완전히 혼란시키지는 않는, 그러나 정신변환용 약의 사용을 허용하였다.(DOJ memo, August 1, 2002)

  ― 국무성의 우려에도 불구하고, 아프가니스탄의 전쟁과 관련한 포로의 대우에 관한 제네바협약이 미국에는 해당되지 않는다고 대통령에 조언하였다.(White House Cousel Memo, January 25, 2002)

  이 메모들을 준비하고 승인한 변호사들은 그들의 직업적 의무를 지키는 데 실패하였다. 변호사는 그들의 고객이 무엇을 원하는지를 묻고, 고객의 합법적인 목적을 실현할 수 있도록 지원해야 한다. 그러나 동시에 변호사들은 사법의 관리[14]로서 그리고 선량한 시민으로서 법을 수호해야 하는 의무를 가진다. 모든 법의 강제는 고객에게 무엇을 해야 하는지와 더불어 무엇을 하지 말아야 하는지를 말해야 하는

---

14. 미국에서는 일반 변호사들조차 '사법부의 관리(Officer of the Court)'라고 칭한다. 그만큼 변호사의 공적 역할과 인권 보장의 사명을 강조하는 전통이 있다.

것에 의존한다. ……[15]

　부시의 재선에 따라 2기 행정부의 법무장관으로 임명된 전 백악관 법률보좌
관 알베르토 곤잘레스(Alberto Gonzales)가 바로 이 메모 때문에 상원의 인준과정에
서 도마에 올랐다.[16] 민주당 출신 상원의원들이 집요하게 질문을 했고,[17] 많은 인
권단체들이 반대했지만 그의 인준은 통과되고 말았다. 고문과 가혹행위에 대한
미국인들의 경계심을 늦추게 만든 데는 9·11테러가 큰 역할을 했다. 그러나 이
러는 동안 과거 인권의 선진국으로서 공산권과 제3세계의 인권을 비난했던 미국
의 입장은 완전히 역전되었다. 이제 미국 내의 인권단체들은 물론이고 제3세계의
인권단체들조차 미국 정부를 비난했다.[18] 미국인들이 가장 자랑스럽게 여기던 인
권의 가치가 완전히 땅에 떨어진 것이다.

15. Lawyers' Statement on Bush Administration's Torture Memos.
16. "Transcript—Senate Judiciary Committee Confirmation Hearing", *The New York Times*, January 6, 2005.
17. 특히 에드워드 케네디 상원의원은 CIA의 요청에 따라 이루어진 신문기술에 관해 자문을 구하는 메모에서 고문의 개념
을 좁게 해석하면서 고문이 가능하도록 답변한 것을 집요하게 추궁했다. 앞의 Transcript 참조.
18. 예컨대, 유명한 고문반대단체인 세계고문방지기구(OMCT)는 전 세계에 회람한 긴급행동에서 미국 정부에 대해 아프가
니스탄의 구금시설인 바그램 공군기지를 유엔 특별보고관이 방문할 수 있도록 요구했다.

03 노던아일랜드 지역 영국군의 수치

1. 비극의 땅, 노던아일랜드

'노던아일랜드' 지역은 영국과 아일랜드 사이에 원한과 피의 역사가 서린 곳이다. 영국이 점령한 이 가톨릭 지역에 수많은 프로테스탄트 주민들이 이주함으로써, 국가간 분쟁과 종교적 분쟁이 함께 어우러진 비극의 현장이 되었다.

1960년대 중반에 극우 프로테스탄트 그룹인 울스터 지원군(Ulster Volunteer Force)이 이 지역 우익정부가 아일랜드공화국과 진행하던 협상정책을 방해하고 나섰다. 동시에 비폭력 시민단체인 '노던아일랜드 시민권연합'은 이 지역 가톨릭 소수자들에 대한 탄압을 비판하면서 동등한 대우를 요구했다. 그 요구사항은 지역선거에서의 1인 1표, 게리맨더링(gerrymandering: 어느 한 정당에 유리하게 선거구를 변경하는 일) 경계의 제거, 지역자치정부의 차별 금지, 공공주택의 공정한 배분, 탄압법제의 폐지, 특수경찰의 해체 등이었다.

경제적·사회적 억압이 사회의 불안과 동요를 야기했다. 종교적 갈등 또한 주민들의 분열을 부추겼다. 이에 '노던아일랜드' 정부는 시민권에 기초한 시위를 금지했다. 그러면서 오히려 반정부 테러집단이라고 할 수 있는 '아이리시 공화군(Irish Republic Army, IRA)'의 규모와 영향력이 더 커졌다. 정부의 반군 억제책과 법질서 유지책으로 억류(internment) 조치가 자주 이루어졌다. 1971년 8월에 '특별권한법(Special Powers Act)'이 시행된 후 그해 12월까지 무려 1,576명이 억류되었고, 그중 934명이 곧 석방되었다. 여기서 '억류'라 함은 "행정권에 의한 비사법적 자유 박탈"이라고 할 수 있다. "최종적으로 형사 절차에 의해 기소될 사람에 대한 사전 재판 구금"인 것이다.[1] 노던아일랜드 의회에서 만들어진 법률에 따른 구금이기는 하지만 그 정당성에 대해 많은 의문이 제기되었다. 아무튼 정부의 억압에 따라 정치적 폭력은 더욱 심각해졌고, 서로 보복의 악순환이 계속되었다.

2. '특별권한법'의 남용과 진상조사

1971년 8월에 제정된 '특별권한법'은 원래 1921년부터 존재했던 것으로, 주로 가톨릭 소수자에 대해 사용되었다.[2] 원래는 한시적 법률로 예정되었지만 해마다 연장을 거듭하다가 1933년에는 항구적인 법이 되었다. 이 법에 따라 내무장관에게 부여된 권한은 영국이 그동안 발전시켜온 법률적 정의와 전통을 파괴하는 것이었다.[3] 즉 이 법에 따라 내무장관은 영장 없이 사람을 체포하고, 압수·수

---

1. Lowry, "Internment: Detention without Trial in Nothern Ireland", *Human Rights*, Vol. 5, 1976, p. 261.
2. 원래 명칭은 'The Civil Authorities Act' 였다.

색하고, 억류·구금할 수 있었다. 1971년 8월 이후 정치적 신념에 따라 활동했던 사람들, 반군에게 도움을 주었던 사람들, 정치적 폭력 혐의자들이 형사 책임에 대한 증거의 존재와 관계없이 대량으로 억류·구금되었다.

　　이 사람들 가운데 고문과 가혹행위 주장이 잇따르자 영국 정부는 에드먼드 콤프턴(Edmund Compton) 경을 의장으로 하는 진상조사단을 꾸렸다. 그러나 조사단의 보고서가 신뢰를 받지 못하자 이번에는 파커(Parker) 경을 의장으로 하는 2차 진상조사단을 꾸렸다. 2차 조사단은 보고서 내용에 대해 상호 합의를 보지 못해 결국 다수의견과 소수의견이 별도의 보고서를 내기에 이르렀다. 소수의견은 가드니어(Gardnier) 경이 주도했기 때문에 '가드니어 보고서'라고 부른다. 그러나 어느 보고서도 '부당한 대우(ill-treatment)'가 있었다는 사실에 대해서는 일치했다. 다만 그것이 '고문'에 해당하는지에 대한 판단과 평가가 달랐다. 당시 구금 시설에서 행해진 행위는 다음과 같은 것들이다.

① **세워놓기**(standing) : 벽을 향해 바통을 든 손을 머리 위로 들고 다리는 벌린 채 쓰러질 때까지 세워놓는 방식이다. 세워놓은 전체 시간이 43시간 반이었다. 한 번에 보통 4시간에서 6시간가량 세워놓았다.

② **머리에 두건 씌우기**(hooding) : 해군이나 검은 색깔의 조밀하게 짠 백이나 깡패들이 쓰는 두건 같은 것을 조사받을 때 외에는 계속 씌워놓았다.

③ **소음 들려주기**(noise) : 심문을 받는 중간중간에 끊임없이 소음이 나오는 방에 유치되었다. 그 소음은 수증기가 폭발해 나오는 소리, 폭포 소리, 헬리콥터 소리, 드릴 뚫는 소리 등이었다.

④ **잠 안 재우기**(sleep deprivation) : 이틀 내지 사흘간 잠을 안 재웠고 아주 조금씩

---

3. 1927년의 대헌장(magna carta)은 "어떤 사람도 법률에 따라 구성된 재판부의 판결에 의하지 아니하고는 구속·금지·불법화·추방되지 아니한다"라고 규정하고 있다.

밖에 안 재웠다.

⑤ **빵과 물의 다이어트**(diet of bread and water)： 음식을 2~3일간 안 주었다. 다이어트 마지막 순간까지 마른 빵이나 물 한 컵조차 제한되었다.[4]

콤프턴 보고서는 이런 행위가 단지 육체적으로 '부당한 대우'에 해당할 뿐 '육체적 잔혹성(physical brutality)'에 이르지는 않았다고 지적한다.

:: 우리는 육체적 부당한 대우가 일어났다고 결론지었지만 동시에 이러한 피구금자들을 다루었던 입장에서 어떤 잔혹성도 발견할 수 없었다. 우리는 잔혹성이란 비인도적이거나 잔인한 형태의 야만성이며, 또한 잔인함은 희생자의 고통에 즐거움을 느끼거나 무관심과 더불어 고통을 가하려는 의도를 의미한다. 우리는 여기서 그런 일이 일어났다고 생각지 않는다.[5]

이 보고서는 '부당한 대우'와 '고문'을 구별하면서 아주 가벼운 부당행위만 있었다고 결론을 내리고 있다. 더 나아가 심문과정에서 그러한 행위가 정당화될 수 있다고까지 말한다.

:: 이러한 방법은 피구금자 자신들과 그 정체성에 필요한 안전을 제공하는 동시에 작전상 당시 많은 사람들의 생명을 구하기 위하여, 되도록 빨리 얻을 수 있는 정보를 가진 소수의 사람들에 대한 심문에 사용된 것이었다.[6]

---

4. Ellen B. Cohn, "Torture in the International Community—Problems of Definition and Limitation—The Case of Nothern Ireland", *CASE W. RES. J. INT'L L*, Vol. 11, 1979, p. 169.
5. Compton Report, p. 105; Ellen B. Cohn, 앞의 글, p. 171.
6. Compton Report p. 52; Ellen B. Cohn, 앞의 글, p. 171.

이렇게 콤프턴 보고서가 심문기술과 절차를 정당화하자, 2차 진상조사단이 꾸려졌는데 조사단의 다수의견도 마찬가지였다. "도덕적 근거에서 이러한 (고문) 기술을 배제할 이유가 없으며, 그것은 우리 사회의 최고 수준과 일치하는 방법으로 운용하는 것이 가능하다"라고 했다. 더 나아가 다수의견은 "불편(discomfort)이나 어려움(hardship) 따위는 어떤 용의자라도 견뎌야만 한다고 기대되는 합리적인 조건"일 뿐이며, "불편·어려움·부당한 대우·고문 등은 단지 의견의 차이일 뿐"이라고 주장했다. 말하자면 그런 정도의 대우는 용의자들이 "적대적인 분위기에 처했으며 엄격한 규율하에 있음을 느끼게 만드는 기술"에 불과하다는 것이다. 또한 이런 방법의 과도한 사용을 행정적인 문제로 미루고 있으며, 장차 문제를 줄이기 위한 지침의 제안이나 인원 부족 등을 해결해야 한다고 제시하고 있다.

그러나 소수의견인 가드니어 보고서는 "침묵으로 이 엄청난 정의(定義)에 동의하는 것으로 하지 말아달라. 나는 동의하지 않는다고 말해야겠다. 이 정의에서 어떤 심문관이 구금자의 목숨을 살리기 위한 일념으로 유감스럽게도 그로부터 정보를 얻기 위해 그 사람의 손가락을 하나하나씩 잘라낼 수밖에 없었다고 한탄한다면, 이것은 잔인하지 않다고 우리가 말할 수 있을 것인가"라고 반문한다. 소수의견은 이어서 "피구금자들에게 야기된 정신이상, 일시적 발작, 인내하기 어려운 초조감, 악몽 같은 현상에 초점을 맞추면서 동시에 사용된 심문기술의 누적 효과에 대해서 아직 어떤 정신분석학자도 관찰할 기회가 주어지지 않았다"라고 비판했다. 그리고 "제2차 세계대전 중에도 문명적이면서도 미묘한 방식의 심문으로 원하는 정보를 얻을 수 있었다"라고 예를 들면서, "구금과 고문의 사용으로 말미암아 오히려 무장투쟁 노선을 걷는 아이리시 공화군(IRA)의 인기를 더 높였고, 이것이 사악한 방법의 부수효과였다"라고 기술했다. 마지막으로 고문기술이 공개됨으로써 영국의 입장과 평판은 극도로 상처를 입었다고 쓰고 있다.

:: 비난받아야 할 사람들이 있다면, 오래전 식민지 유형의 상황에서, 비상시기의 조건에서 우리의 성공적이고 합법적이고 잘 수립된 전쟁시기의 신문방식을 포기하고, 그 대신에 비밀스럽고, 불법적이고, 도덕적으로 정당화될 수 없으며, 또한 아직도 세계에서 가장 위대한 민주주의라고 믿고 있는 우리의 전통에도 배치되는 그런 절차로 대체하기로 결정한 바로 그 사람들이다.[7]

3. 세계 최고의 민주국가, 영국의 수치

결국 이 사건은 1971년 12월 아일랜드 정부가 '유럽인권위원회(European Commission of Human Rights)'에 '국가간 신청(inter-state application)'으로 영국 정부를 상대로 제소함으로써 국제무대로 불똥이 옮아갔다. 유럽인권위원회는 고문에 대한 영국 정부의 유죄는 아니고 다만, "비인도적이고 굴욕적인 방법으로 그 용의자들이 대우받았다"라는 입장을 취했다. 그러나 1977년 2월 '유럽인권재판소 (European Court of Human Rights)' 법정에서 영국 정부는 노던아일랜드에서 피구금자들을 상대로 5가지의 고문기술을 사용했다는 것을 시인했다. 유럽인권재판소는 유럽인권위원회와 달리 1971년의 심문 도중 사용한 5가지 고문기술은 "부당한 대우"이며 동시에 "고문에 이르렀다"라고 표현했다.[8]

민주주의의 요새이며 가장 문명화된 나라로 간주되던 영국에서 일어난 고문 논쟁은 다른 나라에 큰 충격을 주었다.[9] 그때까지도 고문은 군사독재 국가나 제3

---

7. Ellen B. Cohn, "Torture in the International Community—Problems of Definition and Limitation—The Case of Nothern Ireland", *CASE W. RES. J. INT'L L*, Vol. 11, 1979, p. 174.
8. Ireland v. United Kingdom 사건. 1977년 4월 19일자.
9. Ellen B Cohn, 앞의 글, p. 159.

세계에서 일어나는 악행으로만 여겨져왔던 것이다. 아무튼 '노던아일랜드' 사건은 영국에게 커다란 창피였고, 동시에 민주주의란 끝없이 진전해가야 하는 미완성 상태라는 것을 보여주었다.

제6장

고문 방지를 위한
국제협약과 국가간 협력

01 고문방지협약

1. 고문방지협약¹의 체결 경위

::   총회는, 국제연합헌장에 선언된 제 원칙에 따라 인류 사회의 모든 구성원의 고유한 존엄성과 평등하고 양도할 수 없는 제 권리를 인정하는 것이 세계의 자유, 정의 및 평화의 기초가 됨을 고려하고, 이러한 제 권리는 인간의 고유한 존엄성으로부터 유래함을 고려하며, 인권 및 기본적 자유에 대한 보편적 존중과 준수를 촉진시킬 국제연합헌장 특히 제55조에 따른 국가의 의무를 또한 고려하고, 어느 누구도 고문 및 잔혹한, 비인도적 또는 굴욕적 처우나 형벌을 받아서는 안 된다고 규정한 세계인권선언 제5조와 시민적 및 정치적 권리에 관한 국제협약 제7조에 유의하며, 본 결의에 부속된 고문 및 기타 잔혹한, 비인도적 또는 굴욕적 처우나 형

---

1. 전체 명칭은 'Convention Against Torture and Other Cruel, Inhuman or Degrading Treatment or Punishment' 이지만 보통 'Convention Against Torture'로 줄여 부른다.

벌로부터의 모든 사람의 보호에 관한 선언을 모든 국가 및 효과적인 역량을 행사하는 기타 조직체를 위한 지침으로서 채택한다.[2]

1984년 12월 10일, 유엔총회에서 고문방지협약이 채택됨으로써 세계 인권 보장의 역사에 새로운 전기를 마련하게 되었다. 그러나 이 협약이 유엔에서 결의되기까지는 길고도 험한 여정이 있었다. 유엔이 고문과 관련해 시작한 활동은 그 설립의 역사와 비슷할 정도이다. 유엔에서 만들어진 고문 관련 선언, 조약, 협약 등의 성과물을 정리해보면 다음과 같다.

① 신탁통치 지역에서의 육체적 처벌 금지(Abolition of Corporal Punishment in Trust Territories)

② 수감자 처우에 관한 최소 표준 규정(Standard Minimum Rules for the Treatment of Prisoners)

③ 자의적 체포와 구금으로부터의 보호(Protection against Arbitrary Arrest and Detention)

④ 고문으로부터의 보호에 관한 선언(Declaration on Protection from Torture)

⑤ 법집행 관리들의 윤리강령(Code of Ethics for Law Enforcement Officials)

⑥ 의료윤리원칙(Principles of Medical Ethics)

⑦ 고문방지협약(Convention Against Torture)

⑧ 고문희생자원호기금(Voluntary Fund for Torture Victims)[3]

1970년대부터 시작된 앰네스티 인터내셔널 등 수많은 세계 인권단체들의

---

2. 고문방지협약 전문. 민주사회를위한변호사모임, 「고문방지 관련 자료모음」.
3. United Nations, *Human Rights—Methods of Combating Torture*, Fact Sheet No. 4 참조.

고문 종식과 예방 캠페인은 이미 하나의 큰 시대 흐름이 되었다. 이런 인권단체들의 요청과 호소에 힘입어 국제사회 여러 기관에서, 여러 종류의 고문 관련 규범과 선언들이 만들어지기 시작했다.

1973년 11월 유엔총회는 "고문과 기타 잔혹한, 비인도적 또는 굴욕적 처우나 형벌"의 거부를 주장하는 결의(제3059호, XXVIII)를 채택했다. 이 결의가 채택된 것은 많은 NGO들과 스웨덴 정부의 협력 아래 그 1년 전부터 고문퇴치운동을 줄기차게 벌여온 앰네스티 인터내셔널 덕분이었다. 특히 이를 처음 주도한 스웨덴 정부의 선언 초안에서는 당시 아일랜드의 전 외무장관이며, 앰네스티 인터내셔널 집행위원회 위원장이었던 시언 맥브라이드(Sean Mcbride)가 "모든 형태의 고문을 완전히 뿌리 뽑기 위해 적극적으로 노력하는 것은 보편적이며 인도적 의무"라고 한 말을 그대로 인용하고 있다.[4] 더구나 1973년 9월, 칠레의 합법적인 살바도르 아옌데(Salvador Allende) 정부를 무너뜨리고 집권한 피노체트 군사정부의 탄압과 고문 소식에 양식 있는 세계 지성인들과 정부들은 경악했고, 더불어 고문 방지 대책을 유엔 차원에서 마련해야 한다는 생각을 절박하게 만들었다. 이렇게 해서 고문방지선언을 유엔총회 차원에서 끌어내는 데 성공했으나, 이 결의는 그냥 결의일 뿐이었다.

그러나 NGO들의 노력으로 1974년의 유엔총회에서 동일한 이슈를 다시 다루게 되었고, 이때 작성된 제3218호 결의에는 처음으로 국제적 기준을 만드는 작업이 포함되었다. 유엔총회는 다가오는 '범죄 예방과 범법자 처우에 관한 유엔회의(UN Congress on the Prevention of Crime and the Treatment of Offenders)'에서 "어떤 형태의 구금에 처해지는 사람들의 고문과 기타 잔혹한, 비인도적 또는 굴욕적 처

---

4. Nigel S. Rodley, "The Evolution of the International Prohibition of Torture", *The Universal Declaration of Human Rights, 1948-1988: Human Rights, the UN and Amnesty International*, Amnesty International USA Legal Support Network, 1988, p. 56.

우나 형벌로부터의 보호를 위한 규정을 고려해줄 것"을 요청했다.[5] 또한 유엔총회는 세계보건기구(WHO)에게 고문에 관계된 '의료윤리원칙'의 초안 작성을 요청했다.

1977년에 유엔총회는 '법집행 관리들의 윤리강령'을 채택했다.[6] 1975년 12월 9일 제30차 총회에서는 '고문과 기타 잔혹한, 비인도적 또는 굴욕적 처우나 형벌로부터의 모든 사람에 대한 보호선언'[7]이 채택되어 고문방지협약의 원형이 되었다. 또한 1982년에는 '고문과 기타 잔혹한, 비인도적 또는 굴욕적 처우나 형벌로부터의 모든 수인과 구금자의 보호에서 의료인, 특히 의사의 역할에 관련된 의료윤리원칙'이 만들어졌다.[8] 이 과정에서 스웨덴 정부의 역할은 특별했다. 스웨덴 정부가 제출한 고문방지협약 초안을 기초로 유엔인권위원회가 1978년부터 1984년까지의 조항과 문안을 다듬었고, 그 결과로 1984년 12월 10일의 유엔총회에서 고문방지협약을 투표 없이 만장일치로 정식 채택할 수 있었다.[9] 이 협약은 20개국이 비준했을 때 발효하도록 규정되어 있었는데, 1987년 6월 26일자로 발효되었다.[10]

5. GA res. 29/3218, 29 UN GAOR Supp.(No. 31) at 82, UN Doc. A/9631(1974).
6. Code of Ethics for Law Enforcement Officials, GA res. 34/169, 34 UN GAOR Supp.(No. 46) at 185, UN Doc. A/36/46(1979).
7. Declaration Against Torture, GA res. 30/3452, 30 UN GAOR Supp.(No. 34) at 91, UN Doc. A/10034(1975).
8. Principles of Medical Ethics Relevant to the Role of Health Personnel, Particulary Physicians, in the Protection of Prisoners and Detainees against Torture and Other Cruel, Inhuman or Degrading Treatment or Punishment, GA res. 37/194, 37 UN GAOR Supp.(N).51 at 210, UN Doc. A/37/51(1982).
9. Niegel S. Rodley, "The Evolution of the International Prohibition of Torture", *The Universal Declaration of Human Rights, 1948–1988: Human Rights, the UN and Amnesty International*, Amnesty International USA Legal Support Network, 1988, p. 59.
10. 2004년까지 135개국이 고문방지협약에 비준·가입했다.

2. 고문방지협약의 주요 내용

고문방지협약은 전문 및 본문의 3부 33개조로 구성되어 있다. 전문은 본 협약 제정의 목적과 근거를 밝히고 있으며, 본문 제1부(제1~16조)는 실체 규정으로서 고문을 정의한 제1조를 제외하면 고문이라는 범죄행위를 가한 자의 처벌과 그 피해자의 구제와 관련된 체약 당사국의 의무를 정하고 있다.

제2부(제17~24조)는 실시 조치 규정으로, 제1부에서 정한 체약국의 협력 의무사항을 확보하기 위해 고문방지위원회의 설립과 활동을 규정한 제17·18조와 해당 기관을 통해 행해지는 협약 의무이행 확보의 제반 조치를 규정한 제19조 내지 22조, 위원의 특권 및 면제, 위원회의 연차보고 등에 대해 규정한 제23·24조 등으로 구성되어 있다.

제3부(제25~33조)는 시행에 관련된 조항을 모은 것이다. 비록 조항수가 많지 않지만 많은 논의와 역사를 가지고 있는 만큼 해석에 적지 않는 논쟁도 있고 한계도 있다. 이 협약의 기본 특징과 내용, 실제 운용상황을 다음과 같이 정리해볼 수 있다.

첫째, '고문' 자체를 범죄로 규정하고 체약국들에게 고문의 금지와 처벌을 의무로 하고 있다. 보통 인권 관련 국제조약은 인권 존중과 준수를 해당 체약국의 국내법으로 규정하도록 의무화하고 있을 뿐인데, 고문방지협약은 그 자체가 '고문'을 직접 범죄로 규정한다는 점에서 특색이 있다.[11]

둘째, "자국의 관할권하에 있는 영토 내에서 고문행위를 방지하기 위한 실효적인 입법·행정·사법적 또는 그밖의 조치를 취한다"라고 하여 체약국에게 고

---

11. 법무부, 『고문방지협약에 관한 자료집―법무자료』 제104집, 1988, 30쪽.

문 방지의 각종 조치를 부과하고 있다.(협약 제2조 제1항) 재미있는 것은 제2항과 3항의 내용이다.

제2항 전쟁상태 또는 전쟁의 위협, 국내의 정치적 불안정 또는 그밖의 공공의 비상상태와 같은 어떠한 예외적 상황도 고문을 정당화하기 위하여 원용될 수 없다.

제3항 상급관리 또는 공적 기관으로부터의 명령은 고문을 정당화하기 위하여 원용될 수 없다.

이것은 어떤 상황, 어떤 논리로도 고문을 정당화할 수 없음을 선언하는 규정이다. 과거 남북관계의 특수성을 전제로 인권침해를 정당화하려는 조치나 발언이 없지 않았다. 더구나 일선 수사관들은 흔히 상관의 명령을 핑계로 내세우기도 한다. 그러나 고문에는 이 모든 것이 용납되지 않는다는 것이다.

셋째, "고문을 받을 위험이 있다고 믿을 만한 충분한 근거가 있는 개인을 다른 국가로 추방, 송환 또는 인도하지 않는다"는 점을 체약국은 의무로 한다.(협약 제3조 제1항) 이 조항은 망명자(난민)의 지위에 관한 1951년 제네바협약 제33조와 유사하다. 그러나 제네바협약은 자신의 '조국'에서 박해를 받는 '망명자'에 한정되는 반면, 고문방지협약은 어떠한 이유로든 타국으로 인도될 때 고문에 처할 위험이 있는 모든 사람에게 인정되는 더욱 광범한 권리이다.

넷째, "당사국은 모든 고문행위가 자국의 형법에 의해 범죄가 됨을 보장한다. 고문 미수 및 고문 공모 또는 가담을 구성하는 행위도 마찬가지로 범죄가 된다."(협약 제4조 제1항) 이 조항으로 단순 고문 실행자뿐만 아니라 공모자와 가담자 모두가 처벌된다. 더구나 "당사국은 이러한 범죄가 그 심각성이 고려된 적절한 형벌에 의하여 차별되도록" 해야 한다.(협약 제4조 제2항) 처벌이 형식적이어서는 안 되고, 범죄의 죄질이나 정도에 맞춰 엄중한 형벌이 주어져야 함을 의미한다.

다섯째, 여성차별철폐위원회, 인종차별철폐위원회, 인권이사회 등과 마찬가지로 고문방지협약을 시행하기 위해 고문방지위원회[12]를 설치하고 있다. 이 위원회는 "높은 도덕적 지위를 가지고 인권 분야에서 능력이 인정된 10명의 전문가로 구성되며, 동인들은 개인 자격으로 근무한다. 전문가는 공평한 지역적 배분 및 법적 경험을 소유한 인사들의 참여 유용성을 고려하여 당사국들에 의하여 선출"된다.(협약 제17조 제1항) 위원들의 임기는 2년이며, 재선될 수 있다. 유엔 사무총장은 위원회가 이 협약에 따른 기능을 효과적으로 수행하는 데 필요한 직원 및 시설을 제공한다.(협약 제18조)

그러나 고문방지위원회는 유엔의 본질상, 그리고 고문방지협약 자체가 정치적 타협의 산물인 이상 정치적 영향을 받지 않을 수 없다. 특히 이 위원회의 활동비용은 전적으로 회원국들의 분담금으로 운영되는데, 고문이 자행되는 저개발국이나 개발도상국은 그들대로, 또 고문과 상관없는 선진국은 선진국대로 비용을 제대로 분담하지 않음으로써 고문방지위원회의 기능에 장애가 되고 있다.[13]

또한 '지역'과 나라를 배분해 위원들을 결정하다 보니, 능력이나 지식이 매우 다양해 각국의 고문보고서를 여러 시각에서 검토·분석한 다음, 적절하고 구체적인 방법으로 질문하고 권고할 수 있는 능력에서 문제가 되기도 한다. 특히 보고서를 제출하고 심사에 응하는 당사국 대표들이 구체적인 것을 얼버무리고 도망가길 잘하는 외교관들이라는 점에서 더욱 그러하다. 더구나 인권위원회와 달리 고문방지위원회 위원들은 법적 제도의 개혁보다는 고문 감독기관에 대한 조치와 절차에 더 천착해야 한다는 점에서 위원들의 능력에 문제를 제기하기도 한다.[14] 아

---

12. 흔히 '조약기구(treaty body)'라고 부른다. 그 조약의 실시를 감독하고 책임지는 실행기구(보통 'monitoring mechanism')라고 할 수 있다.
13. 협약 발효 후 첫 해 회기(1987년 6월~1988년 12월) 동안 27개국 가운데 4개국만이 지불을 지체했으나, 그 다음 회기(1989년 1~12월)에는 41개국 가운데 22개국이 지불 연체상태였다. 이런 재정문제는 회기의 단축과 부실을 초래할 수밖에 없다. 자세한 것은 Agnès Dormenval, "UN Committee Against Torture: Practice and Perspectives", *Netherlands Quarterly of Human Rights*, Vol. 8, No. 1, 1990, p. 28 참조.

무튼 인적 구성과 운영 면에서 비판이 적지 않다.

여섯째, '보편적 관할권(universal criminal jurisdiction)'[15]을 인정하고 있다.(협약 제8조) 어느 국가나 고문범죄는 처벌해야 하며, 그렇지 않을 경우 처벌하려는 국가에 송환해야 한다. 이것을 흔히 '처벌 아니면 송환(punish or extradite)' 원칙이라고 한다. 고문범죄자는 세계 어느 곳에서도 피난처를 찾을 수 없다는 것이다. 흔히 과거의 전쟁범죄자나 비인도적 범죄자들은 자신의 조국을 떠나 쉽게 발견되지 않는 제3국으로 도피함으로써 사법적 정의의 심판을 피하려 했다. 그러나 나치 전범자들이 남미, 미국, 캐나다 등으로 대거 잠입해 들어갔지만 이들 역시 피해자들이 많이 사는 독일, 프랑스, 이스라엘 등으로의 송환을 면치 못했다.

일곱째, "고문을 방지하기 위하여 자국의 관할권하에 있는 영토 내에서 여하한 형태의 체포·억류 또는 수감의 대상이 되는 개인의 구금 및 처우에 관한 제도와 아울러, 심문 규칙·지침·방법 및 관행을 체계적으로 검토한다"(협약 제11조)는 것이 체약국에 주어진 또 하나의 의무이다. 이것은 형식적으로 법률에만 규정되어 있다고 고문 방지의 의무를 다하는 것이 아니라, 하위 법령이나 실무·관행에서도 고문 금지를 보장해야 한다는 의미이다.

여덟째, "당사국은 자국의 관할권하에 있는 영토 내에서 고문이 행해졌다고 믿을 만한 합리적 근거가 있는 모든 경우에 권한 있는 소관기관이 즉각적이고 공정한 조사에 착수할 것을 보장"해야 한다.(협약 제12조) 고문의 주장이나 흔적이 있고 그것이 신뢰할 만한 것이라면 '즉각적'이고 '공정하게' 조사에 착수하라는 것이다. 이것은 그만큼 수사를 공정하게 할 수 있도록 수사기관의 독립성을 확보해야 한다는 의미이다. 이런 측면에서 보면 경찰 등 수사기관과 '한통속'에 불과

---

14. Agnès Dormenval, "UN Committee Against Torture: Practice and Perspectives", *Netherlands Quarterly of Human Rights*, Vol. 8, No. 1, 1990, pp. 32~33.
15. 항공기 납치·강탈을 방지하기 위한 국제적인 조치인 하이재킹방지조약 제4조와 외교관등보호조약 제3조 등에도 명시되어 있다.

한 검찰이 고문사건을 맡는 것이 정당한가라는 의문이 제기된다.

그뿐만 아니라 당사국들은 "고문을 받았다고 주장하는 개인이 소관기관에 고소할 수 있고, 소관기관에 의해 즉각적이고 공정하게 동 사건에 대해 조사받을 수 있는 권리의 향유를 보장"해야 하며, 동시에 "고소인 및 증인들이 고소 또는 증거 제시의 결과로 인하여 받을 수 있는 모든 부당한 처우 또는 협박으로부터 보호될 수 있도록 보장하는 조치"를 취해야 한다.(협약 제13조) 이것은 국가에게 즉각적이고 공정한 조사의 의무를 부과할 뿐만 아니라, 개인에게 그런 조사 요청을 할 권리를 부여해야 한다는 의미이다. 이렇게 본다면 과거 우리나라에서 고문 피해자가 제기한 수많은 고소·고발사건을 제대로 신속하고 공정하게 수사했다고 보기는 어려울 것이다. 또한 많은 경우에 고소가 피해자의 구금 상황을 오히려 더욱 악화시키거나 보복을 초래할 수도 있기 때문에 이 조항의 의미는 한층 더 빛난다.

아홉째, 더 나아가 고문방지협약은 피해자에게 구제의 방안을 강구하고 있다. 즉 "고문행위의 피해자가 구제 조치를 받으며, 가능한 한 원상회복의 수단을 포함한 정당하고 적절한 보상을 요구할 수 있는 권리를 향유하도록 자국의 법체계 내에서" 보장해야 한다.(협약 제14조) 원상회복에는 진실조사와 공개, 사죄, 가해자 처벌 등이 포함된다. 보상은 금전적 의미의 배상을 의미한다.

열째, "당사국은 고문의 결과로 이루어진 것이 명백한 어떠한 진술도, 고문의 혐의자에 대한 소송에서 그 진술이 행해졌다는 증거로서 원용되는 경우를 제외하고는, 어떠한 소송 절차에서도 증거로서 원용되지 않는다"는 점을 보장해야 한다.(협약 제15조) 고문이라는 범죄의 결과로 만들어진 진술은 증거로 사용할 수 없다는 것이다. 대체로 고문은 자백진술을 얻어내고 그것을 유죄 판결의 증거로 사용하려는 의도로 이루어지기 때문에, 이런 증거법상의 원칙을 만드는 것은 대단히 중요한 일이다. 우리나라에는 형사소송법에 이 취지를 반영한 듯한 조항이 있으나, 법원의 해석상 불완전한 것이 되고 말았다.

열한째 "당사국은 본 협약이 자국에 대하여 발효한 후 1년 내에 본 협약에 따른 의무시행을 위하여 취해온 조치에 관한 보고서를 위원회에 제출해야 한다." 또한 "그 이후 전 당사국은 자국이 취한 모든 새로운 조치에 관한 추가 보고서 및 위원회가 요청하는 여타 보고서를 매 4년마다 제출해야 한다."(협약 제19조) 이른 바 보고서 제출 의무를 부과한 것이다. 이런 보고 의무는 고문방지위원회가 당사 국과 조약의 실현과정에서 장애물을 확인하고, 개선점을 찾아가는 '건설적 대화'의 과정으로 볼 수 있다.[16] 흔히 보고제도의 목표를 다음과 같이 설명한다.

① **최초 보고**: 협약 비준 후 제출되는 최초 보고서는 협약의 내용과 부합하도록 국내 입법, 행정 규정과 절차, 관행을 종합적으로 검토하는 기회를 제공한다.

② **모니터링**: 보고서는 이론과 실제 상황 사이의 균형을 갖춰야 한다. 조약상의 기구들이 대부분 입법 발전에 초점을 맞추는 것은 불충분하다.

③ **정책 입안**: 일부의 인권문제는 관련 법령을 수정하는 것만으로도 해결 가능하지만, 또 다른 인권문제는 협약상의 의무를 완전히 그리고 지속적으로 이행할 수 있도록 기획된 장기적 일련의 정책 입안을 필요로 한다. 이러한 경우 보고 절차는 확인된 문제에 대응하여 조심스럽게 다듬어진 정책의 입안에 하나의 자극제로 작용할 것이다.

④ **공개적 검증**: 인권조약은 그 정부의 국제적 책임뿐만 아니라 자신의 관할 아래 있는 국민들에게 대한 책임성을 높이고 증진하는 일이기도 하다. 보고서의 준비는 적절한 사회적·경제적·문화적 영역과 함께 논의하는 중요한 계기를 제공한다.

---

16. Association for the Prevention of Torture, APT Guidelines for National NGOs on Alternative Reporting to UN Treaty Bodies, including the Committee against Torture 참조.

⑤ **평가**: 일정한 간격으로 정기적 보고를 지속적으로 준비해야 하는 의무는 시간을 두고 이루어진 진보를 평가하는 이상적 기회를 제공한다.

⑥ **문제의 인정**: 인권에 대한 존중을 성취하는 면에서 완벽한 기록을 기대하는 국가는 없다는 사실이 승인되어야 한다. 일반적으로 전향적인 상황인 곳에도 여전히 개선의 여지는 있다. 문제의 솔직한 인정이야말로 고문방지위원회뿐만 아니라 자신의 국민들에게도 정부의 선의를 증명하는 데 도움이 된다.

⑦ **정보의 교환**: 보고서는 고문방지위원회로 하여금 당사국 정부가 조약을 현실로 전환하는 데 포함된 법률적 공식화의 문제점들을 이해시키는 데 도움을 준다.

⑧ **지속적 대화**: 보고 절차의 정기성은 인권이 하루아침에 실현될 수 없을 뿐만 아니라 보다 나은 인권존중을 이루기 위해서는 영구적 대화가 필요하다는 점을 반영한다.[17]

정부의 이런 1차 보고서와 정기보고서에 대해 민간단체들은 반박보고서를 제출해 고문방지위원회의 심의에 참고하도록 한다.[18] 이미 두 차례에 걸쳐 진행된 우리나라 고문 방지 관련 보고서의 심사과정을 통해 한국정부의 고문 방지 대책에 대한 고문방지위원회의 검토와 권고가 나왔다. 이것을 국내 언론과 인권단체들이 공유함으로써 간접적으로 정부에 압력이 되기도 했다. 그러나 충분하고 심각한 논의가 이루어지거나 아주 만족할 만한 자세한 권고가 나왔다고 보기는 어렵다. 정부의 무성의하고 관례적이고 책임회피적인 태도,[19] 고문방지위원회의

---

17. Association for the Prevention of Torture, 앞의 글 참조.
18. 고문방지협약상의 국가 보고체계는 NGO의 협력 없이는 제대로 작동하기 어렵다. 이런 점을 일찍 깨달은 고문방지위원회는 NGO들에게 문서, 정보와 서면을 제출할 수 있는 권한(Committee's Rules of Procedure, Article 62(1))을 주었고, NGO 활동가들을 자리에 앉을 수 있도록 했으며, NGO로부터 나온 정보를 유엔의 공식문서로 유통시키는 것을 규정했다. 그러나 고문방지위원회의 활동을 제대로 모니터하고 보고심사에 적극적으로 참여하는 NGO는 상대적으로 적어 향후에 참여확대가 필요한 실정이다. Agnès Dormenval, "UN Committee Against Torture: Practice and Perspectives", *Netherlands Quarterly of Human Rights*, Vol. 8, No. 1, 1990, pp. 43~44.
19. 정부 자신이 선의와 성실성을 갖지 않으면 이 모든 절차는 무력해진다는 것이 일반적인 지적이다. Association for the Prevention of Torture, 앞의 글 참조.

바쁜 일정과 한국의 고문 상황에 대한 이해 부족, 인권단체들의 반박보고서 공동 작성의 노력에도 불구하고 전반적으로 한국 NGO들의 불충분한 자료 제공과 로비 등이 만족할 만한 권고가 나올 수 없는 종합적인 원인이 되었다.

열둘째, 고문방지협약은 그 내용이 각 체약국에서 제대로 실시되도록 하기 위한 실효적인 방법들을 강구하고 있다. 협약 제20조는 고문을 행하는 국가에 대한 고문방지위원회의 조사, 특히 비밀조사까지 가능하도록 하고 있다.

> **제1항** 위원회가 어느 당사국의 영토 내에서 고문이 조직적으로 행해지고 있다는 충분한 근거를 가진 것으로 보이는 믿을 만한 정보를 접수한 경우, 위원회는 그 당사국으로 하여금 이 정보를 조사하는 데 협조토록 하며 이를 위하여 관련 정보에 관한 견해를 제시한다.
>
> **제2항** 위원회는 관련 당사국이 제출한 견해와 아울러 여타 입수 가능한 관련 정보를 고려하여 정당한 근거가 있다고 결정하는 경우, 비밀조사를 실시하여 그 결과를 즉각 위원회에 보고할 1인 또는 그 이상의 위원을 지명할 수 있다.
>
> **제3항** 제2항에 따라 조사가 이루어지는 경우, 위원회는 관련 당사국에 협력을 요청한다. 그러한 조사는 관련 당사국과 합의를 통해 관련국 영토에 대한 방문을 포함할 수 있다.

이 조항은 다른 인권조약에서는 전례를 찾기 어려운 가장 중요한 내용 중 하나이다. 고문방지위원회가 직접 방문을 포함해 '조직적으로' 벌어지는 고문에 대해 조사를 할 수 있다는 것은 그만큼 고문을 행하는 국가에 대한 압력이 될 것임에 틀림없다. 과거 우리의 안기부 같은 곳은 이 조사 대상이 될 수 있었다. 문제는 '조직적'인 고문을 자행하는 나라는 고문방지협약에 가입하지 않는다는 점이다.

원래 고문이 이루어지는 나라에 대한 방문은 변호사이자 은행가였던 인권운동가 장-자크 고티에(Jean-Jacques Gautier)가 제안했다. 그는 고문 현장을 국제기구가 방문하면 고문이 줄어들 수밖에 없으리라고 보고, 언제 어디든 고문이 이루어지는 구금장소를 방문할 권한이 있는 위원회의 구성을 제안했다. 이 아이디어는 스위스 정부에 받아들여져 유엔에 제안되고 여러 NGO들의 지지를 받았으나, 최종적으로는 당사국 동의에 의해서만 방문과 진상조사가 가능한 것으로 바뀌어, 그의 꿈은 제한적으로만 이루어지고 있다.[20]

열셋째, "타 당사국이 동 협약에 따른 의무를 이행하지 아니하고 있다고 주장하는 당사국의 통보를 위원회가 접수하여 심리할 권한을 가지고 있음을 인정한다는 것을" 당사국은 선언할 수 있다.(협약 제21조) 이 조항은 당사국 간에 협약 의무의 불이행 사실을 제기하고 항의할 수 있는 권한을 인정하는 것이다. 인종차별협약 및 시민적 및 정치적 권리에 관한 국제협약(ICCPR)에도 같은 조항이 있다. 다만 이것은 모든 당사국의 의무가 아니라 선택 조항이다. 그뿐만 아니라 개인역시 고문에 관한 통보를 위원회에 접수할 수 있고, 비공개 심의를 거쳐 통보한 개인과 당사국에 위원회의 의견을 제출한다.(협약 제22조)

---

20. 장-자크 고티에는 1974년 조기 퇴직한 다음 세상에서 가장 의미 있는 일이 무엇일까 고민하다가 인간의 영혼과 인간성을 가장 심각하고 잔인하게 파괴하는 고문에 대한 싸움을 하는 것이라고 결정하고, 고문퇴치운동에 헌신한 사람이다. 그의 제안이 스위스 정부에 받아들여져 1977년 '스위스고문반대위원회(Swiss Committee Against Torture)'가 결성되었고, 다시 그 제안을 담은 최초의 초안인 '자유를 박탈당한 사람들의 처우를 위한 협약(Convention for the Treatment of Persons Deprived of their Liberty)'을 작성하여 결실을 맺었다. 이 초안 발표 당시 기자회견에서 도민세(Domincé) 교수는 "우리는 작고도 큰 제안을 동시에 했다. 방문의 권한은 작은 것이지만 정권이 감추고자 하는 베일을 걷어올리는 것이기에 그것은 큰일이다"라고 말했다. 그의 제안이 완전히 실현된 것은 아니지만 국제인권법의 역사에서 큰 기여를 했다. François de Vargas, "History of a Campaign", International Commission of Jurists, pamphlet, p. 41 이하.

3. 고문방지협약의 실효성에 관한 의문

문언으로만 보면 고문방지협약은 전 세계적으로 행해지고 있는 고문에 대한 완전한 종식을 가져올 것처럼 보인다. 이런 화려한 미사여구에도 불구하고 과연 얼마나 이 조항이 실효성이 있는가에 대해서는 많은 의문이 제기되고 있다.[21] 모호하고 불명확한 언어로 이루어진 국제조약을 당사국들이 악용하는 사례가 다반사라는 것이다.[22]

우선 조약에 가입한다고 해서 당장 국내 입법을 조약에 맞춰 개정하라는 것은 아니라고 해석되고 있다.[23] 물론 1년 안에 가입한 국가는 조약의 이행 상황을 보고하도록 되어 있어 간접적으로 강제되고 있지만 실제로는 제대로 이행되지 않고 있다. 이 조약에서 표현하는 '취한다(take)'라는 단어는 '확보한다(secure)', '확인한다(ensure)' 또는 '보장한다(guarantee)'라는 단어와 달리 체약국들에게 많은 재량을 주고 있다.[24] 더구나 '효과적(effective)'인 조치를 취하도록 하고 있지만 그 효과성에 대한 판단이 체약국에게 있어서 '효과적'인 조치가 제대로 이루어지지 못한다는 비판이다.[25]

---

21. 기본적으로 고문방지협약이 고문의 완전한 근절을 이룰 수 없다고 보는 견해가 일반적이다. 특정 정권이 고문을 상습적으로 자행하려 한다면 막을 길이 없고, 설령 선의로 고문 방지를 위해 노력하는 정부라 하더라도 유능한 인력과 고문방지의 법률적·제도적·경험적 인프라가 필요한 것이다. 그리하여 유엔은 기술적 지원 프로그램을 통해 인권침해를 사전에 방지하려는 노력을 기울이고 있다. 고문방지위원회 웹사이트(http://www.unhcr.ch) 참조.
22. Ahcene Boulesbaa, "The Nature of the Obligations Incurred by States Under Article 2 of the UN Convention Against Torture", *Human Rights Quarterly*, Vol. 12, 1990, p. 54.
23. 조약 가입 이전에 그 조약의 내용을 국내법 안에 사전에 정비해 일치시켜야 한다는 것은 소수설에 불과하다. Ahcene Boulesbaa, 앞의 글, p. 58.
24. 실제로 조약 체결과정에서 많은 국가들이 '취한다(take)'라는 표현을 다른 표현에 비해 선호했다고 한다. Ahcene Boulesbaa, 앞의 글, p. 60.
25. 유명한 국제법학자인 오펜하임(Lautherpacht Oppenheim)도 "자기보존(self preservation)이라는 개념이 법률적 개념에서 제거되거나 조약의 교묘한 위반을 감추는 외투로 사용되는 것을 금지하지 않는다면, 자기보존의 이름으로 이루어지는 행위의 적법성 문제가 사법적 기관이나 유엔 안보리와 같은 정치적 기구에 의해 결정되지 않을 수 없다"라고 했다. L. Oppenheim, *International Law: A Treatise*, 8th edition, 1955, pp. 298~299.

효과적인 고문방지대책을 강구하지 못하는 경우에도 협약은 뾰족한 대책이 없다. 고문방지위원회를 설치하고 있지만 실제 그 기능은 빈약하기 짝이 없다. 진상조사권이 있지만 당사국의 자발적 동의가 있어야 가능한 일이고 강제 조사는 불가능하다.[26] 다른 당사국이 문제제기한 경우에도 '통보(communication)'라는 간접 방식을 통해야 하고, 문제를 제기한 국가와 제기당한 국가 사이의 이견을 자체적으로 조정하도록 할 뿐이다.

실제로 온갖 종류의 조치를 다 취하도록 요구하고 있지만, 가입한 지 오래된 체약국에서도 고문이 지속적이고 대량으로 보고되는 상황이므로 그 실효성에 대해 의문이 제기되지 않을 수 없다.[27] 이 조약에 가입한다고 해서 바로 철저한 고문 종식이 요구되는 것이 아니라는 점을 간파한 많은 나라들이 국내외의 눈총을 피하기 위해 일단 가입하는 사례들도 적지 않다. 사실 지나치게 엄격하게 만들면 그 협약에 가입하는 국가가 많지 않을 것임은 명약관화한 일이다.[28] 이런 딜레마를 인정하지 않으면 안 된다. 고문방지협약은 단지 그 시행과정과 기구를 통해 국제 여론의 동원과 국내 NGO들의 참여를 보장함으로써 간접적인 압력과 개선 효과를 가져오는 데 의미가 있다고 보아야 한다. 물론 그 의미도 과소평가되어서는 안 된다.

---

26. 제네바에 본부를 둔 국제법률가위원회(International Commission of Jurists)는 고문방지협약 제정과정에서 그 조약 안에 "특별히 (당사국과) 합의한 경우 외에도 언제라도 방문하는 것을 허용할 것"과 "교도소뿐만 아니라 심문장소를 포함한 어느 곳이라도 방문하는 것을 허용할 것", 그리고 "모든 조사사항과 권고사항을 공개할 권한을 수용할 것" 등이 포함되어야 한다고 주장했다. Niall MacDermot, "How to Enforce the Torture Convention", International Commission of Jurists, Pamphlet, 1980, p. 24.
27. 고문방지협약 당사국인 이집트와 그리스에서도 한동안 고문이 체계적으로 이루어졌다. 앰네스티 인터내셔널이 발표한 보고서 중 이집트의 경우에는 "Egypt-Arbitrary Detention and Torture Under Emergency Powers(1985)", 터키의 경우에는 "Turkey-Brutal Systematic Abuse of Human Rights(1989)"를 참고. Ahcene Boulesbaa, 앞의 글, p. 72, 각주 73항 참조.
28. Jean-Jacques Gautier, "The Case for an Effective and Realistic Procedure", International Commission of Jurists, Pamphlet, 1980, p. 38.

02
유럽고문방지협약과 유럽고문방지위원회

유럽은 비교적 인권이 존중되는 지역이다. 그런데도 가장 철저한 고문방지 협약과 기구를 가지고 고문을 가장 잘 방지하고 있다. 아직 이런 지역 협약과 기구를 갖고 있지 못한 아시아의 한 나라로서 부럽기만 하다.

유럽연합은 유엔의 고문방지협약에 이어 유럽 지역의 고문협약을 가장 빨리 마련했는데, 1987년 11월 26일에 오랜 논의를 거쳐 협약을 확정했다. 유럽고문 방지협약(European Convention for the Prevention of Torture and Inhuman or Degrading Treatment or Punishment)은 이렇게 시작된다.

제1조 고문과 비인간적 또는 굴욕적 처우나 처벌을 예방하기 위한 유럽위원회(이하 '유럽고문방지위원회' 또는 '위원회'라고 함)를 설치한다. 이 위원회는 방문의 수단을 통해 고문과 비인간적 또는 굴욕적 처우나 처벌로부터의 보호를 강화하기 위하여 자유가 박탈된 사람들의 대우를 심사한다.

제2조 각 당사국은 이 협약과 일치되게 공공기관에 의해 자유가 박탈당한 사람들

이 있는 어떤 곳에 대한 방문도 허용해야 한다.

제3조 이 협약을 적용함에 있어, 위원회와 당사국의 국내 기관은 서로 협력한다.

여기서 '방문'이 유럽고문방지협약의 중핵을 이루고 있음을 금방 알아차릴 수 있다.[1] 제1조에 이미 '방문'이라는 수단[2]을 통해 고문을 방지하겠다는 의지가 분명히 드러나 있고, 이어 제2조에서 어디든 '방문'을 허락하도록 당사국의 의무를 규정하고 있다.[3] 그뿐만 아니라 유럽고문방지협약은 이 '방문'에 대해 더 자세히 규정해나간다.[4]

제7조 1. 위원회는 위 제2조에 관련된 장소에의 방문을 조직한다. 정기적 방문과 별도로 위원회는 상황에 비추어 필요하다고 판단하는 방문을 조직할 수 있다.[5]

2. 일반적 규정으로 방문은 위원회의 2명 이상의 위원으로 이루어진다. 필요하다면 전문가와 통역자에 의해 지원받을 수 있다.

제8조 1. 위원회는 당사국 정부에게 그 방문을 수행할 계획에 대해 통고한다. 그 통고 후에 위 제2조에 관련된 어떤 장소에, 그 어느 때라도 방문할 수 있다.

2. 당사국은 그 위원회가 그 역할을 수행할 수 있도록 다음과 같은 시설과 편의를

---

1. Council of Europe, European Convention for the Prevention of Torture and Inhuman or Degrading Treatment of Punishment—Historical background and main features of the Convention(CPT/Inf (90) 3).
2. 유럽인권협약(European Convention on Human Rights, ECHR) 제28조 1(a)에도 진상조사 방문 조항이 있기 때문에 이것이 중복이 아니냐는 비판이 있었지만 차원이 다르다. 유럽인권협약상의 방문은 개인 진정인의 요청에 의한 일시적·일회적 방문이지만, 유럽고문협약상의 방문은 회원국에 대한 일상적·정기적 방문과 점검이라는 성격이 있기 때문에 훨씬 포괄적이고 상시적인 것이다. 이런 의미에서 '방문'은 하나의 제도가 된다. Malcolm Evans & Rod Morgan, "The European Convention for the Prevention of Torture: Operational Practice", *International and Comparative Law Quarterly*, Vol. 41, July 1992, p. 591 참조.
3. 피구금자의 피구금장소에 대한 '방문'이라는 방식에 의한 고문 방지 아이디어는 장-자크 고티에가 제안한 것이다. 한 사람의 아이디어가 이렇게 씨를 뿌렸다.
4. 자세한 것은 Council of Europe, European Convention for the Prevention of Torture and Inhuman or Degrading Treatment of Punishment—Text of the Convention and Explanatory Report (CPT/Inf (91) 9) 참조.
5. 앞부분의 방문을 '정기방문'이라 하고 뒷부분을 '특별방문'이라고 부른다. 특별방문은 1990년과 91년에 터키에 대해 연속 이루어졌는데, 당시 앰네스티 인터내셔널은 터키에서 "광범하고 체계적인 고문"이 행해지고 있다고 비판했다. Malcolm Evans & Rod Morgan, 앞의 글, p. 600. 방문 장소는 앙카라의 경찰본부와 중앙폐쇄교도소, 디야르바키르주의 여러 경찰서와 교도소들이었다. 이런 구체적인 지역과 구금장소를 방문함으로써 위원회의 위상이 한층 커졌다.

제공해야 한다.

① 아무런 제약 없이 그 영토에 접근하고 여행할 수 있는 권리

② 자유가 박탈된 사람이 억류되어 있는 장소들에 대한 충분한 정보

③ 자유가 박탈된 사람이 억류되어 있는 장소의 내부를 어떤 제약도 없이 이동할 수 있는 권리를 포함하여 그 어떤 장소에도 접근할 수 있는 무제한의 권리

④ 위원회가 그 역할을 수행하는 데 필요한 당사국이 가진 모든 정보

3. 위원회는 자유가 박탈된 개인을 인터뷰할 수 있다.

4. 위원회는 관련 정보를 제공할 수 있다고 여겨지는 사람과 자유롭게 통신할 수 있다.

5. 위원회는 필요하다면 즉시 당사국의 책임 있는 기관에 대해 관찰한 것을 통신할 수 있다.

당사국의 정부기관은 아주 특별한 경우, 예컨대 국가안보·사회안전·심각한 무질서 등 특별한 상황이 있을 때만 그 방문을 거부할 수 있다.(제9조 제1항) 그러나 그후에도 억류된 사람에 대한 정보를 다음 방문이 이루어질 때까지 계속 위원회에 제공해야만 한다.(제9조 제2항) 방문 후 위원회는 확인한 관찰 내용과 권고를 포함한 보고서를 만들어 당사국과 논의하고 개선을 위한 제안도 한다. 만약 당사국이 권고 내용에 포함된 개선 사항을 거부하거나 협력에 실패하면, 위원회는 3분의 2 이상의 결의로 그 위원회의 견해를 공개할 수 있다.(제10조) 위원회가 수집한 정보는 비밀을 유지해야 하며, 개인 정보는 본인의 동의 없이는 공개할 수 없다.(제11조)

기본적으로 유럽고문방지협약의 정신은 당사국을 비난하기 위한 것이 아니라, 협력과 충고의 정신을 통해 고문을 예방하고자 하는 것이다. 협약 이름에도 '예방'이라는 단어가 들어가 있고, 사후 재단이나 판결을 하는 '사법적 기구'가

아니라고 그 성격을 규정하고 있다. 따라서 위원들도 반드시 법률가들이 아니다.

그럼에도 유럽고문방지협약은 '방문'이라는 수단 아니 무기를 통해 당사국에 큰 고문 예방의 압력과 시정 효과를 지닌다. 1990년 한 해에 유럽고문방지위원회는 큰 국가 2곳과 작은 국가 3곳을 방문하기로 결정했는데 영국[6]과 스페인, 오스트리아, 덴마크와 말타를 선택했다. 동시에 터키를 특별 방문국으로 결정했다.[7] 한 해에 이렇게 많은 국가를 방문한다는 것은 이 위원회가 얼마나 적극적으로 활발한 활동을 하는지 잘 보여주고 있다.

---

6. 영국 방문결과로 나온 보고서는 자못 심각한 것이었다. 정기방문의 형태였기 때문에 특정 사례가 지적된 것은 아니었지만 영국의 많은 구금시설이 과밀, 위생시설 부족, 부적절한 기구 등의 문제로 비인도적이고 굴욕적인 처우에 해당될 수 있다고 기술했기 때문에 영국 정부가 이를 부인하는 등의 논쟁이 일었다. Malcolm Evans & Rod Morgan, "The European Convention for the Prevention of Torture: Operational Practice", *International and Comparative Law Quarterly*, Vol. 41, July 1992, p. 592.
7. Council of Europe, European Convention for the Prevention of Torture and Inhuman or Degrading Treatment of Punishment—1st General Report on the CPT's Activities covering the period November 1989 to December 1990 (CPT/Inf (91) 3).

03

고문 국가에 대한 국제적 개입

특정 국가가 제도적이고 일상적인 고문을 자행하는 경우라면 고문에 대한 백약이 무효일 수밖에 없다. 국제법은 이런 국가를 상대로 일정한 제재를 가할 수 있는 방법들을 발전시켜왔다. 국제적 합의나 국제관습법에 따라 일정한 의무 위반 사항에 대해 국제적 구제책을 강구하는 것이다.

국제사법재판소(International Court of Justice)나 문제를 제기한 국가가 신청 관할권을 가진 국제재판소(International Tribunal)를 통해서 이런 구제책이 실현된다. 어느 한 국가가 다른 국가에 대해 이의를 제기할 수 있는 권리는 'ICCPR' 제41조와 미주협약(American Convention) 제45조에 규정되어 있다. 유럽협약 제62조도 비슷한 규정을 갖고 있다. 인권 관습법상의 의무는 모든 국가에 대한 의무(erga omnes)이기 때문에, 설사 인권의 희생자가 자기 국민이거나 자국과 특별한 이해관계가 없는 경우라 하더라도 인권 침해국에 대해 구제책을 추구할 수 있다.

고문을 당한 개인이 국제협약 'ICCPR'의 선택의정서(Optional Protocol)에 따른 구제책을 제외하고는 인권을 침해한 국가에 대해 직접 구제책을 요청할 수는 없다. 그러나 개인적으로 고문 등 인권피해를 입었을 때 국제협약 'ICCPR' 외에 도 다른 국제협약이나 지역 간 협약에 따라 개인의 통보권을 인정하는 경우가 있 다. 유럽인권위원회[1]와 유럽인권재판소,[2] 미주기구 및 미주인권재판소,[3] 유엔인 권이사회 등이 바로 그런 기구들이다. 고문의 경우에는 고문방지위원회(UN Committee against Torture, CAT)가 그런 기능을 담당하고 있다.

여기서 한 가지 더 추가할 항목이 있다. 바로 유엔인권위원회가 임명하는 특 별보고관(Special Rapporteur)과 실무반(Working Group)의 역할이다. 이것은 유엔이 가지는 또 하나의 사실조사에 관한 기능이며, 이 기능은 고문을 행하는 나라에 큰 영향을 미침으로써 사실상 고문을 예방하는 데 도움을 준다.[4] 1980년에는 '강 제적 또는 비자발적 실종에 관한 실무반(Working Group on Enforced or Involuntary Disappearances)'이 설치되었고, 1982년에는 '약식 또는 자의적 처형에 관한 특별 보고관'이 임명되었다.

이 두 기관은 실종사건과 약식 처형에 대한 주장과 정보들을 문제가 된 정부 에 송부하는 관행을 수립했는데, 이 '송부'의 성격은 실종이나 약식 처형이 일어 날 위험이 있는 상황에서 그 정부에 보내는 '긴급 메시지'를 포함한다. 그리고 이 두 기관은 조사한 정부에 관한 정보를 포함해 그들의 활동을 인권위원회에 해 마다 보고한다.

---

1. 경찰 구금 중 부당한 대우를 받았다고 주장하는 3명의 터키인들이 유럽인권협의 제3조 위반을 근거로 해서 유럽인권위 원회에 제소한 결과 1억 7,376만 5,000터키리라를 배상금으로 받았다. App No 16311/90, App No 1612/90, App No 16313/90.
2. 프랑스인 펠릭스 토마시(Felix Tomasi)가 프랑스 감옥에서 5년 6개월을 부당하게 억류당한 사실을 유럽인권재판소에 제 소한 결과, 1992년 8월 130만 프랑의 배상금을 받았다. App No. 12/850-87.
3. 1992년 9월 미주인권위원회에서 주선한 조정에 따라 아르헨티나인이 위법적인 체포와 모욕적인 대우에 대한 보상으로 1 인당 4,401페소에서 7만 1,739페소에 이르는 배상을 받았다. Report 1/93, case 10,288, 10,310, 10,496, and 10,771.
4. 유엔인권위원회의 1984년 회기 종료 때 인권담당 사무총장보(Assistant Secretary-General) 헤르니(Herni)는 생명에 관한 권리, 즉 약식 처형, 실종, 고문에 영향을 미치는 것은 바로 인권위원회의 진상조사 기능이라고 주장했다. Niegl S. Rodley, "The Evolution of the International Prohibition of Torture", The Universal Declaration of Human Rights, 1948-1988: Human Rights, the UN and Amnesty International, Amnesty International USA Legal Support Network, 1988, p. 72.

1985년 유엔인권위원회는 네덜란드 출신의 피터 쿠이지만(Peter Kooijmans)을 고문에 관한 특별보고관으로 임명했다. 임기는 1년이었지만 해마다 연장되었다. 당시 고문사건의 진정을 통한 관계국 정부와의 연락, 현장 방문, 보고서 제출 등의 활동은 상당한 성과를 낸 것으로 평가된다.[5]

---

5. 피터 쿠이지만 특별보고관의 1991년도의 제7차 보고서를 보면, 1년 동안에 수많은 고문 관련 진정서를 처리했으며, 지부티·인도네시아 정부의 초청과 허락으로 현지를 방문해 관련자들을 만났고, 보고서의 권고와 관련해 필리핀이나 터키 정부의 의견을 듣기도 했다. 그러나 페루·과테말라·혼두라스 같은 나라들은 아무 응답이 없었다고 기재하고 있다. Report of the Special Rapporteur, Mr. P. Kooijmans, pursuant to Commission on Human Rights Resolution 1991/38, E/CN.4/1992/17, 27 December 1991. 이와 같은 모니터링과 조사활동 그 자체로도 독재국가와 고문이 행해지는 나라의 정부는 긴장할 수밖에 없다.

04
해외 고문피해자를 위한 국내 구제조치
— 미국의 외국인불법행위법과 고문희생자보호법

:: 　파올리나(시고니 위버 분)는 독재정권 속에 자행된 고문으로 고통받은 과거를 지닌 여인이다. 파올리나는 15년이 지난 지금도 과거에 당했던 고문의 기억을 떨쳐버리지 못하고 아픈 상처를 간직한 채 살아가고 있다. 어느 날 남편의 차가 펑크가 나 이웃에 사는 의사 미란다(벤 킹슬리 분)의 차를 얻어 타고 집으로 온다. 집 앞에서 남편과 대화를 나누고 있는 닥터 미란다의 목소리를 듣는 순간 파올리나는 직감적으로 그가 15, 6년 전 눈을 가린 채 슈베르트의 〈죽음과 소녀〉라는 현악곡을 틀어놓고 자신에게 성폭행을 가하던 바로 그 고문관이라는 사실을 알게 된다. 분노와 복수심이 북받친 파올리나는 미란다를 묶고 반대로 고문을 자행한다.[1]

　그러나 미국에서라면 이런 보복 고문을 하지 않아도 된다. 민사적 배상청구를 할 수 있기 때문이다. 고문은 비인도적 범죄이고 공소시효도 없기 때문에 어

---

1. 칠레 출신 작가 아리엘 도프만(Ariel Dorfman)의 「죽음과 소녀」를 영화화한 작품으로, 음악도 같은 제목의 슈베르트 작품 〈죽음과 소녀〉를 효과적으로 사용하고 있다. 원래의 영화 제목은 'Death and The Maiden'(1994)이다.

느 나라에서도 처벌할 수 있고, 처벌 가능한 나라로 송환해줄 것을 요청할 수도 있다. 이른바 '처벌 아니면 송환'(Punish or Extradite) 원칙이라고 한다. 이번에는 영화가 아닌 실화를 하나 소개하고자 한다.

:: 3년 전 33세의 에티오피아 출신 이민자 '에드게가예후 타예(Edgegayehu Taye)'는 자기가 웨이트리스로 일하는 호텔에서 유령을 본 것으로 착각했다. 몇 걸음 앞에서 본 같은 호텔에서 일하는 벨맨이 바로 전 에티오피아 정부관리, 즉 1970년대 후반 아디스아바바의 감옥에서 그 악몽의 날들로부터 기억해낸 바로 그 사람이었던 것이다. 타예 씨는 켈베쏘 네게오라는 이 사람이 그녀가 손발이 묶인 채 거꾸로 매달려 몇 시간 동안 받았던 심문과 고문을 지휘했었다고 말한다. 여기 연방지방재판소의 민사소송에서 이번 주 타예 씨와 또 다른 2명의 에티오피아 이민자들[2]이 네게오를 상대로 당시 에티오피아 독재자였던 멩기스투 하일레 매리엄 정부를 대표하여 저지른 수많은 잔혹무도한 악행의 목록으로 제소하였다. 그는 사람들을 고문하고, 원고 중 한 사람의 친척 두 사람을 살해했으며, 재판 없이 3년간이나 투옥했다고 한다.

42세의 네게오는 밤에는 벨맨으로, 낮에는 회계와 컴퓨터를 공부하는 학생의 신분인데, 과거 아디스아바바 지방정부에서 관리로 일한 것은 인정하지만 그 고문과 투옥과는 아무런 관계가 없다고 주장하였다. 그는 그 세 여성을 고문하기는커녕 알지도 못한다고 말했다. 이 여성들은 현재 두 개의 연방법률, 즉 미국 밖에서 이루어진 고문의 손해를 미국 법정에서 청구할 수 있는 1789년 법률과 1992년 법률에 근거하여 소송을 제기하였다. 현재 각각 1,000만 달러의 손해배상금을 청구하

---

2. 이들도 타예 씨와 똑같이 고문당했는데, 타예 씨가 수소문해서 찾아낸 사람들이 애틀랜타 쉐라톤호텔에 와서 먼발치에서 네게오를 보고 바로 그 고문자가 맞다는 사실을 확인했다. 그리고 미국시민자유연맹(ACLU)과 애틀랜타의 로펌인 'Kilpatrick & Codydml'의 도움을 얻어 소송을 제기했다.

고 있는데, 이 사건을 맡고 있는 미국시민자유연맹(ACLU)의 폴 호프만 변호사는 이 소송이 승소하면 그 다음으로 네게오를 미국에서 축출하는 절차를 이민국에 요청할 것이라고 한다. 타예 씨와 네게오 사이의 이 같은 애틀랜타 쉐라톤호텔에서의 우연한 만남은 말처럼 그렇게 쉬운 일이 아니다.[3] 당시 수만 명의 에티오피아인들이 1970년대와 1980년대의 추방, 기아, 그리고 내전으로부터 도망하였으며, 그 가운데 3,000명 내지 5,000명이 미국에 정착하였다.[4]

정말 소설 같은 이야기이다. 하필이면 고문자와 고문피해자가 '외나무다리'에서 그렇게 만날 수 있었을까. 이와 같이 미국과 영국에는 외국인이 그 나라에서 당한 고문 등 인권침해에 대해 제소해올 때는 관할권을 갖고 적극적으로 재판해 가해자에게 배상을 명하는 제도가 있다. 이른바 1789년에 제정된 '외국인 불법행위법(The Alien Tort Claim Act, ATCA)'[5]이 그것이다.

이 법은 구체적으로 "(연방)지방재판소는 국제법이나 미국의 조약을 위반한 경우에 외국인에 의한 오직 민사적 손해배상의 관할권을 갖는다"라고 규정했다. 그러나 이 조항의 성격이나 입법자의 의도에 대해서는 엇갈린 설명들이 있다. 대체로 각 주의 법원에서 외국과 관련된 예민한 문제를 다루기보다는 연방재판소에서 다뤄, 공정한 청문과 심리 기회를 제공함으로써 국제관계를 원만하게 한다는 것이 입법 당시의 의도였다고 한다. 그런데 막상 이 조항에서 '국제법'이나 '조약'의 위반이 무엇을 의미하는지는 아주 막연하다. 이 법이 제정된 후 이 법을 근거로 제기된 소송이 스물한 번이나 있었는데, 그중 두 번만 관할권이 인정되었고 그것도 고문과는 관계없는 일이었다.[6]

---

3. 타예 씨는 1978년 당시 18세로 산림청 직원으로 고용되었는데, 어느 날 갑자기 집에서 혁명군에 의해 납치되어 감옥으로 끌려갔고 아무 관련이 없는 반정부 조직과 연관이 있다고 고문을 받았다고 한다. 이 일로 그녀는 3년을 투옥당했다.
4. *The New York Times*, May 22, 1993.
5. 28 U.S.C. 1350.

그러나 1980년의 '필라티가 대 페나-이랄라(Filartiga v. Pena-Irala)' 사건은 고문과 같은 중대한 인권침해를 당한 외국인이 미국 내에서 손해배상을 청구할 수 있음을 선언한 획기적인 계기가 되었다. 이 법이 고문피해자를 위한 구세주와 같은 기능을 갖고 있다는 것이 발견된 것이다. 이 사건은 파라과이의 필라티가라는 여성이 그의 딸 돌리와 함께 자신의 아들을 고문해 죽게 한 당시 파라과이 경찰청장을 상대로 낸 소송이었다.[7] 미국에 거주하던 그 전 경찰청장에 대해 연방 지방재판소는 소송을 기각했다. 그러나 제2항소 순회재판소에서 그 결과가 뒤집어졌다. 어빙 카우프만(Irving Kaufman) 판사는 미국 법원에 관할권이 있다는 취지의 아래와 같은 판결문을 작성했다.

:: 모든 국가에 의하여 보편적으로 선포된 권리 가운데, 물리적 고문으로부터 자유로울 권리가 있다. 고문은 해적행위, 노예무역과 마찬가지로[8] '모든 인류의 적(hostis humani generis)'이 되었다.[9]

말하자면 고문으로부터 자유로울 권리를 국제관습법의 영역으로 인정하고 있는 것이다. 카우프만 판사는 국가에 의해 이루어진 공적 고문을 처벌하고 금지하는 국제적 합의가 있다고 선언했다. 이 기념비적 사건에서 재판부는 피고에게 1,000만 달러의 배상금을 명했다. '시드만 드 블레이크 대 아르헨티나 공화국(Siderman de Blake v. Republic of Argentine)' 사건에서는 "공식적 고문으로부터의 자유권은 근본적이고도 보편적인 것이며, 국제법 중에서도 근본 규범(jus cogens)을

---

6. Kathryn L. Pryor, "Does the Torture Victim Protection Act Signal the Imninent Demise of the Alien Tort Claims Act?", *Viginia Journal of International Law*, Vol. 29, 1989, p. 974.
7. 다만 이 법은 해당 법원이 피고에 대해 적절한 관할권, 예를 들어 미국에 거주하는 경우라거나 미국 내에 재산을 가지고 있는 경우 등에 한해 적용 가능하다.
8. 실제로 이 법률은 공해상의 해적행위, 은밀한 노예무역, 그리고 고문 따위의 잔혹한 범죄행위에 적용되어왔다.
9. 630 F 2d 876, 884(2nd Cir. 1980).

이루는 가장 높은 지위를 차지할 자격이 있다"라면서 피고에게 270만 달러의 배상을 명했다.[10]

우리 헌법에도 국제조약이나 국제관습법이 우리나라의 법질서를 이룬다는 선언이 분명히 있으며, 그것이 우리 국내법에도 적용되어야 한다는 주장이 있지만 우리나라 판사는 아직 아무도 이런 판결을 내린 적이 없다. 이 판결 이후 다른 네 건의 사건에서 440만 달러에서 6,000만 달러에 이르기까지 배상을 명하는 판결들이 잇따랐다. 실질적으로 원고들이 그 돈을 받아내지는 못했지만 이런 판결만으로도 그 희생과 피해의 일부는 경감되었을 것이다.

참고로 이런 경우 가해자나 또는 누구에 의해서라도 보복, 상해, 희롱 등이 우려되는 상황에서는 고문피해자의 이름을 익명으로 하는 것이 보장된다. 과테말라에 가족이 아직 남아 있는 원고의 이름을 익명으로 하는 것도 허용되었다.[11] 물론 피고의 방어권 보장을 위해 손해배상청구에서 최종적으로 피고 본인이나 그 변호인에게 공개될 수는 있다. 또한 피해가 광범하게 행해진 경우 집단소송도 가능하다는 것이 학자들의 일반적인 의견이다. 마르코스 소송과 관련해서는 "1972년과 1986년 사이에 군사적 또는 준군사적 집단의 구금하에서의 고문, 약식 처형, 또는 실종된 모든 필리핀인과 그 유족, 수익자들"이 원고가 되었다. 이때 배상을 위해 마르코스가 빼돌린 스위스은행의 자산이 압류되었다.[12]

그러나 외국인불법행위법은 여전히 모호한 의미와 요건을 포함하고 있어, 미국 판사들이 인정한 사건보다는 기각한 사건이 더 많았다.[13] 이런 측면에서 미국 의회가 1991년에 제정한 '고문희생자보호법(Torture Victims Protection Act, TVPA)'[14]

---

10. 965 F 2d 699, 717(9th Cir. 1992).
11. Xuncax, et al., v. Gramajo, No. 91-11564 WD(D. Mass., June 5, 1991).
12. Beth Stephens, Michael Ratner & Jennifer Green, *Suing for Torture and Other Human Rights Abuses in Federal Court—A Litigation Manual*, 1993, p. 31.
13. 자세한 것은 Kathryn L. Pryor, 앞의 글, p. 989 이하 참조.
14. 28 U.S.C 1350.

은 앞의 외국인불법행위법의 한계를 보완하고 있다. 여야 다수 의원들의 공동발의와 합의[15]로 이루어진 이 법안은 '필라티가 사건'의 판결 내용을 입법화한 것이라고 할 수 있다.[16] 또한 외국인불법행위법은 단지 외국인 국적자가 가해자인 경우만 보호하는 것에 비해, 고문희생자보호법은 미국 국적자가 가해자인 경우에도 적용되고 있다. 그런데 외국 정부의 경우에는 외국주권면책특권법(Foreign Sovereign Immunities Act)과 국가독트린법(Act of State Doctrine)에 의해 보호되기 때문에 외국 정부에 배상책임을 물을 수는 없다. 그럼에도 이 법은 고문희생자가 외국인이라 하더라도 미국 연방법원에 그 손해배상책임을 물을 수 있다는 것을 분명히 함으로써, 외국인보호법의 모호함을 입법적으로 극복한 것이다. '세계 제국' 미국의 또 다른 면모를 보여주고 있다.

---

15. 원래 이 법안은 1986년 하원 외교위원회 인권 및 국제기관 소위원회 의장이었던 구스 야트론 하원의원의 발의로 상정되었다. 차츰 동의자들이 늘어나 110명의 하원의원과 13명의 상원의원의 여야 공동발의로 1991년에 반대자 없이 통과되었다. 입법 경과에 대해 자세한 것은 Paula Rivka Schochet, "A New Role for an Old Rule: Local Remedies and Expanding Human Rights Jurisdiction Under the Torture Victim Protection Act", *Columbia Human Rights Law Review*, Vol. 19, 1987, p 224. 주 3 참조.
16. Paula Rivka Schochet, 앞의 글, p. 223.

제7장

고문희생자들을 위한 노력

01
고문희생자와 함께하는 사람들

고문이 이루어지는 곳은 세상에서 가장 어둡고 고립된 곳이다. 고문의 희생자는 고문자들에 둘러싸여 어떠한 저항도 할 수 없는 가장 무력한 상태에 빠진다. 홀로 그 외로움과 고통에 맞서야 한다. 고문의 효용성에 대해 회의가 생기고 인도적 관점에서 고문 금지를 주창하기까지는 오랜 세월이 걸렸다.

고문이 당연시되던 오랜 역사가 인간 존엄과 합리적 이상의 새벽을 맞으며 재평가, 회의, 검토의 대상이 된 것은 18세기가 넘어서였다. 이탈리아의 유명한 형법학자 체사레 베카리아(Cesare Beccaria)는 무고한 자가 진정한 범죄자보다 더 고통을 받는다면서 고문의 효용에 대해 회의적 주장을 했다. 1763년에 출판된 그의 『범죄와 형벌(Dei delitti e delle pene)』이라는 책은 동시대 많은 지식인에게 영향을 미쳤다. 이 책은 여러 나라로 번역되어 베스트셀러가 되었는데, 그의 영향을 받은 볼테르도 프랑스어와 영어로 비평서를 썼고, 영국의 공리주의 철학자이자 법률 개혁가인 제레미 밴담(Jeremy Bentham)에게도 영향을 끼쳤다. 이렇게 당대의 여러 사상가들은 고문에 대한 반대를 서로 공유했다. 몽테스키외 역시 고문에 대해 이렇게 쓰고 있다.

> :: 인간의 사악함은 법률이 실제보다 더 좋은 것으로 생각하도록 하는 데 있다.
> 그리하여 두 명의 증인의 선서 증언만 있으면 모든 범죄의 처벌에 충분하였
> 다.…… 그러나 고문의 사용은 변호될 수가 없다. 그렇게 많은 지식인과 천재들이
> 고문에 반대하는 글을 써왔다. 나는 감히 이 주제에 대해 그들의 뒤를 따라 끼어들
> 생각이 없다. 다만 공포의 유발이 그 정부의 가장 적절한 원동력이 되는 그런 나라
> 에는 고문이 가장 적절한 것이라고만 말한다.[1]

그러나 인류의 문명이 발전하고 사회가 민주적 체제로 이행하면서 고문희생
자들을 위해 기꺼이 친구가 되고자 하는 사람들이 전 세계에서 나타났다. 유엔이
나 유럽연합, 미주연합 같은 국제기구를 통해 고문 방지와 고문희생자들의 재
활·치유·배상을 위한 노력들이 끊임없이 이어져 부분적인 성과들을 낳았다. 이
런 노력들이 가능했던 것은 수많은 비정부기관 NGO들의 줄기찬 노고 때문이다.

앰네스티 인터내셔널을 포함해 고문 방지와 고문희생자 지원을 목적으로 하
는 다양한 NGO들의 목소리와 행동이 과거와는 다른 결과를 낳았다. 지난 1990
년대 이후 고문 방지와 고문희생자 지원을 위한 NGO들이 세계 곳곳에서 생겨나
활발한 활동을 벌이고 있다. 이들은 연합조직을 만들어 효과적인 대응을 한다.[2]
이런 고문 방지와 추방운동에는 전문가들의 도움도 컸다. 특히 의사, 심리학자,
법률가 들의 양심적인 봉사와 헌신이 적지 않았다. 이들과 관련된 중요한 선언과

---

1. Brian Innes, *The History of Torture*, St Martin's Press, New York, 1998, p. 9.
2. 6개의 중요한 국제적 고문반대 운동단체들이 '고문방지국제NGO연합(Coalition of International NGOs against Torture, CINAT)'을 결성했다. 여기에는 Amnesty Internatonal, Association for the Prevention of Toture(APT), International Rehabilitation Council for Torture Victims(IRCT), World Organization Against Torture(OMCT), International Federation of Action by Christians for the Abolition of Torture(FIACAT) 등의 유명 단체들이 가입
했다.

협약들을 살펴보면 다음과 같다.

① **세계인권선언 제5조 :** 어느 누구도 고문과 기타 잔혹하고, 비인도적이고, 굴욕적인 대우와 처벌에 놓이지 아니한다.(1948년 12월 10일 유엔총회에서 채택)

② **수인과 구금자들을 고문과 기타 잔혹하고 비인도적이며 굴욕적인 대우와 처벌로부터 보호하는 일에 있어서 건강 관련 직업종사자, 특히 의사들의 역할과 관련한 의료윤리원칙 제2조 :** 건강 관련 직업 종사자들, 특히 의사들이 고문과 기타 잔혹하고 비인도적이며 굴욕적인 대우나 처벌에 참여하거나, 공모하거나, 교사하는 행동에 수동적으로 또는 능동적으로 개입하는 것은 적용 가능한 국제적 협약에 대한 위반일 뿐만 아니라 의료윤리에 대한 중대한 위반이다.(1982년 12월 18일 유엔총회에서 채택)

③ **인간과 민족의 권리에 관한 아프리카헌장 제5조 :** 모든 개인은 인간으로서 천부적인 존엄성에 대한 존중을 받을 권리를 가진다. 어떠한 형태의 인간의 악용이나 모욕, 특히 노예제도, 노예무역, 고문, 잔혹하고 비인도적이며 굴욕적인 처벌과 대우는 금지된다.(1981년 6월 28일 나이로비에서 아프리카기구 정부와 국가 주석들의 회의에서 채택)

④ **인권에 관한 미주협약 제5조 :** 어떤 사람도 고문과 기타 잔혹하고 비인도적이며 굴욕적인 처벌 또는 대우를 당하지 아니한다. 자유를 박탈당한 모든 사람은 인간으로서의 천부적인 존엄성에 대한 존중을 받을 권리가 있다.(1969년 11월 22일 코스타리카 산호세에서 미주국가들에 의해 채택)

⑤ **인권에 관한 유럽협약 제3조 :** 어떤 사람도 고문과 기타 비인도적이고 굴욕적인 대우와 처벌을 당하지 아니한다.(1950년 11월 4일 유럽연합의 회원국들에 의해 채택)

⑥ 1991년 7월과 8월에 걸쳐 런던에 모인 전 세계의 심리치료학자(physiotherapist) 총회는 유엔고문방지협약의 정신을 그대로 이어받아 인간성을 유린하는 비인도적이고 굴욕적인 모든 형태의 고문에 반대하고, 고문피해자들의 육체적 및 심리적

건강을 보존·복원하는 일에 자신의 직업적 헌신을 다한다는 결의를 했다.[3]

때로는 이런 노력이 종잇조각이나 구두선에 지나지 않는다는 비판도 있었다. 그러나 아무리 그것이 문서나 발언에 불과하다 할지라도 그것이 계속 축적되고 지속된다면 유의미한 결과를 낳기도 한다. 고문방지협약의 성립이 그 대표적인 결실이었다. 가장 외롭고 고통스런 이웃, 동시대인과 함께하겠다는 수많은 인권운동가들과 NGO들의 노력은 마치 작은 빗방울이 바위를 뚫은 것과 마찬가지였다. 그런 의미에서 보면 고문희생자들은 외롭지 않다.

---

3. *Quarterly Journal on Rehabilitation of Torture Victims and Prevention of Torture*, Vol. 3, No. 1, 1991, p. 4. 이 국제적 선언은 다음과 같은 내용을 포함하고 있다. ① 우리 심리치료사들은 무장충돌이나 내전을 포함해 어떤 상황에서도, 그 피해자의 신념이나 동기가 무엇이라고 하더라도, 그 피해자의 혐의가 피의자든, 피고인이든, 유죄 확정자든 가리지 않고 모든 형태의 잔인하고, 비인간적이고, 모욕적인 고문의 실행에 참여하거나 지지하거나 용서하지 않는다. ② 우리 심리치료사들은 어떤 형태의 고문행위를 실행하는 데 필요한, 그리고 고문피해자의 그러한 대우에 대한 저항을 삭감시키는 어떤 도구, 편의, 지식도 제공하지 않는다. ③ 우리 심리치료사들은 어떤 형태의 고문이 이루어지거나 이루어진다는 위험이 있는 절차와 과정에 참석하지 않는다. ④ 우리 심리치료사들의 근본적 역할은 고문피해자들의 고통을 덜어주는 것이고, 어떤 개인적·집단적·정치적인 동기도 이 높은 목적을 어길 수는 없다.

02
앰네스티 인터내셔널

::   "앰네스티가 너희들 때문에 큰 소동을 일으키고 있어. 우리는 너희들에게 손도 안 돼!" 이것은 터기 보안부대 장교들이 한 구금시설에 갇혀 있는 정치적 구금자 다섯 명에게 한 소리였다. 바로 앰네스티 인터내셔널이 세계적으로 터키 당국에게 그 정치범들을 고문하지 말도록 '긴급행동(urgent action)'을 보낸 직후였다. 터키의 다른 감옥에 갇힌 많은 정치범들과는 달리 2000년 3월에 구속된 이들 다섯 명은 고문받지 않을 수 있었다.[1]

앰네스티 인터내셔널은 오랜 인권활동의 전통과 정치적 중립 유지로 그 명성을 쌓았고, 전 세계에 퍼져 있는 1백만 명의 회원들을 동원하는 다양한 행동과 캠페인으로 인권침해, 고문 방지와 항의, 피해자 석방운동 등에 큰 영향을 미쳤다. 위의 터키 사례가 이를 증명한다. 긴급행동, 정부에 대한 권고, 진상조사단

---

1. Amnesty International, *Take A Step to Stamp Out Torture*, October 2000, p. 31.

파견, 연례보고서 발간 등 다양한 활동으로 고문 방지와 고문피해자 보호에 큰 역할을 다해왔다. 앰네스티 없는 인권의 세상을 우리는 생각하기 힘들게 되었다.

고문이 전 세계에 확산·지속되면서 앰네스티 인터내셔널은 1972년 12월 10일에 세계인권선언일을 계기로 고문을 "노예제도처럼 생각할 수 없도록 만들자(make torture unthinkable as slavery)"는 구호 아래 최초로 전 세계적인 고문반대 캠페인을 벌였다. 이 캠페인은 세 가지 단어로 요약된다. 문서화(documentation), 비난(denunciation), 그리고 동원(mobilization)이 바로 그것이다. 문서화는 1973년 출판된 보고서로 나타났다. 이 보고서야말로 그 자체가 '비난'이었다. '동원'은 유엔총회에 당장 전 세계 고문을 불법화하도록 요청하는 청원을 돌리는 것부터 시작했다.

약 100만 명이 서명한 이 청원은 유엔총회가 고문에 큰 관심을 갖도록 만들었다. 앰네스티 캠페인은 국제적인 관심을 일으켰고, 이로써 다양한 고문반대운동을 낳았다. 1975년 세계의학협회(World Medical Association)가 도쿄에서 고문의 관행에 직·간접으로 참여한 의사들을 비판하는 '도쿄선언'을 하게 된 것도 그 하나의 예이다. 이렇게 국제적인 회의, 선언, 규약을 만드는 데도 앰네스티는 큰 역할을 했다. 다음은 대표적인 앰네스티의 고문 관련 캠페인을 소개한다.

1. FAST(Fast Action Stops Torture) 캠페인

FAST 캠페인은 2000년 10월 18일부터 앰네스티 인터내셔널이 시작한 국제적인 온라인 캠페인이다. 정보화 사회를 활용해 고문의 징후가 발견되면 곧바로 전 세계 인권 관련 활동가와 관심 있는 시민들에게 인터넷, 핸드폰 등을 통해 알리고 행동을 조직하는 것이다. 이렇게 되면 고문 사실과 피해자가 알려져 고문이 중단될 수밖에 없다.[2] 앰네스티는 '고문을 추방하는 조치를 취하라(Take a Step to Stamp Out Torture)'라는 캠페인에서 다음과 같은 행동을 요구하고 있다.

① 앰네스티의 고문에 반대하는 국제 캠페인 '고문을 추방하는 조치를 취하라'에 참여하세요.
② 앰네스티와 그 지역 조직 또는 고문과 싸우는 다른 인권단체에 참여하세요.
③ 앰네스티의 활동을 지지하는 기부를 해주세요.
④ 친구와 가족에게 이 캠페인에 대해 말하고 같이 참여하도록 요청하세요.
⑤ www.stoptorture.org와 온라인 캠페인에 등록하여 고문에 반대합시다. 이 웹사이트를 방문하면 고문의 위험에 처해 있는 사람을 대신해서 항의할 수가 있습니다.[3]

2. 고문기구의 거래와 무역금지운동

전 세계의 기업과 개인이 고문 관련 기구들을 제공하는 일에 개입되어 있다. 그 도구들은 직접적인 고문을 목적으로 제조된 것이거나, 아니면 범죄 예방활동을 하는 경찰관이나 보안요원들에게 제공할 기구들이지만, 언제든지 고문의 도구로 사용될 수 있는 그런 종류들이다. 사실상 모든 대륙과 지역에서 이런 거래가 이루어지고 있기 때문에 결국 각 지역 정부들의 책임이 아닐 수 없다. 지금까

---

2. http://www.amnestyusa.org 참조.
3. Amnesty International, *Take A Step to Stamp Out Torture*, October 2000, p. 1.

지 개발되고 거래된 고문기구들은 다음과 같은 것들이다.

① **고전압 전기충격기기**: 이 도구는 치명적이지 않으면서 인간에게 심각한 고통을 주기 위한 목적으로 개발되었다. 수많은 구금시설과 경찰서에서 이러한 고문기구들을 정당한 무기로 사용하고 있다. 전기충격을 줄 수 있는 무기로서 전기봉, 전기권총, 전기방패, 전기벨트, 전기최류무기 등이 있다. 특히 미국에서 개발된 전기벨트는 최근의 기술과 발명에 의한 것인데, 피구금자가 그것을 차게 되면 90m 밖에서도 원격조종이 가능하다고 한다. 8초에 약 5만 볼트의 전기충격을 가하게 된다. 이러한 전기충격은 당장 고통과 현기증, 무력감을 낳지만 장기적으로도 멀미, 경련, 근력 상실, 원하지 않는 배뇨작용 등의 심각한 후유증을 낳는다. 이 전기벨트를 만드는 회사의 사장 데니스 카우프만은 "전기는 인간에게 알려진 모든 언어로 말한다. 번역이 필요 없다. 모든 사람은 전기를 두려워하기 때문이다"라고 말했다고 한다.

② **기계적 장치**: 수갑, 발수갑, 체인, 족쇄, 고문의자, 손가락수갑 등이 광범하게 사용되고 있다. 족쇄나 발수갑, 고문의자 등은 의문의 여지없이 인간에게 심대한 고통을 주는 비인도적 도구들이므로 금지되어야 함에도 불구하고 판매를 위해 광범하게 거래되고 있는 실정이다. 이러한 제품들이 미국의 기업인 'Smith & Wesson'이나 영국의 'Hiattss', 스페인의 'Larranaga y Elorza' 등의 이름으로 거래되고 있다.

③ **화학적 기기**: 경찰이나 보안요원들은 치명적이지 않은 대안적 무기로서 발전해온 화학적 도구들을 활용한다. 그러나 이것들은 잘못 남용되면 심각한 상해를 가하고 심지어는 사망을 초래하기도 한다. 실제로 강력한 화학물질 분사기나 최류탄 등이 직접 피해자들에게 분사되어 심각한 상해나 사망의 결과를 가져온 보고들이 있다.[4]

앰네스티 인터내셔널의 조사에 따르면, 1998년과 2000년 사이에 약 25개국 185개 기업이 이런 고문 도구들을 제조·유통·공급·중개하는 사업에 관여해온 것으로 밝혀졌다.[5] 특히 미국의 74개 기업이 전자충격기, 족쇄 등 온갖 고문 도구의 판매에 가담하고 있다. 앰네스티는 각국 정부에게 경찰이 고문 및 가혹행위에 사용될 수 있는 무기들을 보안장비로서 사용하는 것을 금지할 것, 이런 장비를 제조하고 다른 나라에 수출하는 것을 금지할 것, 전기충격봉을 비롯한 무기들의 국제적 유통을 금지할 것, 경찰·군인·보안요원들에게 이런 무기의 사용과 다른 사람들에게 사용기술을 가르치는 것을 금지할 것 등을 대책으로 제시하고 지속적인 캠페인을 벌이고 있다.

4. Amnesty International, MSP Media Briefing: Stopping The Torture Trade, AI Index: ACT 40/013/2001, February 2001.
5. 불행하게도 고문 도구들을 제조하는 주요 판매국으로 우리나라가 중국, 프랑스, 러시아, 독일, 영국, 폴란드, 이스라엘, 남아프리카공화국, 브라질, 멕시코, 타이완과 함께 이름을 올리고 있다.

03
국제고문피해자재활협의회와
고문피해자재활센터

:: 　국제고문피해자재활협의회(IRCT)의 지구적 비전은 고문 척결을 위한 책임의 분담을 공유하는 일이다. 이 비전을 지지하여 IRCT는 기존의 또는 새로운 고문희생자재활센터를 지원하고, 고문 예방 프로그램을 제공하며, 필요한 정치적 의지와 지속가능한 자금을 확보하고 증대시키는 전략적이고 집중적인 프로그램의 결과로서 비상개입 프로젝트를 선도한다. 고문의 장기적 효과는 파멸적인 것으로서 고문희생자 개인뿐만 아니라 그 가족과 사회 전체에 영향을 미친다. 고문은 희생자와 가해자 모두를 비인간화한다. 고문은 희생자의 몸과 마음을 파괴하고, 우리가 공유하는 인간성의 본질을 침해한다.[1]

국제고문피해자재활협의회(International Rehabilitation Council for Torture Victims, IRCT)는 원래 덴마크에서 고문피해자들의 재활과 고문 방지를 목적으로 만들어진

---

1. http://www.irct.org 참조.

고문피해자재활센터(Rehabilitation Center for Torture Victims, RCT)에서 비롯되었다. RCT의 활동이 국제화되고 국제적 협력의 필요성이 커지면서 RCT로부터 독립된 조직이 되었다. 코펜하겐 대학병원은 1980년 이래 해마다 고문피해자 5∼10명을 신경과에 입원시켜 무료로 치료해주고 있다. 이런 노력이 RCT와 IRCT의 창설로 연결되었으며, 코펜하겐을 고문 치유와 재활을 위한 중심도시로 만들었다.

IRCT는 고문 방지와 고문희생자 원호단체로서는 가장 크고 유명하다. 코펜하겐에 본부를 둔 이 단체는 고문으로부터의 자유, 책임 공유, 불처벌에 대한 종언, 비밀성, 문화적 민감성, 민주적 발전, 파트너십, 직업적 발전 등을 지표로 내세운다. IRCT는 고문희생자에게 재활을 위한 다양한 서비스와 프로그램을 제공하는 것이 특징이다. 이 기관은 오랜 경험과 전문성으로 실제 고문희생자들을 완전히 정상적인 생활이 가능하도록 이끌었다. 물론 이런 작업들은 상당한 시간과 노력, 그리고 기금이 들어가는 것이 사실이다. 그러나 그것이 완치될 수 있음을 보여준 것은 큰 성과였다.[2] IRCT가 하고 있는 사업을 좀더 구체적으로 소개하면 다음과 같다.

① 세계 여러 지역에서 지역 내 재활센터, 의료인들과 협력하여 재활 서비스의 질을 높이고, 지속적으로 이러한 재활 서비스가 제공될 수 있도록 지원하고 있다. 이를 위해 지역 모임 조직, 프로그램 교환, 전문적인 훈련과 강의를 실시하고 있으며, 지역 단위로 고문 방지 전략을 개발하여 시행하고 있다.

② 무장충돌과 내전 과정에서 발생한 부상자와 고문피해자들에게 도움을 제공하고 있다. ……

③ 고문문제를 일반에 알리기 위해 다양한 홍보활동을 벌이고, 고문 관련 정보 전

---

2. Rehabilitation Center for Torture Victims, *Annual Report 1986*, p. 3.

달에 힘쓰고 있다. 유엔고문방지협약을 비준하도록 정부와 교섭하고, 유엔고문
피해자기금에 기부하도록 정부에 압력을 넣고 있다.

④ 각 재활센터와 협력해서 고문피해자들의 관점에서 본 치료 효과, 전체적인 치
료와 재활 효과 평가방법 등을 주제로 연구를 진행 중이다.

⑤ IRCT 문서보관센터는 고문, 고문피해자의 재활이나 고문 방지와 관련된 자료
를 수집하고 있는데, 종류는 책·정기간행물·논문·보고서·신문에서 오려낸 자
료·슬라이드·비디오테이프 등이 있다. 여기에 수집된 자료는 덴마크는 물론이
고 외국의 의료인 모두 사용 가능하다.

⑥ 법을 집행하는 공무원과, 수인과 수감자를 심문하고 관리하는 사람들을 위해
교육과정을 두고 있다. 또 여러 보건 전문기관 및 사법기관과 협력해 교과과정
에 고문피해자 치료와 고문 방지와 관련된 내용이 포함되도록 노력하고 있다.

⑦ 국제적인 포럼의 개최를 통해 고문에 대해 알리고, 여러 국제단체와 협력하여
고문 방지와 고문피해자의 재활 증진을 위해 노력하고 있다. ……

⑧ 유엔고문방지협약 발효 10주년을 맞아 1997년 유엔총회에서는 6월 26일을
'고문피해자 지원의 날'로 정했다. 매년 IRCT는 이날을 기념하는 전 세계적
캠페인을 주관한다. ……

⑨ 고문피해자 재활과 고문 방지 관련 자료 및 의학적 측면을 전문적으로 다루는
『고문(Torture)』이라는 학술지를 출판하고 있다.[3]

---

3. 고문등정치폭력피해자를돕는모임(KRCT), 『고문, 인권의 무덤』, 한겨레출판, 2004, 165~167쪽.

04
고문 예방과 희생자들을 위한
여러 인권단체

1. 세계고문방지기구[1]

연합단체인 세계고문방지기구(World Organization Against Torture, OMCT)는 세계의 인권단체들이 가장 많이 모여 있는 네트워크 조직이다. 1986년 당시 유네스코 인권부서 책임자였던 피에르 드 세나르클렌(Pierre de Senarclens), 유엔인권센터 소장이었던 테오 반 보벤(Theo van Boven), 유엔무역개발협의회(UNCTAD) 사무총장이었던 에릭 소타스(Eric Sotas), 노벨 평화상 수상자였던 투투(Tutu) 주교, 아돌포 페레스 에스키벨(Adolfo Perez Esquival) 등이 모여 창립했다.

"고문에 대한 종식은 워싱턴, 런던, 파리에서가 아니라 각국과 지역에서 이루어질 수 있다"라는 신념으로 각국과 지역 단체들의 네트워크를 지향하고 있다.

---

1. 자세한 것은 http://www.omct.org 참조.

이른바 상향식 조직방식이라고 할 수 있다. 그리하여 전 세계 95개국에 함께 연대하는 조직을 갖고 있다. 이들은 각국의 고문 근절을 위한 단체들이 필요로 하는 지식과 정보, 기술을 제공하고 함께 공유한다. 여기서 제공되는 프로그램은 여성인권·아동인권 프로그램, 고문희생자에 대한 지원, 긴급호소, OMCT 국가보고서 작성과 배포 등이다. 이 단체의 긴급호소와 긴급행동의 소식은 매일 9만여 정부와 단체들에게 제공될 정도로 광범한 효과를 미친다.[2] 특히 적절한 연락과 통신 수단을 가지고 있지 않은 제3세계의 인권단체들에게는 유익한 매체가 되고 있다.[3]

2. 반고문 또는 고문희생자 지원단체

여기에서 소개하는 단체들 외에도 수많은 단체들이 세계 곳곳에서 고문 방지와 고문희생자들을 돕기 위해 활동하고 있다. 세계적으로 유명한 단체들은 10여 개에 불과하지만 나머지 2,000여 개의 각종 단체들이 고문과 관련해 맹렬한 활동을 하고 있다.

① **고문생존자를 위한 벨뷰/NYU 프로그램**: 뉴욕의 가장 오래된 공공병원인 벨뷰(Bellevue)병원과 뉴욕대학이 공동으로 마련한 고문생존자를 위한 프로그램이다. 주로 고문희생자, 인권침해 피해자, 정신질환을 가진 난민, 그리고 이

---

2. 긴급호소 중 영어·프랑스어·스페인어는 제네바 본부에서, 일본어는 오사카에서 번역·배포된다.
3. World Organization Against Torture, Towards New Strategies—General Assembly Special Issue, No. 30~32, December 1991, p. 5.

들의 가족을 대상으로 한다. 의학적·신체적 처치와 더불어 인권 희생자들과 가족들에게 필요한 정신적 또는 사회적 서비스를 종합적으로 제공한다. 1995년 첫 서비스를 시작한 이래 1998년 12월까지 42개국에서 온 350명의 피해자와 가족들이 혜택을 받았고, 1주일에 5명 내지 10명의 신청자가 있을 정도로 인기가 높다.[4]

② **ASTT**(Advocates for Survivors of Torture and Trauma): 미국 볼티모어에 살고 있는 의사·심리학자·사회복지사·인권운동가들이 모여 만든 단체로, 고문 희생자들의 치유와 재활을 지원하기 위해 다양한 활동을 벌이고 있다. 주로 전쟁이나 인권침해를 경험하고 미국으로 이주한 사람들 가운데 고문피해를 입은 사람들을 대상으로 한다.[5]

③ **The Center for Victims of Torture**: 1985년에 정치적 동기에서 생긴 단체로, 고문당한 피해자와 가족들에 대한 직접적 지원을 위해 활동하고 있다. 미국 에서 생긴 이런 종류의 단체로는 최초이며, 미네소타 미니애폴리스에 본부를 두고 있다. 최근에는 연구, 훈련, 조사, 공공정책 수립까지 그 활동이 확 대되었다.[6]

④ **Canadian Centre for Victims of Torture**: 캐나다 토론토에 본부를 두고 있는 이 단체는 개별 고문피해자와 자원봉사자를 연결해주는 일과, 캐나다로 이주해 오는 피해자들이 캐나다 사회에 잘 정착하는 일을 돕는 지극히 구체적이고 현실적인 지원을 제공하는 단체이다. 이른바 친구되기 프로그램(Befriending Program)이 대표적인 활동이다. 이런 일을 효율적으로 진행하기 위해서 대학 과의 파트너십을 형성하여 다양한 연구와 훈련 프로그램을 제공하고 있다.[7]

---

4. http://www.survivorsoftorture.org 참조.
5. http://www.astt.org 참조.
6. http://www.cvt.org 참조.

⑤ **The Redress Trust** : 영국 런던에 소재한 이 단체는 주로 고문피해자들의 배상을 실현시켜주기 위한 목적을 갖고 있다. 비록 고문방지협약이 고문피해자가 "공정하고 적절한 배상을 받을 강제 가능한 권리"를 갖고 있다고 규정하고 있지만 현실에서는 그렇지 않다. 구체적으로 자국의 법정이나 국제기구에 고문자를 상대로 배상을 청구하고 실현하는 데에는 많은 장애물이 있다. 이 단체는 1992년 12월 창립된 이래, 바로 이런 배상 방안들을 연구·조사하고 고문피해자들에게 배상의 길을 인도하고 지원하는 직접적인 역할을 수행하고 있다. 그뿐만 아니라 전 세계에 흩어져 있는 다양한 전문 재활센터가 고문피해자들의 배상청구를 지원할 수 있도록 함께 작업하기도 한다. 1992년에만 63곳의 고문재활센터들이 약 4만 8,000명의 고문희생자들을 지원했다고 한다.[8]

⑥ **반고문조사기관**(Anti-Torture Research) : 이 기관은 고문의 영향에 관해 의학적·과학적 영역의 생물의학적 조사를 후원하고 이를 착수·조정하는 것을 목표로 한다. 여기서 진행하는 과제 중 하나는 전기고문의 사용을 드러내기 위한 진단방법을 개발할 목적으로 전기고문 뒤의 피부를 연구하는 것이다.

---

7. http://www.ccvt.org 참조.
8. The Redress Trust, *Annual Report 1992–1994*, p. 4.

05
미국과 덴마크 정부의 노력

1. 미국의 정책

미국은 1998년 10월 10일, 고문희생자를 돕는 국내외 기관들에게 재정 지원을 하는 정책을 채택했다. 미국 의회가 상하원에서 각각 만장일치로 채택한 '고문희생자원호법(Torture Victims Relief Act)'은 미국에 있는 15개의 종합적 고문 피해 지원단체들과 해외의 175개 단체들에 2년에 걸쳐 3,100만 달러를 지원하는 것을 내용으로 하고 있다.[1] 이 기금은 직접적인 서비스뿐만 아니라 고문희생자들이 신체적·심리적 피해를 극복하는 더 나은 방법을 연구하고 훈련하는 데 쓰이게 된다. 기금 가운데 1,250만 달러는 미국 내 시설[2]에 또 1,250만 달러는 미국 외의

---

1. Julie Rovner, "US Congress passes bill to treat torture victims", *The Lancet*, Oct. 24, 1998.
2. 미국에는 40만 명가량의 고문피해자들이 살고 있으며, 그들 가운데 대다수는 124개국의 권위주의 나라로부터 온 사람들이다.

시설에 지원할 예정이다. 특히 덴마크에 위치한 국제고문희생자재활본부에 따르면, 전 세계 고문희생자들을 돌보는 데 2,800만 달러가 필요하다고 한다.

미국은 또한 외국인불법행위법(ATCA)을 만들어 미국 시민권자나 미국 거주 외국인이 외국에서의 고문행위에 대해 미국에 체류 중인 고문자를 상대로 배상 청구를 할 수 있도록 했다.[3] 이런 법제도는 독재국가의 지도자나 고문 가담자들이 미국에 이주해 안주할 수 없도록 만들었다.

그러나 미국이 고문에 관해 전향적인 정책만을 편 것은 아니다. 팬암기 폭발 사건에 관련된 리비아인의 송환, 유고슬라비아와 르완다의 전쟁범죄 관련자 등에 대해서는 '처벌 아니면 송환(punish or extradite)' 원칙을 충실히 따르다가도 자국의 이익에 반하는 경우에는 지키지 않을 때도 있었다. 고문방지협약 제6조는 각국 정부가 고문자를 구금하여 해당 정부에 이를 알리고, 협약을 위반했는지 여부에 대한 사전조사를 행하도록 요구하고 있다. 그러나 수많은 고문과 살해에 책임이 있는 것으로 알려진 하이티(Haiti) 의회 지도자 엠마뉴엘 콘스탄트(Emmanuel Constant)를 체포했다가 다시 풀어주어 하이티로의 송환을 거부함으로써 고문방지협약을 위반하는 일이 발생했다.[4] 이것은 고문자에 대한 미국의 정책에 일관성이 없음을 증명한다.

그뿐만 아니라 고문방지협약의 내용을 미국의 국내법으로 충실히 제정하고 있지 않다는 비판도 있다. 외국에서의 고문은 모두 처벌하는 것에 비해 미국 국내 고문행위에 대한 처벌은 부족하다는 것이다. 물론 미국의 형법이 각종 폭행·모욕 등의 행위를 처벌하고 있지만, 고문방지협약이 말하는 "모든 종류의 고문행위(all acts of torture)"를 포괄하고 있지는 못하다는 것이다.[5]

---

3. 1980년에 제기된 필라티가 대 페냐−이랄라(Filartiga v. Pena−Irala) 사건을 비롯해 외국에서 벌어진 고문에 대한 배상 청구소송이 잇따라 제기되었으며, 이 법이 고문피해자를 보호하는 효과적인 수단임을 증명했다.
4. Neil Tow, "Failure to Extradite or Prosecute Torturers".(http://www.woatusa.org 참조)

2. 덴마크 — 고문에 관한 세계 최고의 선진국

고문에 관한 한 덴마크는 세계 최고의 선진국이다. 덴마크는 다른 후진국과 개발도상국을 경제적으로 지원할 뿐만 아니라, 이들 나라의 민주주의를 증진시키는 노력을 함께하고 있다. 그 예로, 덴마크 정부는 1990년에 칠레 산티아고에 세우는 'CINTRAS(Centro de Investigacion del Stress)'의 운영비로 130만 크로네(22만 달러)를 지원하기로 결정했다.

이 센터는 처음에 덴마크의 고문피해자재활센터(RCT)가 6만 5,000달러를 지원하기 시작하면서 관계를 맺었다가 나중에는 덴마크의 지원이 센터 전체 운영비의 70%가량을 차지하기에 이르렀다. 단지 재정 지원만 이루어진 것은 아니다. 의사들의 교환 방문과 산티아고 외의 다른 지부 개설, 다른 도시로의 지원 확대를 위한 세미나 개최 등이 모두 덴마크 정부나 RCT의 지원으로 이루어졌다. 신생 민주주의 국가에서 과거의 고문희생자들을 치유하고, 또한 새로이 일어날 가능성이 있는 고문행위를 방지하는 데 큰 도움이 된 것이다.[6]

5. Morton Skar & John Salzberg, "Failure to Provide for Adequate Domestic Implementaioin".(http://www.woatusa.org 참조)
6. 칠레의 경우 전국에 200여 개의 정치 수용소가 그대로 존재하고 있었으며, 1990년 한 해에 40여 명이 고문당했다고 보고되었다. 그중에 7명은 의문의 상황에서 죽었다. *Quarterly Journal on Rehabilitation of Torture Victims and Prevention of Torture*, Vol. 3, Number 1, 1991, p. 6.

| 제8장 |

결론─고문 없는 세상을 위하여

01

과거를 고칠 줄 아는 정부가 현명한 정부다

— 이제 대한민국이 대답하라!

::   보안사의 불법행위(납치·감금·고문·조작·강제 채용·언론 탄압·기소중지 처분·여권 발급 금지 등등)에 의해 절망감에 빠져 한국에서 혹은 일본에서 여러 번 자살할 것을 심각하게 고민해야 했던 본인의 육체적·정신적 피해와, 저만이 아니라 많은 고통을 불이익 속에 산 본인의 가족에 대해서 이제 고국 대한민국은 '대답'해야 합니다.[1]

보안사에서 고문에 의해 간첩으로 조작되고, 이어서 강제로 채용되어 또 다른 재일동포들을 간첩으로 만드는 일을 도와야 했던, 그래서 탈출해 그것을 고발한 죄로 온갖 불이익을 받아야 했던 김병진이, 자신의 수기 말미에서 외치고 있는 내용이다. 그렇다! 대한민국은 답해야 한다. 그런데 답해야 할 때가 이미 지났다.

---

1. 김병진, 「고국에 공부하러 왔다가 간첩이 되었다」, 2004년 11월 1일자 『오마이뉴스』 기사.

외국의 사례와 국제적 선례에 관해 6, 7장에서 살펴본 대로 최근 80년대 이후 국제사회와 선진국들은 상당한 수준의 고문 방지 장치와 제도, 고문희생자들의 재활과 치유·배상을 위한 시설과 제도, 그리고 프로그램을 발전시켜왔다. 고문을 만드는 사회도 반문명 국가이지만 이미 드러난 고문피해자를 위해 치유와 배상의 가능성을 만들어내지 못하는 사회는 더욱 반문명적인 사회이다.[2]

불행한 한국현대사에서 우리는 다른 어느 나라 못지않게 고문을 양산하고 희생자를 속출해왔다. 그런데 이들은 한번도 제대로 된 사회적 주목이나 정당하고 적절한 치유대책을 접해보지 못했다. 온몸과 정신이 파괴된 상태로 암흑과 고통 속에 내맡겨졌다. 피해자 개인은 물론 가족과 친지 등 주변의 고통에 대해서 한국 사회는 제대로 배려하고 고민해본 적이 없다. 과거 개인 폭력과 고문사건을 수사기관이, 나아가 국가가 은폐하면서 비인도적·폭력적·야만적 정권이 되고 말았듯이, 만약 과거의 고문피해자를 방치하고 정의를 바로 세우지 않는다면, 지금의 정권도 아무리 민주적 절차에 의해 선거로 선출되었다고 하더라도 그 본질과 내용에서 야만성을 면할 수 없을 것이다.

그뿐만 아니라 비록 과거의 일이지만 역사를 바로 세우지 못하고 정의를 회복하지 못한다면, 그 결과는 바로 오늘과 미래에 영향을 미칠 수밖에 없다. 역사학자 E. H. 카의 말처럼 역사는 바로 현재와 미래를 보여주는 창이기 때문이다. 고문피해자 방치와 가해자 불처벌은 우리 사회와 국민들 사이에 정의에 대한 관념을 혼란스럽게 만들고, 인간성에 대한 불신을 가져와 사회 전체를 혼란과 불신

2. 미국 정부는 과거의 잘못에 대해 스스로 그것을 시정하고 피해자들에게 배상을 한 선례를 가지고 있다. 1944년과 1974년 사이에 미국 정부는 인간에 대한 방사선 노출 실험을 시행하고 지원한 사실에 대해 그 적법성을 검토하는 동시에 자료를 공개하기로 하고 1994년 대통령 지시에 따라 자문위원회를 설치해 의회 및 관련 행정기관과 더불어 적절한 배상의 범위를 강구한 바 있다. 또한 제2차 세계대전 중 미국의 서해안에 살고 있던 일본계 미국인들을 강제로 내륙지방의 캠프로 이동시킨 사실이 있었다. 그 당시로서는 이러한 조치가 합법적이라는 대법원의 판결까지 있었지만 결국 미국 시민권을 침해한 사실을 인정하고 미국 정부는 1988년 시민권법 제105장에 근거해 배상을 실시했다. Commission on Human Rights, Question of the Human Rights of All Persons Subjected to Any Form of Detention or Imprisonment—Report fo the Secretary—General prepared pursuant to Commission resolution 1995/34, E/CN. 4/1996/29/Add. 2.

으로 만들 가능성이 높다.

최근 사회적 주목을 끈 몇 건의 사건에서 가해자 처벌과 피해자 배상이 있었지만 여전히 다수의 피해자들은 방치되고 있다. 고문피해자들의 숫자와 상태에 대한 제대로 된 조사 한번 없었던 것이다.

참여정부가 들어선 이후 과거 청산 논의가 활발하게 진행되면서 친일문제, 한국전쟁을 전후한 민간인 학살문제, 의문사문제 등에 대해 관심이 높아졌다. 하지만 고문문제에 대해서는 여전히 아무 논의도 관심도 없다. 고문피해자들은 스스로 이 문제를 제기할 상황이 아니고, 가족들조차 집단적인 조직을 이루거나 행동을 할 계제가 아니다. 그들은 이미 너무 지쳐 있고 피폐해 있다. 개별적으로 이들의 하소연과 호소가 이어지고 있지만 커다란 사회적 물결을 만들어내지는 못하고 있다.

이런 상황에서 정부가 먼저 과거 고문사건에 대한 전반적인 사실조사, 정부의 사죄, 피해자들에 대한 배상 또는 보상, 재심을 통한 원상회복 등의 조치를 취한다면, 그 불행한 시대의 희생자들뿐만 아니라 국민들로부터 찬사를 받을 것이다. 그것이야말로 21세기의 우리가 지향해야 할 인권국가로 가는 단단한 토대를 만드는 일이며, 인간 존엄성이 살아 숨쉬는 시대를 향한 최소한의 국가적 결의이기도 하다. 그것은 용기 있고 현명한 정부가 채택할 수 있는 정책이다. 우리 모두는 그런 나라에 살고 싶다.

02
무관심을 분노로, 분노를 행동으로
—고문을 종식시키는 시민의 힘

:: 　단지 대중적 압력만이 정부로 하여금 고문을 멈추는 조치를 취하도록 강제할 수 있다. 우리의 사명은 대중적 무관심을 분노로, 분노를 행동으로 바꾸는 것이다.(Only public pressure can force governments to take action to stop torture. Our task is to turn public indifference into outrage and outrage into action.)[1]

고문이 이루어질 수 있는 것은 그 희생자가 홀로 고립되어 있기 때문이다. 만약 그가 잡혀가는 것을 누군가 항의하고, 그가 어느 밀실에서 고문받고 있다는 사실을 언론에 알려 보도가 된다면, 고문은 중단되거나 약해질 것이다. 만약 더욱 많은 대중이 경각심을 가지고 고문을 경계하고 고문에 반대한다면 고문은 사라지거나 줄어들 것이다.[2] 고문은 원래 피해자 몇 사람에게 가혹행위를 자행함으

---

1. Amnesty International, Torture: A modern day plague, AI Index: ACT 40/017/2000.
2. 김정남 씨도 "우리가 최종길 교수의 고문치사사건을 막지 못했고, 또 그것을 오늘날에 이르기까지 방치해온 우리 모두의 무관심과 무능이, 그 이후 이 땅에서 그렇게도 많이 꼬리에 꼬리를 물고 이어져온 권력기관에 의한 의문사를 초래케 한 것"이라고 회고했다. 한홍구, 「살인인가, 사고인가」, 2004년 12월 6일자 「오마이뉴스」 기사.

로써, 그것을 바라보는 다수에게 공포심을 심어주어 그 효과를 배가시키려는 것이다.

:: 이단자들에게 고문을 할 경우 오직 소규모 집단만이 정부에 반대하게 되고, 대다수는 공포 때문에 침묵하게 된다. 그러면 정부는 잘 짜여진 압제 수단을 이 고립된 소수에게 집중할 수 있다. 고문이 확산되는 현상 그 자체도 놀랍지만, 더 놀라운 것은 고문을 규탄하는 여론이 약화되는 현상이다.[3]

과거 중세시대의 지배자나 현대의 독재자들이 모두 고문을 즐기고 체제화했던 이유는, 고문에 의해 생겨난 공포심으로 아무도 그 체제에 도전하거나 저항할 생각을 못하게 하기 위해서다. 고문의 목적은 저항자들을 굴복시키고 자백을 근거로 하는 유죄 판결로 사회에서 격리시키려는 것과, 일반인들이 그것을 보면서 두려움으로 감히 체제에 저항할 생각을 할 수 없게 만드는 데 있다. 군사 독재정권이 지배했던 이 땅에도 오랫동안 고문은 공공한 비밀이었으며, 중앙정보부·안기부·보안대라는 이름은 삼척동자에게도 알려진 공포의 대상이었다. 그것은 바로 정권이 노리는 것이기도 했다.

:: 세상이 많이 변했다. 과거 고문이 일상화되고 체계적으로 이루어졌던 시대는 지나갔다. 그러면서 과거 고문을 받았던 사람들에 대한 관심도 사람들의 뇌리에서 사라져갔다. 그러나 과거를 잊는 사회는 또다시 그 과거의 잘못을 되풀이할 가능성이 많다. 아무리 민주화되었다고 하더라도 그 어느 음습한 곳에서 또 다른 고문이 이루어지지 않는다는 법이 어디 있는가? 문민정부, 국민의 정부, 심지어 오늘

---

3. 1973년 프랑스 파리에서 열린 '고문폐지를 위한 국제회의'에서 발표된 『고문에 관한 보고서』, 이계창, 「이 땅에서 영원히 추방해야 할 고문」, 『공동선』, 1994년 5~6월호, 142쪽.

의 참여정부에 이르기까지 각종 고문에 관한 주장과 보고가 계속되고 있는 것이 바로 우리 자신의 무관심 때문은 아닌가?[4]

:: 1989년 4월 9일은 그들(인혁당사건의 피고인들)이 그렇게 죽어간 지 14주년이 되는 날이다. 지난날에 있었던 단순한 사건의 주인공으로 이들을 기억하고, 또 무대에 올려 상연하는 것만으로 그 시대를 구차하게 살아남은 우리의 책임이 면해지는 것은 아닐 것이다. 필자는 정치권력의 강요에 따라 묻히고, 역사 속에서도 철저하게 가려진 이 사건을 밝은 빛 속으로 드러내는 것이 내가 할 수 있는 일의 전부라고 생각한다.[5]

고문과 이를 구경하는 방관자를 고발하는 연극이 있었다. 바로 1978년 초연되었다가 10년 만에 다시 무대에 오른 〈카덴자〉이다.

:: "네 죄를 네가 알렷다." 막이 오르자마자 무섭게 광포한 가혹행위가 시작된다. 어린 조카한테서 왕위를 빼앗은 세조가 '대쪽' 선비의 기개를 꺾기 위해 창과 칼, 철퇴와 인두를 든 망나니들을 시켜 갖은 고문을 자행한다. 살갗이 타들어가고 짓뭉개지면서 무대 위는 순식간에 고통으로 일그러진 선비의 비명으로 요동친다. 여기까지 보면 웬 사극인가 하겠는데, 갑자기 객석에 있던 여성 관객이 망나니들에 의해 강제로 무대 위로 끌어올려지면서 분위기가 돌변한다.

10년 만에 다시 무대로 나온 연극 〈카덴자〉의 재공연 장면 가운데 일부분이다. 유신 말기인 1978년 초연 당시부터 광기어린 가학적 장면 때문에 '고문연극' 또는

---

4. 실제로 지금은 "이전의 물고문, 전기고문, 성기고문 등 치명적인 결과를 낳을 수 있는 위협적인 고문방식은 줄어들고 잠 안 재우기, 구타, 각종 기합, 약물 투여 등 고통을 주면서도 외형적으로 잘 드러나지 않는 지능적인 고문으로 변화"되었다. 국가보안법폐지국민연대, 『국가보안법, 고문·용공조작 피해자 증언대회 자료집』, 2004년 12월 16일, 24쪽.
5. 국가보안법폐지국민연대, 「인민혁명당재건위원회 사건」, 앞의 책, 23쪽.

'잔혹연극'으로 불렸던 이 작품에서 느껴지는 것은 부당한 권력에 의한 야만적 폭력과 굴종이다. 여성 관객(사실은 관객을 가장한 배우다!)을 무대로 뺏긴 관객들은 그에게 가해지는 폭력적 행위를 숨죽여 지켜보는, 철저한 방관자로서의 모습이다. 관객들은 또 무대 뒤 전면에 설치된 거울을 통해 가학과 피학의 현장을 생생히 목격하는 동시에 비겁하게 앉아 있는 자신을 들여다본다. 극은 군사정권을 방조하거나 폭압에 침묵해온 그 시대 사람들에게 상징과 은유의 극 형식을 빌려 책임을 묻고 있는 듯하다.[6]

우리가 바로 그 방관자들이 아니었던가. 이런 무관심이야말로 민주사회와 사회공동체를 허물어뜨리는 병적 존재이다. 무관심은 독재가 번성하고 고문이 번지는 토양이다. 우리의 현대사가 이 책에서 살펴본 것처럼 고문과 가혹행위로, 온통 핏빛으로 얼룩진 것은 바로 우리의 시민정신이 실종되었기 때문이다. 우리는 배부른 '중산층'이지 않았던가?

::   그 외면과 방관은 사회체제의 허리라고 할 수 있는 중산층에 속하는 사람들일수록 더 심했다. 그 중산층은 서구사회와 비교하면 바로 시민계급에 해당된다고 할 수 있는 계층이다. 그 중산층들이 서구의 시민정신 같은 건전한 정신을 가졌다면 우리 사회는 진작 올바른 사회가 되었을 것이다. 시민정신이란 그 사회의 국가가 기초하고 있는 기본 이념에 입각하여 모든 일을 비판하고 바른 실천을 강제하는 정신이다. 정권에 대해서뿐만 아니라 사회와 이웃에 대해서는 물론, 자기 자신에 대해서까지 그렇다.

그런데 우리는 그런 정신은커녕 우리를 대신하고 있는 학생들마저 외면하고 방관

---

6. 「잔혹연극 '카덴자' 10년 만에 무대—비겁하게 앉아만 있을거냐」, 2000년 12월 27일자 『한겨레신문』 기사.

하고 심지어는 매도해왔다. 배부른 중산층은 있어도 그들에게 그런 정신은 없기 때문에 어린 학생들이 그 역할을 대신하느라 4·19와 광주항쟁, 그리고 6월항쟁 등 엄청난 희생을 치러왔다. 그런 학생들을 외면 방관하고 매도하여 되레 총 든 자들이 활개칠 공간을 그만큼 넓혀줬고, 그 어두운 공간에서 총 든 자들은 안심하고 학생들을 패고 고문하고 죽여왔다. …… 우리처럼 어린 학생들에게 그렇게 무거운 짐을 맡겨온 나라가 세계 어디에 있던가. 실로 부끄러운 일이다.[7]

청년학생들이 불행한 민족사의 운명을 힘겹게 헤쳐나가면서 저항과 항의, 투옥과 고문의 고난을 당하고 있는 사이에 우리 국민들은 자기 살 길만 도모한 무책임하고 무의식한 대중으로 남았다. 그것이 독재자가 설치고 고문자가 날뛰어온 우리 역사의 진면목이다. 올바른 시민정신이야말로 민주주의와 인권을 지키는 버팀목이다. 이웃의 불행과 고난에 무관심한 것은 바로 자기 자신이 그 불행과 고난을 당할 때 도와줄 이웃이 없음을 의미한다.

:: 간혹 가다 신문에 조악한 흑백 얼굴 사진들이 박혀 있는 복잡한 조직도와 함께 "××간첩 일망타진"이라고 쓰인 기사를 보며, 이 사람들은 도대체 무슨 짓을 했기에 이렇게 신문에 대문짝만하게 나와 사람들을 놀라게 하는가 하고 의아해하곤 했다. 그러고는 끝이었다. 나하고는 아무런 상관이 없었기 때문이다. 그런데 아닌 밤에 홍두깨라고 이제 내가 그 주인공이 된 것이다. 평소에 순진하게 생겼다고 은근히 믿고 있었던 내 얼굴이 신문기사의 간첩단 조직도에 흑백사진으로 실리고 보니 여지없이 간첩처럼 보이는 것이었다.

정말이지 간첩과 일반시민의 차이는 종이 한 장 차이도 되지 않았다. 오로지 저들

---

7. 「동아시론—5월의 아이들」, 1991년 5월 17일자 『동아일보』 기사.

에 의한 선택에 달려 있었다. 고문으로 얼이 다 빠진 상태에서 감옥에 들어가 보니 세상에나! 사동 하나에 나처럼 끌려온 사람들이 가득 차 있었다. 이른바 공안수 사동이다. 물론 거의 대부분이 두드려 맞고 간첩이 된 사람들이다. 운동 시간에 그들을 만나 사연을 들어보면 참으로 기가 차서 말도 나오지 않았다. 많은 사람들이 수사기관에 '협조'하면 조금이라도 일찍 나갈 수 있으리라는 희망 속에 기꺼이 간첩이 되기도 했다. 이건 분노도 아니고 허탈도 아니었다. 차라리 한 편의 희극이었다.

…… 어느 날 갑자기 국가기관에 의해 간첩으로 낙인찍히는 순간부터 그는 더 이상 대한민국 국민이 아니다. 그리고 '그'는 지금 이 글을 읽는 당신일 수도 있다![8]

불의한 정권, 불의한 사회에서는 어느 시민도 완전히 안전할 수 없다. 나치 치하에서 남의 불행과 시련에 대한 무관심이 결국 자신의 불행과 시련으로 다가온다는 상징적인 이야기를 하고 있는 사람이 있다. 유대인의 고난에 동조하는 언동을 했다는 이유로 9년 동안 강제수용소에 있었던 마틴 니묄러(Martin Niemoller) 목사가 바로 그 사람이다.

:: 애초 공산주의를 척결한다고 하였다. 나는 공산주의자가 아니었기 때문에 아무 소리도 안 했다. 다음으로 유대인을 척결한다고 하였다. 그러나 나는 유대인이 아니었기 때문에 가만히 있었다. 그 다음 노동운동가를 척결한다고 하였다. 나는 여기 노동운동가가 아니어서 침묵하였다. 이어서 가톨릭을 척결한다고 나섰다. 나는 프로테스탄트였으므로 또 가만히 있었다. 다음에는 그들이 나를 향해 다가왔다. 그러나 그때는 소리쳐줄 사람이 아무도 없었다.[9]

8. 「"얌마, 간첩이 무슨 증거가 있어!" — '국보법 폐지' 릴레이 기고 3, 『야생초 편지』 저자 황대권」, 2004년 9월 15일자 『오마이뉴스』 기사.

인권에 관한 국제 여론조사가 있었다. 1999년에 갤럽에서 진행한 전 세계 52개국의 여론조사 결과, 우리나라 국민 5명 중 4명은 경찰이나 정부가 고문을 자행한다고 생각했다. 또한 전 세계 52개국 중에 이런 '주관적 고문 인식도'가 가장 높은 것으로 드러났다.[10] 이것은 그만큼 우리나라에 아직도 고문이 행해지고 있다는 것에 대한 광범한 국민들의 인식을 보여준다. 그러나 그렇게 광범하게 이루어지는 고문에 대해 우리 국민들은 어떤 관심과 행동을 보이고 있는지 물어야 한다. 민주주의는 "종착역이 없는 영원한 숙제"[11]이다. 만약 우리가 과거보다 나아졌다고 관심을 돌리는 순간 고문은 다시 우리 주변에 등장하게 될 것이다. 민주주의와 인권은 "영원한 감시와 노고의 대가"이다.

그러므로 우리는 고문과 가혹행위라는 반인륜적 범죄를 포함한 인권유린에 대해 우리의 감수성을 높여야 한다. 바로 우리 이웃에서 벌어지는 공권력의 불법적 행사에 대해 더욱 예민하게 관찰하고 반응해야 한다.[12] 우리는 무관심을 고문 피해자를 그대로 방치하는 이 불의한 사회에 대한 분노로 바꾸어내고, 다시 그 분노를 행동으로 옮겨 우리시대를 의로운 시대로 바꾸어야 한다. 아주 늦은 것은 결코 아니다.

당신들은 아는가

영장도 없이 어디론가 끌려간 뒤

열흘이 가고 한 달이 넘어도 행방조차 알 수 없는

9. Barara Rogasky, *Smoke and Ashes—The Story of Holocaust*, Oxford University Press, 1990, p. 180.
10. http://www.gallup.co.kr 참조.
11. 김중배, 「오늘은 '면죄부'의 시대인가」, 1990년 1월 20일자 『동아일보』 기사.
12. 대한변호사협회 인권위원회가 지난 1990년 9월 5일 박승서 대한변호사협회장이 박종철 군 고문치사 은폐조작사건으로 기소된 강민창 전 치안본부장의 항소심 변호를 맡은 데 항의, 30명 전원이 인권위에서 사퇴하기로 한 데 이어 박 회장에게 회장직 사임을 권고하기로 결의한 사실은 비록 박 회장이 그 사건을 회장 선출 전에 맡았고, "변호사는 어떤 피고인이라도 변호해줄 의무가 있다"라고 하더라도 일종의 공인이 고문사건에 대해 어떻게 처신해야 하는지를 보여주었다. 「강민창 씨 항소심 변호 맡은 박승서 변협회장 사임 권고」, 1990년 9월 6일자 『동아일보』 기사.

아들딸과 지아비 지어미를 찾아

이 기관 저 기관의 철문을 두드리며

안타까이 몸부림치던 우리들의 심사를

당신들은 아는가

그토록 헤매어도 찾을 길 없던

우리들의 아들딸, 우리들의 지아비 지어미가

어느 날 갑자기 신문과 텔레비의 이상스런 도표 속에

초췌한 몰골로 판박이 된 채

극악무도한 좌경용공 적색분자로 매도될 때

억장이 무너지던 우리들의 가슴을

당신들은 아는가

몽둥이와 쇠파이프로 온몸을 짓이기고

엄청난 물을 강제로 먹이고 전기로 지져대는 등

인간백정들한테 종철이보다 훨씬 더 오랫동안

종철이가 당한 고문보다 훨씬 더 악독스런 고문을 당한 끝에

우리들의 아들딸, 우리들의 지아비 지어미가

그렇듯 흉측한 굴레를 뒤집어쓰게 된 사실을 우리가 알게 되었을 때

까무러치다가는 솟구치고

솟구치다가 까무러치던 우리들의 심사를

……

당신들은 아는가

오로지 거꾸러진 민주의 깃대를 바로 세우고

찢어진 통일의 깃발을 곱게 기우려던

우리들의 사랑 이 나라의 자랑스런 꽃들에게

5년 10년 20년의 무기형을 때리는 가증스런 꼭두각시 재판놀음을 지켜보며

치를 떨던 우리들의 가슴을

당신들은 아는가

기나긴 세월 달이 가고 해가 가도 돌아올 줄 모르는

아들딸과 지아비 지어미를 하염없이 기다리며

강이 되고 바다가 된 우리들의 피눈물

뫼가 되고 산맥이 된 우리들의 원한을……[13]

13. 채광석, 「우리들의 사랑, 민족의 꽃들을 전원 석방하라」, 『민주가족』 제6호, 민주화실천가족운동협의회, 1987년 8월 1일
자, 4쪽.

참고문헌 · 찾아보기

참고문헌

| 단행본 |

고문등정치폭력피해자를돕는모임(KRCT), 『고문, 인권의 무덤』, 한겨레출판, 2004.
국가인권위원회, 『2004 인권백서』 제1집, 2004.
권인숙, 『하나의 벽을 넘어서』, 거름, 1989.
김광일, 「성립의 진정과 검사작성의 조서」, 『선서와 거짓말대회』, 도서출판 들셈, 1988.
김근태, 『남영동』, 중원문화, 1987.
김상철, 『정의로 가는 길』, 고시계, 1988.
김철수 외, 『주석헌법 시리즈 I ─ 코멘탈 헌법』, 법원사, 1988.
김한수, 『누가 죄인인가』, 놀뫼, 1988.
대한변호사협회, 『1986년도 인권보고서』, 1987.
대한변호사협회, 『1987·1988년도 인권보고서』, 역사비평사, 1989.
대한변호사협회, 『1995년도 인권보고서』, 1996.
마크 게인, 『해방과 미군정』, 까치, 1986.
민주화실천가족운동협의회 편, 『오, 어머니 당신의 눈물은』, 동녘, 1987.
박원순, 『국가보안법 연구 2─국가보안법 적용사』, 역사비평사, 1992.
서병조, 『비화 제3공화국, 그때 그 사람들』, 청목, 1982.
서승, 『서승의 옥중 19년』, 역사비평사, 1999.
5공정치범명예회복협의회, 『역사의 심판은 끝나지 않았다』, 살림터, 1997.
조갑제, 『기자 조갑제의 현대사 추적 2─고문과 조작의 기술자들』, 한길사, 1987.
조갑제, 『사형수 오휘웅 이야기』, 한길사, 1986.
천주교 인권위원회, 『사법살인─1975년 4월의 학살』, 학민사, 2001.
허영, 『한국헌법론』, 박영사, 2002.

| 논문·자료집 |

국가보안법폐지국민연대, 『국가보안법, 고문·용공조작 피해자 증언대회 자료집』, 2004년 12월
    16일.
국가인권위원회, 『공소시효 배제입법 토론회』, 2002년 8월 26일.
대한변호사협회 인권위원회, 『고문근절대책공청회 자료집─고문 피해의 증언』, 1997.
『문국진과함께하는모임』 제2호, 1993년 12월 10일.
『문국진과함께하는모임』 제7호, 1994년 8월 1일.
민주사회를위한변호사모임, 「국가정보원법」, 『한국 사회의 개혁과 입법과제』, 2003.

민주사회를위한변호사모임, 『의문사 진상규명의 역사적 의의와 전망』, 2000년 12월 11일.

민주사회를위한변호사모임·인도주의실천의사협의회·문국진과함께하는모임, 『고문후유증 사례 보고 및 토론회』, 1994년 4월 11일.

민주화실천가족운동협의회 산하 장기수가족협의회 조작된간첩사건가족모임, 『간첩조작은 이제 그만』, 1989.

민주화실천가족운동협의회 산하 장기수가족협의회, 「분단을 종식하고 통일을 이룩해야 간첩조 작은 없어진다」, 『간첩사건 조작 증언 자료집』, 1989.

민주화운동청년연합, 『해방되어야 할 또 하나의 성—성고문, 성폭력에 관하여』, 1986년 12월.

민주화운동청년연합·민주화실천가족운동협의회, 『민청련탄압사건백서—무릎 꿇고 살기보다 서서 싸우길 원한다』, 1986.

박종철열사추모사업회, 「손해배상청구소송 소장」, 1988년 4월.

법무부, 『고문방지협약에 관한 자료집—법무자료』 제104집, 1988.

법무부, 『인권존중의 법질서』, 2004.

변주나, 「5·18 인권병원 및 연구소 건립」, 『치유되지 않은 5월—20년 후 광주민중항쟁 피해자 실 상 및 대책』, 2000.

서울노동운동연합, 『단결·조직·투쟁의 정신으로 승리를 향해 전진하자!—서울노동운동연합 1 심법정 투쟁기록』, 1987.

서준식, 「조작 간첩사건과 일본 사회」, 『분단조국의 희생양, 조작 간첩』, 천주교조작간첩진상규 명대책위원회, 1994년 11월 1일.

인도주의실천의사협의회·한국인권단체협의회, 『고문 기타 잔혹한, 비인도적 또는 굴욕적 처우 나 형벌금지협약 제19조에 따른 대한민국 정부의 보고서에 대한 대한민국 인권단체들의 반박보고서』, 1996년 10월.

장윤석, 「위법수집증거의 증거배제에 관한 연구」, 한양대학교 박사학위논문, 1992.

전북평화와인권연대, 『평화와 인권』 제174호, 1999년 11월 30일.

제주4·3사건진상규명및희생자명예회복위원회, 『제주4·3사건 진상조사 보고서』, 2003.

조시현, 「중대한 인권침해에 대한 시효문제」, 국회 일본군 위안부문제 연구모임, 1999년 11월 24일.

채광석, 「우리들의 사랑, 민족의 꽃들을 전원 석방하라」, 『민주가족』 제6호, 민주화실천가족운동 협의회, 1987년 8월 1일.

한국기독교교회협의회 인권위원회, 『복음과 인권—1982년도 인권문제전국협의회 자료집』, 1982.

한국기독교교회협의회, 『악법 철폐, 하나님의 법 실현—1985년 인권주간 자료집』, 1985년 12월.

한인섭, 「국가 폭력에 의한 사망과 그 구제방법」, 『의문사 문제 해결을 위한 법적 모색—학술심포 지엄 자료집』, 최종길교수고문치사진상규명및명예회복추진위원회, 1999년 4월 12일.

황인성, 「악몽 같은 보안사에서의 체험」, 『고문·용공조작 없는 세상을 위하여—보안사 김병진 사 건을 중심으로』, 한국기독교교회협의회 인권위원회, 1988.

| 신문·잡지 |

『경향신문』(2001~2003), 『국민일보』(2000~2004), 『동아일보』(1975~2003), 『매일경제』(2002), 『문화일보』

(1994~1999), 『민권신문』(1999), 『법률신문』(2005), 『서울신문』(2000), 『세계일보』(2003), 『연합뉴스』(2005), 『조선일보』(1955~2002), 『중앙일보』(1989~1999), 『한겨레신문』(1988~2001), 『한국일보』(2001~2002) 참조.
인터넷 『오마이뉴스』(2001~2005), 『인권하루소식』(1998~2005), 『참여연대』(2003), 『프레시안』(2004) 참조.

강석복, 「고문은 근절돼야」, 『인권과 정의』 1992년 4월호, 대한변호사협회.
고경태, 「이 여자가 국가와 싸우는 이유」, 『한겨레 21』, 1996년 4월 18일.
김정현, 「정형근의 정치 야심」, 『월간 말』 1992년 12월호.
김진수, 「오판 재판, 우리나라는 개판?」, 『한겨레 21』, 2003년 11월 26일.
김형규, 「무엇이 '의협'을 진정으로 강하게 하는가」, 『주간 청년의사』 제17호, 2000년 5월 3일.
대한변호사협회, 「인권침해 사례에 관한 시정촉구 건의문」, 『대한변호사협회지』 1985년 9월호.
대한변호사협회, 『대한변호사협회지』 1987년 3월호.
민주사회를위한변호사모임, 『민주사회를 위한 변론』 1999년 12월호.
박래군, 「나는 안기부에 인체실험 당했다」, 『월간 말』 1995년 3월호.
박성원, 「정형근을 고발한다」, 『신동아』 1999년 1월호.
백형구, 「경찰 고문과 검찰 자백의 증거능력」, 『대한변호사협회지』 1985년 3월호, 대한변호사협회.
서준식, 「국가보안법의 희생자들」, 『월간 중앙』 1989년 8월호.
서중석, 「재정신청 1년 넘긴 김근태 고문의 전말」, 『신동아』 1988년 3월호.
송문홍, 「총풍 주역 장석중 직격 발언」, 『신동아』 1999년 4월호.
신보연, 「고문수사 관행을 뿌리 뽑기 위한 작은 움직임─아직도 고문피해는 끝나지 않았다」, 『사회평론 길』 1993년 10월호.
안영배, 「국군기무사의 조직사건 조작술」, 『월간 말』 1991년 9월호.
안영배, 「집중분석─국가보안사령부」, 『월간 말』 1990년 11월호.
이계창, 「이 땅에서 영원히 추방해야 할 고문」, 『공동선』 1994년 5~6월호.
이성남, 「'악령의 세월' 배상하라」, 『시사저널』 1993년 10월 28일.
장영석, 「진상! 조작된 간첩사건들」, 『월간 말』 1989년 2월호.
정혜신, 「정형근의 피해의식과 마광수의 불안의식」, 『신동아』 2001년 1월호.
조성식, 「기무사, 휴대전화 도청한다」, 『신동아』 2003년 7월호.
차지훈, 「제17차 유엔고문방지위원회 참가보고」, 『이달의 민변』 1996년 12월호, 민주사회를위한변호사모임.
최민희, 「이근안이 만든 '간첩' 함주명의 빼앗긴 10년」, 『월간 말』 1992년 2월호.
한홍구, 「'국가 위의 국가'를 벗긴다」, 『한겨레 21』, 2004년 12월 23일.
허영, 「제2회 법의 지배를 위한 변호사대회 심포지엄 발언」, 『인권과 정의』 1989년 8월호, 대한변호사협회.

| 외국자료 |

Agnès Dormenval, "UN Committee Against Torture: Practice and Perspectives", *Netherlands Quarterly of Human Rights*, Vol. 8, No. 1, 1990.

Ahcene Boulesbaa, "The Nature of the Obligations Incurred by States Under Article 2 of the UN Convention Against Torture", *Human Rights Quarterly*, Vol. 12, 1990.

American Civil Liberties Union, "FBI E-Mail Refers to Presidential Order Authorizing Inhumane Interrogation Techniques", December 20, 2004.(http://www.aclu.org 참조)

Amnesty International, *Combating Torture—A Manual for Action*, June 2003.(이하 Amnesty International 관련 자료는 http://www.amnesty.org 참조).

Amnesty International, Media Briefing: Campaign Against Torture, AI Index: ACT 40/16/00, October 2000.

Amnesty International, MSP Media Briefing: Stopping The Torture Trade, AI Index: ACT 40/013/2001, February 2001.

Amnesty International, Republic of Korea: Summary of Concerns on torture and ill-treatment, AI Index: ASA 25/25/96, October 1996.

Amnesty International, Republic of Korea: Update on National Security Law arrests and ill-treatment: The need for human rights reform, AI Index: ASA 25/09/96, March 1996.

Amnesty International, *Take A Step to Stamp Out Torture*, October 2000.

Amnesty International, Final Report: The International Conference on Torture, AI Index: ACT 40/05/97, June 1997.

Amnesty International, The Quest for International Justice: Time for a Permanent International Criminal Court, AI Index: IOR 40/04/95, July 1995.

Amnesty International, Torture: A modern day plague, AI Index: ACT 40/017/2000.

Amnesty International, USA: Human Dignity denied, Torture and accountability in the 'war on terror', AI Index: AMR 51/145/2004, October 2004.

Association for the Prevention of Torture, APT Guidelines for National NGOs on Alternative Reporting to UN Treaty Bodies, including the Committee against Torture.

Barara Rogasky, *Smoke and Ashes—The Story of Holocaust*, Oxford University Press, 1990.

Beth Stephens, Michael Ratner & Jennifer Green, *Suing for Torture and Other Human Rights Abuses in Federal Court—A Litigation Manual*, 1993.

Brian Innes, *The History of Torture*, St. Martin's Press, New York, 1998.

British Medical Journal, March 20, 1999.

Code of Ethics for Law Enforcement Officials, GA res. 34/169, 34 UN GAOR Supp.(No. 46) at 185, UN Doc. A/36/46(1979).

Commission on Human Rights, Question of the Human Rights of All Persons Subjected to Any Form of Detention or Imprisonment—Report fo the Secretary—General prepared pursuant to Commission resolution 1995/34, E/CN. 4/1996/29/Add. 2.

Council of Europe, European Convention for the Prevention of Torture and Inhuman or

Degrading Treatment of Punishment—1st General Report on the CPT's Activities covering the period November 1989 to December 1990[CPT/Inf (91) 3].

Council of Europe, European Convention for the Prevention of Torture and Inhuman or Degrading Treatment of Punishment—Historical background and main features of the Convention[CPT/Inf (90) 3].

Council of Europe, European Convention for the Prevention of Torture and Inhuman or Degrading Treatment of Punishment—Text of the Convention and Explanatory Report [CPT/Inf (91) 9].

Declaration Against Torture, GA res. 30/3452, 30 UN GAOR Supp.(No. 34) at 91, UN Doc. A/10034(1975).

Ellen B. Cohn, "Torture in the International Community—Problems of Definition and Limitation— The Case of Nothern Ireland", *CASE W. RES. J. INT'L L*, Vol. 11, 1979.

Eyal Press, "In Torture We Trust?", *The Nation*, March 31, 2003.

François de Vargas, "History of a Campaign", International Commission of Jurists, pamphlet.

James M. West & Edward J. Baker, "The 1987 Constitutional Reforms in South Korea : Electoral Process and Judicial Independence", *Harvard Human Rights Year Book*, Vol. 1, Spring 1988.

James Welsh, "Truth and reconciliation and justice", *The Lancet*, Dec. 5, 1998.

Jean-Jacques Gautier, "The Case for an Effective and Realistic Procedure", International Commission of Jurists, Pamphlet, 1980.

Julie Rovner, "US Congress passes bill to treat torture victims", *The Lancet*, Oct. 24, 1998. (http://www.findarticles.com 참조).

Kathryn L. Pryor, "Does the Torture Victim Protection Act Signal the Imninent Demise of the Alien Tort Claims Act?", *Viginia Journal of International Law*, Vol. 29, 1989.

L. Oppenheim, *International Law : A Treatise*, 8th edition, 1955.

Lowry, "Internment : Detention without Trial in Nothern Ireland", *Human Rights*, Vol. 5, 1976.

Malcolm Evans & Rod Morgan, "The European Convention for the Prevention of Torture : Operational Practice", *International and Comparative Law Quarterly*, Vol. 41, July 1992.

Morton Skar & John Salzberg, "Failure to Provide for Adequate Domestic Implementaioin". (http://www.woatusa.org 참조)

Neil Tow, "Failure to Extradite or Prosecute Torturers".(http://www.woatusa.org 참조)

Niall MacDermot, "How to Enforce the Torture Convention", International Commission of Jurists, Pamphlet, 1980.

Nigel S. Rodley, "The Evolution of the International Prohibition of Torture", *The Universal Declaration of Human Rights, 1948-1988 : Human Rights, the UN and Amnesty International*, Amnesty International USA Legal Support Network, 1988.

Paula Rivka Schochet, "A New Role for an Old Rule : Local Remedies and Expanding Human Rights Jurisdiction Under the Torture Victim Protection Act", *Columbia Human Rights Law*

Review, Vol. 19, 1987.

Principles of Medical Ethics Relevant to the Role of Health Personnel, Particulary Physicians, in the Protection of Prisoners and Detainees against Torture and Other Cruel, Inhuman or Degrading Treatment or Punishment, GA res. 37/194, 37 UN GAOR Supp.(No. 51) at 210, UN Doc. A/37/51(1982).

Quarterly Journal on Rehabilitation of Torture Victims and Prevention of Torture, Vol. 3, No. 1, 1991.

Rehabilitation Center for Torture Victims, *Annual Report 1985.*

Report of the Special Rapporteur, Mr. P. Kooijmans, pursuant to Commission on Human Rights Resolution 1991/38, E/CN.4/1992/17, December 1991.

Sanjay Kumar, "Doctors still involved in cases of torture around the world", *The Lancet*, Oct. 2, 1999.

Seymour M. Hersh, "Torture at Abu Ghraib", *The New Yorker*, May 10, 2004.

The Redress Trust, *Annual Report 1992-1994.*

"Transcript—Senate Judiciary Committee Confirmation Hearing", *The New York Times*, January 6, 2005.

United Nations, *Human Rights—Methods of Combating Torture*, Fact Sheet No. 4.

Vincent Lacopino, "The Istanbul Protocol: International Standards for the Effective Investigatioin and Documentation of Torture and Ill Treatment", *The Lancet*, Sep. 25, 1999.(http://www. findarticles.com 참조)

World Organization Against Torture, Towards New Strategies—General Assembly Special Issue, No. 30-32, December 1991, p. 5.

"Torture Charge Pits Professor Vs. Professor", *The New York Times*, October 8, 2001.